W0373652

ÊTRE LIBRE, CE N'EST PAS SEULEMENT SE DÉBARRASSER DE SES CHAÎNES

Mémoires de Président

NELSON MANDELA
ET MANDLA LANGA

ÊTRE LIBRE, CE N'EST PAS SEULEMENT SE DÉBARRASSER DE SES CHAÎNES

Mémoires de Président

Prologue de Graça Machel

Traduit de l'anglais par
Stéphane Roques

PLON

Titre original :
Dare Not Linger: The Presidential Years

Les crédits photos et les autorisations de reproduction
se trouvent page 611

Ce livre a pu voir le jour grâce au financement de la Industrian
Development Corporation.

MIXTE
Papier issu de sources responsables
FSC® C003309

ISBN : 978-2-266-28716-6
Dépôt légal : novembre 2018

Nelson Mandela

Nelson Mandela est né au Transkei (Afrique du Sud) le 18 juillet 1918. Après avoir rejoint le Congrès national africain (ANC) en 1944, il œuvra dans la résistance contre la politique d'apartheid du parti nationaliste jusqu'à son arrestation en août 1962. Mandela fut incarcéré pendant plus de vingt-six années. Libéré en 1990, il se vit attribuer le prix Nobel de la paix en 1993 et fut investi en tant que premier président démocratiquement élu d'Afrique du Sud en 1994. Il est l'auteur du célèbre ouvrage *Un long chemin vers la liberté* (Fayard, 1995), traduit dans le monde entier. Il est mort le 5 décembre 2013, à l'âge de 95 ans.

Mandla Langa

Mandla Langa est né à Durban (Afrique du Sud) en 1950. Après avoir été arrêté en 1976, il s'exila et vécut au Botswana, au Mozambique et en Angola, où il suivit un entraînement militaire avec l'Umkhonto we Sizwe (le bras armé du Congrès national africain), ainsi qu'en Hongrie, en Zambie et au Royaume-Uni, où il était le délégué culturel de l'ANC. Écrivain, journaliste, il fut le premier Sud-Africain à recevoir la bourse d'écriture du Arts Council of Great Britain ; il fut également éditorialiste pour le *Sunday Independent* et le *New Nation*. En 2007, il reçut la médaille d'argent de l'ordre d'Ikhamanga pour sa contribution journalistique et littéraire à l'avènement de la démocratie en Afrique du Sud. Il est également l'auteur de plusieurs romans.

« La vérité, c'est que nous ne sommes pas encore libres ; nous avons seulement atteint la liberté d'être libres, le droit de ne pas être opprimés. Nous n'avons pas encore fait le dernier pas de notre voyage, nous n'avons fait que le premier sur une route plus longue et difficile. Car être libre, ce n'est pas seulement se débarrasser de ses chaînes ; c'est vivre d'une façon qui respecte et renforce la liberté des autres. La véritable épreuve pour notre attachement à la liberté vient de commencer.

J'ai parcouru ce long chemin vers la liberté. J'ai essayé de ne pas hésiter ; j'ai fait beaucoup de faux pas. Mais j'ai découvert ce secret : après avoir gravi une haute colline, tout ce qu'on découvre, c'est qu'il reste beaucoup d'autres collines à gravir. Je me suis arrêté un instant pour me reposer, pour contempler l'admirable paysage qui m'entoure, pour regarder derrière moi la longue route que j'ai parcourue. Mais je ne peux me reposer qu'un instant ; avec la liberté viennent les responsabilités, et je n'ose m'attarder car je ne suis pas arrivé au terme de mon long chemin. »

Nelson MANDELA, *Un long chemin vers la liberté*

Prologue

C'est trois mois après notre mariage que Madiba se lança dans l'écriture du premier chapitre de ce qu'il considérait comme la suite de son autobiographie *Un long chemin vers la liberté.*

Un sentiment d'obligation morale envers son parti politique et la lutte plus globale pour le mouvement de libération en Afrique du Sud avaient dicté sa décision d'écrire *Un long chemin.* Et c'est un sentiment d'obligation morale envers les Sud-Africains et les citoyens du monde qui le motiva au moment de commencer ce qui allait devenir *Être libre, ce n'est pas seulement se débarrasser de ses chaînes.*

Il voulait raconter l'histoire des années où il fut le premier président d'Afrique du Sud élu démocratiquement, revenir sur les sujets qui les avaient occupés, lui et son gouvernement, explorer les principes et les stratégies qu'ils avaient tâché d'appliquer pour traiter les innombrables défis auxquels se heurtait la nouvelle démocratie. Plus que tout, il voulait raconter par écrit la pose des fondations d'un système démocratique en Afrique du Sud.

Pendant près de quatre ans, ce projet prima tout dans sa vie et celle de ses proches. Il écrivait avec application, au stylo-plume ou au stylo-bille, attendait les commentaires de ses collaborateurs de confiance, puis réécrivait encore et encore jusqu'à ce qu'il sente le moment venu de passer à la section ou au chapitre suivants. Chaque étape fut marquée par un souci de consultation. Je suis particulièrement reconnaissante au professeur Jakes Gerwel et à l'assistante personnelle de Madiba, Zelda la Grange, qui n'eurent de cesse de l'encourager et de soutenir le projet en bien des façons durant cette période.

Les sollicitations reçues du monde entier, les distractions de toutes sortes et son avancée en âge compliquèrent le projet. Il perdit son élan, et le manuscrit resta finalement en sommeil. Au cours des dernières années de sa vie, il en parla souvent – s'inquiétant de laisser son travail inachevé.

Ce livre représente un effort collectif pour achever le projet au nom de Madiba. Il présente l'histoire qu'il voulait partager avec le monde. Achevée et racontée par l'auteur sud-africain Mandla Langa, qui entremêle élégamment les dix chapitres originaux de Madiba et ses autres écrits et pensées de la même période, l'histoire fait entendre sa voix avec clarté.

Mandla s'est livré à un extraordinaire travail d'écoute de Madiba pour retranscrire sa voix par écrit. Joel Netshitenzhe et Tony Trew, hommes de confiance et membres de l'équipe de Madiba tout au long des années présidentielles, ont mené un travail complet et richement documenté de recherche, d'analyse et de reconstitution préliminaire, et la Fondation Nelson-Mandela a ancré notre entreprise dans un cadre institutionnel. Je suis reconnaissante à chacun d'entre eux, et à nos éditeurs, de nous avoir permis de concrétiser le rêve de Madiba.

Je fais le vœu que chaque lecteur soit stimulé par l'histoire de Madiba et incité à œuvrer à la résolution de la multitude de problèmes complexes qui existent dans le monde. Dans le passage final d'*Un long chemin*, Madiba évoque l'accession au sommet d'une haute colline et le bref repos qu'il s'accorde avant de poursuivre son long chemin. Que chacun d'entre nous puisse trouver un lieu de repos sans jamais s'attarder trop longtemps au cours du grand voyage qui nous appelle.

Graça MACHEL

Note à l'attention du lecteur

Une forte proportion des mots de ce livre est de la main de Nelson Mandela, non seulement le texte des Mémoires inachevés de ses années présidentielles et ses notes personnelles, mais aussi les discours prononcés au Parlement, lors de meetings, ou sur la scène internationale en sa qualité d'avocat révéré des droits de l'homme.

Les Mémoires inachevés, ces « Mémoires de Président », consistent en dix ébauches de chapitres, dont la plupart comptent plusieurs versions, ainsi qu'en notes préparatoires à de futurs chapitres. Les archives ne permettent pas d'établir avec clarté la chronologie des différentes versions. Le texte de cet ouvrage est tiré des multiples versions de chapitres et des notes accumulées.

Pour tenter de préserver l'intégrité historique des écrits de Mandela, nous avons procédé à quelques interventions éditoriales sur le texte choisi, ainsi qu'à l'unification des guillemets, la mise en italique des titres de livres ou de journaux, l'insertion occasionnelle de signes de ponctuation à fin de clarification et la correction de rares occurrences où un nom était mal orthographié. Les commentaires éditoriaux destinés à donner au lecteur un complément d'information apparaissent entre crochets. Les citations tirées d'interviews où Mandela s'exprimait sans notes ont été unifiées pour s'accorder au style du récit.

Pour épauler le lecteur, nous avons inclus un glossaire complet de personnalités, lieux et événements mentionnés dans le livre, ainsi qu'une liste d'abréviations des organisations, une carte d'Afrique du Sud et une chronologie de la vie de Mandela entre sa sortie de prison en 1990 et l'investiture de son successeur, Thabo Mbeki, en 1999.

Préface

Pour beaucoup de Sud-Africains, en 1997, le jour férié du 16 décembre était plus souvent associé à une étape importante du long voyage de Nelson Mandela qu'à sa poignante origine, puisqu'il commémore la victoire des Voortrekkers sur l'armée zouloue en 1838, mais marque aussi la création de l'Umkhonto weSizwe (MK), branche armée du Congrès national africain (ANC) en 1961*. Après avoir connu plusieurs changements de nom, ce jour de fête fut finalement rebaptisé Journée de la Réconciliation en 1994.

En ce mardi après-midi, alors que la température frôlait déjà les quarante degrés à Mafikeng, ville de la province du Nord-Ouest, les plus de trois mille délégués rassemblés pour la cinquantième conférence nationale de l'ANC s'apprêtaient, dans un silence fasciné, à écouter le président Mandela présenter son bilan politique. Quelques instants plus tôt, sur scène, il était assis parmi les membres dirigeants du Comité exécutif national (NEC), souriant du coin des lèvres au son de chants de libération pleins d'allégresse, bientôt

* Congrès national africain (ANC) ; Umkhonto weSizwe (MK) – voir Personnalités, lieux et événements.

ponctués d'applaudissements euphoriques quand il s'avança vers le pupitre.

Contrairement à la plupart des personnes de haute taille, Mandela n'était pas conscient d'être grand, et se tint droit comme un I pendant la lecture de son bilan, sa diction monocorde et posée. Il croyait à la portée de ses paroles et faisait donc peu de cas des figures de rhétorique prisées par certains de ses compatriotes. La nouvelle Afrique du Sud, intronisée dans la joie par les premières élections démocratiques de 1994, faisait déjà l'expérience du contrecoup traumatique d'un accouchement douloureux.

À propos du rôle de l'ANC en tant que parti de gouvernement, Mandela déclara : « Au cours des trois dernières années, l'un des principes fondateurs de notre approche a été de considérer, malgré les accomplissements de notre peuple dans la stabilisation du processus démocratique, que nous restions engagés dans la délicate tâche consistant à faire entrer ce nouveau-né dans l'âge adulte. »

Si l'avenir était certain, le passé se révélait imprévisible. Les crimes violents – héritage d'iniquités et d'inégalités antérieures – faisaient les gros titres chaque jour. Le chômage, que le gouvernement voulait faire baisser par une politique favorisant la croissance et la discrimination positive, apportait son lot de mécontentement parmi la majorité ; les partis d'opposition s'engouffraient dans la brèche, au premier rang desquels le Parti national. Jadis parti de gouvernement de l'État d'apartheid, le Parti national s'était retiré du Gouvernement d'union nationale (GNU)* en 1996, arguant de son incapacité à influer sur la politique du gouvernement.

---

* Gouvernement d'union nationale (GNU) – voir Personnalités, lieux et événements.

« Les plus honnêtes de ses membres, déclara Mandela à propos du Parti national, qui occupaient des postes décisionnaires et avaient à cœur de défendre aussi bien les intérêts des Afrikaners que du reste de la population, n'ont pas approuvé la décision de se retirer du GNU. »

Lors du discours de Mandela en décembre 1997, l'attente était grande. Les événements dramatiques de l'année précédente en Afrique du Sud, comme l'exclusion de l'ANC du général Bantu Holomisa et la formation d'un parti politique dissident, le Mouvement pour une union démocratique, avaient rappelé le traumatisme de la scission qui donna naissance au Congrès panafricain d'Azanie (PAC) en 1959*. Jadis favori du parti, réputé pour son franc-parler, Holomisa était aussi à l'origine de l'émergence du courant populiste au sein de l'ANC, également entretenu par Winnie Madikizela-Mandela et Peter Mokaba, virulent président de la Ligue de jeunesse de l'ANC (ANCYL)†.

Puis se posait la question de la succession. Mandela avait déjà communiqué son intention de renoncer à la présidence de l'ANC lors de cette même conférence. Dans une intervention télévisée le dimanche 7 juillet 1996, Mandela avait confirmé les rumeurs selon lesquelles il ne se présenterait pas aux élections de 1999. Conformément à sa promesse lors de son investiture en tant que premier président élu démocratiquement en 1994, il sentait, malgré la possibilité que lui offrait

---

* Bantu Holomisa ; Congrès panafricain d'Azanie (PAC) – voir Personnalités, lieux et événements.

† Winnie Madikizela-Mandela ; Peter Mokaba ; Ligue de jeunesse du Congrès national africain (ANCYL) – voir Personnalités, lieux et événements.

la Constitution d'effectuer deux mandats, qu'un seul suffisait puisqu'il avait déjà posé les fondations d'un avenir meilleur pour tous*.

Éditorialistes et analystes avaient fait le parallèle entre la conférence et un stade olympique où le glorieux héros s'apprêterait à passer le relais. La question de l'identité de son successeur, Thabo Mbeki ou Cyril Ramaphosa, était déjà régléе†. Tous deux avaient de sérieuses références en matière de lutte politique. Ramaphosa s'était distingué lors du Forum de négociation transpartisan de la Convention pour une Afrique du Sud démocratique (CODESA)‡, qui débuta en octobre 1991 et se termina en 1993, et dont le point d'orgue fut l'adoption de la Constitution du 8 mai 1996. Mbeki était, lui, unanimement loué pour sa gestion des affaires du pays en tant que vice-président de Mandela.

Soucieux de dissiper le reproche largement répandu selon lequel le xhosa était la langue dominante au sein de l'ANC, Mandela avait, au moment d'aborder la question de la succession en 1994, suggéré le nom de Ramaphosa aux trois autres dirigeants historiques de l'ANC, Walter Sisulu, Thomas Nkobi et Jacob Zuma§. Mais ils lui avaient conseillé d'adouber Mbeki. Mbeki fut finalement élu président de l'ANC en 1997, ce qui en fit le favori devant Ramaphosa pour briguer la présidence du pays.

---

* Constitution de la République d'Afrique du Sud – voir Personnalités, lieux et événements.

† Thabo Mbeki ; Cyril Ramaphosa – voir Personnalités, lieux et événements.

‡ Convention pour une Afrique du Sud démocratique (CODESA) – voir Personnalités, lieux et événements.

§ Walter Sisulu ; Thomas Nkobi ; Jacob Zuma – voir Personnalités, lieux et événements.

Le spectacle des cinq jours de conférence prit un tour piquant lors de l'élection du bureau exécutif de l'ANC, dont seuls deux postes sur six furent disputés. Mbeki fut élu sans opposant président de l'ANC et Jacob Zuma devint vice-président. Winnie Madikizela-Mandela avait envisagé de se présenter à la vice-présidence contre Zuma, mais n'obtint pas le soutien d'assez de délégués pour appuyer sa candidature et fut contrainte de se retirer. Beaucoup étaient d'avis que son flirt avec les idées populistes et la virulence de ses commentaires sur les insuffisances du gouvernement, qui fleuraient parfois la provocation à l'égard de son ex-mari, l'avaient éloignée des membres du parti, provoquant son humiliation. Kgalema Motlanthe, ancien syndicaliste et, comme Mandela et Jacob Zuma, ancien de Robben Island*, fut élu secrétaire général, tandis que Mendi Msimang prenait la suite d'Arnold Stofile au poste de trésorier général. Aux deux postes disputés de délégué national et secrétaire général adjoint, Mosiuoa « La Terreur » Lekota étrilla son ancien compagnon d'incarcération à Robben Island, Steve Tshwete†, au poste de délégué national ; et Thenjiwe Mtintso l'emporta de justesse face à Mavivi Myakayaka-Manzini pour le poste de secrétaire général adjoint.

❦

Lors de la cérémonie de clôture de la conférence, c'est encore un Mandela austère qui prononça son discours d'adieu l'après-midi du 20 décembre 1997. Mains jointes devant lui, il délaissa son discours écrit

---

* Robben Island – voir Personnalités, lieux et événements.

† Steve Tshwete – voir Personnalités, lieux et événements.

pour faire parler son cœur. Sans prononcer de noms, il mit en garde son successeur contre le danger de s'entourer de flatteurs.

« Le premier devoir d'un dirigeant réélu sans opposition, surtout quand il lui incombe une si lourde responsabilité, est de dissiper les inquiétudes de ses collègues sur ses qualités de leader pour leur permettre de discuter ouvertement et sans crainte au sein des structures internes du mouvement. »

Il attendit la fin des applaudissements, puis évoqua la contradiction à laquelle s'expose un chef qui doit unifier son parti tout en tolérant les dissensions internes et la liberté d'expression.

« Il faut pouvoir critiquer un chef sans peur ni complaisance, c'est à ce seul prix que l'on parvient à maintenir un esprit de corps. Les exemples ne manquent pas – on autorise les divergences d'opinions tant qu'elles ne jettent pas le discrédit sur le parti. »

Pour illustrer son propos, Mandela parla d'un détracteur de la politique de Mao Tsé-toung pendant la révolution chinoise. Les dirigeants chinois « se demandèrent si ses déclarations avaient enfreint les règles du mouvement, jetant le discrédit sur le mouvement ». Après s'être assurés que ce n'était pas le cas, ils firent entrer le détracteur au Comité central, au poste de président de la Chambre des travailleurs chinois – le mouvement syndicaliste.

On lui « donna des responsabilités dont il devrait répondre, dit Mandela sous les éclats de rire, ce qui l'obligea à parler moins et à mieux répondre de ses actes ».

Il poursuivit : « Heureusement, je sais que notre président comprend le problème. Je sais qu'il accepte la critique dans un esprit de camaraderie et je suis sûr qu'il… n'écartera personne, parce qu'il sait [qu'il est important de] s'entourer de personnes fortes et indépendantes capables d'émettre une critique au sein des structures du mouvement pour vous pousser à donner le meilleur, de sorte que, quand vous vous écartez de votre ligne, vos décisions sont inattaquables et à l'épreuve de la critique. Personne au sein de ce parti ne comprend mieux ce principe que mon président, Thabo Mbeki. »

Mandela continua, lisant son discours, et répéta qu'il était facile pour une association dirigeante forte « d'individus puissants et influents qui ont bien plus de ressources que nous tous réunis » d'oublier « ceux qui étaient à nos côtés quand nous étions seuls dans les moments difficiles ».

Après une nouvelle salve d'applaudissements, Mandela justifia la poursuite des relations diplomatiques de l'ANC avec des pays comme Cuba, la Libye et l'Iran. Cela contre l'avis de gouvernements et de chefs d'État qui avaient soutenu l'apartheid. Aux invités étrangers présents dans la salle, représentants de ces pays mis au ban et du mouvement anti-apartheid à travers le monde, Mandela exprima sa gratitude. Ils « ont rendu la victoire possible. Notre victoire est leur victoire ».

Vers la fin de son allocution, Mandela prit le temps de reconnaître la fragilité de la lutte et de ses avancées. Malgré ses remarquables succès, l'ANC avait aussi connu des revers.

« Ce n'est pas parce que nous nous pensions infaillibles, dit-il, s'écartant de son discours écrit. Nous avons eu des difficultés dans le passé, comme tous les partis.

« Nous avions un président réélu sans opposition, mais nous avons été arrêtés en même temps que lui*.

---

* Mandela fait référence au Dr James Moroka (voir Personnalités, lieux et événements), ancien président conservateur de

Sauf que lui était riche, pour l'époque, alors que nous étions pauvres. La police secrète est allée le voir avec une copie de la Loi de suppression du communisme*, et lui a dit : "Écoute, tu as des fermes. Un article de cette loi stipule que, si tu es reconnu coupable, tu perdras tes propriétés. Tes compagnons sont pauvres, ils n'ont rien à perdre." Le président choisit alors de se faire représenter par ses propres avocats et refusa d'être défendu avec le reste des accusés. Puis son avocat déclara à la cour qu'il existait de nombreux documents où les accusés demandaient l'égalité de traitement avec les Blancs : qu'en pensait son client ? Quelle était son opinion ?

« Le chef, continua Mandela, qui ne put retenir un petit ricanement à ce souvenir, déclara : "Rien de tel n'arrivera jamais." Et l'avocat déclara : "Mais vous et vos compagnons ici présents, l'acceptez-vous ?" Le chef montrait déjà du doigt Walter Sisulu quand le juge dit : "Non, non, non, non, non, parlez en votre nom." Mais il avait trop de mal à supporter son arrestation. » Il s'interrompit, réfléchit. « Aujourd'hui nous apprécions malgré tout le rôle qu'il a joué, avant son arrestation. Il s'en est très bien sorti. »

Sans s'arrêter pour clarifier l'ambiguïté de cette dernière phrase, qui suscita une grande hilarité – « bien s'en sortir » était-il une appréciation de son mandat en tant que chef du parti ou un commentaire mordant sur son aisance matérielle ? –, Mandela referma sa parenthèse.

---

l'ANC, qui dénonça Mandela et d'autres, arrêtés pendant la Campagne de désobéissance civile contre des lois injustes en 1952. Plus tard, Mandela lui pardonna et en fit le parrain de son petit-fils.

* Loi de suppression du communisme, n° 44, 1950 – voir Personnalités, lieux et événements.

« Je dis cela, conclut-il avec dans le regard une lueur d'espièglerie, car si je devais moi-même flancher un jour et dire : "J'ai été trompé par ces jeunes gars", souvenez-vous que je fus jadis moi aussi votre compagnon. »

Revenant à son discours, il déclara que le moment était venu de passer le relais. « Et je savoure par avance le jour où mes vieux compagnons de route, que vous avez vus ici, et moi-même pourrons observer de près et juger de loin. À l'approche de 1999, je m'efforcerai en tant que président du pays de déléguer de plus en plus de responsabilités pour que la transition avec le prochain président se fasse en douceur.

« J'aurai ainsi la possibilité au cours de mes dernières années de gâter mes petits-enfants et tenter de me rendre utile auprès de tous les enfants sud-africains, en particulier ceux qui furent les malheureuses victimes d'un système indifférent. J'aurai aussi plus de temps pour continuer le débat avec Tyopho, c'est-à-dire Walter Sisulu*, Oncle Govan (Govan Mbeki)† et d'autres, que vingt ans d'*umrabulo* [intense débat politique à fin pédagogique] sur l'île n'ont pu clore.

« Je peux vous assurer que... à mon humble façon, je continuerai d'être au service de la transformation, et de l'ANC, le seul mouvement capable d'apporter cette transformation. En tant que simple membre de l'ANC, j'imagine que je bénéficierai aussi de nombreux privilèges dont j'ai été privé au fil des ans : être aussi critique que possible ; m'élever contre les signes d'autocratie de Shell House‡ et militer pour mes candidats préférés, dans les branches locales comme au-dessus.

---

* Tyopho était le nom clanique de Walter Sisulu.

† Govan Mbeki – voir Personnalités, lieux et événements.

‡ Shell House fut le siège de l'ANC de 1990 à 1997.

« Plus sérieusement, je tiens à répéter que je resterai un membre discipliné de l'ANC ; et lors de mes derniers mois à la tête du gouvernement, je serai toujours guidé par les règles de l'ANC et vous réserverai le droit de me taper sur les doigts en cas de faux pas…

« Notre génération a traversé un siècle caractérisé par les conflits, les bains de sang, la haine et l'intolérance ; un siècle qui a tenté sans pleinement y parvenir de résoudre les disparités entre riches et pauvres, entre pays développés et en voie de développement.

« J'espère que nos efforts au nom de l'ANC ont contribué et continueront de contribuer à cette recherche d'un ordre mondial plus juste.

« Ce jour marque l'accomplissement d'une nouvelle étape dans cette course de relais – qui durera encore des dizaines d'années – où nous prendrons congé pour que la génération compétente d'avocats, d'informaticiens, d'économistes, de financiers, d'industriels, de docteurs, d'ingénieurs et, par-dessus tout, de travailleurs et de paysans ordinaires fassent entrer l'ANC dans le nouveau millénaire.

« Je suis impatient de connaître le jour où je pourrai me lever avec le soleil ; arpenter les collines et les vallées de mon village, Qunu*, dans la paix et la tranquillité. Et je suis sûr que ce jour viendra parce que, ce jour-là, quand je verrai le sourire sur le visage des enfants refléter le soleil qui leur brille au cœur, je saurai, camarade Thabo et ton équipe, que vous êtes sur le bon chemin ; que vous réussissez.

---

* Qunu – voir Personnalités, lieux et événements.

« Je saurai que l'ANC est vivant – qu'il continue de montrer la voie[1]* ! »

Comme un seul homme, les délégués de la conférence et les invités se levèrent et se mirent à chanter, taper dans leurs mains et se déhancher sur une variété de chansons avant d'en choisir une qui était à la fois un adieu à cet homme unique et la triste acceptation du fait que, quoi qu'il arrive, l'Afrique du Sud ne serait plus jamais la même.

« Nelson Mandela, disait la chanson, il n'y en a pas deux comme lui. »

---

* Tous les appels de note en chiffres arabes renvoient aux notes en fin de volume.

1

Le défi de la liberté

Nelson Mandela avait entendu cette chanson et ses nombreuses variantes bien avant sa libération de la prison Victor-Verster* en 1990. Les efforts concertés de l'appareil sécuritaire et des autorités carcérales pour l'isoler de la propagation des mouvements de lutte – et de leur bande-son évocatrice – ne pouvaient endiguer le flot d'informations entre le précieux détenu et ses nombreux interlocuteurs. L'afflux en prison à la fin des années 1980, y compris à Robben Island, de nouveaux venus qui étaient pour la plupart de jeunes membres de diverses formations politiques – précédé en 1976 par la vague de militants étudiants après les émeutes de Soweto et d'ailleurs – avait marqué une escalade dans la lutte et apporté son lot de nouveaux chants, dont chaque vers était un commentaire crypté sur les progrès effectués ou les revers subis, la tragédie ou la comédie qui se jouaient dans la rue. Le refrain récurrent des chansons était que le régime sud-africain était du mauvais côté de l'histoire.

---

* Prison Victor-Verster – voir Personnalités, lieux et événements.

Comme la plupart des gens qui acceptent que l'histoire leur réserve un traitement spécial, et sans doute lui-même familier du dicton mordant d'Emerson – « Être grand, c'est être incompris[1] » –, Mandela savait que son propre héritage dépendrait du cap qu'il s'était fixé : les négociations entre le gouvernement et l'ANC. Elles avaient commencé cinq ans avant sa libération, quand, à peine sorti d'un bilan médical au Volks Hospital où il avait reçu la visite de Kobie Coetsee*, ministre de la Justice, Mandela avait abordé la question d'une négociation entre l'ANC et le gouvernement. La présence de Coetsee avait été une lueur d'espoir dans des ténèbres impénétrables. L'année 1985 restait la période la plus sanglante de la lutte, une époque caractérisée par l'irréversibilité des intentions et un durcissement des attitudes parmi des belligérants qu'un gouffre séparait.

Oliver Tambo†, président de l'ANC et compagnon de route de Mandela, venait d'exhorter les Sud-Africains à rendre le pays ingouvernable[2]. Mandela, néanmoins, comprit que le prix à payer serait trop élevé pour les masses désarmées face à un ennemi utilisant toute la panoplie de la sûreté de l'État. Mais c'était un prisonnier, un prisonnier politique qui, comme un prisonnier de guerre, n'a qu'une obligation – celle de s'évader. Seulement, son évasion de ce confinement immédiat était irréversiblement liée au besoin d'une plus large évasion, ou libération, du peuple d'Afrique du Sud des chaînes d'un ordre injuste. Après avoir longuement étudié son ennemi et avoir fait des recherches dans des livres d'histoire, de droit, de philosophie, de langue

---

* Kobie Coetsee – voir Personnalités, lieux et événements.

† Oliver Tambo – voir Personnalités, lieux et événements.

et de culture, Mandela en était arrivé à la conclusion que les Blancs étaient condamnés à découvrir que le racisme faisait autant de ravages chez eux que chez les Noirs. Le système reposant sur le mensonge qui leur avait trompeusement inculqué un complexe de supériorité se révélerait toxique pour eux et les générations futures, et les rendrait inaptes à vivre au sein du vaste monde.

Séparé de ses camarades de prison à son retour d'hôpital à la prison de Pollsmoor, période que Mandela qualifia de « splendide isolation », il comprit qu'il fallait agir. Il en conclut qu'il était « tout simplement absurde pour les deux parties de perdre des milliers, voire des millions de vies dans un conflit inutile[3]* ». Il était temps de discuter.

Conscient des répercussions de ses actes sur la lutte pour la libération en général et sur l'ANC en particulier, il était résigné à son sort : si les choses tournaient mal, se dit-il, l'ANC pourrait sauver les apparences en attribuant sa démarche aux velléités incontrôlables d'un individu isolé, et non à son représentant.

« Les grands hommes font l'histoire, écrit C.L.R. James, l'influent historien afro-trinidadien, mais seulement l'histoire qu'il leur est possible de faire. Leur liberté d'accomplissement est limitée par les nécessités de leur environnement[4]. »

En près de trente ans de réclusion, Mandela avait passé du temps à analyser le pays qu'il était destiné à gouverner. Dans ces moments d'attente, d'un mot de ses geôliers ou d'un signal clandestin de ses

---

* Tous les extraits tirés du livre de Nelson Mandela, *Long Walk to Freedom*, paru à Londres aux Éditions Abacus en 1994, ont été traduits par mes soins. *(Note du traducteur.)*

compagnons, il médita sur la nature de la société, ses saints et ses monstres. Bien qu'il fût en prison – sa liberté d'accomplissement limitée par les nécessités de son environnement –, il eut peu à peu accès aux plus hauts cercles du pouvoir de l'apartheid, finissant par rencontrer un président malade, P.W. Botha, puis son successeur, F.W. De Klerk*.

Dehors, les homicides se multipliaient et les escadrons de la mort prospéraient ; chaque nouvel enterrement donnait lieu à un nouveau cycle de meurtres et d'assassinats, y compris d'universitaires. Une langue nouvelle était parlée dans la rue, et la population s'habitua aux groupes d'autodéfense et aux méthodes d'exécution les plus horribles, comme celle, brutale, dite du « collier », utilisée contre ceux que l'on considérait comme des collaborateurs de l'apartheid†.

À chaque rencontre de Mandela avec les représentants du gouvernement, le plus important dans son esprit fut de trouver une solution à la tragédie sud-africaine. Entre De Klerk et le policier de dix-neuf ans en gilet pare-balles qui tente de contenir des foules en colère, il y avait des hommes et des femmes de chair et de sang qui, tel un enfant jouant avec une grenade, semblaient inconscients du fait qu'ils couraient à leur perte – et en entraînaient des millions d'autres dans leur sillage.

Mandela espérait que le bon sens prévaudrait avant qu'il soit trop tard. À bientôt soixante-dix ans, il était

---

* P.W. Botha ; F.W. De Klerk – voir Personnalités, lieux et événements.

† Le collier était une méthode d'exécution assimilable à la torture, où l'on passait un pneu rempli de pétrole autour du cou de la victime avant d'y mettre le feu.

conscient de sa propre mortalité. Peut-être était-il d'humeur fantasque quand il écrivit, beaucoup plus tard, ce qui se révéla prophétique :

« Des hommes et des femmes à travers le monde, depuis des siècles, naissent et meurent. Certains ne laissent rien derrière eux, pas même leur nom. C'est comme s'ils n'avaient jamais existé. D'autres laissent un héritage : le souvenir obsédant des méfaits qu'ils ont commis contre d'autres êtres humains ; l'abus de pouvoir par une petite minorité de Blancs contre une majorité d'Africains, de métis et d'Indiens, le déni à cette majorité des droits de l'homme les plus élémentaires, le racisme larvé dans toutes les sphères de la société, la détention arbitraire, la torture, la brutalité des assauts à l'intérieur comme à l'extérieur des prisons, la destruction de familles, l'exil et la clandestinité forcés, la condamnation à de longues peines d'emprisonnement[5]. »

Comme presque tous les Sud-Africains noirs, Mandela avait fait directement l'expérience de chaque violation citée, ou connu des proches qui avaient atrocement souffert aux mains des autorités. C'était une époque de mort subite, où les titres des faits divers évoquaient ceux de séries B américaines : Les Sept de Gugulethu. Les Quatre de Cradock. Le Massacre du Cheval de Troie*. Dans tous ces cas, de très jeunes

---

* Les Sept de Gugulethu étaient sept jeunes militants anti-apartheid abattus par la police le 3 mars 1986 à Gugulethu, près du Cap ; les Quatre de Cradock étaient quatre militants anti-apartheid qui allaient de Port Elizabeth à Cradock, au Cap-Oriental, le 27 juin 1985, quand ils furent enlevés par la police secrète, puis torturés et assassinés ; le Massacre du Cheval de Troie eut lieu le 15 octobre 1985, quand la police secrète à Athlone, au Cap, se cacha derrière des caisses en bois dans un wagon de marchandises, avant de se

militants et porte-parole de leur communauté furent tués avec brutalité au plus fort de la répression d'État au milieu des années 1980, les représentants des forces de l'ordre niant toute complicité ou affirmant avoir agi en état de légitime défense.

Au souvenir de Sharpeville* et d'autres massacres perpétrés par les forces de répression de l'apartheid où une multitude de citoyens avaient été mutilés ou abattus dans des opérations de police, Mandela évoque l'image dérangeante « d'une police à la gâchette facile qui massacre des milliers de personnes innocentes et sans défense », et qui blasphème, se servant du « nom de Dieu… pour justifier la perpétration du mal contre la majorité. Dans leur vie quotidienne, ces hommes et ces femmes, dont le régime commettait des atrocités sans égales, portaient de beaux vêtements et allaient régulièrement à la messe. Mais dans les faits, ils représentaient tout ce pour quoi le diable se bat. Ils avaient beau affirmer appartenir à une communauté de fervents fidèles, leur politique était dénoncée par presque tout le monde civilisé comme un crime contre l'humanité. Ils furent exclus des Nations unies et d'un grand nombre d'autres organisations mondiales et régionales… [et] devinrent des brebis galeuses pour le reste du monde[6] ».

La chute du mur de Berlin en novembre 1989 eut un retentissement international qui occulta presque un événement domestique majeur, qui avait eu lieu un mois plus tôt. Le 15 octobre 1989, Walter Sisulu

---

dresser et d'ouvrir le feu sur une manifestation anti-apartheid, tuant trois jeunes gens, parmi lesquels un enfant de onze ans.

* Massacre de Sharpeville – voir Personnalités, lieux et événements.

fut libéré de prison avec Raymond Mhlaba, Wilton Mkwayi, Oscar Mpetha, Ahmed Kathrada, Andrew Mlangeni et Elias Motsoaledi*. Cinq d'entre eux, avec Mandela, faisaient partie des dix accusés du procès de Rivonia en 1963-1964†, et étaient ses camarades les plus proches‡. Jafta Kgalabi Masemola, cofondateur du PAC avec Robert Sobukwe§, fut aussi libéré. Six mois plus tard, Masemola mourut dans un accident de voiture, dont le caractère accidentel est encore aujourd'hui mis en doute par certains membres du PAC.

Mandela avait convaincu les autorités de libérer des hommes à Pollsmoor et Robben Island en signe de bonne volonté. Les négociations pour leur libération avaient commencé avec Mandela et Botha, puis s'étaient interrompues quand, d'après Niël Barnard¶, ancien chef du Service national de renseignements (NIS), en raison de « forts antagonismes au sein du SSC [Conseil de sécurité d'État] ce projet [de libérer Sisulu en mars 1989] avait été relégué au second plan[7] ». Leur libération fit naître en Mandela des émotions contradictoires : de l'euphorie devant la liberté retrouvée de ses compagnons, et de la tristesse devant sa propre solitude. Mais il savait que son tour viendrait quelques mois plus tard.

---

* Pour une note biographique sur ces personnes, voir Personnalités, lieux et événements.

† Procès de Rivonia – voir Personnalités, lieux et événements.

‡ Wilton Mkwayi et Oscar Mpetha ne faisaient pas partie des accusés au procès de Rivonia. Mkwayi fut condamné à la réclusion à perpétuité en janvier 1965 et Oscar Mpetha fut condamné à une peine de cinq ans de réclusion en 1983.

§ Jafta Masemola ; Robert Sobukwe – voir Personnalités, lieux et événements.

¶ Niël Barnard – voir Personnalités, lieux et événements.

Kathrada se souvient que le « détenu Kathrada » vit le « détenu Mandela » pour la dernière fois à la prison Victor-Verster le 10 octobre 1989, quand lui et d'autres camarades rendirent visite à Mandela dans le bâtiment où il passa ses quatorze derniers mois de détention.

Mandela dit au groupe : « C'est un adieu, les gars », et Kathrada et les autres répondirent qu'ils « le croiraient quand ils le verraient ». Mandela insista sur le fait qu'il venait de rencontrer deux ministres qui lui avaient assuré que ses camarades seraient libérés. Ce soir-là, au lieu de les renvoyer à Pollsmoor, on leur servit le repas au réfectoire de la prison Victor-Verster. Puis, juste à temps pour le journal du soir, une télévision fut apportée et le président F.W. De Klerk annonça qu'il avait décidé de relâcher huit détenus : Kathrada, Sisulu, Mhlaba, Mlangeni, Motsoaledi, Mkwayi, Mpetha et Masemola.

On ramena les hommes à Pollsmoor et trois jours plus tard ils furent transférés. Kathrada, Sisulu, Mlangeni, Motsoaledi, Mkwayi et Masemola furent envoyés par avion à la prison de Johannesburg. Mhlaba partit pour sa ville de Port Elizabeth, et Mpetha, qui était du Cap, resta à l'hôpital Groote Schuur où il était soigné sous bonne garde. Puis, le soir du samedi 14 octobre, le directeur de la prison de Johannesburg alla voir les détenus et leur dit : « Nous venons de recevoir un fax de l'administration pénitentiaire qui nous informe que vous serez libérés demain.

— Qu'est-ce que c'est, un fax ? », demanda Kathrada. Il était en prison depuis plus de vingt-six ans[8].

Le 2 février 1990, F.W. De Klerk prit la parole au Parlement pour annoncer la levée de l'interdiction de l'ANC, du PAC, du Parti communiste sud-africain

(SACP)* et d'une trentaine d'autres partis politiques illégaux. Il annonça aussi la libération des prisonniers politiques condamnés pour des crimes non violents, la suspension de la peine de mort et l'abrogation d'une myriade d'interdictions édictées sous l'état d'urgence†. Pour beaucoup de Sud-Africains qui avaient souffert sous le joug de l'apartheid, ce fut le proverbial premier jour du reste de leur vie.

Comme presque tous les prisonniers politiques à qui l'histoire a assigné la mission de se mettre au service d'une grande partie de l'humanité, au rang desquels figurent le Mahatma Gandhi, Antonio Gramsci, Václav Havel et Milovan Djilas, Mandela fut capable de s'imposer à lui-même sa propre volonté et, jusqu'à un certain point, de l'imposer à ses geôliers. Il avait lu tout ce qui lui était accessible sur des leaders tels que Ahmed Ben Bella, Jomo Kenyatta et Sékou Touré, qui avaient persévéré malgré les épreuves imposées par l'administration coloniale et en étaient sortis forts – peut-être même plus forts, puisqu'ils avaient prouvé que la prison ne les avait pas brisés. Mais Mandela était conscient des changements provoqués par la réalité de la vie hors de prison. La tentation de la fonction et l'attrait du pouvoir. Il l'avait vu advenir au cours de sa vie, dans certains cas chez des gens qu'il avait côtoyés, et dont il écrit :

« Ce furent ceux-là mêmes qui commandèrent un jour d'invincibles armées de libération, qui endurèrent d'indicibles épreuves, mais finirent par réussir, non seulement à libérer leur peuple, mais aussi à améliorer

---

* Parti communiste sud-africain (SACP) – voir Personnalités, lieux et événements.

† État d'urgence, 1960 – voir Personnalités, lieux et événements.

leurs conditions de vie. Ils gagnèrent le respect et l'admiration de tous, poussèrent des millions de personnes sur tous les continents à se dresser contre l'oppression et l'exploitation. » Pour Mandela, il était triste de voir certains de ces leaders, anciens combattants de la liberté, s'égarer. En critiquant leur désastreux orgueil, il tâchait de faire prendre la mesure de la trahison de la cause qui en avait résulté. Il exprimait aussi peut-être sa propre peur secrète de ce qui pouvait arriver, quand il décrivait des situations où « la liberté et l'installation d'un gouvernement démocratique font passer d'anciens libérateurs de la clandestinité aux portes du pouvoir, où ils côtoient ensuite les riches et les puissants ».

Il affirme que c'est « dans des situations de cette nature que certains anciens combattants pour la liberté courent le risque d'oublier leurs principes et ceux qui sont paralysés par la pauvreté, l'ignorance et la maladie ; certains aspirent alors au style de vie des oppresseurs qu'ils ont jadis honnis et renversés[9] ».

L'origine de ces observations se trouve dans la propre existence de Mandela, où la discipline était son mot d'ordre. Il suivait un strict régime d'exercice et faisait en sorte de rester en bonne forme. Il avait l'habitude de faire les choses lui-même et continua après sa libération, provoquant un jour la stupéfaction du cuisinier qui lui avait été assigné quand il insista pour faire la vaisselle et préparer son propre repas.

Mandela écrit : « Un jour, après un délicieux repas préparé par M. Stewart, j'allai à la cuisine faire la vaisselle. “Non, dit-il, c'est à moi de le faire. Vous devez retourner au salon.” J'insistai, affirmant qu'il fallait que je fasse quelque chose, et que, s'il cuisinait, c'était la moindre des choses que je fasse la vaisselle. M. Stewart protesta, mais finit par capituler.

Il s'opposa aussi au fait que je fasse mon lit chaque matin, disant que cette tâche lui revenait. Mais je faisais mon lit depuis si longtemps que c'était devenu un réflexe[10]. »

Dans une large mesure, Mandela avait observé le code de conduite d'un soldat bien avant son arrestation en 1962. Il attendait de ses compagnons, membres d'un groupe restreint de combattants dévoués, qu'ils soient irréprochables ; la machinerie de l'apartheid était rigide et régimentée, et il fallait une force tout aussi disciplinée pour lui résister et prendre le pouvoir.

« À moins que leur parti politique ne reste fort et ne repose sur des principes, n'exerce une stricte discipline sur les dirigeants comme sur les simples militants, et ne pousse ses membres, en dehors des programmes de gouvernement, à développer des initiatives sociales pour améliorer le sort de la communauté, la tentation d'abandonner les pauvres et de commencer à amasser une immense fortune devient irrésistible[11]. »

De sa prison, Mandela avait suivi l'actualité mondiale, notant avec désarroi que les dirigeants du continent africain en proie à la mégalomanie n'étaient pas peu nombreux. Des régions les plus septentrionales à la pointe sud du continent, des chefs d'État autoproclamés, revêtus d'un uniforme où scintillaient les médailles, infligeaient une misère considérable à leurs sujets dans des pays où le pillage des ressources naturelles était la règle. Des populations étaient en proie à la famine, à la violence, aux épidémies et à l'extrême pénurie. À ce propos, Mandela dit : « Ils finissent par se prendre pour des chefs d'État indispensables. Dans les cas où la Constitution le permet, ils deviennent présidents à vie. Dans les cas où la Constitution d'un pays impose des limites, ils amendent généralement la Constitution pour s'accrocher éternellement au pouvoir[12]. »

La question de savoir comment il allait exercer le pouvoir une fois sorti lui traversait l'esprit. Le monde promettait des complications plus redoutables que les négociations qu'il avait menées avec ses geôliers, y compris quand il réussit à imposer aux autorités pénitentiaires le moment et le lieu de sa libération. Le gouvernement de De Klerk aurait voulu le libérer bien plus tôt, et sans doute sans fanfare, chez lui à Soweto, mais Mandela s'y refusait. Il voulait être libéré au Cap où il pourrait remercier la population de la ville avant de rentrer chez lui :

« Je leur disais que je voulais être libéré à la porte de Victor-Verster. De là, je me débrouillerais seul. Vous n'avez pas le droit de dire qu'il faut m'emmener à Johannesburg. Je veux être libéré ici. Et finalement, ils ont accepté de me libérer à la porte de Victor-Verster. » De plus, Mandela demanda que sa libération soit repoussée d'une semaine pour que les gens « s'y préparent »[13].

C'est en prison que Mandela perfectionna ce qui deviendrait plus tard l'une de ses plus grandes forces, la capacité de voir en la personne face à lui, amie ou ennemie, un être humain complexe doté d'une personnalité aux multiples facettes. L'un de ses regrets, tandis que les appareils photo crépitaient et que la foule était en liesse l'après-midi du 11 février 1990, était de ne pas avoir eu la possibilité de saluer le personnel de la prison avant son départ. Pour lui, ils étaient plus que la simple somme de fonctionnaires en uniforme, le bras armé d'un régime injuste ; ils étaient des êtres humains avec des familles qui, comme tout le monde, avaient leurs propres soucis dans la vie.

Cela ne signifiait évidemment pas que Mandela allait oublier ses bourreaux ou passer l'éponge sur les excès du régime blanc d'apartheid. Dans sa préparation résolue de l'avenir, qui avait débuté à la fermeture des portes de la prison derrière lui, il savait qu'il devait se libérer de la rancœur et se concentrer sur ce qui l'attendait. Même s'il avait commencé à purger sa peine comme un simple individu, Mandela avait fait partie d'un groupe de membres dévoués aux exigences de la lutte et au sacrifice des plus belles années de leur vie dans un intérêt supérieur.

Sorti seul, le reste des accusés de Rivonia et des prisonniers ayant été relâchés avant lui, il savait que des millions de paires d'yeux se poseraient sur lui pour savoir ce qu'il était devenu. Pendant des mois, Mandela avait tenu et organisé des conversations téléphoniques avec un certain nombre de membres de l'ANC et du Front démocratique uni (UDF), coalition forte d'un large éventail d'adhérents, comprenant des centaines d'organisations de jeunesse, d'associations pour la défense des droits civiques et d'organisations étudiantes. Quelques heures avant sa libération, il avait consulté les membres du Comité national de réception*, sélection de militants et de leaders aguerris aux luttes du mouvement démocratique de masse, parmi lesquels Cyril Ramaphosa, Valli Moosa, Jay Naidoo et Trevor Manuel†, qui joueraient tous un rôle de premier plan au sein du futur gouvernement. Presque tous

* Le Comité national de réception, composé de quatre cents militants anti-apartheid de premier plan, fut créé pour préparer et organiser la libération de Nelson Mandela et gérer les activités afférentes.

† Valli Moosa ; Jay Naidoo ; Trevor Manuel – voir Personnalités, lieux et événements.

les prisonniers condamnés à de longues peines ont une perception aiguë des situations et les comprennent plus vite que la moyenne pour la simple raison que leur survie en dépend. Par conséquent, malgré l'excitation liée à la perspective de sa libération, Mandela perçut l'angoisse des représentants de l'ANC qui avaient eu très peu de nouvelles concernant le changement du lieu de libération de Soweto au Cap.

« Il devait être libéré dans moins de vingt-quatre heures, dit Valli Moosa. Nous étions sous le choc mais personne ne céda à la tentation de demander qu'il soit gardé plus longtemps, même si nous voulions le demander[14]. »

Mandela vit dans le dilemme qu'était sa libération pour le gouvernement et l'ANC un signe de la difficulté du chemin qu'il restait à parcourir. À sa sortie de Victor-Verster, il s'était déjà dit que la mission de sa vie était de « libérer les opprimés comme les oppresseurs[15] ». Autrement dit, il fallait qu'il tente de franchir l'abîme entre l'oppresseur, représenté par le gouvernement qui l'avait emprisonné, et les opprimés : la majorité de la population d'Afrique du Sud dans toute sa diversité. Il avait déjà accepté les sacrifices nécessaires à l'accomplissement de cet objectif. C'était celui que le destin lui avait assigné.

« La véritable épreuve pour un homme, écrit Václav Havel, ce n'est pas de jouer le rôle qu'il se réserve mais celui que le destin lui a choisi[16]. »

Bien plus tard, Barbara Masekela*, écrivain et diplomate renommée qui fut directrice de cabinet de Mandela, fit écho à ce sentiment. « Mandela, dit-elle, savait qu'être président consistait à jouer un rôle – et il était déterminé à bien le jouer[17]. »

---

* Barbara Masekela – voir Personnalités, lieux et événements.

Mais bien le jouer fut loin d'être facile, et les préparatifs de Mandela avaient commencé depuis longtemps. Au milieu des années 1980, Mandela avait pris les devants et exploré la possibilité d'initier des pourparlers entre l'ANC et le gouvernement du Parti national* du prédécesseur de De Klerk, le président P.W. Botha. Chouchou des caricaturistes, dont la mine revêche et l'index menaçant faisaient le bonheur de la presse nationale, le président Botha était l'un des derniers tenants de la ligne dure, un faucon surnommé « Die Groot Krokodil » (« Le Grand Crocodile ») pour l'intransigeance de sa politique, qui voyait dans la force brute la seule réponse au conflit. Mais même Botha avait appris de certains de ses généraux les plus droitiers que la résolution du cauchemar sud-africain ne serait jamais atteinte par le seul recours à la force militaire.

Mandela savait que le cycle de la violence avait de lourdes conséquences dans les catégories les plus pauvres et les plus marginalisées de la population. La majorité noire et impatiente du pays nourrissait des attentes. Les bénéficiaires du régime d'apartheid – dont beaucoup étaient armés et dotés d'une redoutable capacité à faire des ravages – attendaient aussi, en retenant leur souffle, une menace substantielle au *statu quo*.

Il fallait donc que Mandela montre que De Klerk était un homme intègre, ne serait-ce que pour désarmer les tenants de la ligne dure qui auraient jubilé de voir le président sud-africain affaibli par un rejet de l'ex-prisonnier. D'après la prétendue logique des extrémistes de droite, c'était une chose pour De Klerk de libérer le terroriste, mais c'en était une autre pour ce

---

* Parti national – voir Personnalités, lieux et événements.

même terroriste de mener la danse tout en refusant la main tendue de son libérateur.

Pour Mandela, entamer le dialogue avec le régime de Pretoria revenait un peu à se frayer un chemin sur une route où la circulation était chaotique. Il devait faire le tampon entre le groupe de négociateurs mené par De Klerk et deux véhicules arrivant de directions opposées – l'un conduit par les attentes d'une majorité noire à bout de patience, et l'autre par les tenants de la droite dure, guidés par la peur et l'impression erronée d'être dans leur bon droit. Pour Mandela, l'échec des négociations avant même qu'elles commencent eût été la plus grande des tragédies. À cet égard, il alla contre les recommandations des représentants de son propre parti, que son intention de qualifier De Klerk d'homme intègre mettait mal à l'aise. Quand ils s'irritaient de sa complaisance envers De Klerk, il répondait toujours qu'il continuerait à le considérer comme un homme intègre jusqu'à preuve du contraire. D'ici là, De Klerk serait son futur partenaire de négociations.

Mandela était capable de voir et de faire la distinction entre F.W. De Klerk l'homme et De Klerk le représentant (à défaut d'en être la victime) d'une machine d'État répressive et toute-puissante. Peut-être Mandela souhaitait-il seulement travailler au corps cet *alter ego* politique et le détourner de l'influence du parti qui avait embrassé la politique de l'apartheid, position qu'il trouvait profondément répugnante.

À ce sujet, il déclarerait plus tard : « Le régime d'apartheid, même pendant la période de négociations… croyait encore pouvoir sauver la suprématie blanche avec le consentement des Noirs. Les négociateurs de l'apartheid avaient beau user de subterfuges, il fut clair dès le début des pourparlers que leur souci principal était de nous empêcher de gouverner le pays, même si nous gagnions une élection démocratique. »

Il avait eu un avant-goût de cette position lors de sa première rencontre avec le président De Klerk, alors qu'il était encore détenu à Victor-Verster, le 13 décembre 1989. Il écrit :

« Peu après cette rencontre, j'avais lu un article du rédacteur en chef de *Die Burger* (qui était à l'époque l'organe officiel du Parti national), écrit sous le nom de plume de Dawie, dans lequel il critiquait vertement le concept de droit des groupes, présenté par le parti comme la meilleure solution aux problèmes du pays. Cela signifiait que chaque groupe de population après les premières élections démocratiques conserverait définitivement les droits et privilèges qui étaient les siens avant de telles élections, quel que soit le parti vainqueur. »

Cette supercherie aurait signifié que « la minorité blanche continuerait de monopoliser tous les droits civiques les plus importants. Les changements révolutionnaires exigés par le mouvement de libération, et pour lesquels des martyrs avaient depuis des siècles payé le prix le plus élevé, seraient mis sous l'éteignoir. Le nouveau gouvernement ne serait pas en mesure de protéger le peuple ni d'offrir une éducation de qualité à ses enfants. La pauvreté, le chômage, la faim, l'illettrisme et la maladie se répandraient. *Die Burger* affirmait que cette pseudo-politique était une façon de faire rentrer l'apartheid par la porte de derrière ».

Mandela fit remarquer à De Klerk que, si « leur propre organe de presse condamnait cette idée, il devait bien imaginer ce que nous en pensions. Nous la rejetterions sur-le-champ[18] ».

« C'est là que le Président m'impressionna, écrit Mandela. Il admit que, si notre mouvement ne voulait même pas considérer la question, il y renoncerait. J'envoyai immédiatement un message à la direction de l'ANC en Zambie dans lequel je décrivis le Président comme un homme intègre avec qui nous pouvions discuter[19]. »

Mandela fut peut-être impressionné par De Klerk, mais ce fut une autre affaire de vendre la proposition à l'ANC. L'ANC, comme cela a été dit à plusieurs reprises, est un animal d'un autre genre, tout à la fois Église élargie, mouvement de libération et philosophie de vie pour des millions de Sud-Africains. Il fait partie de la vie de certaines familles depuis des générations, transmis d'une génération à l'autre comme un héritage familial. Une telle organisation s'accroche inévitablement à ses traditions, voit toute forme d'innovation d'un œil méfiant. En soixante-dix-sept ans d'existence au moment où les pourparlers entre Mandela et les présidents de l'apartheid atteignirent leur point culminant en 1989, le sujet des négociations n'avait jamais été évoqué dans sa ligne politique. Mais en exil, l'ANC se devait de faire une évaluation réaliste de la situation et de l'équilibre des forces. Les attaques continues de la machine militaire sud-africaine contre les États de la « ligne de front », une alliance de pays d'Afrique australe contre l'apartheid de 1960 au début de 1990, pour abriter l'ANC, avaient changé la donne géopolitique de la région.

Plus crucial encore fut le retrait forcé de l'ANC de diverses zones stratégiques, la plus importante étant le Mozambique après la signature par le président Samora Machel d'un pacte de non-agression avec l'Afrique du Sud, l'accord de Nkomati, le 16 mars 1984.

Autrement dit, l'ANC devait poursuivre sa lutte armée sans bénéficier de bases dans les pays voisins. Cela poussa la direction à commencer à réfléchir à la question des milliers de cadres déplacés en Zambie et en Tanzanie. Cette même année, une mutinerie qui éclata dans les camps angolais du MK ébranla la direction, surtout parce que la raison de son déclenchement était l'impatience des soldats du MK désireux de rentrer se battre au pays contre l'ennemi, au lieu d'être coincés dans un conflit interne entre les troupes du Movimento popular de libertação de Angola (« Mouvement populaire de libération de l'Angola », MPLA) et celles de l'União nacional para a independência total de Angola (« Union nationale pour l'indépendance totale de l'Angola », UNITA), soutenues par l'Afrique du Sud*. Une pression similaire avait forcé l'ANC à envoyer le détachement Luthuli du MK participer aux campagnes de Wankie et Sipolilo dans ce qui était la Rhodésie depuis 1967†. Dans les camps, dans la plupart des zones où il y avait une importante communauté d'exilés, on chantait des chansons invoquant un panthéon de héros et de martyrs, incluant les noms de Nelson Mandela

* Le MPLA mit à disposition de l'ANC des installations militaires pour l'entraînement du MK. Au cours de la guerre civile qui suivit l'accession au pouvoir du MPLA en 1975, la Force de défense sud-africaine (SADF) soutint l'UNITA dans sa campagne de déstabilisation de l'Angola et d'obstruction à l'indépendance de la Namibie.

† La campagne de Wankie en 1967 fut la première opération militaire commune entre le MK (par le biais de son détachement Luthuli) et l'Armée révolutionnaire du peuple zimbabwéen pour faire passer des combattants en Afrique du Sud depuis ce qui était alors la Rhodésie. Une autre unité du MK appelée Sipolilo fut alors envoyée en Rhodésie pour attaquer par l'est, vers Sipolilo, et ouvrir un second couloir.

et Oliver Tambo. On chantait sa dévotion à la lutte et la marche sur Pretoria. Parfois les chants révolutionnaires parlaient de la perfidie des agents du régime sud-africain, dont certains étaient d'anciens camarades passés de l'autre côté. Mais les figures les plus honnies, omniprésentes dans l'imaginaire collectif des chanteurs exaltés, étaient la série de leaders de l'apartheid, en particulier Botha et De Klerk*.

Avant même que Mandela noue contact avec Botha et De Klerk, la rumeur des pourparlers et de la libération imminente de Mandela s'était propagée. Début juillet 1989, un groupe d'écrivains exilés, membres de l'ANC, qui s'apprêtaient à rencontrer des écrivains et universitaires afrikaners aux chutes Victoria tombèrent sur un régiment de journalistes sud-africains et internationaux aux yeux rougis et d'équipes de télévision, campés devant l'hôtel Pamodzi à Lusaka. À la suite de ce qui relevait manifestement d'une grossière désinformation, les médias surveillaient les abords de l'aéroport et les portes du siège de l'ANC sur Chachacha Road au centre-ville, dans l'éventualité d'un scoop si Nelson Mandela était libéré et remis à l'ANC en Zambie, comme on le leur avait annoncé. Plus gênantes, les accusations de quelques jeunes agitateurs

---

* Le 16 juin 1976, la police ouvrit le feu sur une foule comptant entre 10 et 20 000 étudiants et écoliers de Soweto tandis qu'ils ralliaient un meeting à l'Orlando Stadium pour protester contre l'Afrikaans Medium Decree, qui contraignait toutes les écoles réservées aux Noirs à utiliser l'afrikaans dans la moitié des cours et l'anglais dans l'autre, et à réserver certains sujets à la seule langue afrikaans. Cela marqua le début de l'insurrection de Soweto, qui dura plusieurs mois dans de nombreuses régions du pays jusqu'à ce que le gouvernement annule le décret, et au cours de laquelle on estime à 700 le nombre d'étudiants tués.

au pays et en exil affirmant que « le vieux avait trahi les siens ». On parlait même de menaces de mort planant sur Mandela.

Malgré cela, l'ANC a constamment fait preuve d'un instinct politique infaillible, tâchant toujours, au fil des ans, de trouver une solution à ses problèmes. Même les hommes et les femmes qui avaient pris les armes, qu'ils soient dans des camps ou qu'ils soient entrés dans la résistance à l'intérieur du pays, étaient guidés par des principes politiques. Ils étaient membres du NEC, principal corps décisionnaire entre deux conférences, fortement réticent à la possibilité d'un rapprochement avec Pretoria. Mais il y avait Oliver Tambo, le président, dont le credo était de prendre les décisions au consensus, insistant pour que chaque aspect d'un problème difficile soit discuté et analysé, aussi longtemps que nécessaire, jusqu'à trouver un accord.

Inévitablement, tout mouvement de libération atteint la croisée des chemins où il faut prendre des décisions cruciales qui pèsent sur la vie des gens. OR, comme Tambo était affectueusement surnommé, les prit. Infatigable et scrupuleux à l'excès, il consulta les dirigeants de son propre parti tout en s'assurant que ceux des pays de la « ligne de front » soient informés du moindre développement.

Finalement, il fut clair pour tout le monde que le temps était au dialogue avec l'ennemi. Pour appuyer cette idée, les représentants de plusieurs syndicats et organisations politiques et civiles prirent l'avion pour Lusaka afin d'entamer les discussions avec l'ANC et de développer des stratégies pour se préparer à ce scénario. L'arrivée à Lusaka des grands anciens – Walter Sisulu, Govan Mbeki (qui avait été libéré deux ans plus tôt), Wilton Mkwayi, Raymond Mhlaba, Elias

Motsoaledi et Ahmed Kathrada – et leurs échanges avec la direction lui donnèrent toute sa réalité. Cela servit aussi de soupape aux états d'âme refoulés des camarades du MK, pour la plupart membres d'opérations spéciales œuvrant dans la clandestinité, qui se plaignaient du grand nombre de blessés parmi les membres du MK infiltrés dans le pays. C'est Walter Sisulu qui annonça aux membres de l'ANC rassemblés à Mulungushi Hall, à Lusaka, qu'il fallait se préparer à rentrer au pays[20].

2

Négocier la démocratie

Le 11 février 1990, vint enfin le moment pour Nelson Mandela de rentrer chez lui. Une frange considérable de la population mondiale vit en direct cet après-midi-là Mandela franchir les portes de la prison Victor-Verster.

Près de deux ans plus tôt, le 11 juin 1988, une audience estimée à six cents millions de téléspectateurs dans soixante-sept pays avait suivi la retransmission en direct du stade de Wembley, à Londres, d'un concert donné par le monde de la musique pop en hommage à Mandela, à l'occasion de son soixante-dixième anniversaire. Décrit par le présentateur de la BBC Robin Denselow, en 1989, comme « le plus grand et spectaculaire événement de pop-politique de tous les temps », il fut organisé par le Mouvement anti-apartheid britannique (AAM) sous la direction de son président, l'archevêque Trevor Huddleston[1]. Le concert prouva une fois de plus combien l'absence même de Mandela renforçait le sentiment de sa présence.

Mais désormais, il était vraiment là, incarnation bien vivante de l'échec de son incarcération et du régime d'apartheid, marchant sous le soleil du Cap-Occidental, saluant la foule, souriant.

Pour faire partie de cette nouvelle Afrique du Sud qui émergeait, Mandela devait entrer de plain-pied dans l'agitation – et la confusion – du pays et du peuple qu'il entendait guider. Le parcours de Mandela des portes de la prison à la Grande Parade du Cap, où des milliers d'admirateurs vinrent l'écouter parler, fut marqué par moult détours et inquiétudes, augurant, peut-être, des méandres que le pays était condamné à suivre dans son périple vers la démocratie. La tension monta d'un cran lorsque le chauffeur de Mandela, affolé par la foule amassée le long de la route menant à la mairie, prit la direction de la banlieue voisine de Rondebosch, où le convoi attendit au calme, dans une rue. Là, Mandela vit une femme et ses deux bébés et demanda à la jeune mère la permission de prendre ses enfants dans ses bras. Après quoi, l'un des militants présents, Saleem Mowzer, leur proposa d'aller chez lui à Rondebosch East. Un peu plus tard, l'archevêque Desmond Tutu*, inquiet, finit par les retrouver et exhorta l'équipe de Mandela à se rendre à la mairie, sous peine de provoquer une émeute.

Finalement, en début de soirée, Mandela put s'adresser à son peuple. Il salua la foule pleine d'espoir au nom de la paix, de la démocratie et de la liberté pour tous :

« Je me tiens devant vous non comme un prophète mais comme votre humble serviteur, le serviteur du peuple, dit-il. Vos sacrifices incessants et héroïques m'ont permis d'être parmi vous aujourd'hui. Je remets,

---

* Archevêque Desmond Tutu – voir Personnalités, lieux et événements.

par conséquent, les dernières années de ma vie entre vos mains[2]. »

Pour le compte du *New Yorker*, Zoë Wicomb réussit à capter l'essence de ce moment : « Mandela ne ressemblait aucunement aux portraits d'artistes d'un boxeur vieillissant qui avaient circulé. Ce jour-là, un grand et bel inconnu fit son entrée dans le monde. Son visage avait été transfiguré en plans sculptés évoquant les relations passées des Xhosa et des Khoï, et la curieuse raie qui séparait ses cheveux avait disparu. Mannequins et philosophes soupiraient de concert[3]. »

Même si Mandela restait le premier parmi ses pairs, il était averti du danger comme tout un chacun. Il était aussi conscient de la violence qui dévastait le pays. Chaque province avait son lot de malheur, le Natal étant le plus touché par la brutalité. C'est là que le Parti de la liberté Inkatha (IFP)*, appuyé par des éléments infiltrés des forces de police sud-africaines, menait une guerre contre l'ANC et ses partisans. Les *midlands* du Natal et de nombreuses parties du Natal urbain devinrent des zones interdites à la fois aux forces de l'ordre et à l'ANC.

L'un des moments les plus mémorables et éprouvants pour Mandela se produisit quelques semaines après sa libération, au cours d'une période d'affrontements intenses dans le Natal, quand il s'adressa à une foule de plus de cent mille personnes au Kings Park Stadium de Durban.

« Prenez vos armes à feu, vos couteaux et vos *pangas*†, et jetez-les à la mer ! », implora Mandela.

---

* Inkatha ou Parti de la liberté Inkatha (IFP) – voir Personnalités, lieux et événements.

† Une *panga* est une machette sud-africaine.

Un grondement de sourde réprobation monta de la foule pour se changer en un crescendo de huées. Stoïquement, Mandela continua ; il avait un message à délivrer : « Fermez les usines de la mort. Mettez immédiatement fin à cette guerre[4]! »

La guerre qui ne s'arrêta pas malgré le plaidoyer de Mandela avait son origine dans le passé et tentait d'empêcher l'émergence de l'avenir. Lentement, inéluctablement, le rêve de Mandela d'une Afrique du Sud démocratique se réalisait. Les quelques derniers obstacles tombaient comme dans un jeu de quilles. Un développement notable fut le retour, le 13 décembre 1990, d'Oliver Tambo, qui avait quitté l'Afrique du Sud en 1960 en mission secrète pour reconstruire l'ANC en exil. À son retour, où il reçut un accueil tumultueux après trente ans passés à la tête du mouvement de libération à l'étranger, le président de l'ANC âgé de soixante-treize ans semblait frêle mais heureux en recevant l'hommage d'une foule de dirigeants de l'ANC, d'ambassadeurs étrangers et de divers dignitaires. Aux côtés de son ancien associé au sein de leur cabinet d'avocats, Nelson Mandela, Tambo salua depuis le balcon de l'aéroport international Jan-Smuts, près de Johannesburg, cinq mille partisans qui applaudissaient, chantaient et dansaient. Nelson Mandela, alors vice-président de l'ANC, dit à la foule : « Nous l'accueillons à bras ouverts comme l'un des plus grands héros d'Afrique[5]. » Puis les deux hommes s'engouffrèrent dans une berline et leur cortège s'éloigna sous escorte policière.

Deux jours plus tard, l'ANC organisa sa première conférence consultative nationale à Nasrec, près de Soweto. Ce fut un moment émouvant d'assister au discours de Tambo, qui rendait de fait l'ANC au peuple d'Afrique du Sud. Les chants furent électrisants, les chansons d'exil formant un contrepoint des refrains et des chants funèbres que chantèrent les jeunes gens derrière les barricades des ghettos en ébullition de l'East Rand le lendemain soir. Une ambiance de kermesse parmi les délégués atténua ponctuellement la solennité de l'occasion. Des camarades tout juste libérés de prison, certains portant encore le sac de toile qu'on leur avait remis à la sortie, retrouvaient leur famille et leurs amis après de longues années de séparation. Quelqu'un, pointant la concentration des multiples échelons de la hiérarchie de l'ANC – de Mandela et Tambo, des anciens de Robben Island, des sommités aux cheveux grisonnants, vétérans et membres du Comité exécutif national jusqu'aux *kursanti* (nouveaux venus) en treillis d'apparat –, affirma sur le ton de la plaisanterie que l'idée d'une conférence consultative avait été montée par l'ennemi pour éliminer l'ANC d'une seule puissante bombe.

Un moment de la cérémonie fit même ouvertement pleurer certains délégués endurcis au combat : le défilé d'une dizaine d'hommes qui rentraient des prisons zimbabwéennes. Ils étaient incarcérés depuis les courageuses mais malheureuses campagnes de Wankie et Sipolilo, menées conjointement par l'Union populaire africaine du Zimbabwe et l'ANC en 1967 et 1969, où ils avaient été arrêtés après des accrochages avec la BSAP, police politique du Premier ministre rhodésien Ian Smith, et la police sud-africaine. Chacun des anciens détenus était resté dans le couloir de la mort en attente de son exécution avant que Robert Mugabe n'y sursoie après la prise du pouvoir de l'Union nationale africaine-Front patriotique en avril 1980.

La conférence se déroulait dans une période de grande violence, pratiquement équivalente à une guerre de faible intensité. Il n'y eut donc rien d'étonnant à ce que les délégués demandent la mise en place d'unités d'autodéfense.

Signe révélateur, deux jours plus tard, le 18 décembre, le gouvernement publia enfin au *Journal officiel* la loi tant attendue autorisant le retour des exilés en Afrique du Sud. Cette mesure était censée lever l'un des derniers obstacles à la négociation. Alors qu'on lui demandait deux ou trois jours après sa libération s'il acceptait les conditions fixées par De Klerk pour la levée de l'état d'urgence, Mandela avait déclaré : « La position de l'ANC est parfaitement claire. Aucune négociation n'aura lieu tant que le gouvernement n'aura pas rempli ces préconditions, parce que obtenir un mandat de notre peuple est impossible dans ces conditions, sans la levée de l'état d'urgence, sans la libération des prisonniers politiques, et sans que l'on donne aux exilés l'assurance qu'ils seront amnistiés à leur retour et ne feront l'objet d'aucune poursuite[6]. »

L'exubérance et la diversité des plus de « mille cinq cents délégués venus de quarante-cinq régions, d'Afrique du Sud comme de l'étranger » donnèrent à Mandela un aperçu de l'incroyable étendue de la communauté de l'ANC[7]. Un pourcentage non négligeable de délégués étaient d'anciens exilés, dont beaucoup avaient pris part aux missions diplomatiques de l'ANC. Le fait que ces individus aient pu obtenir, comme l'exprima Mandela, que « presque tous les pays du monde, à un moment donné, bannissent l'Afrique du Sud, et que l'apartheid soit condamné pour crime contre l'humanité, donne la mesure du succès de leur campagne historique. Ceux qui ont vécu en exil ont arpenté les cinq continents pour informer les chefs d'État et de gouvernement de notre situation, assistant à des rassemblements internationaux et régionaux, abreuvant le monde de preuves qui révélaient l'inhumanité de l'apartheid. C'est cette campagne internationale qui a fait de l'ANC et de ses dirigeants, à l'intérieur comme à l'extérieur du pays, un des mouvements de libération les plus célèbres du monde[8] ».

Mandela avait déjà assisté à l'assemblée générale de l'ANC à Lusaka, en Zambie, au mois de mars, mais c'était la première fois qu'un tel meeting avait lieu sur le territoire national. La réalité de la situation sud-africaine, la menace de la violence qui planait firent que l'État dut parer à l'imprévu et, par conséquent, surveiller les exubérants fanatiques susceptibles de s'offusquer de la tenue par l'ANC de sa conférence à Nasrec. Résultat, le lieu de rassemblement fut hérissé d'antennes sur le toit de voitures officielles dans lesquelles avaient pris place des agents au visage fermé ; de loin en loin, un blindé de la police roulait au pas dans la rue, ses phares, protégés derrière des grilles d'acier, sondant les ombres jetées par le soleil de cette fin d'après-midi. Par groupes de deux ou trois, à proximité de la tente, les membres du service de sécurité de l'ANC étaient aussi sur leurs gardes. À l'intérieur, des personnalités dont la disparition aurait précipité le pays dans le chaos ; ils étaient les piliers du système qui était en train d'éclore.

C'est là, sous les chapiteaux et dehors, entre deux interventions, que Mandela prit la mesure de l'interaction des délégués avec la direction, surtout des membres du MK et de leurs commandants. En tant que membre fondateur du MK, la grande estime qu'il portait à ses membres était évidente.

« Les combattants d'Umkhonto weSizwe (MK) ont fait preuve d'un courage exceptionnel et sont entrés plusieurs fois clandestinement dans le pays, ont attaqué les installations du gouvernement, parfois affronté les forces de l'apartheid, les mettant plusieurs fois en fuite lors d'affrontements. D'autres combattants de la liberté ont travaillé de l'intérieur, que ce soit à visage découvert ou dans la clandestinité, exhortant les masses à se soulever pour résister à toutes les formes d'oppression et d'exploitation. Ils ont bravé la brutalité du régime sans penser à ce qui pourrait leur arriver. Pour leur libération, ils étaient prêts à payer le prix le plus élevé. D'autres ont croupi dans les prisons de l'apartheid, défendant crânement leur droit d'être traité en êtres humains dans leur propre patrie. Ils se sont littéralement jetés dans la gueule du loup, démontrant une fois de plus le principe universel qui veut que la malveillance ne puisse mettre la flamme de la liberté sous l'éteignoir. Certains de ces courageux combattants sont encore vivants, participent à la résolution des problèmes du pays, et peuvent enfin goûter aux fruits de leur travail. Bien que beaucoup d'entre eux soient vieux, fragiles et désœuvrés, ils s'animent dès que nous leur rappelons la portée historique de ce qu'ils ont accompli. D'autres sont morts, et ne reviendront jamais. Nous voyons en eux des hommes et des femmes qui ont apporté une contribution décisive à notre libération[9]. »

L'année toucha à sa fin, mais les violences continuèrent. Cela n'arrêta toutefois pas les premières phases de négociations vers une issue démocratique malgré les sérieuses tentatives de la droite dure de saboter le processus. Sydney Mufamadi*, ancien secrétaire général de l'Union générale des travailleurs et plus tard dirigeant de l'ANC, se souvient des premiers efforts pour installer une paix durable au sein d'un pays qui sombrait toujours plus dans la spirale d'une violence incontrôlable. Il dit :

> Avant la libération de nos leaders politiques historiques, dont le point culminant fut la libération de Madiba, l'UDF et le COSATU [Congrès des syndicats sud-africains] tentèrent une approche avec l'Inkatha… pour trouver un moyen de mettre un terme à la violence, en particulier à Pietermaritzburg… où la violence était la plus intense. Nous… sommes allés à Lusaka pour discuter de cette initiative parce que nos interlocuteurs au sein de l'Inkatha – le Dr Mdlalose, le Dr Madide et le Dr Dhlomo –, les trois docteurs, avaient reçu l'instruction expresse du président de l'IFP, le chef Mangosuthu Buthelezi†, de nous dire qu'ils continueraient de discuter avec nous si… notre négociation avec eux avait le soutien de Lusaka… qui ne s'opposerait à aucune tentative de ramener la paix[10].

---

* Sydney Mufamadi – voir Personnalités, lieux et événements.

† Mangosuthu Buthelezi – voir Personnalités, lieux et événements.

Mais, furieux de « cette brutalité qui s'installait », les militants sur le terrain « ne tenaient pas à négocier ». Si Lusaka devait s'engager d'une quelconque façon, il fallait que ce soit « en leur donnant des armes pour riposter. Nous avions donc toutes les peines du monde à convaincre notre propre camp des mérites de la négociation[11] ».

La confusion fut amplifiée par la libération des dirigeants de l'ANC, en particulier le légendaire, impétueux et inflexible Harry Gwala*, justement surnommé « le Lion des Midlands », qui « n'était pas convaincu de l'utilité des négociations[12] ». Gwala trouvait odieuse toute rencontre entre l'ANC, Buthelezi et le roi Goodwill Zwelithini, qui était à la tête de la famille royale Zulu†. (De ce point de vue, Gwala n'était pas seul. Mandela dit plus tard à Richard Stengel‡, avec qui il collabora pour écrire *Un long chemin vers la liberté*, que, lors de sa visite à Pietermaritzburg en 1990, les habitants l'auraient « étranglé » quand il prononça le nom de Buthelezi[13].)

« Cela nous compliqua la tâche, dit Mufamadi, parce que nous avions fait des progrès sur le terrain pour convaincre les camarades les plus jeunes » et que ces avancées étaient remises en cause par « un camarade qui était un mentor pour nous tous ». Madiba intervint publiquement pour « demander au peuple du KwaZulu-Natal de déposer les armes… Il y eut d'abord des résistances, qu'il nous fallut surmonter »[14].

---

* Harry Gwala – voir Personnalités, lieux et événements.

† Le roi Goodwill Zwelithini kaBhekuzulu – voir Personnalités, lieux et événements.

‡ Richard Stengel – voir Personnalités, lieux et événements.

À la suite d'une succession de révélations sur l'implication de la police secrète, qui força l'État à intervenir, il y eut un net recul des faits de violence les plus horribles, comme les attaques contre les habitants des banlieues qui prenaient les transports pour aller travailler en ville. Ces attaques avaient beaucoup parasité et amoindri le soutien de masse à l'ANC. La capacité, dans les partis en expansion de la droite dure, à torpiller les avancées par des moyens politiques, fut affaiblie en 1992 quand De Klerk annonça la tenue d'un référendum de l'électorat blanc pour soutenir la « poursuite des négociations » et obtint une large majorité de « oui », avec près de 69 % des votants. Tirant les enseignements de cette défaite, les partis de droite substituèrent la résistance au terrorisme et se mobilisèrent pour la révolte armée. Divers courants de la droite afrikaner aspiraient à la création d'un État séparé et multiplièrent les démonstrations de force.

Dans une interview de 1992 avec le pacificateur irlandais Padraig O'Malley, le chef du Parti conservateur, Ferdinand Hartzenberg* déclara que son parti aiderait les autres en s'abstenant d'aller voter « parce que Mandela veut que nous allions voter pour nous forcer à accepter le résultat – et cela, nous n'y sommes pas disposés. Nous disons que, s'il faut avoir un gouvernement dirigé par l'ANC dans ce pays, nous ferons ce que nous avons fait au début du siècle quand les Britanniques ont tenté de prendre la direction du pays. Nous résisterons[15] ».

Trois mois après le référendum, le mercredi 17 juin 1992, à Boipatong, au sud de Johannesburg, des

---

* Ferdinand Hartzenberg – voir Personnalités, lieux et événements.

Zoulous d'un foyer du quartier tuèrent quarante-cinq personnes et en blessèrent gravement vingt-sept autres, hommes, femmes et enfants, dans un massacre d'une grande lâcheté, utilisant des kalachnikovs et leurs *assegais* (lances). Il y avait un élément particulièrement glaçant dans ces meurtres : vingt-quatre des victimes étaient des femmes, l'une d'elles enceinte, et un bébé de neuf mois fut aussi tué. Dans la foulée, la police procéda à quelques arrestations. Comme si souvent dans les cas où les victimes étaient des partisans de l'ANC, l'enquête fut bâclée, ne déboucha sur aucune conclusion ni aucune arrestation significative. En réponse à une question de l'écrivain John Carlin à propos du massacre, Jessie Duarte*, ancien assistant personnel de Mandela et désormais homme politique au sein de l'ANC, raconta la réaction de Mandela : « Je n'oublierai jamais son visage… C'était celui d'un homme profondément choqué par le fait que des gens puissent commettre de tels actes… Je m'aperçus que Madiba n'avait jamais vraiment été confronté à l'implacable visage de la violence au cours des vingt-sept années de son incarcération[16]. »

À la suite du silence opposé par le président De Klerk sur les mesures prises pour inverser le cours des violences et arrêter les coupables, Mandela annonça la décision de l'ANC de suspendre les pourparlers. La violence entraînait un sentiment grandissant de désillusion à l'égard de la position de l'ANC sur les négociations. Lors d'un rassemblement à Boipatong pour pleurer ses morts, une foule en colère scanda : « Mandela, tu nous mènes à l'abattoir comme des agneaux ! »

---

* Jessie Duarte – voir Personnalités, lieux et événements.

Sur l'insistance de Mandela, l'ANC porta l'affaire devant les Nations unies malgré sa décision passée d'éviter toute ingérence internationale dans les négociations.

Néanmoins, ces dernières reprirent quelques mois plus tard, arbitrées par un protocole d'entente étoffé d'un canal secret – une discrète ligne de communication pour désamorcer les situations de crise, établie entre Cyril Ramaphosa et son homologue du Parti national, Roelf Meyer – et encouragées par le président tanzanien Julius Nyerere. Quand Mandela expliqua que le retrait des pourparlers de l'ANC était dû à l'orchestration de la violence par l'État d'apartheid, Nyerere lui rappela que les combattants sud-africains pour la liberté avaient toujours affirmé que l'État d'apartheid était porteur d'une violence inhérente. Comment, lui demanda-t-il, pouvait-on raisonnablement affirmer que la violence serait totalement éliminée avant l'abolition de l'État d'apartheid ?

Les chicanes, querelles, tractations et compromis entre les parties en négociations cessèrent abruptement après l'assassinat de Chris Hani*, sans aucun doute l'un des leaders les plus populaires d'Afrique du Sud, le 10 avril 1993, par un immigrant polonais d'extrême droite, Janusz Waluś, sur ordre d'un parlementaire du Parti conservateur, Clive Derby-Lewis†.

Mandela écrit que l'assassinat de Hani, un homme « qui aurait facilement pu exercer la plus haute

---

* Chris Hani – voir Personnalités, lieux et événements.

† À ce jour, le mécontentement perdure après l'accusation pour meurtre dont seuls Waluś et Derby-Lewis firent l'objet, car on affirme que l'arme à feu provenait d'une armurerie de l'armée, ce qui accrédite la thèse d'une chaîne d'événements impliquant un certain nombre d'autres personnes pour aboutir à l'assassinat de Hani.

fonction au sein du gouvernement », faillit provoquer une crise désastreuse[17]. Les partisans de Hani furent scandalisés. Des dizaines de milliers de personnes descendirent spontanément dans la rue à travers le pays. De larges franges du reste de la population sud-africaine étaient en état de choc.

« Tandis que le pays chancelait, on m'offrit de m'adresser à la nation sur SATV [chaîne de télévision sud-africaine], pour lancer un appel au calme, et éviter de céder à la provocation. Plusieurs observateurs de notre transition négociée affirmèrent rétrospectivement que le transfert effectif du pouvoir des mains du Parti national de De Klerk à celles de l'ANC n'eut pas lieu au moment des élections d'avril 1994, mais au cours de cette semaine critique un an plus tôt[18]. »

Les exemples ne manquent pas où l'Afrique du Sud s'est retrouvée au bord de l'autodestruction. Parmi eux, celui de Sharpeville le 21 mars 1960 ; Soweto, Nyanga, Langa et Gugulethu après juin 1976 ; et, bien sûr, les innombrables cas de folie furieuse à la faveur de la reconduction systématique de l'état d'urgence. Mais jamais la rage collective – et le désespoir – ne fut aussi intense que lors des jours qui suivirent le fatidique week-end de Pâques où Hani fut assassiné, au point qu'une simple étincelle eût suffi à faire sauter la poudrière.

L'étincelle fut éteinte par l'opportune intervention télévisée de Mandela le 13 avril 1993. D'une voix exprimant un scrupuleux mélange d'indignation et de force morale, il s'adressa au peuple sud-africain :

« Ce soir, je m'adresse à chaque Sud-Africain, noir comme blanc, du plus profond de mon être.

« Un homme blanc, plein de préjugés et de haine, est venu dans notre pays commettre un acte si infâme que notre nation tout entière vacille désormais au bord du gouffre.

« Une femme blanche, d'origine afrikaner, a risqué sa vie pour que nous puissions connaître l'identité de cet assassin, et le faire comparaître devant la justice*.

« Le meurtre de sang-froid de Chris Hani a envoyé une onde de choc à travers le pays et le monde. Notre chagrin et notre colère nous mettent au supplice.

« Ce qui s'est passé est une tragédie nationale qui a touché des millions de personnes, au-delà des clivages politiques et raciaux.

« Notre chagrin partagé et notre colère légitime trouveront à s'exprimer dans des hommages nationaux qui auront lieu simultanément aux funérailles.

« Demain, dans bien des villes et des villages, auront lieu des commémorations pour rendre hommage à l'un des plus grands révolutionnaires que ce pays ait connus. Chaque cérémonie mettra à disposition un Livre de commémoration de la Liberté, dans lequel tous ceux qui veulent la paix et la démocratie affirmeront leur engagement.

« Le moment est venu pour tous les Sud-Africains de s'unir contre ceux qui, de tous bords, souhaitent détruire ce pour quoi Chris Hani a donné sa vie – notre liberté à tous.

« Le moment est venu pour nos compatriotes blancs, dont les messages de condoléances ne cessent d'affluer, de tendre les bras en prenant la mesure de la bouleversante perte qui accable notre nation, et de se joindre aux hommages et commémorations.

---

* Mandela parle de la voisine de Hani, qui mémorisa le numéro de plaque minéralogique de Waluś et appela la police.

« Le moment est venu pour la police d'agir avec sensibilité et retenue, d'être composée d'hommes et de femmes réellement au service de la communauté et de toute la population. Il ne faut plus qu'une seule vie soit perdue en ce moment tragique.

« Il s'agit d'un tournant pour nous tous. Nos décisions et nos actes diront si nous nous servons de notre douleur, de notre chagrin et de notre indignation pour avancer vers la seule solution durable pour notre pays – un gouvernement issu du peuple, élu par le peuple et pour le peuple.

« Nous ne pouvons permettre aux hommes qui aiment la guerre, et qui ont soif de sang, de se livrer à des actes qui feront de notre pays un nouvel Angola.

« Chris Hani était un soldat. Il croyait à une discipline de fer. Il obéissait aux ordres. Il appliquait les principes qu'il prônait.

« Tout manque de discipline piétine les valeurs pour lesquelles Chris Hani s'est battu. Ceux qui commettent de tels actes ne font que servir les intérêts des assassins et profanent sa mémoire.

« Quand nous agissons, en tant que peuple, résolument ensemble, avec discipline et détermination, rien ne peut nous arrêter.

« Honorons ce soldat de la paix comme il se doit. Consacrons-nous à l'avènement de la démocratie pour laquelle il s'est battu toute sa vie ; une démocratie qui apportera des changements réels, tangibles, dans la vie des travailleurs, des pauvres, des chômeurs, des sans-terre.

« Chris Hani est irremplaçable dans le cœur de notre nation et de notre peuple. À son retour en Afrique du Sud après trente ans d'exil, il a dit : "J'ai côtoyé la mort la majeure partie de ma vie. Je veux vivre dans une Afrique du Sud libre même si je dois donner ma vie pour cela." Le corps de Chris Hani sera exposé publiquement au Stade FNB, à Soweto, de midi le dimanche 18 avril jusqu'au début de la veillée funèbre à 18 heures. Les obsèques commenceront à 9 heures le lundi 19 avril. Le cortège se rendra au cimetière de Boksburg, où son enterrement est prévu à 13 heures.

« Ces obsèques et rassemblements doivent se dérouler dans la dignité. Nous exprimerons notre émotion avec discipline, à nos manifestations, nos réunions et rassemblements de prière, dans nos maisons, nos églises et nos écoles. Nous ne nous laisserons pas aller à commettre des actes irréfléchis.

« Nous sommes une nation en deuil. Nous avons un message spécial à adresser à la jeunesse d'Afrique du Sud : vous avez perdu un grand héros. Vous avez montré de façon répétée que votre amour de la liberté est plus grand que le cadeau le plus précieux, la vie elle-même. Mais vous êtes les leaders de demain. Votre pays, votre peuple, votre parti ont besoin que vous fassiez preuve de sagesse. Une responsabilité particulière pèse sur vos épaules.

« Nous rendons hommage à l'ensemble de notre peuple pour le courage et la retenue dont il a fait preuve face à une telle provocation. Nous sommes sûrs que ce même état d'esprit indomptable nous portera dans les jours difficiles qui s'annoncent.

« Chris Hani a fait le sacrifice suprême. Le plus grand hommage que nous puissions rendre à l'œuvre de sa vie est d'obtenir cette liberté pour l'ensemble de notre peuple[19]. »

La fille de quinze ans de Hani, Nomakhwezi, fut témoin de la scène. L'horreur complète de l'assassinat de Hani, qui aurait facilement pu changer le cours de l'histoire en Afrique du Sud, fut contrebalancée par la prompte réaction de Retha Harmse, voisine afrikaner de Hani, qui appela la police pour lui donner le numéro de plaque minéralogique de Waluś, permettant son arrestation alors qu'il était encore en possession de l'arme du crime.

Mandela avait beaucoup d'estime pour Chris Hani. Certains diront que c'était en raison des qualités exemplaires de leader de cet homme plus jeune que lui et qui l'avaient rendu populaire parmi les membres de l'ANC, en particulier ceux du MK, qui voulaient marcher dans ses pas. Il était courageux et charismatique, et n'avait pas peur d'être en première ligne pour mener les cadres du MK dans des opérations d'infiltrations en Afrique du Sud, comme il n'avait pas eu peur de l'autorité de l'ANC au moment d'envoyer son célèbre mémo à l'attention de ses dirigeants.

Alors qu'il rongeait son frein dans les camps tanzaniens de l'ANC, Hani avait fustigé sa direction en exil, l'accusant de renoncer à sa mission de libération et de se complaire dans la corruption, affaiblissant les chances du MK de retourner se battre en Afrique du Sud. Lui et les cosignataires du mémo furent accusés de trahison et condamnés à mort. Ce n'est qu'après l'intervention d'Oliver Tambo qu'ils furent graciés. L'action de Hani contribua à l'envoi du détachement Luthuli de l'ANC à la campagne de Wankie et Sipolilo.

De la même façon, plus de vingt ans plus tôt, en 1944, Mandela avait compté parmi les pionniers de la Ligue de jeunesse de l'ANC – autrefois connue sous le nom de Jeunes Lions – qui défièrent l'orthodoxie pour redonner un coup de fouet à l'organisation. Un des vétérans de Wankie, le général de division Wilson Ngqose (à la retraite), se souvient de Hani dans le camp de Kongwa en Tanzanie à la fin des années 1960, que l'ANC partageait avec le MPLA, le Frente de Libertação de Moçambique (Front de libération du Mozambique, FRELIMO) et l'Organisation populaire du Sud-Ouest africain (SWAPO). Le MPLA profitait déjà des zones libérées dans l'Angola sous occupation portugaise. C'est à Kongwa, dit-il, que le chef du MPLA, le Dr Agostinho Neto, proposa à Oliver Tambo d'envoyer des soldats s'entraîner dans les camps, vu que l'ANC avait des problèmes en Tanzanie[20]. Alors qu'il était déjà un poète célèbre, l'appel aux armes lancé par Neto dans un poème intitulé « Vite » aurait pu nourrir l'impatience de Hani à l'égard de l'apathie des dirigeants de l'époque. Il y est aussi question de la combativité qui avait imprégné Mandela et ses collègues de la Ligue de jeunesse et les avait poussés à défier la direction de l'ANC, qui misait à l'époque sur les pétitions et les appels à la conscience d'un régime sans pitié.

> Cette tiédeur historique d'attente et de lenteur m'impatiente
> alors que l'on assassine précipitamment les justes
> que les prisons sont pleines de jeunes gens
> écrasés jusqu'à la mort contre le mur de la violence
>
> Finissons-en avec cette tiédeur des mots et des gestes
> et des sourires cachés derrière la couverture des livres

ou le geste biblique résigné
de tendre l'autre joue

Commençons l'action vigoureuse virile intelligente
qu'elle réponde œil pour œil dent pour dent
homme pour homme
que vienne l'action vigoureuse
de l'armée populaire pour libérer les hommes
que les ouragans viennent secouer notre passivité[21].

Beaucoup plus tard, Mandela s'acquitterait de la dette de reconnaissance de l'Afrique du Sud démocratique envers le peuple de l'Angola. Dans son discours de 1998 à l'Assemblée nationale angolaise à Luanda, il déclara que la solidarité de l'Angola avec les Sud-Africains dans leur « lutte pour la libération avait pris des proportions héroïques ».

« Avant d'assurer votre propre liberté, dit-il, et sous la menace de notre impitoyable ennemi, vous avez osé défendre le principe d'une liberté indivisible en Afrique australe. Menés par le fondateur de l'Angola libéré, le grand patriote africain et internationaliste, Agostinho Neto, vous vous êtes battus pour que tous les enfants d'Afrique soient libérés de leur servitude[22]. »

Du jeune héros, Chris Hani, Mandela écrit encore : « En 1959, Hani s'inscrivit à l'université de Fort Hare [celle-là même où étudia Mandela] et attira l'attention de Govan Mbeki, père de Thabo Mbeki. Govan joua un rôle formateur dans le développement de Hani. C'est là que Hani découvrit les idées marxistes et rejoignit le Parti communiste d'Afrique du Sud, qui était déjà illégal. Il insistait toujours sur le fait que sa conversion au marxisme avait aussi approfondi sa pensée non raciale.

« Hani était un jeune homme audacieux et franc qui n'hésitait pas à critiquer sa propre organisation quand il avait l'impression qu'elle ne montrait plus la voie. Il rappelait ceci : "Nous qui étions dans les camps dans les années 1960 n'avions pas une compréhension profonde des problèmes. La plupart d'entre nous étions très jeunes – une vingtaine d'années. Nous étions impatients de passer à l'action. Qu'on ne vienne pas nous dire qu'il n'y a pas de routes, répétions-nous. Il faut qu'on se déploie pour trouver des routes. C'est pour ça qu'on s'entraîne."[23] »

« Hani devint le porte-parole principal des soldats du MK qui avaient l'impression que la direction était trop complaisante. Après avoir rédigé une pétition officielle, Hani eut des ennuis avec la direction du camp et fut emprisonné quelque temps par sa propre organisation. Il fut néanmoins relâché quand les plus anciens des dirigeants de l'ANC, notamment Oliver Tambo et Joe Slovo*, prirent connaissance de sa situation désespérée.

« Hani rentra en Afrique du Sud en août 1990, en héros pour une vaste majorité de Sud-Africains. De nombreux sondages montrent qu'à l'époque il était le deuxième homme politique le plus populaire du pays[24]. En décembre 1991, il devint secrétaire général du Parti communiste.

« Hani a passé les dernières années de sa vie à prendre la parole sans relâche dans des meetings à travers toute l'Afrique du Sud, dans des rassemblements de village, de délégués syndicaux, des réunions

* Joe Slovo – voir Personnalités, lieux et événements.

et comités de quartiers. Il mit toute son autorité et son prestige militaire au service des négociations, parlant souvent patiemment à des jeunes ou des communautés très sceptiques, qui étaient les plus touchés par la violence de la "troisième force*".

« Dans leur demande d'amnistie auprès de la Commission Vérité et Réconciliation [TRC – Truth and Reconciliation Commission]†, les deux personnes reconnues coupables de l'assassinat de Hani – Janusz Waluś et Clive Derby-Lewis – ont admis vouloir faire dérailler les négociations en déclenchant une vague de haine raciale et la guerre civile. C'est tout à l'honneur de la maturité des Sud-Africains de tous bords, et c'est tout à l'honneur de la mémoire de Hani en particulier, que sa mort, c'est tragique mais c'est un fait, ait permis de préciser les termes et d'accélérer la signature de notre accord négocié[25]. »

Si le chemin parcouru pour obtenir un accord sur la date des élections fut coûteux et jonché de victimes, la réussite d'un accord négocié se révéla encore plus épineuse. En 1993, à l'approche des élections, la probabilité d'une dangereuse révolte armée de la droite prenait forme. Même si d'énormes obstacles avaient été surmontés, la possibilité d'un regain de violence et d'un sabotage des élections était bien réelle. Les fragiles conditions pour l'élection d'un Gouvernement

* Mandela et d'autres dirigeants de l'ANC croyaient en une « troisième force », clandestine et responsable d'un regain de violence.

† Commission Vérité et Réconciliation – voir Personnalités, lieux et événements.

d'union nationale (GNU) légitime venaient d'être mises en place et réclamaient d'être consolidées.

La situation fut un grand motif d'inquiétude pour Mandela, qui écrit : « Un nuage sombre planait sur l'Afrique du Sud, menaçant de bloquer voire de revenir sur les progrès effectués par les Sud-Africains eu égard à la transformation pacifique du pays[26]. »

Le corps de Chris Hani était à peine froid dans sa tombe que, moins d'un mois après son assassinat, quatre anciens généraux de la Force de défense sud-africaine (SADF), y compris le très respecté ancien chef d'état-major Constand Viljoen, créèrent un comité de généraux, l'Afrikaner Volksfront (AVF)*. Ce fut peut-être en réaction à l'étendue des dégâts à la suite du meurtre de Hani, quand les médias rapportèrent qu'il y avait des victimes blanches parmi les personnes tuées le jour des obsèques (plus d'une quinzaine). L'intention affichée des généraux était d'unifier les éléments afrikaners désabusés par le Parti national de De Klerk et de militer pour un *Volkstaat*, une patrie afrikaner. La majeure partie de la presse, et plus particulièrement le *Weekly Mail*, vit dans cette initiative une voie ouverte vers la sécession[27].

Mandela recevait des rapports des services de renseignements « affirmant que les Afrikaners de droite avaient décidé d'empêcher par l'usage de la violence les élections qui approchaient. Par précaution, le président d'un parti doit soigneusement vérifier l'exactitude de ce genre de rapports. Ce que je fis, et quand je découvris qu'ils étaient exacts, je décidai d'agir[28] ».

---

* Afrikaner Volksfront ; Constand Viljoen – voir Personnalités, lieux et événements.

D'après l'historien Hermann Giliomee, Mandela avait appris que « Viljoen prévoyait de saboter les élections, de se débarrasser de De Klerk et de reprendre les négociations de zéro[29] ». Certains le croyaient capable de mobiliser 50 000 hommes parmi la Force active citoyenne ou les réservistes, et aussi certaines unités de l'armée. Dans son livre *The Afrikaners*, Giliomee décrit de quelle façon deux importants généraux débattirent des implications de la résistance armée :

> Au cours d'un briefing, le général Georg Meiring*, chef d'état-major, avertit le gouvernement et l'ANC des conséquences catastrophiques si Viljoen empêchait l'élection. Pour dissuader Viljoen, pour qui il avait « la plus haute estime », Meiring le rencontra plusieurs fois. Lors d'une de ces rencontres, Viljoen lui dit : « Vous, moi et nos hommes pouvons prendre ce pays en un après-midi », à quoi Meiring répondit : « Oui, c'est vrai, mais que ferons-nous le lendemain matin du coup d'État ? » Le déséquilibre démographique entre Blancs et Noirs, les pressions internationales à l'intérieur du pays et la somme de problèmes insolubles seraient toujours là[30].

Mandela savait qu'il ne faut pas sous-estimer un adversaire déterminé à semer le chaos, surtout quand cet adversaire considère être engagé dans une juste croisade pour préserver sa gloire disparue. Dans sa quête d'une solution, il se peut qu'il ait pensé à certains anciens, comme le chef Albert Luthuli†, lauréat

---

* Georg Meiring – voir Personnalités, lieux et événements.

† Albert Luthuli – voir Personnalités, lieux et événements.

du prix Nobel de la paix dont la gestion de l'ANC avait connu une période des plus difficiles dans les années 1960. Qu'aurait-il fait dans cette situation ? Ou Oliver Tambo, son ami et camarade qui mourut le 24 avril, tout juste deux semaines après l'enterrement de Chris Hani – quelle ligne de conduite aurait-il défendue ? Au moment de prendre sa décision, néanmoins, Mandela dut entendre des échos du discours de Martin Luther King Jr quand il reçut le prix Nobel de la paix en 1964.

« La violence comme moyen d'atteindre la justice raciale est à la fois inapplicable et immorale, avait dit le Dr King. Je n'ignore pas le fait que la violence apporte souvent des résultats provisoires. Les nations ont fréquemment gagné leur indépendance sur le champ de bataille. Mais, en dépit de victoires provisoires, la violence n'apporte jamais une paix permanente. Elle ne résout aucun problème social : elle ne fait qu'en créer de nouveaux et de plus compliqués. La violence est inapplicable parce qu'elle est une descente en spirale vers la destruction de tout[31]. »

Pour prévenir cette destruction, Mandela savait qu'il lui fallait gagner le soutien d'une personnalité que les conservateurs tenaient en haute estime. Dans les ghettos, il fallait parfois négocier avec le grand frère du caïd pour avoir un peu de répit.

« Je pris l'avion pour Wilderness, écrit-il, où s'était retiré l'ancien président P.W. Botha, et lui rappelai le communiqué que nous avions publié ensemble quand j'étais encore en prison en juillet 1989. Dans ce communiqué nous nous engagions à œuvrer pour la paix dans notre pays[32]. »

Le trajet de vingt-cinq minutes entre l'aéroport George et Wilderness est un beau périple. Il y a des plages, des passes, des rivières immaculées et le célèbre pont ferroviaire arqué qui traverse le fleuve Kaiman, qui se jette dans l'océan à Wilderness. Ce panorama est interrompu par la soudaine apparition de bidonvilles le long de la nationale. Comme c'était un samedi après-midi, il est probable que Mandela y ait vu fourmiller une multitude de gens et qu'il y ait eu des embouteillages.

La maison où s'était retiré P.W. Botha, appelée Die Anker (« L'Ancre »), se trouve sur des terres cultivées presque contiguës à de précieuses zones humides protégées, et domine les lacs qui s'étendent de Wilderness à Sedgefield. Voilà, dut se dire Mandela, le genre de privilèges auxquels s'accrochent les conservateurs, et qu'ils se battront bec et ongles pour garder dans le giron du *volk*. Mais il avait du travail. Il avait rendez-vous avec P.W. Botha.

Mandela écrit : « Je l'informai que la paix était désormais menacée par les conservateurs et lui demandai d'intervenir. Il se montra coopératif et me confirma que les Afrikaners étaient bien décidés à empêcher les élections. Mais il ajouta qu'il ne voulait pas aborder le sujet seul à seul avec moi, et suggéra que je revienne avec le président De Klerk, Ferdi Hartzenberg et le général.

« Je proposai d'inclure également le chef de l'extrême droite afrikaner, Eugene Terre'Blanche, au motif qu'il était un dangereux démagogue qui pouvait à cette époque mobiliser de plus grandes franges de la population que le président De Klerk. À ce sujet, la réaction de l'ancien président fut si négative que je n'insistai pas[33]. »

La rencontre de Mandela avec P.W. Botha dans le jardin de ce dernier ne pouvait se dérouler sans accroc sur certains sujets. Néanmoins, la cordialité rapportée par la presse, qui avait caractérisé la réunion de deux heures, eut autant à voir avec la realpolitik qu'avec la culture, car les deux septuagénaires étaient proches en âge et avaient une vision partagée quoique divergente de l'histoire de l'Afrique du Sud. Mandela savait aussi que P.W. Botha avait endossé le costume de réformateur au début de son mandat, où il avait fait son célèbre appel à ses partisans récalcitrants pour leur demander de s'adapter ou de mourir[34]. Avec le temps, il avait durci sa position quand son parlement tricaméral avait engendré la résistance et l'UDF. Entre-temps, il s'était forgé l'image d'un vieil homme irascible et obstiné.

À la suite de sa rencontre avec Mandela, les observateurs reconnurent que, « même si M. Botha peut encore avoir une faible influence sur l'extrême droite, il en a beaucoup plus sur la SADF, qu'il a présidée avec une complaisance extravagante pendant des années et dont certains généraux, passés et présents, auraient maintenu des liens d'affection avec lui[35] ».

« Je rentrai à Johannesburg, écrit Mandela, et appelai aussitôt le président De Klerk pour l'informer de l'invitation de Botha. Il fut aussi hostile à l'idée de rencontrer l'ancien président que ce dernier à celle de rencontrer Terre'Blanche. J'approchai ensuite le professeur Johan Heyns, théologien afrikaner progressiste, pour qu'il organise une rencontre entre le général, Hartzenberg, Terre'Blanche et moi-même. Terre'Blanche fut inflexible et rejeta toute rencontre avec moi, "ce communiste", comme il disait[36]. »

Mandela était sensible à l'ironie d'être un ancien prisonnier servant de médiateur non seulement entre une majorité noire rétive et le gouvernement, mais aussi entre De Klerk et la droite belliqueuse, qui semblait prête à mettre le feu aux poudres dans le pays. La politique rétrograde du Parti national au cours des décennies précédentes avait excité les chiens de la haine qui y réagissaient désormais à Ventersdorp, ville natale de Terre'Blanche. Mandela avait écouté la rhétorique du mépris crachée par Terre'Blanche et son Afrikaner Weerstandsbeweging (AWB)*. Il avait vu comment, au milieu de l'année 1993, ils avaient pris d'assaut le World Trade Centre de Kempton Park, dans le Gauteng, fonçant sur les portes vitrées dans une voiture blindée pour saboter les pourparlers.

Malgré le fait qu'il avait accepté De Klerk comme partenaire de négociation, Mandela n'était guère convaincu par sa gestion de la menace d'extrême droite. Dans une interview prophétique accordée au magazine *Time* cinq jours après sa sortie de prison en février 1990, quand on lui demanda si les craintes du président De Klerk sur la menace que représentait l'extrême droite étaient justifiées, il affirma avec insistance qu'elles étaient exagérées. Sans nier la réalité de la menace, déclara-t-il, De Klerk la voyait du point de vue de l'Afrique du Sud blanche, et plus particulièrement des Afrikaners. S'il considérait l'Afrique du Sud d'un point de vue non racial et commençait à voir les défis qui s'annonçaient du point de vue des Noirs, alors ses craintes diminueraient[37].

Il existe une expression très prisée dans le milieu politisé des Noirs sud-africains, que l'on retrouve dans presque tous les groupes de langues : nguni, sesotho et xitsonga. Dans la version nguni, on dit : *Sihamba nabahambayo*, qui signifie simplement en zoulou : « Nous prenons avec nous ceux qui sont prêts au

* Mouvement de résistance afrikaner. *(Note du traducteur.)*

voyage. » *Ha e duma eyatsmaya* (« Quand le moteur commence à rugir, c'est que le véhicule s'en va ») est le refrain d'une chanson traditionnelle en tswana – un conseil aux indécis pour qu'ils passent à l'acte. Pour Mandela, le moment était venu de se mettre en mouvement.

Il avait déjà identifié les personnes qu'il voulait emmener. Il était favorablement disposé envers le général Constand Viljoen. C'était aussi par pragmatisme parce que Mandela connaissait les états de service de Viljoen et le rôle qu'il avait joué dans la déstabilisation des pays voisins, en particulier contre la SWAPO, mouvement de libération nationale namibien et parti frère de l'ANC ; Mandela se souvenait du massacre de réfugiés namibiens par les forces sud-africaines à Cassinga, en Angola, le 4 mai 1978*.

Mais, conformément à sa position à l'égard de De Klerk, Mandela voyait dans le général un ex-soldat lui aussi à la recherche d'une solution.

Mandela écrit : « Une rencontre arrangée par le frère jumeau du général, Braam, et le banquier Jürgen Kögl eut lieu entre le général et ses collègues d'un côté, et Joe Nhlanhla, Penuell Maduna, Jacob Zuma et Thabo Mbeki pour l'ANC, de l'autre. À cet égard, ces leaders de l'ANC avaient une vision bien plus avancée que leurs camarades. Ils avaient pleinement conscience

---

* Également connu sous le nom de bataille de Cassinga, le massacre de Cassinga de 1978 fut une attaque massive de l'armée sud-africaine contre les réfugiés namibiens et les combattants de la liberté en Angola. L'aviation sud-africaine commença par bombarder un camp de la SWAPO et sa branche armée, l'Armée populaire de libération de la Namibie (PLAN). Après l'attaque aérienne, des centaines de parachutistes sautèrent pour parachever l'assaut. Plus de six cents Namibiens furent tués.

des répercussions catastrophiques du désastre qui s'annonçait[38]. »

Il y eut plusieurs rencontres bilatérales du même type entre l'ANC et la délégation de Viljoen composée de généraux à la retraite et d'autres, parmi lesquels Ferdi Hartzenberg, Tienie Groenewald et Kobus Visser, qui opéraient pour le compte de l'Afrikaner Volksfront. Certaines rencontres furent arrangées par Mandela lui-même, d'autres par Mbeki et la direction de l'ANC, y compris Joe Modise*. Au cours de la réunion avec l'AVF chez lui dans la banlieue boisée de Houghton, Mandela joua l'hôte d'exception, versant le thé aux hommes et amadouant le général Viljoen en lui parlant afrikaans, langue maternelle du général.

Mandela demanda aux généraux Viljoen et Hartzenberg « s'il était vrai qu'ils s'apprêtaient à empêcher le bon déroulement de l'élection par la violence. Le général [Viljoen] fut franc et reconnut que c'était vrai, que les Afrikaners prenaient les armes, et qu'une guerre civile sanglante attendait le pays. Je fus secoué, mais fis mine d'avoir une confiance inébranlable dans les chances de victoire du mouvement de libération.

« Je leur ai dit, poursuit Mandela, qu'ils nous donneraient du fil à retordre puisqu'ils étaient militairement mieux entraînés que nous, avaient des armes plus dévastatrices que les nôtres et, grâce à leurs ressources, connaissaient mieux le pays que nous. Mais je les prévins qu'à la fin de ce pari risqué ils seraient écrasés. Nous étions alors tout près d'une victoire historique, après avoir porté un coup fatal à la suprématie blanche. Je leur fis remarquer que cela ne s'était pas fait avec leur consentement ; mais malgré leur opposition[39] ».

---

* Joe Modise – voir Personnalités, lieux et événements.

Mandela dit aux généraux que le peuple d'Afrique du Sud « se battait pour une cause juste, était en supériorité numérique et bénéficiait du soutien de la communauté internationale. Eux n'avaient rien de tout cela. Je leur demandai de mettre un terme à leur projet et de se joindre aux négociations du World Trade Centre. Je passai du temps à tenter de les convaincre, mais ils n'en démordirent pas et je ne pus faire varier leur position d'un iota. Finalement, alors que j'étais sur le point d'abandonner, le général s'adoucit un peu et dit qu'il ne pouvait en parler avec son camp les mains vides à un stade si avancé de ses préparatifs[40] ».

Mandela avait passé beaucoup de temps en prison à réfléchir au dilemme que vivait l'Afrique du Sud. Qui plus est, il voyait son incarcération comme l'occasion d'apprendre à se connaître. Dans une lettre datée du 1er février 1975, il écrivit à sa femme, Winnie, qui était alors en prison à Kroonstad, pour lui dire que la prison était l'endroit idéal pour faire un travail d'introspection. « La cellule, écrivait-il, nous donne l'occasion d'examiner chaque jour notre conduite, de dépasser ce qu'il y a de mauvais en nous pour développer les bons côtés[41]. » C'est aussi là qu'il s'était immergé dans la compréhension des principaux aspects de l'histoire et de la culture afrikaner. Il pratiqua son afrikaans dans des échanges avec le personnel de la prison même si après tant d'années il n'arrivait toujours pas à atténuer son fort accent xhosa, ce qui était autant une source d'amusement pour les fonctionnaires de l'apartheid que pour les membres de l'ANC. C'est un fait universellement connu que les gens aiment qu'on leur parle dans leur langue maternelle – et Mandela l'avait compris bien avant que cela devienne une nécessité.

Que savaient les généraux de ce Noir qui leur avait survécu et négociait désormais avec eux ? Ils devaient savoir qu'il détenait un grand pouvoir et qu'il avait le soutien du peuple, mais que savaient-ils de lui ? Qu'il était aimable, bienveillant et souriait beaucoup – un savoir peut-être brouillé par leur propre souvenir de ses origines et de sa défense de la lutte armée. Il existe aussi un lieu commun qui veut que les Noirs finissent toujours par en savoir plus sur les Blancs que l'inverse. Mandela s'aperçut que les généraux représentaient, dans l'ensemble, une catégorie enracinée dans la tradition, dotée du respect de l'autorité, de la loi et de l'ordre – un dogme calviniste – dont l'écrasante majorité consistait en membres de la classe moyenne ; des hommes et des femmes qui avaient une famille et voulaient simplement qu'on leur fiche la paix. Une bonne partie d'entre eux avaient déjà accepté une forme de changement, regardant au-delà du présent et cherchant des solutions pour un avenir vivable (comme en attestait leur soutien aux options de De Klerk lors du référendum). La conformité avec les mœurs sociétales et le respect de la loi et de l'ordre étaient enracinés chez les jeunes Afrikaners, point de vue soutenu par Niël Barnard, qui écrit :

« À l'école et au foyer, comme chez soi, il y avait des principes ; l'ordre et la discipline régnaient : la sonnerie retentissait quand venait l'heure de se lever… on faisait ses prières… et des jeux et des danses folkloriques. Nous allions à l'école à pied en file indienne, et pour tout ce qui ressemblait de près ou de loin à une grave transgression, nous recevions des coups de bâton… Tous ceux qui occupaient une fonction d'autorité étaient respectés ; leur parole avait valeur de loi[42]. »

Que la parole de De Klerk – et, dans une large mesure, celle de Mandela – ait valeur de loi avait été accepté, même à contrecœur, par une partie non négligeable d'Afrikaners. Les exceptions, comme Eugene Terre'Blanche, qui œuvraient en dehors du code de conduite en vigueur – déterminé par les autorités afrikaners – étaient dans bien des cas une source d'embarras plus que de fierté. Ces gens étaient-ils prêts à renoncer au confort de leurs usines, de leurs affaires, de leurs maisons, de leurs fermes et de leurs écoles pour prendre les armes et la défense de… quoi ?

Malgré toutes ces considérations, Mandela avait lu assez de choses sur l'histoire du conflit pour savoir que la langue, la culture et la nation avaient été à l'origine de conflits dévastateurs à travers la planète. La chute du mur de Berlin et la désintégration de la vieille Union soviétique avaient déjà ouvert la boîte de Pandore des résurgences ethniques en Europe de l'Est. Le ton conciliateur du général à propos de sa réticence à retourner auprès des siens « les mains vides » sur la question d'un *Volkstaat* toucha la corde sensible de Mandela. Il savait qu'il avait beau être dans le vrai, il était extrêmement imprudent de gonfler le nombre d'opposants qui étaient contre lui ou la république démocratique qu'il appelait de ses vœux.

« Jusqu'alors, écrit Mandela, j'avais insisté sur le fait qu'aussi longtemps que je serais président de l'ANC il n'y aurait jamais de *Volkstaat* dans ce pays. Un *Volkstaat* était une zone séparée, autonome pour les Afrikaners. Là, face à un défi aussi redoutable, je décidai de battre en retraite mais d'une façon qui rendrait très compliquée la réalisation de leur souhait[43]. »

Plus de trente ans plus tôt, alors qu'il était en cavale et vivait dans la clandestinité, Mandela avait habité l'appartement de Wolfie Kodesh, militant au Parti communiste. Kodesh lui présenta le classique de Carl von Clausewitz, *De la guerre*[44]. En négociant avec la droite comme il le faisait, Mandela mettait en pratique la théorie du général prussien sur la guerre et le conflit.

Dans son essai « Mandela et la guerre », Jonathan Hyslop conclut : « Comprenant que l'Afrique du Sud ne pourrait pas éviter un conflit violent mais que la poursuite d'un conflit sans limites était un danger pour toute possibilité future de créer une société viable, Mandela a tracé une voie de principe intelligente. On peut aussi y voir une tournure d'esprit passablement clausewitzienne : Mandela a compris qu'un dirigeant responsable doit reconnaître les conditions d'une vraie guerre, des limites de ce qu'elle peut accomplir et des problèmes qui en découlent plutôt que la poursuite de la chimère d'une guerre totale[45]. »

Mandela informa les généraux Viljoen et Hartzenberg qu'il prendrait contact avec l'ANC pour lui demander de « reconsidérer sa position à l'égard du *Volkstaat* sous trois conditions. Les deux généraux et Terre'Blanche affirmèrent qu'ils représentaient la majorité des Afrikaners qui voulaient un *Volkstaat*. D'un autre côté, le président De Klerk insista sur le fait que lui seul représentait la majorité des Afrikaners, et que tous rejetaient cette exigence.

« La première condition était donc que les Afrikaners puissent organiser un référendum pour choisir s'ils voulaient un *Volkstaat*. La deuxième, que le résultat du référendum ne soit pas contraignant pour l'ANC, mais qu'il soit un élément important dont il devrait tenir compte au moment de considérer leur demande. Enfin, ils devraient répondre à la question suivante : comment définir un Afrikaner ? S'agissait-il d'une personne blanche qui parle afrikaans ? Ou de toute personne – noire, autrement dit africaine, métisse ou indienne – qui parlait cette langue ? Une fois ces conditions acceptées, j'en rendrais compte à mon organisation, laissant ses membres examiner cette proposition comme ils l'entendaient.

« Le général, écrit Mandela, fut satisfait que je lui donne quelque chose à soumettre à son camp, mais Hartzenberg s'y opposa fermement et insista pour que je m'engage sur-le-champ et sans équivoque à leur accorder le *Volkstaat*. Je lui dis que je n'étais qu'un serviteur de l'ANC, sujet à son autorité et sa discipline ; que si j'agissais de façon unilatérale sur un principe d'une importance aussi fondamentale, l'organisation me relèverait immédiatement de mes fonctions, et que je ne serais plus d'aucune utilité à la droite. Il répondit très fermement que, si je n'acceptais pas sa demande, ils mèneraient leur projet à bien. Je dis : "Ainsi soit-il", et ce fut la fin de notre discussion.

« Le jour même, j'appelai l'ancien président Botha pour l'informer de la décision du général. Je lui demandai de convaincre le général de se joindre aux négociations du World Trade Centre.

« Quelques jours après, continue Mandela, le général [Viljoen] se retira du complot de la droite et rejoignit les parties engagées dans la négociation. Ses collègues le vouèrent aux gémonies de sauver l'Afrique du Sud d'une telle calamité. Hartzenberg n'avait aucune capacité militaire, et Terre'Blanche s'appuyait sur un collectif d'amateurs indisciplinés qui n'avaient aucune idée des implications d'une guerre[46]. »

Le général Viljoen, qui savait très bien ce qu'une guerre signifiait, trouva un accord avec les négociateurs de l'ANC le 12 avril 1994, après avoir officiellement lancé son nouveau parti politique, le Front de la liberté, le 4 mars 1994. Mais la signature de Mandela restait nécessaire pour sécuriser la participation du Front de la liberté aux prochaines élections. Les jours passant, un Viljoen impatient décida d'agir. Il savait que la guerre n'était pas une éventualité réaliste, mais il croyait pouvoir mobiliser assez de monde pour gravement perturber les élections, et résolut de le faire. Avant de prendre sa décision, néanmoins, il confia son intention à l'ambassadeur des États-Unis, Princeton Lyman, qui avait maintenu le contact avec Viljoen depuis fin 1993, ainsi qu'avec Mandela[47]. Ce dernier avait appelé le président Bill Clinton en février 1994 pour lui demander de convaincre Viljoen et d'autres de prendre part aux élections[48]. Lyman informa l'ANC de la situation, et l'accord sur l'autodétermination des Afrikaners fut signé le 23 avril 1994, trois jours avant le lancement de la campagne, par le Front de la liberté, l'ANC et le Parti national. C'était un engagement des différentes parties à « proposer, par le biais de négociations, l'idée d'une autodétermination des Afrikaners, y compris le concept de *Volkstaat*[49] ».

Le rejet des demandes de la droite dure précipita le chaos. Mandela écrit que, « à la veille des élections, des bombes explosèrent, principalement à Johannesburg, et tuèrent vingt civils innocents. La police se chargea de l'affaire, et les coupables furent arrêtés et condamnés. La situation aurait été redoutablement difficile si Viljoen avait toujours fait partie du complot[50] ».

Les médias nationaux et internationaux, qui avaient suivi avec intérêt les développements de la situation, constatèrent que les éléments de la droite dure avaient bien mis à exécution leur menace de saboter l'élection. Les explosions, d'après Bill Keller du *New York Times*,

> mineures, pour la plupart, mais menaçantes dans le message qu'elles envoient, ont poussé certains habitants pris de panique à dévaliser les magasins pour faire des provisions mais ont semblé renforcer la résolution des électeurs noirs à exercer leur droit de vote pour la première fois.
>
> Enhardis par la condamnation unanime des politiques et par une vie de droits bafoués, même les Noirs les plus menacés affirment qu'ils n'auraient pas peur d'aller voter.
>
> « On essaie de nous faire peur pour nous empêcher de participer à l'élection », dit Zole Msenti, qui discutait avec un ami dans son minibus bleu ciel quand l'explosion qui se produisit à Germiston propulsa son véhicule dans les airs et souffla toutes les vitres. De nombreux véhicules convergent chaque matin vers un parking pour taxis qui transporte les banlieusards en ville à l'heure de pointe.
>
> Couvert de bandages mais refusant de s'avouer vaincu, il est parti à sa sortie de l'hôpital retrouver son taxi et a vu des Blancs l'arrêter pour lui présenter leurs condoléances et compatir.
>
> « Ils perdent leur temps, dit-il de ses adversaires. Nous irons[51]. »

Ces deux mots de M. Msenti – « Nous irons » – signifient très certainement que lui, ses collègues et leurs familles iront voter, contre vents et marées. Quelques dizaines d'années plus tôt, une telle détermination aurait peut-être été impensable, mais maintenant que la résistance s'était implantée aux quatre coins du pays, cela commençait à devenir réalité. En tant que chauffeur de taxi, il avait sans doute transporté des milliers de passagers et écouté le récit de leurs malheurs, qui reflétaient la réalité de ce que lui et ses semblables avaient enduré. Puis, un jour, le changement sembla possible. En 1976, la jeunesse étudiante s'était révoltée contre l'imposition de l'afrikaans comme langue de l'éducation ; en réaction, le régime avait étendu sa mainmise sur le peuple et décrété l'état d'urgence. Pour beaucoup ce fut un signe que le gouvernement d'apartheid perdait la tête. L'écrivain américain James Baldwin décrit le déclin d'un royaume : « La force n'a pas les effets que ses défenseurs semblent lui prêter. Par exemple, elle ne révèle pas à la victime la force de son adversaire. Au contraire, elle lui révèle sa faiblesse, voire la panique de son adversaire, et cette révélation est pour la victime une source de patience. D'autre part, il est toujours fatal de faire trop de victimes[52]. »

❦

Quand huit hommes furent libérés de prison le 15 octobre 1989, cela annonça la fin d'un système qui avait causé de grandes douleurs et indiqua que les murs allaient tomber. L'heure de la victime était venue. Et puis, le 11 février 1990, presque cent vingt jours plus tard, Mandela sortit, et tout devint réalité. Cela arrivait enfin. Tous les chants entonnés dans les églises, au bord des tombes de terre ouvertes et dans les camps à des milliers de kilomètres de là, tout se mua en une affirmation : « Nous allons donner notre voix. » Cinq mots simples dont la portée avait échappé aux architectes de l'apartheid pendant des dizaines d'années.

L'extrême droite afrikaner avait échoué.

3

Une élection libre et équitable

Une fois les derniers obstacles levés, la voie était ouverte pour une élection qui marquerait la dernière étape dans l'établissement d'un gouvernement démocratiquement élu. Le Conseil exécutif de transition (TEC)* pour la préparation et la transition vers un ordre démocratique était désormais bien établi et prêt à promouvoir les conditions d'une activité politique libre à l'approche des élections. Entre le 15 avril et le 15 mai 1994, le pays assista à la plus importante mobilisation de forces de police en temps de paix pour assurer le déroulement d'élections libres[1]. Les principaux partis politiques, y compris le Parti de la liberté Inkatha, qui n'avait accepté de participer qu'à la dernière minute, étaient dotés d'une forte machinerie de campagne. De grandes campagnes de sensibilisation des électeurs à l'exercice du droit de vote avaient commencé deux ans plus tôt, quand l'ANC avait entamé les préparatifs pour l'élection d'une assemblée constituante. La Commission électorale indépendante (IEC) avait aussi été mise

* Conseil exécutif de transition – voir Personnalités, lieux et événements.

en place en décembre 1993. Quand l'IEC fut créée, Mandela appela son président, le juge Johann Kriegler*, magistrat aussi dur qu'énergique, pour lui dire que lui et l'ANC réalisaient qu'il y avait des problèmes, mais que Kriegler devait savoir qu'il avait le soutien et la confiance du parti[2].

Ce qui frappa le juge Kriegler fut la capacité de Mandela à nouer le contact avec des gens de bords très divers. Kriegler remarqua que, quand il y avait une question à traiter, « Mandela [l]'appelait directement, contrairement aux P-DG habituels dont l'assistant personnel vous appelle pour dire que le P-DG aimerait vous parler, avant de vous faire patienter jusqu'à ce que le P-DG prenne la communication[3] ». Mi-avril, lors d'une réunion du TEC à laquelle Mandela était présent, Kriegler fait le récit d'un rendez-vous avec l'Inkatha :

> Il fut question à un moment donné du boycott des élections par la ZCC [Église chrétienne de Sion]. Les menaces de boycott se multipliaient : l'Inkatha, le Nord-Ouest, le Ciskei et l'extrême droite. Je rencontrai l'évêque Lekganyane† pour le convaincre de soutenir le processus, avant les fêtes de Pâques. Il me répondit qu'il avait invité les chefs de tous les partis à assister à la célébration de Pâques pour donner le ton de l'élection, ce qui semblait signifier qu'il comptait encourager la participation. Au rassemblement de Pâques, je restai deux heures dans la nef assis à côté de Mandela. C'était la première fois que je lui parlais en personne. On aurait dit un grand-père. Il

* Johann Kriegler – voir Personnalités, lieux et événements.
† L'évêque Barnabas Lekganyane était le chef de la ZCC.

reconnaissait les gens qui entraient, m'expliquant qu'Untel était marié à la sœur de tel autre ; il mettait un nom sur des visages venus des quatre coins du pays grâce à ses connexions familiales – il connaissait vraiment son électorat[4].

C'est le professeur kenyan John S. Mbiti qui observa dans son ouvrage de référence, *Religions et philosophie africaines*, que les Africains sont notoirement croyants ; cela se révèle vrai dans une large mesure pour les nombreux fidèles de la ZCC avec son mélange syncrétique de croyances religieuses chrétiennes et africaines traditionnelles[5]. Il était donc logique pour Mandela, comme pour tout autre leader politique d'ailleurs, de courtiser son évêque, dont l'influence s'étendait bien au-delà des frontières de l'Afrique du Sud, avec des centaines de milliers de fidèles partant de toute l'Afrique australe en pèlerinage à Moria, dans ce qui était alors le nord du Transvaal. Ils venaient peut-être par dévotion, mais pour Mandela ils constituaient un électorat. Avant toute chose, Mandela voulait assurer l'intégrité de l'élection fondatrice, condition essentielle d'une transition pacifique vers la démocratie.

Mandela écrit : « La formation du premier gouvernement démocratiquement élu d'Afrique du Sud fut précédée d'une campagne électorale nationale au cours de laquelle les leaders de l'ANC à tous les niveaux du parti arpentèrent systématiquement le pays entier, visitant les zones rurales et urbaines et parlant à toutes les catégories de population.

« C'est cette équipe d'hommes et de femmes qui a fait du 27 avril 1994 un jour inoubliable pour la mémoire collective de la nation sud-africaine, où notre peuple s'est uni dans une action symbolique.

« Cette journée fut la conclusion de mois d'excitation, d'espérance et de peurs après la fin des négociations en novembre de l'année précédente.

« La date de l'élection a été décidée lors des négociations de sorte que pendant cinq mois la nation a attendu en retenant son souffle l'arrivée de ce jour historique dans la vie de l'Afrique du Sud.

« Pour la majorité noire, ce fut synonyme de la naissance d'un rêve qui avait inspiré des générations, celui qu'un jour le peuple gouvernerait.

« Pendant des décennies, après la fin des guerres coloniales de dépossession, ils avaient dû rester en marge de la vie politique, et regarder leurs compatriotes voter pour leur dicter la loi. Désormais, le jour était proche où ils décideraient, avec tous leurs compatriotes, de la politique de leur pays.

« Pour beaucoup de citoyens blancs, la perspective de ce jour était évidemment un motif d'inquiétude, de peur et d'insécurité. Pour eux, cela signifiait la fin du contrôle et des privilèges de la minorité, ouvrant la perspective effrayante d'avoir à partager avec ceux qu'ils avaient si longtemps soumis, et avec cruauté, de plus d'une façon.

« L'atmosphère au cours de ces mois menant à l'élection fut donc logiquement un mélange de toutes ces émotions et espérances différentes et conflictuelles. Tandis que nous faisions campagne à travers le pays et sollicitions notre peuple pour qu'il aille voter en faveur du mouvement de libération, nous avons rencontré ces différentes humeurs.

« Il était clair que le dur labeur effectué par le mouvement de libération depuis des dizaines d'années avait laissé une marque indélébile sur la trame du vote à venir. À travers le pays et dans chaque communauté, nous fûmes accueillis avec enthousiasme par de débordantes démonstrations de soutien.

« En ma qualité de président de l'ANC, je me suis rendu dans pratiquement chaque région du pays. À l'approche des élections, au cours des six derniers mois, j'ai pris la parole devant au moins deux millions et demi de personnes dans des rassemblements et des meetings à travers toute l'Afrique du Sud. Ce fut émouvant de constater que le nom et la réputation de notre mouvement étaient vivaces jusque dans les contrées rurales les plus reculées.

« Conformément à la longue tradition de notre organisation et de la politique du Congrès, nous avons attiré dans notre campagne l'éventail de citoyens le plus large possible. Comme nous l'avions fait pendant les négociations, quand nous étions parvenus à rallier à notre camp différents courants habituellement considérés comme alliés au régime d'apartheid, nous avons adopté la même approche globale pour unir le peuple pendant la campagne. Nous avons eu recours à des techniques de recherche et une méthodologie modernes incluant les sondages d'opinion. Notre spécialiste des sondages fut Stan Greenberg, qui avait conseillé le président Clinton dans sa campagne de 1992.

« Pendant la campagne, nous avons organisé des forums populaires, des groupes de discussion, et avons diffusé des annonces dans les médias pour solliciter la participation des citoyens. Cela nous a valu une énorme quantité de réponses. Nous avons collaboré face à face avec les citoyens[6]. »

Mandela et l'ANC avaient réalisé depuis longtemps qu'ils n'avaient pas les ressources de campagne nécessaires pour rivaliser avec la redoutable machine électorale du Parti national, qui avait aussi l'expérience du pouvoir. Même si cela fut mis au crédit de Greenberg, l'ANC, par le biais d'un militant comme Ketso Gordhan, avait en fait adapté la stratégie nicaraguayenne des forums populaires au contexte local.

Dans un chapitre sur l'élection au Cap-Oriental, extrait d'une étude circonstanciée, *Launching Democracy in South Africa* (« Le lancement de la démocratie en Afrique du Sud »), publiée sous la direction conjointe du journaliste et spécialiste des sciences politiques R.W. Johnson et de l'éminent sociologue sud-africain Lawrence Schlemmer, les contributeurs Robert Mattes, Hermann Giliomee et Wilmot James écrivent que les tribunes médiatiques « offertes par les forums furent importantes pour communiquer le vrai message symbolique du sens des responsabilités de l'ANC, de sa représentativité et de son accessibilité, et pour reconstruire l'image d'un "parlement du peuple"[7] ». Là, les leaders ne faisaient pas de discours ; ils répondaient aux questions des représentants du public dans un environnement qui facilitait l'échange démocratique.

Quand il écrit sur cette période, Johannes Rantete, dans son récit de l'accord négocié par l'ANC, constate que la campagne électorale fut caractérisée « par la grande attention accordée aux chefs de partis. De Klerk était éloquent et acerbe mais n'était pas de taille face aux qualités héroïques de Mandela qui vit des milliers de personnes affluer dans la plupart des rassemblements auxquels il participa. Jeunes et vieux voulaient voir de leurs propres yeux un homme dont la réputation dans l'histoire récente du monde était sans égale[8] ».

Sachant qu'il y avait un problème d'illettrisme dans l'électorat noir, autre héritage de l'apartheid, Mandela chercha une stratégie pour régler la question, et éviter un revers à l'ANC.

« Nous avons aussi entraîné les masses dans une campagne active pour l'éducation des électeurs, écrit-il. J'ai fait en sorte que des personnalités qualifiées nous soient utiles à cet égard. L'une d'elles fut Leepile Taunyane, alors président de l'Organisation nationale sud-africaine pour les enseignants professionnels [NAPTOSA]. Il me répondit que j'étais en retard, lui et ses collègues de la NAPTOSA avaient déjà commencé la campagne pour l'éducation des électeurs. Ce fut pour nous une extraordinaire inspiration parce qu'il était à la tête d'un mouvement fort et discipliné, qui avait toutes les ressources nécessaires pour lancer une campagne puissante. Nous avions lancé le même appel à l'Union démocratique des enseignants d'Afrique du Sud, qui avait elle aussi déjà pris la même initiative avant que nous les appelions à nous rejoindre. L'ANC cherchait non à parler au peuple, mais à parler avec le peuple.

« J'ai conduit la campagne comme membre et président de l'ANC, après avoir été élu à ce dernier poste lors de la première conférence nationale du parti après la levée de son interdiction, à Durban, en 1991. Nous avons organisé une répétition de l'élection dans le cadre de la campagne d'éducation des électeurs. Dix millions de personnes y ont participé. Ce fut très important, car lors de la véritable élection, il y eut moins d'un pour cent de bulletins nuls. Ce taux de bulletins nuls est équivalent à celui des élections dans les démocraties de pays développés à fort taux d'alphabétisation.

« L'ANC a mené une campagne positive, consacrée à la reconstruction, et à une vie meilleure pour tous sans oublier le passé. Nous avons évité de mener une campagne de dénigrement, d'attaquer les partis d'opposition. À ma connaissance, nous n'avons jamais diffusé de publicité dénigrante dans les médias*. La campagne de l'opposition, en revanche, fut essentiellement axée sur le dénigrement et ne cessa d'attaquer l'ANC et ses alliés.

« Comme toujours, écrit Mandela, nous fûmes attentifs aux minorités dans nos interrogations sur l'avenir, dans un moment de grande transition comme celui-là. Notre mouvement avait toujours pris en considération tous les citoyens de notre pays, et c'est le message que nous avons envoyé pendant notre campagne. La population y a répondu avec enthousiasme.

« Nous nous souvenons, par exemple, de la façon dont une jeune métisse, Amy Kleynhans, qui était alors Miss Afrique du Sud, nous rejoignit sur scène pendant notre campagne au Cap. Elle avait précédemment suscité la colère du président F.W. De Klerk pour avoir refusé de porter le drapeau national de l'apartheid dans un concours de beauté, confirmant son allégeance à la nouvelle Afrique du Sud sur le point de naître.

« Il y eut d'autres démonstrations semblables de soutien enthousiaste. Un jeune professeur de la communauté quitta son poste pour chanter des chansons qu'il avait composées pour la campagne. Ce jeune homme, John Pretorius, enregistra plus tard la chanson "Sekunjalo", qu'il chanta dans de nombreux meetings au Cap durant la campagne. »

Énergique et dansante, cette chanson au rythme moderne est mâtinée d'une influence gospel traditionnelle.

---

* Il n'y eut aucune publicité négative en dehors de ce que l'équipe de campagne appelait des « publicités comparatives ».

Le refrain « Free at last » et les paroles sont une célébration enjouée de la fin de la tyrannie et de l'émergence de la liberté. Des années plus tard, à la fête du quatre-vingtième anniversaire de Mandela, John Pretorius chanta cette chanson en duo avec Jermaine Jackson devant un public aux anges lors d'un concert à l'Ellis Park Stadium.

« Comme nous l'avons dit, écrit Mandela, tout ne s'est pas déroulé sur une note aussi positive et joyeuse. Dans le KwaZulu-Natal, il nous a fallu affronter une violence politique continue qui a jeté un voile de tristesse et de doute sur la perspective exaltante de vivre en démocratie. Nous avons consacré beaucoup de temps à la situation politique de cette province. D'un côté, il fallait faire campagne pour la victoire électorale de notre parti, mais en même temps, il était de notre devoir de nous occuper de façon non partisane du sort de tous les habitants de la province. La violence politique, quels qu'en soient les auteurs, se faisait au détriment de tous les Sud-Africains. Et comme toujours en pareilles circonstances, l'innocent porte le fardeau de la souffrance, d'où l'attention particulière que nous avons portée à cette province qui s'appelait encore Natal.

« Notre campagne électorale ne se déroula pas toujours sans accrocs. Comme je l'ai dit plus haut, le Parti national de De Klerk pratiquait le dénigrement, et fut parfois purement et simplement immoral au cours de la campagne.

« Quand je me suis rendu à Los Angeles au début des années 1990, j'ai été pris en photo entouré de deux artistes mondialement connus, Elizabeth Taylor et Michael Jackson. À l'approche de l'élection d'avril 1994, le Parti national a publié un tract calomnieux intitulé

Winds of Change ("Les vents du changement"), où Michael Jackson ne figurait plus sur la photo ; Elizabeth et moi apparaissions seuls. Ils aggravèrent la supercherie en faisant des remarques diffamatoires à notre encontre. La commission électorale indépendante les força à retirer ce tract.

« La campagne du Parti national ne fut pas qu'immorale, elle fut aussi raciste. Elle exploita les peurs des minorités raciales, surtout celles des communautés des métis et des Indiens, affirmant qu'une victoire de l'ANC entraînerait leur répression par les Africains. Ils critiquèrent le Dr Allan Boesak, prêtre éminent de la communauté métisse, pour avoir fait campagne auprès de toutes les catégories de la population sud-africaine, au lieu de se limiter à sa seule communauté.

« Un autre exemple de ce racisme fut encore dirigé contre moi personnellement. Heidi Dennis, jeune enseignante métisse du lycée de Beacon Valley dans la communauté métisse de Mitchell's Plain, m'appela pour me demander de les aider à lever des fonds pour repeindre l'école. Je demandai alors à Syd Muller de chez Woolworths non seulement de leur apporter des fonds, comme Heid l'avait demandé, mais aussi d'améliorer l'école en construisant de nouvelles salles de classe et un laboratoire.

« Quand Woolworths termina les travaux, continue Mandela, nous allâmes assister à l'inauguration. Un important groupe de femmes métisses avait organisé une manifestation contre moi. L'une d'elles criait et disait en afrikaans : *Kaffer, gaan huis toe* ("Kaffir, rentre chez toi"), des propos injurieux. Toutes ces manœuvres racistes et malhonnêtes furent commises par le parti de De Klerk, un leader que j'avais plusieurs fois encensé dans le pays et à l'étranger comme un homme intègre avec qui on pouvait discuter.

« L'ANC a tenté du mieux qu'il pouvait d'éviter de s'abaisser au niveau du Parti national. Nous sommes restés déterminés et constructifs. Nous avons vivement poussé tous les Sud-Africains, sans considération de couleur ou de croyance, à se joindre au combat pour une Afrique du Sud démocratique, unie, non raciale et non sexiste. Dans cette campagne, nous avons aussi eu des difficultés avec certains de nos membres qui firent des commentaires irréfléchis contraires à nos principes élémentaires. Nous avons immédiatement condamné publiquement de tels comportements[9]. »

Il fallait s'attendre, au vu des enjeux, à ce que l'élection mette à l'épreuve la force de caractère des principaux prétendants. Le Parti national, qui avait tant à perdre, ne put que grossir le trait en présentant son bilan comme un facteur de changement, tandis que l'ANC, qui n'avait encore jamais exercé le pouvoir, fit la promesse d'un nouveau système pour tous. Dans le feu de l'action, il était inévitable que la campagne électorale se transforme, selon l'article d'un journal du Cap-Oriental, en « une guerre des mots à outrance entre le Congrès national africain et le Parti national. Chaque parti accusant l'autre de “coups tordus” et de “sournoiseries électoralistes”. Chacun déposant réclamation auprès de la Commission électorale indépendante sur la conduite, les affiches et les tracts de l'autre camp[10] ».

Dans une première salve d'amabilités, l'ANC avait publié un tract montrant le candidat du Parti national au poste de gouverneur de la province du Cap-Oriental, Hernus Kriel, tenir en laisse comme des chiens un trio de candidats, deux Noirs et un métis, tandis que des billets de 50 rands tombaient des poches de M. Kriel. Pour ne pas être en reste, le Parti national avait attaqué à la gorge.

« Dans le courant de la journée, continue l'article, la Commission électorale indépendante doit rendre son jugement dans l'affaire de la bande dessinée publiée par le Parti national, accusée par l'ANC d'être raciste et de reposer sur la stratégie du *swart gevaar* [“péril noir”] pour séduire l'électorat métis. Elle est intitulée “Les vents du changement soufflent sur l'Afrique du Sud – Survivrez-vous à la tempête ?”[11] »

La stratégie du *swart gevaar* déployée par le Parti national – la dévastation nationale promise après l'avènement d'un gouvernement noir – allait à l'encontre du thème de la réconciliation cher à Mandela. Malgré cela, Mandela reconnaissait qu'il fallait inclure les Blancs – en particulier les Afrikaners – dans l'évolution de la nouvelle Afrique du Sud. Thabo Mbeki évoqua ce point crucial dans une interview avec Joel Netshitenzhe et Tony Trew* à Johannesburg en 2014 :

> [La] réconciliation était liée [au souhait de Madiba de dire] : « Protégeons les avancées démocratiques de cette menace potentielle », cela devint donc pour lui une source de préoccupation moins parce qu'il était un adepte de la réconciliation elle-même que parce qu'elle permettait de protéger ce que nous avions gagné… Il fallait qu'il aborde la question des Afrikaners et montre qu'il n'était ni un monstre ni une menace pour eux, afin de régler le problème. Parce que… Mandela, sur la

* Joel Netshitenzhe ; Tony Trew – voir Personnalités, lieux et événements.

question de la réconciliation, n'était pas différent des autres leaders de l'ANC – cette réconciliation, qui réglait le problème des craintes de la population blanche, était liée à sa crainte d'une possible contre-révolution[12].

« L'extrême droite blanche, écrit Mandela, est l'un des autres facteurs potentiels de déstabilisation qui a pesé sur l'ambiance générale à l'approche de l'élection… Les exemples affluaient de Blancs qui adoptaient une mentalité d'assiégés, faisant provision de denrées alimentaires et autres kits de survie dans leur maison[13]. »

Des représentants de médias nationaux et internationaux, des agences, des journalistes indépendants et des photographes arpentèrent le pays, s'attendant pour la plupart à couvrir une zone de guerre. On leur avait promis la guerre. Les porte-parole des nombreuses missions de l'ANC à l'étranger organisèrent aussitôt des conférences de presse sur ce qui attendait les visiteurs en Afrique du Sud, minimisant les rumeurs de chaos. Les citoyens, armés de leur seul passeport intérieur de couleur verte, attendaient l'ouverture des bureaux de vote.

Mandela fut fortement encouragé par les préparatifs. « Au niveau de l'organisation et de la logistique, l'élection généra un grand intérêt public. La Commission électorale indépendante prépara l'élection, établissant des bureaux dans différents endroits du pays. L'une de ses attributions consistait à prendre le pouls de l'atmosphère générale pour éviter qu'elle n'affecte le degré de liberté et d'équité du scrutin.

« Il y avait de quoi être fier, poursuit-il, de voir le nombre de Sud-Africains découvrant les mécanismes d'une élection démocratique. Certains commentateurs ont dit que le système de vote serait trop complexe pour des électeurs prétendument frustes. Nous avions opté pour un mode de scrutin proportionnel : l'électorat devait élire le corps législatif national et provincial le même jour. Tout cela fut pensé pour limiter les complexités susceptibles d'embrouiller les électeurs.

« En fin de compte, il s'avéra que les électeurs sud-africains avaient une affinité presque naturelle avec le processus électoral.

« Un grand nombre d'observateurs étrangers arpentèrent aussi le pays, y compris ma future épouse, Graça Machel*, soit pour assister au programme de formation des électeurs, soit pour surveiller la situation pendant la campagne, et s'assurer que les conditions de liberté et d'équité de l'élection existaient. Presque tous sans exception parlèrent après coup de l'esprit positif qui a prévalu dans le pays.

« D'autres mécanismes permirent aux Sud-Africains d'agir dans un climat de démocratie transparente à l'approche des élections. Parmi ceux-ci, la Commission indépendante pour les médias dont la mission était de vérifier que tous les partis soient traités de façon équitable par les médias, dans la presse écrite ou à la télévision[14]. »

Il y a autant de souvenirs de ces journées de vote qu'il y avait de citoyens en pleine possession de leurs moyens au cours de l'élection, ces journées restant le point focal de toute réflexion sur la réalité de la démocratie. Pour les Sud-Africains, c'est une longue séquence ancrée dans leur mémoire collective comme peut l'être pour les Américains l'assassinat de John

* Graça Machel – voir Personnalités, lieux et événements.

F. Kennedy ou – pour les représentants de moins en moins nombreux des plus vieilles générations à travers le monde – la fin de l'une des deux guerres mondiales. Ce fut, pour employer un lieu commun, une expérience qui marquerait les Sud-Africains pour toute la vie. Étant donné son importance, l'élection s'étala sur deux jours.

Le mardi 26 avril 1994, tel un galop d'essai pour l'élection du lendemain, fut réservé aux personnes du troisième âge, aux handicapés et aux Sud-Africains qui habitaient à l'étranger. Pour la plupart d'entre eux, surtout les expatriés vivant sous d'autres cieux, le vote tira au clair l'idée qu'ils se faisaient de leurs origines – et de leur appartenance politique. Pour les croyants, si la libération de Mandela symbolisait la fin de la servitude, les premières élections démocratiques confirmèrent la réalité de l'existence de la Terre promise. Ce fut un moment poignant pour le frêle archevêque Trevor Huddleston, président du Mouvement anti-apartheid britannique et militant de longue date pour la libération de Mandela, d'entrer dans la Maison de l'Afrique du Sud de Londres à Trafalgar Square pour déposer son bulletin de vote dans ce qui était la première élection démocratique en Afrique du Sud. Appuyé en équilibre instable sur ses béquilles, il s'adressa à ses soutiens rassemblés « dans la salle de lecture lourde du passé colonial, louant le Seigneur d'avoir pu participer à un "événement si indiciblement merveilleux"[15] ».

Des citoyens de tous milieux affluèrent de partout, formant des files d'attente qui s'étiraient sur des kilomètres sur le chemin du bureau de vote où ils allaient déposer leur bulletin. Si les gens craignaient un attentat de l'extrême droite, ils ne le montrèrent pas.

Seule comptait leur détermination, qui semblait sans limites.

« Dans certains bureaux de vote des quartiers noirs, d'après Paul Taylor du *Washington Post*, une queue s'est formée dès 4 heures du matin. Dans d'autres, des électeurs handicapés se sont fait porter dans une brouette ou sur un brancard jusqu'aux urnes. À travers le pays, l'atmosphère générale semblait moins aller à l'exubérance qu'à une détermination silencieuse. “Je suis fatiguée, j'ai mal au dos ; je n'ai rien mangé de la journée, dit une stoïque Susan Ndhlovu, soixante-dix-sept ans, à un journaliste sud-africain dans une longue file d'attente sous un soleil de plomb à Bloemfonteïn. Mais je ne partirai pas avant d'avoir voté.”[16] »

Le matin du mercredi 27 avril, Mandela vota « au lycée Ohlange d'Inanda, township verdoyant et vallonné au nord de Durban, car c'était là que John [Langalibalele] Dube*, premier président de l'ANC, était enterré. Ce patriote africain avait participé à la fondation du parti en 1912, et déposer mon bulletin de vote près de sa tombe bouclait la boucle de l'histoire, car la mission qu'il s'était assignée quatre-vingt-deux ans plus tôt était sur le point de s'achever[17] ».

Mandela observe qu'à l'aube de cette journée qui symbolisait un nouveau départ, « les Sud-Africains firent la queue par millions pour déposer leur premier bulletin de vote dans une élection démocratique, dont les fondations avaient été posées au cours des mois précédents. Cette journée mémorable était idéalement assortie à l'esprit positif d'espoir et d'attente qui prédominait malgré les larmes et l'inquiétude.

---

* John Langalibalele Dube – voir Personnalités, lieux et événements.

« L'ordre et le calme qui prévalurent dans le déroulement de l'élection, et la fin des violences qui s'ensuivit, firent voler en éclats les sombres prédictions des oiseaux de mauvais augure, parmi lesquels on comptait certains analystes politiques connus et respectés. Ils avaient prédit que l'histoire de l'Afrique du Sud, surtout pendant les quarante ans de régime d'apartheid, montrait clairement que la minorité blanche était bien décidée à s'accrocher au pouvoir pour les siècles à venir. Un large éventail de commentateurs sous-estimèrent notre détermination et notre capacité à convaincre des personnalités influentes chez les Blancs comme chez les Noirs de prendre conscience que ce pays était leur patrie bien-aimée, et qu'il était de leur responsabilité de faire de ce mois d'avril 1994 un jalon mémorable de notre turbulente histoire.

« C'est pour ce jour qu'une longue lignée de légendes célébrées s'était battue depuis 1652 quand l'étranger Jan van Riebeeck* accosta nos rivages. Ils ont inlassablement œuvré pour la libération de notre pays : le chef Khoi Autshumao, Abdullah Abdurahman, Cissie Gool et Hettie September, Yusuf Dadoo et Monty Naicker, Bram Fischer et Michael Harmel, Khosi Tshivhase, Alpheus Madiba, la reine Manthatisi, Selope Thema, Moses Kotane, Albert Luthuli, Oliver Tambo, Chris Hani, Robert Sobukwe, Zeph Mothopeng et Steve Biko, et une multitude d'autres[18]† ».

---

* Jan van Riebeeck, employé de la Compagnie hollandaise des Indes orientales, établit une étape pour les vaisseaux hollandais à Table Bay, ouvrant la voie à l'établissement de la colonie du Cap et à l'implantation des Blancs en Afrique du Sud.

† Autshumao ; Yusuf Dadoo ; Bram Fischer ; Moses Kotane ; Zeph Mothopeng ; Steve Biko – voir Personnalités, lieux et événements. Abdullah Abdurahman fut le premier métis à être élu au

Après coup, réfléchissant à l'influence de ce scrutin national historique sur la légitimation de la démocratie, Mandela ne put s'empêcher d'employer un ton sardonique à l'égard des défaitistes et des frileux qui s'étaient préparés à la catastrophe.

« Après les élections, quand tout fut fini et que les événements prirent une tournure bien différente de ce que les oiseaux de mauvais augure avaient prédit, ceux qui avaient accumulé des réserves alimentaires suscitèrent un sentiment d'hilarité et de légèreté. Mais sur le moment, ce fut un sujet des plus graves qui affecta l'atmosphère générale[19]. »

L'ANC remporta une victoire écrasante, récoltant 62,6 % des voix, ce que Mandela attribua au dur labeur

---

conseil municipal du Cap en 1904 et au conseil provincial du Cap en 1914 et fut président de l'Organisation politique africaine, qui combattait l'oppression raciale contre les métis. Cissie Gool, fille d'Abdurahman, fut la fondatrice et la première présidente de la Ligue de libération nationale, présidente du Front uni non européen dans les années 1940, la première métisse diplômée d'une faculté de droit en Afrique du Sud, et la première inscrite au barreau du Cap. Hettie September était une syndicaliste, membre de l'Organisation sud-africaine des métis et membre fondatrice du Comité des femmes du Cap pour les denrées alimentaires en 1946. Monty Naicker était un médecin, cofondateur et premier président du Conseil antiségrégation et président du Congrès indien du Natal, de 1945 à 1963. Michael Harmel fut un des principaux membres du SACP, rédacteur à la revue *The African Communist*, et membre du MK. Il fut le cofondateur du Congrès des démocrates (COD). Khosi Tshivhase est roi des Venda. Alpheus Madiba mourut en 1967, après vingt-quatre heures de détention, de ce qui fut considéré comme un suicide par pendaison. La reine Manthatisi dirigea le peuple Tlôkwa pendant les guerres du Difiqane et du Mfecane, de 1815 à 1840, jusqu'à ce que son fils Sekonyela soit en âge de régner. Selope Thema fut un des principaux dirigeants du SANNC et secrétaire de la délégation des Sud-Africains noirs à la conférence de paix de Versailles et auprès du gouvernement britannique en 1919.

de son parti et à son respect de la discipline. Malgré les difficultés liées à la participation tardive de l'Inkatha et aux violences qui mirent en péril la liberté du scrutin dans les zones rurales du Natal, ou au piratage du système de dépouillement pour faire gonfler les chiffres du Parti national, du Front de la liberté et de l'Inkatha, qui fut déjoué par la Commission électorale indépendante, personne ne contesta la légitimité des élections ni le fait qu'elles avaient été « parfaitement libres et équitables[20] ».

Mais, comme après toute élection – ou toute compétition où il y a des gagnants et des perdants –, il était inévitable que certains, y compris des éléments au sein de l'ANC, déplorent des irrégularités. Par exemple, quand une délégation des dirigeants de l'ANC dans la province du Natal présenta des preuves d'irrégularités qui avaient avantagé l'Inkatha, Mandela insista pour qu'ils reconnaissent la courte défaite de l'ANC dans la province au lieu de contester les résultats, ce qui aurait pu entamer la légitimité de l'élection et avoir de graves répercussions sur la stabilité et la paix. De son côté, De Klerk non plus n'était pas immunisé contre la contestation interne, puisque certains dirigeants du Parti national voulaient dénoncer les résultats. Il décida, écrit-il dans ses Mémoires, que, « malgré toutes les irrégularités, [ils n'avaient] d'autre choix que d'accepter l'issue de l'élection dans l'intérêt de l'Afrique du Sud et de son peuple[21] ».

Même s'il était sur un petit nuage, Mandela s'inquiéta de certains résultats. L'ANC avait échoué à conquérir les provinces du Cap-Oriental et du KwaZulu-Natal, et le Cap du Nord avait été conquis avec moins de 50 % des votes. L'ANC devait aborder les sujets chers à une multitude de groupes électoraux, en particulier les prolétaires blancs, les traditionalistes du Natal, et les communautés indienne et métisse. Ces questions seraient prépondérantes pour la capacité de Mandela à assurer la transition dans les années à venir.

Le soir du 2 mai, après que De Klerk eut concédé la défaite dans un discours télévisé, le parti fêta la victoire dans la salle de bal du Carlton, qui jouxte le Carlton Centre, plus haut gratte-ciel d'Afrique, qui surplombe de cinquante étages le quartier d'affaires du centre de Johannesburg. Bien que son médecin lui eût conseillé de se reposer parce qu'il avait attrapé froid, Mandela ne pouvait manquer l'occasion de se réjouir avec ses compatriotes. Là, devant une foule en liesse, il évoqua brièvement sa mission et son mandat de chef du premier gouvernement du pays élu démocratiquement.

Mandela déclara : « Je vous prie de m'excuser, j'ai attrapé froid et j'espère que ma voix ne me lâchera pas ce soir. Mon médecin, qui m'a examiné très tôt ce matin, m'a demandé de garder le repos aujourd'hui et demain et de parler le moins possible. Et il m'a dit que, si je faisais ça, je ne serais plus enrhumé dans deux jours. J'espère que vous ne lui direz pas que j'ai désobéi à ses instructions.

« Mes chers compatriotes sud-africains, peuple d'Afrique du Sud, c'est une joyeuse soirée, en effet. Même s'il n'y a encore rien de définitif, nous avons reçu les résultats partiels de l'élection. Mes amis, je peux vous dire que nous sommes ravis du soutien massif qu'a reçu le Congrès national africain.

« Ces dernières heures, j'ai reçu un appel du président De Klerk, du général Constand Viljoen, du Dr Zach de Beer* et de M. Johnson Mlambo, premier

* Zach de Beer fut le dernier chef du Parti fédéral progressiste et le premier du Parti démocrate.

vice-président du Congrès panafricain, qui ont promis leur pleine coopération et nous ont transmis leurs sincères félicitations. Je les ai tous remerciés de leur soutien et suis impatient de travailler avec eux pour notre pays bien-aimé.

« Je voudrais aussi féliciter le président De Klerk pour le beau score du Parti national dans cette élection. Je veux aussi le féliciter pour… les années de travail commun, de querelles… et parce que nous avons toujours été capables, après un échange tendu, de nous serrer la main et de boire un café.

« J'adresse aussi mes félicitations au Dr Zach de Beer, ainsi qu'au général Constand Viljoen, avec qui j'ai eu de nombreuses discussions et en qui je vois un Sud-Africain de valeur qui apportera sa contribution dans le Gouvernement d'union nationale.

« Je suis aussi impatient de m'entretenir avec les leaders du mouvement de libération qui n'ont pas atteint le seuil électoral. Je consulterai mon parti parce que j'ai quelques idées. Ils ont souffert à nos côtés. J'étais en prison avec nombre d'entre eux. Nous avons souffert ensemble sur les champs de bataille, et cela me fait beaucoup de peine qu'ils n'aient pas atteint le seuil électoral, que d'autres partis ont atteint.

« À tous ceux du Congrès national africain et du mouvement démocratique qui ont travaillé si dur ces derniers jours et depuis des dizaines d'années, je dis merci et je rends les honneurs.

« Au peuple d'Afrique du Sud et au monde qui nous regarde : c'est en effet une joyeuse soirée pour l'esprit humain. C'est aussi votre victoire. Vous avez permis la fin de l'apartheid ; vous avez fait front avec nous pendant la transition.

« J'ai vu, comme vous tous, des dizaines de milliers de nos citoyens attendre patiemment dans de longues files pendant des heures. Certains passant la nuit sur le trottoir, pour déposer ce bulletin historique… C'est un des moments les plus importants de l'histoire de notre pays. Je me tiens devant vous plein d'une fierté et d'une joie immenses ; de la fierté pour les habitants ordinaires et humbles de ce pays. Vous avez fait preuve d'un tel calme et d'une telle patience dans votre détermination à vous réapproprier votre pays. Et de la joie parce que nous pouvons crier sur les toits – enfin libres !

« Je suis votre serviteur ; je ne viens pas à vous en leader… Nous formons une grande équipe. Les leaders vont et viennent mais l'organisation et le partage des responsabilités qui ont généré les réussites et les revers de ce parti perdureront. Et les idées que j'exprime ne sont pas des idées sorties tout droit de mon esprit. Elles proviennent de… la Charte de la liberté* ; des décisions prises ; des résolutions de la Conférence nationale et des décisions du Comité exécutif national… Ce ne sont pas les individus qui comptent ; c'est le partage des responsabilités qui a guidé si habilement la destinée de notre organisation.

« Et je me tiens parmi vous rempli d'humilité devant votre courage, et le cœur plein d'amour pour chacun d'entre vous. Je considère le fait de diriger l'ANC comme le plus grand honneur qui soit à ce moment de notre histoire, comme le fait d'avoir été choisi pour diriger notre pays dans le nouveau siècle.

« Je m'engage à jeter toutes mes forces et mes capacités pour être à la hauteur de l'espérance que vous avez placée en moi et en l'ANC.

---

* Charte de la liberté – voir Personnalités, lieux et événements.

« Je suis personnellement redevable et rends hommage aux grands leaders de l'Afrique du Sud, parmi lesquels John [Langalibalele] Dube, Josiah Gumede, G.M. Naicker, le Dr Abdurahman, le chef Luthuli, Lilian Ngoyi, Bram Fischer, Helen Joseph, Yusuf Dadoo, Moses Kotane, Chris Hani et Oliver Tambo*. Ils auraient dû être parmi nous pour fêter cet événement, car cette victoire est aussi la leur.

« Demain, toute la direction de l'ANC et moi retournerons à notre table de travail. Nous nous retrousserons les manches pour commencer à nous attaquer aux problèmes auxquels notre pays fait face. Nous vous demandons à tous de vous joindre à nous – reprenez le travail dès demain matin. Remettons l'Afrique du Sud au travail.

« Car nous devons, et sans délai, commencer à construire une vie meilleure pour tous les Sud-Africains. Cela passe par la création d'emplois, un meilleur accès à l'éducation et la paix et la sécurité pour tous.

« Ce sera l'épreuve de vérité pour le Gouvernement d'union nationale. Nous sommes devenus le parti de la majorité sur la foi de la feuille de route contenue dans le Programme pour la reconstruction et le développement†. Nous y avons souligné les étapes que nous allons suivre pour assurer une meilleure vie à tous les Sud-Africains.

« Presque tous les partis qui prendront part au Gouvernement d'union nationale se sont engagés à… contribuer à une vie meilleure pour la population. Ce

---

* Pour une note biographique sur ces hommes et ces femmes, voir Personnalités, lieux et événements.

† Programme pour la reconstruction et le développement – voir Personnalités, lieux et événements.

sera la clé de voûte… de l'action du Gouvernement d'union nationale. Et j'appelle tous les responsables qui serviront dans ce gouvernement à honorer ce programme. Et… à œuvrer à son application immédiate.

« S'il y a des tentatives, quelles qu'elles soient, de saboter ce programme, cela créera de graves tensions au sein du Gouvernement d'union nationale.

« Nous sommes là pour honorer nos promesses. Si nous échouons à mettre en œuvre ce programme, nous trahirons la confiance que le peuple d'Afrique du Sud a placée en nous. Ce programme a été développé par les masses elles-mêmes lors des forums populaires. Il a été accepté par les entreprises d'État, par les ministères, par le milieu des affaires, de l'éducation, par les chefs religieux, les ligues de jeunesse, les organisations féministes. Et personne n'aura le droit de faire cela, de participer à ce Gouvernement d'union nationale pour s'opposer à ce plan.

« Mais j'ajoute que nous ne ferons pas du Gouvernement d'union nationale une coquille vide. Nous voulons que tous les partis politiques qui participent à ce gouvernement se sentent appartenir à la machine gouvernementale, qui doit être capable de prendre en compte leurs positions dans le cadre du Programme reconstruction et développement. Nous ne voulons pas les réduire à un rôle de figurants ni écouter les positions de chaque parti en se bornant à répéter que le programme doit être suivi à la lettre.

« L'atmosphère de calme et de tolérance qui a prévalu pendant la campagne est un bon exemple de l'Afrique du Sud que nous pouvons bâtir. Elle donne le ton de l'avenir. Nous avons peut-être des divergences, mais nous sommes un seul et même peuple au destin commun dans la richesse de notre culture et de nos traditions.

« Nous félicitons aussi nos forces de police pour l'excellence de leur travail. Cela ouvre l'ère d'une police professionnelle, au service du peuple et fidèle à la nouvelle Constitution.

« Le peuple a voté pour le parti de son choix et nous le respectons. C'est ça, la démocratie.

« Je tends une main amicale aux chefs de tous les partis et à leurs membres, et demande à chacun de se joindre à nous pour s'attaquer aux problèmes qui se posent à notre nation. Un gouvernement de l'ANC servira le peuple d'Afrique du Sud tout entier, pas seulement les membres de l'ANC.

« Nous sommes impatients de travailler ensemble dans un Gouvernement d'union nationale. C'est un mandat clair pour agir. Pour mettre en œuvre un projet de création d'emplois, de promotion de la paix et de la réconciliation, et de garantie de liberté pour tous les Sud-Africains.

« Nous vivons un moment de célébration, un moment où les Sud-Africains s'unissent pour célébrer la naissance de la démocratie.

« Que nos célébrations s'accordent au climat de cette élection – paisible, respectueux et discipliné – et démontrent que nous sommes un peuple prêt à assumer les responsabilités de gouvernement.

« Je promets de faire de mon mieux pour être à la hauteur de la foi et de la confiance que vous avez placées en moi et mon parti, le Congrès national africain. Construisons l'avenir ensemble, et levons nos verres à une vie meilleure pour tous les Sud-Africains.

« Pour finir, je tiens simplement à dire que dans certaines régions nous n'avons pas obtenu les résultats espérés. Mais ainsi va la démocratie. Il ne faut pas qu'il y ait de tension dans les régions où nous n'avons pas conquis la majorité. Tendons la main à ceux qui nous ont battus, pour leur dire : nous sommes tous Sud-Africains ; nous nous sommes bien battus. Mais il est temps de panser nos vieilles blessures et de bâtir une nouvelle Afrique du Sud.

« Je tiens aussi à dire que certaines formations sportives étaient censées venir en Afrique du Sud. Elles ne l'ont pas fait à cause de l'état d'urgence. Je les invite toutes à venir en Afrique du Sud malgré l'état d'urgence. Nous, peuple d'Afrique du Sud, les accueillerons à bras ouverts.

« Je vous remercie[22]. »

Un peu plus tard ce soir-là, il reçut un cadeau de James Motlatsi, président du Syndicat national des mineurs. Mandela reprit alors le micro et dit : « Je suis sûr que vous ne m'en voudrez pas. Je ne peux résister à la tentation de dire merci au camarade James. Vous savez sans doute que seul le mot “affection” peut décrire mes rapports avec le Syndicat des mineurs, parce que mon premier, tout premier travail, fut un poste de gardien dans une mine. Alors je vous suis reconnaissant de ce cadeau parce que le lien entre les mineurs et moi a perduré, me donnant force et espoir tout au long des années. Je vous remercie[23]. »

❦

Comme le boxeur qu'il fut autrefois, Mandela frappa de toutes ses forces pour abolir les iniquités et inégalités du passé, et façonner une Afrique du Sud vraiment démocratique. C'était une merveille pour les membres de son cabinet, une pile électrique qui voulait atteindre chaque électeur. Jessie Duarte, alors directrice des opérations à la présidence de l'ANC, se souvient que Mandela appela tous les chefs d'État qui avaient soutenu l'ANC pendant la campagne électorale[24].

Dans les jours précédant son entrée en fonctions, il répéta que l'élection était un nouveau départ et un appel à l'union nationale pour le changement. Après une campagne qui aurait épuisé un homme deux fois plus jeune, le week-end précédant sa désignation par le Parlement, Mandela s'adressa à des congrégations religieuses du Cap, dans une mosquée de Bo-Kaap, devant les fidèles de la synagogue de Sea Point, ainsi que devant les anglicans et méthodistes dans leurs églises respectives[25].

Lors d'un événement organisé par le Conseil œcuménique des Églises pour rendre grâce à ces élections pacifiques, Mandela prit la parole à un office œcuménique au stade FNB de Soweto, où il remercia les dignitaires chrétiens, musulmans, hindous et juifs pour le rôle qu'ils avaient joué dans la lutte pour la libération.

« Rien de ce que je dirai ne peut décrire pleinement le malheur de notre peuple à la suite de cette répression, dit Mandela, et le jour pour lequel nous nous sommes battus et que nous avons attendu est enfin arrivé. Le moment est arrivé pour des hommes et des femmes, africains, métis, indiens et blancs, de langue afrikaans ou anglaise, de dire que nous formons un seul pays, un seul peuple[26]. »

Duarte se souvient que Mandela

> rencontra aussi tous les chefs du renseignement et de l'armée. Il rencontra le général Meiring et

le général Brown, de la police, et il rencontra Magnus Malan*. C'était après l'élection. Il leur dit qu'ils allaient devoir passer le relais dans les formes. Il voulait connaître la force de l'armée, savoir ce qu'il y avait dans l'appareil du renseignement, qui étaient les gens qui y travaillaient. Il savait clairement que la situation avait changé et le leur dit. Il était très intéressé par ces sujets : la police, l'armée, le ministère de la Justice. Je crois que c'était lié non seulement à sa formation mais à son expérience de prisonnier, aux expériences qui avaient mal tourné pour lui, aux dysfonctionnements de la justice. Il appela les chefs des bantoustans pour leur dire qu'il était temps de faire bouger les choses ensemble[27].

Autrefois, quand il était encore en prison, Mandela avait une position ambivalente à l'égard du système des bantoustans†. Même s'il les « abhorrait », il « sentait que l'ANC devait utiliser ce système et ceux qui en font partie comme une tribune pour [leur] politique, surtout depuis que tant de [leurs] leaders n'ont plus droit de cité après avoir été emprisonnés, bannis ou exilés[28] ».

Mais à l'approche des élections, Mandela voulut éviter que la prophétie mordante de Walter Sisulu ne devienne réalité. En 1977, Sisulu avait écrit un texte en prison à propos de la prétendue indépendance des bantoustans. « Avec "l'indépendance" des bantoustans, le Nats [Parti national] aura réussi à diviser notre peuple

* Magnus Malan – voir Personnalités, lieux et événements.

† Le régime d'apartheid avait créé onze régions réservées aux populations noires. On les appela « bantoustan », ou « homeland ».

en groupes ethniques. De plus, le Nats a semé la graine qui pourrait bien devenir une bombe à retardement qui nous explosera à la figure, longtemps après qu'eux et la minorité blanche auront été vaincus[29]. »

Voilà pourquoi, quand il parla aux chefs des bantoustans, Mandela voulut s'assurer qu'ils étaient tous d'accord avec la création d'un État uni et indépendant, et éloigner le spectre du tribalisme contre lequel un des fondateurs et présidents de l'ANC, Pixley ka Isaka Seme*, avait mis en garde en octobre 1911. « Le démon du racialisme, les aberrations de la querelle entre Xhosas et Fingos, l'animosité qui existe entre les Zoulous et les Tsongas, entre les Basutos et tout autre indigène doivent être enterrés et oubliés ; il y a eu assez de sang versé parmi nous ! Nous sommes un seul et même peuple. Ces divisions, ces jalousies sont la cause de nos malheurs et de tout notre retard et notre ignorance actuels[30]. »

Pour Mandela, la sécurité était à la fois la clé d'une transition stable et de la croissance et du développement nécessaires au changement socio-économique.

Il écrit : « Quelques semaines avant les élections générales de 1994, accompagné d'Alfred Nzo et Joe Nhlanhla, qui furent respectivement nommés par la suite ministre des Affaires étrangères et ministre du Renseignement, j'eus une discussion avec le général Georg Meiring, chef d'état-major des armées sud-africaines, puis avec le général Johan van der Merwe, chef de la police nationale sud-africaine, connue plus tard sous l'acronyme SAPS†.

---

* Pixley ka Isaka Seme – voir Personnalités, lieux et événements.

† Alfred Nzo ; Johan van der Merwe – voir Personnalités, lieux et événements.

« Je leur demandai s'ils accepteraient d'être membres d'un gouvernement de l'ANC si nous gagnions l'élection. Le général Meiring nous assura sans hésitation qu'il servirait le nouveau gouvernement avec loyauté et lui fournirait la sécurité requise, engagement qu'il tenta d'honorer du mieux possible. L'incapacité du général Meiring à résister à la pression du renseignement militaire pour discréditer son successeur désigné, le général Siphiwe Nyanda*, et d'autres officiers noirs de haut rang eut tendance à ternir un bilan par ailleurs remarquable.

« La discussion avec le général van der Merwe fut loin d'être facile. Il était accompagné du général Basie Smit, second en ancienneté, et du général Johan Swart, ancien chef de la police de Soweto. Le général van der Merwe nous informa qu'il se retirerait bientôt, et entendait passer le relais à Basie Smit. Je lui fis remarquer qu'il était le seul à m'intéresser ; que s'il n'était pas disponible, je désignerais un successeur de mon choix[31]. »

Sydney Mufamadi se souvient des discussions entre les généraux et Mandela :

> On avait demandé au général Meiring de rester en poste, mais à un moment donné il a remis un prétendu rapport des renseignements, qui portait de graves accusations contre les membres les plus anciens de certaines forces non gouvernementales, en particulier le MK… et leur projet de fomenter un coup d'État contre le gouvernement. Le président Mandela prit ces accusations très au sérieux, nomma le président de la Cour suprême

* Siphiwe Nyanda – voir Personnalités, lieux et événements.

[Ismail] Mahomed, et ces accusations se révélèrent infondées. Georg Meiring fit long feu après ça… Le président Mandela considérait comme une nécessité stratégique de pratiquer une politique d'ouverture pour bâtir la nouvelle Afrique du Sud. Mais il voulait être sûr que ses interlocuteurs partageaient son point de vue[32].

Les réticences de Mandela à renouveler le mandat du général van der Merwe tenaient à un aspect plus fondamental, la violence qui ravageait le pays, et les soutiens de cette violence. Mandela avait proposé la nomination de van der Merwe au poste de chef de la nouvelle police nationale afin de lui assurer, à lui comme à ses troupes, qu'ils ne seraient pas poursuivis pour leurs crimes passés ; mais cela impliquait une certaine réciprocité.

« Van der Merwe ne fut pas nommé à la tête de la nouvelle police nationale sud-africaine, dit Mufamadi, parce que, même après les élections de 1994… de très graves incidents de… violences pour des motifs politiques se produisirent – dans certaines parties du Reef, de l'East Rand en particulier, et du KwaZulu-Natal – suggérant que les structures qui avaient été créées pour répandre cette violence… n'avaient pas été démantelées. » L'un de ces incidents fut « un grand massacre dans la zone de Port Shepstone » en 1995. « Le président Mandela pensait qu'on ne pouvait pas compter sur le leadership du général van der Merwe, qui hésitait beaucoup à participer à la Commission Vérité et Réconciliation[33]. »

S'appuyant sur la loi de promotion de l'unité et de la réconciliation nationale, n° 34 de 1995, la TRC fut mise en place par le Gouvernement d'union nationale pour tenter de revenir sur ce qui s'était passé sous l'apartheid. Le conflit avait entraîné des violences et des violations des droits de l'homme. Selon Mufamadi – et Mandela –, la TRC « n'allait pas seulement tenter de savoir qui avait fait quoi dans le passé, mais couper l'herbe sous le pied de tous ceux qui croyaient pouvoir continuer à perpétrer des actes de violence, les empêcher de continuer de le faire parce qu'on saurait la vérité sur l'identité des membres des unités de la police secrète[34] »…

Quand le général van der Merwe refusa de répondre à l'offre de Mandela, Mandela retira sa proposition. Peu après, continue Mufamadi, « nous avons nommé l'équipe chargée d'enquêter sur la structure qui était encore en place et fomentait des violences dans le KwaZulu-Natal… et qui était alors dirigée par Frank Dutton. Et ce qu'il y eut de positif, c'est qu'elle obtint la coopération d'un nombre important de personnes impliquées dans les unités de la police secrète – ils nous apportaient des informations[35] ».

En rencontrant chaque composante de la société sud-africaine, Mandela asseyait à la fois son autorité de leader de l'ANC et du pays. « Ce que beaucoup de gens ne comprirent pas, observe Barbara Masekela, c'est qu'il ne serait pas seulement président de l'ANC. Il serait le président de tout le peuple d'Afrique du Sud. Je pensais qu'il était de mon devoir de lui présenter l'éventail de citoyens le plus large possible pour qu'il ait la vision la plus précise possible de la société. Il m'en a été profondément reconnaissant[36]. »

Le 9 mai, après sa désignation historique et incontestée au poste de président par le Parlement – et conscient de la portée symbolique de son geste –, Mandela, avec l'archevêque Desmond Tutu, De Klerk et

Mbeki, alla s'adresser à la population du Cap depuis le même balcon de la mairie où il avait salué les Sud-Africains le jour de sa libération en février 1990.

« Le peuple d'Afrique du Sud a parlé durant ces élections, dit-il. Il veut le changement. Et c'est ce qu'il aura.

« Notre objectif est de créer des emplois, de promouvoir la paix et la réconciliation, et de garantir la liberté pour tous les Sud-Africains. Nous nous attaquerons à la pauvreté endémique si répandue parmi la majorité de notre peuple. En encourageant les investisseurs et l'État démocratique à soutenir la politique de création d'emplois dans laquelle l'industrie jouera un rôle central, nous tenterons de transformer notre pays en le faisant passer du statut d'exportateur de matières premières à celui d'exportateur de produits manufacturés…

« Pour sortir notre pays du bourbier du racisme et de l'apartheid, nous demandons détermination et effort. En tant que parti de gouvernement, l'ANC établira un cadre législatif qui favorisera, au lieu de l'entraver, l'ouvrage monumental de reconstruction et de développement de notre société à bout de souffle.

« Même si nous sommes et restons entièrement dévoués à l'esprit d'un Gouvernement d'union nationale, nous sommes déterminés à initier et à porter le changement qu'exige le mandat confié par le peuple.

« Nous présentons notre vision d'un nouvel ordre constitutionnel pour l'Afrique du Sud non en vainqueurs imposant leur loi aux vaincus mais de citoyens à citoyens pour guérir les blessures du passé dans le but de construire ce nouvel ordre fondé sur la justice pour tous.

« Voici, conclut-il, le défi qui attend tous les Sud-Africains aujourd'hui, et c'est un défi devant lequel, j'en suis sûr, tous les Africains se dresseront[37]. »

L'une des principales composantes de la grandeur de Mandela était son incapacité à tenir quoi que ce soit – ou quiconque – pour acquis. Peut-être le quart de siècle passé en prison lui avait-il appris qu'il était telle une page blanche, un substrat sur lequel la nouvelle réalité du pays allait s'imprimer. Il y avait un gouffre, en termes de détails, entre le monde qui l'avait formé avant son incarcération et ce que le monde était devenu à sa sortie de prison. En tant qu'assistante personnelle de Mandela, Duarte le considérait comme quelqu'un qui écoute beaucoup et parle peu. Elle et Masekela étaient en contact permanent avec lui. Il avait demandé les conseils de Frene Ginwala*, femme politique et membre de l'ANC, avant de nommer les membres de son cabinet.

Mandela avait déjà discuté avec le Comité national du travail (NWC) du NEC, qui s'occupait de la gestion quotidienne du parti, de l'attribution de postes au Parti national et à l'Inkatha dans le Gouvernement d'union nationale. Il préparait aussi le jour de son investiture.

Duarte se souvient que Mandela s'impliqua dans le choix des invités, aussi bien d'autres pays que d'Afrique du Sud :

> Dans la semaine qui a suivi les résultats, nous avons préparé la cérémonie d'investiture. J'ai été

* Frene Ginwala – voir Personnalités, lieux et événements.

émue de voir Madiba parcourir avec Thabo Mbeki et Aziz Pahad* la liste des invités internationaux.

Pour lui, il fallait à tout prix inviter certaines personnalités – « Il est hors de question que Castro ne soit pas là. » Il en revenait toujours à ces gens-là ; c'étaient des amis. Il fallait que Yasser Arafat soit là le jour de son investiture. Il disait : « Je me fiche de savoir comment nous allons faire, il faut que mon frère Yasser Arafat soit là à mon investiture. » C'était un grand défi, parce que le pauvre homme ne pouvait pas quitter la Tunisie ; il se ferait arrêter. Il pensait que tout chef d'État africain disponible devait être invité. Il disait : « Il faut faire partie de l'Afrique du futur, lui donner forme et la construire. » Il voulait savoir : « Alors, qui a dit qu'il ne viendrait pas ? », puis il décrochait son téléphone – « Ah, mon frère, je crois que tu ne peux pas faire le déplacement, mais tu sais, je serais ravi que tu sois là » – et ses interlocuteurs ne pouvaient pas dire non, et ils sont tous venus[38].

La cérémonie d'investiture de Mandela fut riche en symboles et en émotion. Devant près d'un milliard de téléspectateurs, près de 180 chefs d'État et dignitaires étrangers, et plus de quarante mille invités sud-africains de toutes les races réunis dans l'amphithéâtre et les jardins des Bâtiments de l'Union. Resplendissants en uniforme d'apparat, les militaires et les policiers, dont la mission avait longtemps été de contrecarrer l'avènement de ce moment, assuraient désormais les conditions d'une transition pacifique.

---

* Aziz Pahad – voir Personnalités, lieux et événements.

Après avoir prêté serment dans le bureau du juge Michael Corbett*, Mandela se mit au garde-à-vous la main sur le cœur au moment des hymnes. Les militaires – certains généraux arborant des médailles reçues pour des guerres d'agression – saluèrent le Président et prêtèrent allégeance. Entre le moment où fut joué « Die Stem van Suid-Afrika » (« L'appel de l'Afrique du Sud », en afrikaans), hymne de la vieille Afrique du Sud discréditée, et celui où fut joué « Nkosi Sikelel' iAfrika » (« Que Dieu bénisse l'Afrique », en xhosa), hymne de la libération, le nouveau drapeau sud-africain fut hissé.

Rédigé par une équipe dirigée par Mbeki – toujours à l'aise dans l'écriture des discours – et destiné à l'Afrique du Sud comme au reste du monde, le discours de Mandela s'inscrivit dans la lignée des symboles et du cérémonial du reste de l'investiture. Pendant un bref instant, sur scène, lui qui était déjà grand devint encore plus grand, encore plus sûr de lui, au moment de s'adresser à tous les Sud-Africains et aux représentants de toute la gamme des régimes politiques, du plus prospère au plus abject de la planète.

Il dit : « Aujourd'hui, nous conférons tous, par notre présence ici, et par nos célébrations dans d'autres parties du pays et du monde, gloire et espoir à la liberté qui vient de naître. De l'expérience d'une extraordinaire catastrophe humaine qui aura duré trop longtemps doit naître une société dont l'humanité tout entière sera fière.

« Nos actions quotidiennes en tant que simples citoyens d'Afrique du Sud doivent produire une réalité sud-africaine qui renforcera la foi de l'humanité dans

---

* Michael Corbett – voir Personnalités, lieux et événements.

la justice, renforcera la confiance dans la noblesse de l'âme humaine et nourrira tous nos espoirs d'une vie glorieuse pour tous.

« Tout cela nous le devons à nous-mêmes et aux peuples du monde qui sont si bien représentés ici aujourd'hui. À mes compatriotes, je n'hésite pas à dire que chacun d'entre nous est aussi profondément enraciné dans le sol de ce beau pays que le sont les célèbres jacarandas de Pretoria et les mimosas du Bushveld.

« Chaque fois que nous touchons le sol de ce pays, nous nous sentons renaître. L'humeur nationale change au rythme des saisons. Nous sommes émus par un sentiment de joie et d'euphorie quand l'herbe reverdit et que les fleurs éclosent.

« Cette harmonie spirituelle et physique que nous partageons tous avec notre patrie commune explique la profondeur de la douleur que nous avons portée dans nos cœurs en voyant notre pays se déchirer au cours d'un effroyable conflit, en le voyant rejeté, banni et isolé par les peuples du reste du monde, pour être devenu le foyer universel de l'idéologie pernicieuse et de la pratique du racisme et de l'oppression raciale.

« Nous, citoyens d'Afrique du Sud, sommes comblés que l'humanité nous accueille de nouveau en son sein, que nous, qui étions encore récemment des proscrits, ayons aujourd'hui le rare privilège d'être l'hôte des nations du monde sur notre propre sol.

« Nous remercions tous nos éminents invités étrangers d'être venus profiter avec le peuple de notre pays de ce qui est, après tout, une victoire commune pour la justice, la paix et la dignité humaine.

« Nous savons que vous serez à nos côtés pour répondre aux défis de la construction de la paix, de l'accès à une société prospère, non sexiste, non raciale, et démocratique. Nous sommes profondément reconnaissants du rôle joué par notre peuple et de son poids politique – démocratique, religieux, féminin, juvénile, économique, traditionnel – et de celui joué par d'autres leaders pour permettre ce dénouement. L'un des plus éminents est mon second vice-président, l'honorable F.W. De Klerk.

« Nous voulons aussi rendre hommage à tous les membres de nos forces de police, et au rôle essentiel qu'ils ont joué pour protéger nos premières élections démocratiques, et la transition vers la démocratie, des forces assoiffées de sang qui refusent encore de voir la lumière.

« Le temps de panser nos blessures est arrivé. Le moment de jeter un pont sur le gouffre qui nous sépare est arrivé. Le temps de la construction est arrivé.

« Nous avons, enfin, accompli notre émancipation politique. Nous nous promettons de libérer la totalité de notre peuple de sa servitude continue à la pauvreté, la privation, la souffrance, aux discriminations de genre, entre beaucoup d'autres.

« Nous avons réussi à faire nos derniers pas vers la liberté dans un climat de paix relative. Nous nous engageons à construire une paix complète, juste et durable.

« Nous avons triomphé dans notre effort d'implanter l'espoir dans le cœur de millions de nos concitoyens. Nous prenons l'engagement de construire une société au sein de laquelle tous les Sud-Africains, noirs comme blancs, pourront marcher fièrement, sans la peur accrochée au ventre, assurés de leur droit inaliénable à la dignité humaine – une nation arc-en-ciel en paix avec elle-même et le monde.

« En gage de notre action pour la renaissance de notre pays, le nouveau Gouvernement d'union nationale s'attaquera de toute urgence à la question de l'amnistie pour certains de nos concitoyens actuellement incarcérés.

« Nous dédions cette journée à tous les héros et héroïnes de ce pays et du reste du monde qui ont fait toutes sortes de sacrifices et donné leur vie pour que nous soyons libres. Leur rêve est devenu réalité. La liberté est leur récompense.

« C'est avec humilité et hardiesse que nous acceptons l'honneur et le privilège que vous, peuple d'Afrique du Sud, m'avez accordés, en tant que premier président d'une Afrique du Sud unie, démocratique, non raciale et non sexiste, de mener notre pays hors de la vallée des ténèbres.

« Nous comprenons qu'il n'existe pas de route facile vers la liberté. Nous savons bien qu'aucun d'entre nous ne réussira en agissant seul. Nous devons donc œuvrer ensemble, en peuple uni, à la réconciliation nationale, la construction de la nation, la naissance d'un nouveau monde.

« Faisons en sorte qu'il y ait une justice pour tous. Qu'il y ait la paix pour tous. Qu'il y ait du travail, du pain, de l'eau et du sel pour tous. Que chacun sache que le corps, l'esprit et l'âme ont été libérés pour s'épanouir. Plus jamais, jamais, jamais ce beau pays ne connaîtra l'oppression des uns par les autres et ne souffrira l'indignité d'être la brebis galeuse du monde.

« Le soleil ne se couchera jamais sur un accomplissement humain plus glorieux ! Que la liberté règne ! Que Dieu bénisse l'Afrique ! Merci[39]. »

Pour les gens de la génération de Mandela, la force symbolique de la célébration n'en fut sans doute que plus poignante ; non seulement l'investiture avait lieu dans un édifice représentant la toute-puissance du pouvoir, mais elle avait lieu à Pretoria, non loin de la prison centrale où beaucoup avaient été exécutés pour avoir osé imaginer qu'un tel moment puisse arriver un jour. La gare principale de la ville avait été autorisée aux Noirs il n'y avait pas si longtemps, et les trottoirs portaient encore le souvenir des pieds noirs qui devaient sauter en toute hâte sur la chaussée en signe de déférence pour le Blanc qui s'approchait. Mandela s'éloigna de la solennité de l'amphithéâtre, traversa les parcelles de verdure parfaitement entretenues, les pelouses Botha des Bâtiments de l'Union, où étaient rassemblées des dizaines de milliers de personnes.

« Avant de commencer son discours d'acceptation, Mandela esquissa quelques pas de danse sur la musique des pionniers du jazz africain, et une foule ravie dansa avec lui. Dans cette atmosphère festive de carnaval, un groupe de jeunes courait sur la pelouse devant les Bâtiments de l'Union, portant un cercueil. "*Hamba kahle apartheid*" ("Adieu l'apartheid") peint sur le côté du cercueil[40]. »

Une fois sur scène, il présenta Mbeki et De Klerk comme ses vice-présidents, prenant leurs mains dans les siennes pour les lever en l'air, comme un arbitre qui déclare vainqueurs *ex aequo* deux boxeurs après un combat.

« Je me souviendrai toujours de lui levant ma main et celle de Thabo Mbeki en l'air, face à la foule, se rappela De Klerk des années après. Ce fut un symbole de notre approche commune de l'avenir[41]. » Mandela décrivit Mbeki comme un combattant de la liberté qui avait sacrifié sa jeunesse pour la libération, et De Klerk comme l'un des plus grands réformateurs, l'un des fils de cette terre.

« Oublions le passé, dit Mandela. Le passé, c'est le passé[42]. »

Plus tard, au déjeuner inaugural donné pour les invités, il tint un autre langage, venu du cœur, comme il avait coutume de le faire quand il improvisait un discours.

« Cette journée, dit-il, est le résultat de l'autre force de notre pays, celle de la persuasion, celle de la discussion, celle du dialogue, celle de l'amour et de la loyauté à notre patrie.

« Dans les prochains jours, c'est sur cette force que nous nous appuierons. Il y aura toujours autant de graves problèmes. Donc, conclut-il, le Gouvernement d'union nationale doit s'attaquer à tous ces problèmes. Mais je ne doute pas que nous ayons les hommes et les femmes qu'il nous faut, dans ce pays, et dans toutes les franges de la population, pour être à la hauteur de ce défi[43]. »

4

L'entrée dans les Bâtiments de l'Union

Nelson Mandela passa la nuit de l'investiture au State Guest House de Pretoria, qui serait son logement temporaire les trois mois suivants, pendant que F.W. De Klerk déménageait de Libertas, la résidence présidentielle – que Mandela finit par rebaptiser Mahlamba Ndlopfu (« La Nouvelle Aube » en tsonga, et dont le sens littéral était « la toilette des éléphants » car les éléphants se lavent le matin).

Vers 10 heures du matin le 11 mai, lendemain de la cérémonie d'investiture, Mandela arriva par l'entrée de derrière dans l'aile ouest des Bâtiments de l'Union, accompagné d'un détachement de sécurité composé d'unités encore distinctes de la police sud-africaine et du MK. Deux femmes formidables – Barbara Masekela et Jessie Duarte –, qui furent au cœur de l'administration de l'ANC quand Mandela en était le président, marchaient à ses côtés aussi élégamment que possible, chargées du matériel de bureau nécessaire à l'installation.

La température des couloirs noyés d'ombre était d'un ou deux degrés plus basse qu'à l'extérieur, contraignant personnel et responsables au respect d'un strict code vestimentaire. Jusqu'ici, chaque fois que Mandela venait rencontrer De Klerk, flottait une odeur de café dans les couloirs. Rien de tel ce matin-là, où, à part les quelques personnes que Mandela croisa à l'entrée du bâtiment, l'endroit semblait pratiquement désert et abandonné, vide de toute chaleur humaine. Le vice-président De Klerk avait pris tous les membres de son cabinet avec lui, ne laissant que le personnel des services techniques et administratifs.

Mais la convivialité et l'élégance vestimentaire étaient le cadet des soucis de l'équipe de Mandela, dont la première tâche le 11 mai était de finaliser la composition du Gouvernement d'union nationale et l'intronisation des ministres. C'était une équipe réduite, composée de professionnels triés sur le volet, qui avait pour mission d'honorer un mandat urgent. Comme l'observa Jessie Duarte, Mandela fut loin de rester passif dans le choix des membres de l'équipe. Quand il pensa au professeur Jakes Gerwel* comme possible directeur ou secrétaire général de son cabinet, elle se souvient que Mandela « voulut savoir tout ce qu'il y avait à savoir à propos de Jakes. En fait, il en avait d'abord parlé à Trevor [Manuel]… avant d'entamer les négociations avec Jakes, et de lui demander : "Si nous gagnons, acceptez-vous de faire partie de mon cabinet ?" Il demanda aussi à un certain nombre de militants qui était ce Gerwel ; qui… serait membre du gouvernement avec lui[1]? » Un groupe de collaborateurs hautement qualifiés était indispensable au sein du cabinet du Président pour compenser le départ des soixante membres du cabinet de De Klerk. Qui plus est, la tâche confiée à la sous-commission aux affaires

* Jakes Gerwel – voir Personnalités, lieux et événements.

étrangères du Conseil exécutif de transition de mettre en place un organigramme pour le cabinet du nouveau président n'avait rien donné, hormis la désignation d'une petite équipe temporaire pour permettre au nouveau président de faire front jusqu'à ce qu'un arrangement définitif soit trouvé. À la demande pressante de Thabo Mbeki, une équipe dirigée par Chris Streeter, membre du ministère des Affaires étrangères, remplit cette fonction, Streeter devenant le « chef d'équipe » de Mandela jusqu'à la nomination du directeur de cabinet.

Mandela se hâta de dissiper le fantasme selon lequel il comptait se débarrasser du personnel en place. Même si le temps pressait, il mit un point d'honneur à serrer la main de chaque membre du personnel. Fanie Pretorius, alors chef de bureau du Président, se souvient de ce moment :

> Il commença par la gauche et serra la main de tous les membres du personnel ; quand il arriva vers le quart de la rangée, il tomba sur une femme au visage fermé, malgré sa physionomie sympathique. Quand il lui serra la main, il lui dit en afrikaans : « *Is jy kwaad vir my ?* » [« Vous êtes fâchée contre moi ? »], et tout le monde éclata de rire, la glace était brisée. Il continua sur sa lancée, faisant passer le message à tout le personnel. On en resta là, au soulagement général. C'était Nelson Mandela, avec toute la chaleur et le dévouement qu'on lui connaît. N'importe qui lui aurait mangé dans la main – il n'y eut plus le moindre ressentiment après ça, chez aucun membre du personnel, du moins pas à notre connaissance[2].

La chaleur de Mandela envers les gens de toute origine, des jardiniers, agents de nettoyage, secrétaires et dactylos aux postes les plus prestigieux, ne passa pas inaperçue. Ceux qui le croisèrent pour les besoins de leur travail le décrivent comme généreux, modeste et facile à vivre ; quelqu'un qui se conduisait en « homme ordinaire », dont la sincérité se voyait à sa façon de « saluer tout le monde, qu'il y ait une caméra ou pas » ; « on n'a jamais l'impression qu'il vous prend de haut »[3].

Mandela était respectueux mais pas admiratif du monde dans lequel il se trouvait. Comme toute personne qui a confiance en elle et ne doute pas de ses capacités, il savait sur quelle voie s'engager pour renforcer la démocratie en Afrique du Sud. Dans sa vie d'homme politique, il n'avait jamais fui ses responsabilités, malgré le danger, comme le prouve son rôle de volontaire en chef dans la Campagne de désobéissance civile contre des lois injustes*. Habité par un sentiment contenu dans son poème préféré, « Invictus », « la menace des ans » ne lui inspirait « nulle peur »[4]. Emprisonné plus d'un quart de siècle, Mandela était devenu le symbole mondial le plus reconnaissable de la lutte contre toute forme d'injustice. Il avait d'abord refusé de se présenter à la présidence, ayant peut-être l'impression d'avoir fait le maximum pendant la période grisante entre sa libération et les élections.

« Le choix de ma personne pour être le premier président élu démocratiquement de la République d'Afrique du Sud, écrit-il, s'imposa contre mon avis.

---

* Campagne de désobéissance civile contre des lois injustes – voir Personnalités, lieux et événements.

« À l'approche des élections générales, trois dirigeants historiques de l'ANC m'informèrent avoir mené une large consultation au sein du parti, dont le résultat unanime était que je devienne président en cas de victoire à l'élection. C'était, m'annoncèrent-ils, ce qu'ils proposeraient lors de la première réunion de notre groupe parlementaire. Je m'opposai à cette décision au motif que j'aurais bientôt soixante-seize ans, et qu'il valait mieux choisir une personne bien plus jeune, homme ou femme, qui soit sortie de prison, ait rencontré des chefs d'État et de gouvernement, assisté à des rassemblements d'organisations nationales et internationales, soit au courant de la situation nationale et internationale, et puisse, autant que possible, prévoir son évolution future.

« Je fis remarquer que j'avais toujours admiré les hommes et les femmes qui mettaient leurs talents au service de la communauté, et qui étaient éminemment respectés et admirés pour leurs efforts et leurs sacrifices, sans pour autant occuper de fonction officielle au sein d'un gouvernement ou d'une société.

« La combinaison de talent et d'humilité, le fait d'être à l'aise avec le pauvre comme avec le riche, le faible comme le puissant, le peuple comme la royauté, les jeunes comme les vieux – les hommes et les femmes doués d'empathie, sans considération de race ou d'origine sociale – sont admirés par l'espèce humaine partout dans le monde.

« L'ANC a toujours été riche d'hommes et de femmes talentueux, qui préfèrent rester dans l'ombre et pousser de jeunes gens vers d'importants postes à responsabilité, les exposer tôt dans leur carrière politique aux principes et aux problèmes élémentaires que rencontre un leader, et leur apprendre à résoudre ces problèmes. Le genre de leader qui a toujours fait forte impression sur nombre d'entre nous. Le camarade Walter Sisulu est de cette trempe ; voilà pourquoi il nous domine tous, malgré les responsabilités que nous avons pu avoir au sein du mouvement ou du gouvernement.

« J'exhortai les trois dirigeants historiques à me laisser servir le parti ou le gouvernement sans y occuper de fonction officielle. Mais l'un d'eux me sermonna.

« Il me rappela que j'avais toujours défendu l'importance cruciale d'une prise de décision collective, et que, aussi longtemps que nous obéirions à ce principe, nous ne pourrions jamais nous tromper. Il me demanda sans ménagement si je comptais rejeter ce que je prônais avec insistance depuis des années. Même si ce principe n'excluait pas que l'on défende ses convictions personnelles, je décidai d'accepter leur proposition.

« Mais je fus clair sur le fait que je ne ferais qu'un seul mandat. Cela les prit de court – ils me répondirent que c'était au parti d'en décider –, mais je ne voulais pas laisser planer le moindre doute à ce sujet. Peu de temps après être devenu président, j'annonçai publiquement que je ne ferais qu'un seul mandat et ne me représenterais pas.

« Dans les réunions de l'ANC, poursuit Mandela, j'insistais souvent sur le fait que je ne voulais pas être entouré de camarades effacés ou de marionnettes qui avalent tout ce que je dis simplement parce que je suis le président du parti. J'appelais de mes vœux une relation saine où nous pouvions aborder tous les sujets, non comme un maître et ses serviteurs, mais comme des égaux, les camarades exprimant leurs idées aussi librement que franchement, sans craindre la victimisation ou la marginalisation.

« Par exemple, l'une de mes propositions, qui déchaîna les passions, fut d'abaisser le droit de vote à quatorze ans, mesure déjà instaurée dans plusieurs pays du monde.

« Dans ces pays, la jeunesse de cet âge était en première ligne des luttes révolutionnaires. Sa contribution avait poussé les gouvernements victorieux à la récompenser en lui octroyant le droit de vote. Ma proposition entraîna une telle levée de boucliers chez les membres du Comité exécutif national que je battis aussitôt en retraite. Le journal *The Sowetan* caricatura le sujet dans sa rubrique illustrée, publiant le dessin d'un bébé qui vote en couche-culotte. On ne pouvait tourner mon idée en ridicule de façon plus explicite. Je n'eus pas le courage d'insister.

« Mais il y eut des cas où je ne me considérai pas lié au principe de la gouvernance collective. Par exemple, je rejetai immédiatement une décision du bureau politique stipulant que les membres du gouvernement seraient choisis sur décision de ce même bureau. Je rejetai aussi la première liste émise par l'ANC de négociateurs avec le régime d'apartheid, qui nous avait été envoyée par la direction de Lusaka. Sur onze noms, huit appartenaient au même groupe ethnique noir, et il n'y avait pas la moindre femme.

« Pour résumer, le principe d'une gouvernance collective, d'un travail d'équipe, n'est pas un outil inflexible ou dogmatique qui réclame d'être appliqué automatiquement en toutes circonstances. Il faut toujours le pondérer à la lumière du contexte qui prévaut. Mais c'est un principe directeur essentiel si nous voulons promouvoir l'unité et la confiance mutuelle parmi les camarades. Nous ne nous en écartons que dans des circonstances exceptionnelles.

« En tant que président de l'ANC et du pays, j'ai encouragé les membres du parti, du gouvernement et du Parlement à s'exprimer avec franchise lors des réunions de l'ANC et du gouvernement. Mais je les ai invariablement avertis que la franchise n'a jamais forcé personne à être cassant ou négatif.

« On ne devrait jamais oublier que le but principal d'un débat, à l'intérieur comme à l'extérieur d'un parti, lors d'un meeting, au Parlement ou dans d'autres structures gouvernementales, est de rapprocher nos positions, de renforcer notre unité et notre confiance, malgré l'étendue de nos divergences. L'aplanissement des divergences et du soupçon mutuel au sein d'un parti… devrait toujours être le principe qui nous guide.

« Il suffit généralement d'éviter, autant que faire se peut, de remettre en question l'intégrité d'un camarade ou du membre d'un parti politique dont le point de vue est différent du nôtre.

« Au cours de ma carrière politique, j'ai découvert que dans toutes les communautés, africaine, métisse, indienne et blanche, et dans tous les partis politiques sans exception, il y a des hommes et des femmes de qualité, assoiffés de vie, qui recherchent la paix et la stabilité, veulent un revenu décent, une jolie maison, la possibilité d'envoyer leurs enfants dans les meilleures écoles, qui respectent et préservent le tissu social de la société.

« Un bon leader comprend bien que la diminution des tensions sociales, de toute nature, fait émerger les esprits créatifs grâce à un environnement propice, où des hommes et des femmes visionnaires influencent la société. L'extrémisme, en revanche, prospère dans un climat de tension et de soupçon mutuel. La clarté des idées et une bonne organisation n'ont jamais été ses armes favorites[5]. »

L'ANC – ou plus précisément Nelson Mandela – avait besoin d'avoir les idées claires et d'être bien organisé. Sans cette capacité, il eût été difficile d'amalgamer la vieille fonction publique bureaucratisée et orientée vers le tout-sécuritaire, vestige de l'héritage insulaire de l'apartheid, et le nouveau personnel relativement inexpérimenté, dont certains membres venaient d'obtenir leur diplôme dans des universités d'outre-Atlantique, où ils avaient suivi des cours intensifs de gestion administrative et d'économie moderne. Alors que De Klerk disposait d'un personnel administratif en ordre de marche, composé de collaborateurs avec qui il travaillait depuis des années, Mandela et son vice-président, Mbeki, durent partir de zéro. La seule expérience utile à l'ANC au sein du service public reposait sur un nombre réduit mais essentiel d'employés aux affaires étrangères et dans les forces de sécurité – principalement la défense et le renseignement – qui participèrent à un vaste programme d'intégration. Pour Mandela, la composition de son administration consista donc d'abord à enrôler des figures historiques du mouvement de libération à la tête des services ou dans des rôles de conseillers puis, dans un second temps, à s'abstenir de changer le système dans la précipitation ou de se débarrasser du personnel issu de l'ordre ancien.

La première nomination de poids fut celle de Jakes Gerwel, qui apporta une touche de solennité à l'équipe présidentielle. Il apporta aussi tout le poids de son parcours politique à la tête du Front démocratique uni et de son engagement aux côtés de l'ANC en exil. En tant que vice-président de l'université du Cap-Oriental, poste qu'il s'apprêtait à quitter, il avait assuré la transformation de ce bastion de l'apartheid en refuge pour intellectuels de gauche. Le soutien de Mandela au professeur Gerwel montre la haute estime dans laquelle il le tenait. Elle était d'autant plus remarquable que le professeur Gerwel était issu du Mouvement de la conscience noire et n'avait jamais été membre de l'ANC. Des années plus tard, Mandela écrivit ceci à propos de lui :

« Le professeur Jakes Gerwel fut à la fois secrétaire général et directeur de cabinet pendant ma présidence, postes qu'il occupa remarquablement. Il est désormais président de la Fondation Nelson-Mandela, du Conseil de recherches en sciences humaines (HSRC), du Centre africain pour la résolution constructive des litiges (ACCORD), de l'Institut pour une alternative démocratique en Afrique du Sud (IDASA) et de l'Institut pour la justice et la réconciliation.

« Il est aussi actif dans le secteur privé, en sa qualité de président de la Brimston Investment Corporation, d'Africon Engineering International, d'Educor-Naspers, et directeur de Naspers, Old Mutual, David Philip Publishers, Western Province Cricket Pty Ltd, membre de l'Académie des sciences sud-africaine et de six autres organisations du secteur privé. Il fut à la tête du Comité des présidents d'université. Dans son parcours universitaire, il a connu une réussite exceptionnelle, a successivement obtenu une licence de philosophie et un doctorat de lettres, avec mention. Il a reçu pas moins de six diplômes à titre honorifique dans des universités nationales ou internationales.

« Il a été élevé au plus haut rang de l'ordre sud-africain de la Croix du Sud, par le président sud-africain en 1999, au rang de ministre dans l'Ordre du roi Abdulaziz, par le prince héritier Abdallah d'Arabie saoudite en 1999, et à l'Ordre des Bonnes Actions par le colonel Mouammar Kadhafi en 1999 en Libye.

« Ses publications incluent une grande variété de monographies, d'articles, d'essais et de textes sur divers sujets littéraires, pédagogiques et sociopolitiques. C'est un penseur impressionnant et férocement indépendant qui s'est hissé au poste de recteur de l'université du Cap-Oriental et désormais de président de l'université de Rhodes.

« Dans le domaine des relations humaines, il s'affirme clairement comme un vrai leader dépourvu de tendances paranoïaques et fervent adepte de discussions fondées sur les principes de la morale. Il attire constamment l'attention de nos camarades sur cet aspect, dans le but non d'affaiblir mais de renforcer les relations humaines.

« En tant que président de notre Fondation, c'est un pilier qui maintient l'harmonie dans le travail de groupe, et sait tuer dans l'œuf tout début de litige entre camarades.

« Peu de gens savent qu'il est aussi un fin négociateur dans le domaine des relations internationales. C'est à lui et Son Altesse Royale le prince Bandar, ambassadeur d'Arabie saoudite à Washington, que nous devons la résolution de la crise diplomatique autour de l'attentat de Lockerbie*.

---

* Mandela et son directeur de cabinet Jakes Gerwel travaillèrent avec le prince Bandar à l'élaboration d'un accord qui permit la remise de deux suspects dans l'attentat de Lockerbie à la police écossaise sur le territoire neutre de Camp Zeist, aux Pays-Bas. Cela fera l'objet d'une description plus détaillée dans le chapitre 13.

« Tant qu'il y aura des hommes et des femmes de ce calibre, dotés d'une telle vision, la paix et la stabilité mondiales continueront d'être la pierre angulaire des relations nationales et internationales[6]. »

Au moment de nommer Gerwel, Mandela avait déjà une idée assez précise de la composition de son administration. Comme tous les maniaques – à une époque, il insistait même pour faire son lit à l'hôtel –, il ne pouvait fonctionner sans une base solide. C'est dans ce but qu'il mit Gerwel à la barre. Il le respectait et écoutait ses conseils. Masekela aborda plus tard cet aspect du caractère de Mandela.

« Je crois qu'il faut une certaine humilité et un certain égoïsme pour chercher le meilleur conseil possible et le suivre. Il était un peu trop admiratif des gens bardés de diplômes, je dirais. Il était vraiment très impressionné par les diplômes universitaires, etc., et si on était sceptique à l'égard de quelqu'un qui avait ce profil, ça devenait très difficile de le convaincre[7]. »

Non que quiconque se fût montré sceptique à l'égard du professeur Gerwel, ni d'ailleurs d'Ahmed Kathrada, qui fut là dès le début en tant que conseiller à la présidence. Bien plus tard, Kathrada serait nommé au poste de conseiller parlementaire. Vieil ami de Mandela et ancien compagnon des années de prison, il avait décliné un poste de ministre au sein du gouvernement.

« Ce qui se passa, dit Kathrada, c'est que les journaux avaient publié la composition du gouvernement avant son annonce officielle, et que mon nom s'y trouvait. J'écrivis alors à Mandela pour lui dire que même si mon nom était mentionné, ça ne m'intéressait pas de faire partie du gouvernement… Heureusement, il y eut un échange avec l'Inkatha, qui voulait un des portefeuilles de l'Intérieur ou de la Défense, que nous ne pouvions pas nous permettre de leur donner ; le plus simple fut de leur donner le mien – la Justice[8]. »

Mandela avait passé sa vie entière à vouloir transformer l'État d'apartheid en État constitutionnel non raciste et non sexiste, où tous les citoyens seraient égaux devant la loi. Mais c'était un idéal abstrait qui ne pouvait se réaliser – ou être transposé dans la réalité – que grâce à l'effort d'hommes et de femmes talentueux et dévoués. Il fallait donc que son cabinet ait un rôle moteur pour emporter l'adhésion. Le choix de Nicholas « Fink » Haysom comme conseiller juridique n'eut rien d'étonnant ; comme les autres membres du cabinet de Mandela, Haysom avait un *curriculum* impeccable. Professeur de droit actif dans le combat contre les groupes d'autodéfense et la violence d'État dix ans plus tôt, Haysom avait joué un rôle central au cours des négociations. Son expertise était d'une valeur inestimable, étant donné la métamorphose de l'Afrique du Sud en État constitutionnel et le besoin d'élaborer un cadre légal pour transformer le pays et réintégrer la communauté internationale (dans ces circonstances, Mandela signa 800 ordres exécutifs chaque année – deux par jour en moyenne)[9].

Joel Netshitenzhe était un membre du Comité exécutif national de l'ANC et de l'Office national du travail doté d'un solide parcours dans les communications et l'analyse stratégique. D'une décontraction trompeuse, souffrant d'une aversion pour le costume-cravate, Netshitenzhe – qui travaillait avec le responsable des relations auprès des médias, Parks Mankahlana, issu de la Ligue de jeunesse – ne se contentait pas d'écrire les discours de Mandela : il servait aussi de lien officieux entre les différents groupes de soutien de l'ANC et du gouvernement. Apprécié des médias parce qu'il respirait la confiance et la sincérité, il était connu pour avoir l'oreille du Président – et travailla dur à la synthèse des multiples lignes politiques défendues dans les divers forums populaires.

« Avant que le professeur Jakes Gerwel ne soit nommé directeur de cabinet de la présidence et ne devienne ma plume, écrit Mandela, tâche dont il s'acquitte encore aujourd'hui, mes discours étaient écrits par le camarade Joel Netshitenzhe, assisté par la suite du camarade Tony Trew.

« Comme c'est le cas dans beaucoup d'autres parties du monde, l'Afrique du Sud a produit une moisson d'étoiles brillantes, voire de génies, qui ont contribué à balayer le passé douloureux de notre pays, et à étendre sa renommée dans le monde entier. Ce sont ces femmes et ces hommes, transcendant toute barrière de couleur, qui ont surpris le monde dans les années 1990, un monde qui a salué l'Afrique du Sud comme un pays miracle. Cette réaction de la communauté internationale a confirmé une fois de plus ce que nous n'avons cessé de répéter, à savoir que notre richesse ne dépend pas seulement de nos ressources minières, mais aussi de la valeur de nos femmes et de nos hommes. Joel Netshitenzhe, à la tête du Système d'information et de communication du gouvernement (GCIS), fait partie intégrante de cette richesse[10]. »

En outre, l'équipe de communication de Netshitenzhe contrôla et analysa les performances du gouvernement dans les ministères, compensant les faiblesses initiales, dues au manque de ressources, dans les domaines de la coordination politique, de l'évaluation et de la mise en œuvre de l'action présidentielle.

« Il pouvait rester poli et maître de soi face aux provocations les plus insupportables, continue Mandela.

De toutes les réunions auxquelles j'ai participé avec lui en tant que président de l'ANC et du pays, je ne l'ai jamais vu perdre son calme. Il travailla ainsi en toute cordialité avec Thabo [Mbeki], qui se portait parfois volontaire pour participer à l'écriture d'un discours.

« Quand Rusty Evans quitta son poste de secrétaire général du ministère des Affaires étrangères, je demandai à Joel de succéder à Rusty. Joel fut poli, comme toujours. Il dit que, si j'insistais, il réfléchirait à ma proposition, mais ajouta avec insistance qu'il préférait rester aux communications. Je tentai de faire pression sur lui. Mais, le visage barré d'un grand sourire, il persista dans son refus courtois. J'en appelai alors au vice-président, Thabo Mbeki, pour le convaincre d'accepter la proposition. Mais le vice-président me conseilla de retirer mon offre. Joel lui avait toujours fait part, en exil, de sa détermination à rester dans les communications. Je suivis son conseil[11]. »

Dans un entretien avec Aziz Pahad en juillet 2010, Jakes Gerwel déclara qu'il avait cherché à limiter la place de la bureaucratie dans l'administration de Mandela « autant que l'efficacité le permettait » et à préciser ses attributions[12]. Néanmoins, quand il écrivit à la Direction générale du Trésor, Gerwel admit qu'à leur prise de fonctions en mai 1994 ils avaient « hérité d'une administration présidentielle datant du régime d'apartheid ». Il fallait s'adapter aux exigences d'« une démocratie sensiblement élargie, au rapide développement des relations internationales, à la position et la stature historiques du président Mandela ». Tout cela aurait de « profondes conséquences sur le fonctionnement de l'administration du Président » qu'il était « impossible d'évaluer pour le moment »[13]. L'analogie qui vient à l'esprit est celle de parents achetant de la layette pour la naissance de leur premier enfant, avant qu'une divine surprise les gratifie de quintuplés.

❦

La plupart des leaders politiques prennent des décisions pour minimiser les menaces qui pèsent sur leur propre survie politique. Même s'il participait activement aux réunions et consultait ses conseillers, Mandela avait confiance en ses propres opinions au moment d'aborder un sujet ; une fois que son opinion était arrêtée, cela pouvait poser problème. Mais il n'était pas inflexible au point de s'obstiner quand il voyait qu'il n'arriverait pas à faire changer d'avis ses interlocuteurs.

Jakes Gerwel se souvient de la capacité de son patron à « simplifier et aller au cœur des choses. Madiba était très direct ». Comme Gerwel avait passé sa vie à l'université, « théoriser était un réflexe naturel pour moi, dit-il. Je me méfie des réponses trop simples, mais je l'ai si souvent entendu me dire : “Jakes, c'est forcément plus simple que ça.”… Madiba était capable d'aller au cœur des choses tout en les simplifiant. C'est pourquoi il pouvait prendre une décision cruciale en cinq minutes, si nécessaire »[14].

Mais il fallait plus à Mandela que l'analyse froide et précise de ses conseillers ; il demandait aussi conseil auprès d'autres membres de l'ANC. Il avait pris l'habitude de marquer chaque lundi dans son journal comme le « Jour de l'ANC », et passait la journée au siège de l'ANC entouré des dirigeants et des autres, assistant aussi aux réunions de l'Office national du travail. En revanche, il n'y avait plus d'horaire qui tienne quand il fallait consulter des proches, comme Sisulu.

« Surtout avec moi, dit un Sisulu impassible dans une interview de 1994. Il aime bien m'appeler. Il me réveille à 1 heure du matin, 2 heures, peu importe, il me réveille. Une fois qu'il m'a réveillé, je m'aperçois que la raison de son appel n'est pas si urgente que ça – enfin, nous en parlons, mais il n'y avait vraiment pas de quoi me réveiller à une heure pareille[15]. »

L'engagement de Mandela au sein du gouvernement évolua avec le temps. Au début de son mandat, Mandela était plus interventionniste, se tenait informé de presque tous les volets politiques pour affirmer la cohérence des positions de l'ANC au sein du Gouvernement d'union nationale, une attitude exigée par le processus de transformation. Trevor Manuel se souvient comment, à la veille du Conseil des ministres, Mandela conviait les ministres de l'ANC et leurs adjoints à une réunion préparatoire à Genadendal*, sa résidence présidentielle, au Cap. Il le faisait, dit Manuel, « pour que nous puissions choisir une position commune et nous soutenir mutuellement. Cela permettait aux camarades de se parler librement[16] ».

Au cours des cent premiers jours de son mandat, Mandela organisa des réunions pour guider les ministres ou obtenir leur soutien sur des positions qu'il avait prises. Il garda un intérêt constant pour des sujets comme la paix, la violence et la stabilité. Comme l'observe Nkosazana Dlamini-Zuma† : « À mon avis, il

---

* Anciennement connu sous le nom de Westbrook, Mandela rebaptisa le bâtiment Genadendal (« Vallée de miséricorde », en afrikaans) en hommage à la ville de missionnaires, Genadendal, située à deux heures du Cap, qui donna l'asile aux esclaves après l'abolition de l'esclavage dans la colonie du Cap en 1838.

† Nkosazana Dlamini-Zuma – voir Personnalités, lieux et événements.

s'impliquait plus au début, mais peut-être parce que je le sollicitais plus souvent à cause de mon propre manque d'expérience. » Malgré ce manque d'expérience, Dlamini-Zuma brûlait d'envie de s'attaquer à l'industrie du tabac en promulguant une loi de santé instaurant l'interdiction de fumer dans les lieux à usage collectif. Un autre projet de loi était aussi en bonne voie pour la création d'une faculté de médecine à Durban, le Nkosi Albert Luthuli Hospital. Ces deux initiatives restèrent en travers de la gorge du vice-président De Klerk.

> De Klerk, se souvient Dlamini-Zuma, m'a convoquée dans son bureau pour me dire : « Arrêtez vos bêtises avec le tabac, sans quoi vous allez mettre les fermiers au chômage, ce n'est pas nécessaire. » Puis il m'a dit que je devais construire l'hôpital de Pretoria. Je lui ai répondu : « Ma priorité, c'est la construction d'une faculté de médecine ici [à Durban], parce que l'hôpital King Edward [VIII] tombe en ruine et que la formation des étudiants en médecine est une véritable honte. » Il existait un rapport rédigé après une enquête diligentée par son propre gouvernement disant que King Edward n'était pas adapté à la formation des étudiants en médecine, mais qu'il n'avait rien fait pour y remédier. Et que c'était d'abord cet hôpital qu'il fallait construire. Il me répondit que celui de Pretoria était un héritage afrikaner et qu'il allait se battre pour lui au sein du gouvernement, et je lui ai dit : « Allez-y, battez-vous. » Je n'en ai pas parlé à Tata* [Mandela]

* *Tata* est un mot xhosa qui signifie « papa ». C'est une marque d'affection très répandue à l'adresse de Mandela.

parce que je n'en voyais pas l'utilité. Sur la question du tabac, je lui ai dit que j'étais ministre de la Santé et responsable de la santé de la population du pays – les fermiers n'avaient qu'à planter autre chose ; il n'y a aucune terre en Afrique du Sud où l'on ne puisse planter que du tabac. Nous lancerons des programmes avec le ministère de l'Agriculture pour aider les fermiers à changer de production.

Je n'en ai pas parlé à Tata – j'ignore qui lui en a parlé –, j'en ai parlé à des collègues mais pas à lui car je n'en voyais pas l'utilité. Mais un jour, il m'a appelée et m'a dit : « Il paraît que De Klerk vous a appelée pour vous dire des choses ? » Je répondis oui. Il m'a dit : « Pourquoi ne m'en avez-vous pas parlé ? » Je lui ai répondu : « Je n'ai pas jugé utile de vous impliquer, je n'avais pas besoin de votre arbitrage. » Puis il me dit : « Non, tenez-moi au courant s'il vous rappelle, mais je lui ai dit qu'il ne doit jamais faire ça ; il ne doit jamais appeler mes ministres pour leur dire quoi que ce soit. » Il était donc très remonté contre De Klerk, au point d'intervenir. Pour moi, il fut vraiment un pilier inamovible en ce qu'il m'a permis de prendre des décisions parfois controversées[17].

La tendance de Mandela à solliciter des opinions hors des cercles conventionnels pouvait susciter la controverse. Il n'hésitait pas à demander à rencontrer quelqu'un quand il estimait qu'on pouvait l'éclairer sur un sujet précis. Cela pouvait être un ministre, un représentant ou un responsable de certains secteurs de la société, voire un chef d'État. Le juge Kriegler constata que Mandela appelait souvent les gens lui-même, au lieu de s'appuyer sur ses assistants, ce qui prenait de court son entourage. Cet attrait pour les gens était réciproque ; des gens venus de tous les horizons de la société voulaient le rencontrer, et vice versa. Cela lui permettait de prendre le pouls de la population.

Mary Mxadana, la secrétaire particulière de Mandela, raconte sa relation avec le public, tous les publics, dans le pays comme à l'étranger. « Il n'est pas que président d'un pays, dit-elle, c'est un leader renommé, que tout le monde réclame. » Quand il était censé se reposer, à moins que ce ne soit dans un lieu sans téléphone, et que son téléphone portable soit indisponible, « il passait des coups de fil partout dans le monde[18] ».

Les leaders du monde entier avaient été témoins de son jour de gloire, celui de sa cérémonie d'investiture, et il était suffisamment sûr de lui pour leur demander leur soutien ou les tenir informés des développements d'une situation. Il était à la tête d'un pays dont tout le monde parlait. Pendant un an, l'accession de Mandela au pouvoir, et sa présidence aux destinées de la « nouvelle Afrique du Sud » – une expression qui s'imposa immédiatement – passionnèrent les médias au point d'éclipser les nouvelles du génocide rwandais.

Le monde regardait et posait des questions, se demandant quelles stratégies Mandela allait adopter pour gouverner. Quels étaient les fondements de la politique que lui et l'ANC proposaient ? Par exemple, dans une interview télévisée de 1994, la présentatrice américaine Charlayne Hunter-Gault demanda à Mandela : « Quelle sorte de président serez-vous ?

— Nous avons déjà expliqué notre approche, répondit Mandela, tout au long de la campagne. Nous ne croyons pas qu'il faille prendre des décisions d'en haut [*sic*] pour les faire redescendre vers les masses. Nous avons élaboré le concept de Forum du peuple où ce sont les masses qui nous disent ce qu'elles veulent, ce qui les préoccupe, ce qu'elles attendent de nous. Et sur la base de ces demandes faites par le peuple lui-même nous avons préparé le Programme reconstruction et développement [RDP], qui va créer de l'emploi, relancer les constructions de logements, créer des établissements scolaires, étendre le réseau d'électricité, etc. »

On lui demanda comment il comptait faire passer ces programmes ; par le biais législatif, par délégation d'autorité aux ministères – leur demanderait-il de les « faire passer » ou s'en chargerait-il lui-même ?

Mandela répondit : « Je veux être au courant de chaque détail, mais il est bien sûr difficile d'arriver à ses fins s'il faut suivre l'activité de chaque service en détail. Il suffit de fixer un cadre de travail adopté par tous les services, tous les ministres ; ma tâche consiste à superviser, parfois à m'impliquer dans les opérations d'un service selon l'importance du sujet traité au niveau national. Je me suis adressé à la hiérarchie de l'Église hollandaise réformée et à un large éventail d'organisations agricoles, qui sont à majorité afrikaners, et ils nous ont accordé leur soutien total – tout le monde dans ce pays veut la paix, veut la sécurité pour sa famille et ses enfants, et veut commencer les travaux de construction de la nouvelle Afrique du Sud[19]. »

Mais comment Mandela forma-t-il le premier gouvernement démocratique et représentatif de l'ère post-apartheid en 1994 ? Qu'est-ce qui lui en donna les moyens ? Qu'est-ce qui lui permit de savoir que l'ANC était prêt à jouer le rôle de parti de gouvernement ? La réponse est que Mandela avait foi dans la feuille de route de l'ANC.

« Se préparer à gouverner, écrit-il, ne se limitait pas seulement à mobiliser la communauté internationale. Il y avait aussi un volet interne, qui était contenu, entre autres, dans le document *Ready to Govern: ANC Policy Guidelines for a Democratie South Africa* ("Prêts à gouverner : feuille de route de l'ANC pour une Afrique du Sud démocratique") adopté lors de la conférence nationale qui s'était tenue du 28 au 31 mai 1992.

« La feuille de route affirmait qu'il était nécessaire de s'attarder sur les problèmes qu'affronterait le premier gouvernement élu sous la nouvelle Constitution démocratique. Cela aiderait à mieux comprendre l'ampleur de la tâche pour transformer notre pays en un lieu où tout le monde bénéficierait d'un niveau de vie convenable, dans la paix et la sécurité. Les problèmes ne seraient pas réglés du jour au lendemain, et il n'y aurait pas de solution rapide ou facile. Les problèmes étaient profondément enracinés et nos ressources étaient limitées.

« Tout en haut de la liste figuraient les principes élémentaires d'une Constitution démocratique pour l'Afrique du Sud. La volonté du peuple devait s'exprimer par l'intermédiaire de ses représentants démocratiquement élus lors d'élections libres et équitables. C'étaient ces représentants élus qui adopteraient une Constitution, qui serait la loi suprême du pays, garantissant les droits élémentaires.

« Le document stipulait que l'Afrique du Sud serait un État unitaire doté d'un gouvernement au niveau local, régional et national. La Déclaration des droits, les principes de non-racialisme, de non-sexisme et de responsabilité démocratique devraient s'appliquer à tous ces niveaux de gouvernement.

« La structure de gouvernement consisterait en une Assemblée nationale élue au suffrage universel par des listes électorales sur le mode de la représentation proportionnelle. Il y aurait aussi un Sénat régional élu au suffrage universel direct, doté du pouvoir de réexaminer, de soumettre et de renvoyer une loi.

« Le pouvoir exécutif serait composé d'un chef d'État, à savoir un président doté de pouvoirs cérémoniaux et exécutifs. Le Président serait élu par l'Assemblée nationale. Il ou elle serait élu pour un mandat fixe et ne pourrait exercer plus de deux mandats. Le Président nommerait le gouvernement et en superviserait le fonctionnement, agissant par l'intermédiaire d'un Premier ministre (poste finalement remplacé par celui de vice-président) qui rendrait compte directement auprès du Président et serait responsable devant l'Assemblée nationale.

« La Déclaration des droits rattacherait l'État aux organes de gouvernement à tous les niveaux, et si nécessaire aux institutions sociales et aux personnes. Elle serait renforcée par les tribunaux, sa primauté assurée par une nouvelle cour constitutionnelle autonome à qui reviendrait la tâche d'assurer les droits et libertés fondamentaux de tous les citoyens contre l'État ou toute personne cherchant à nier ces droits.

« Les juges seraient indépendants, et leurs rangs formés d'hommes et de femmes issus de toutes les composantes de la société sur la foi de leur intégrité, de leur compétence, de leur expérience de vie et de leur sagesse. La Déclaration des droits garantirait les droits des cultures et des langues ; elle reconnaîtrait l'importance de la religion au sein de notre communauté ; elle respecterait la diversité religieuse et garantirait la liberté de culte. La Déclaration des droits protégerait les droits des enfants, des handicapés, des femmes, le droit pour les travailleurs de créer des syndicats indépendants, leur droit à une convention collective et leur droit de grève.

« L'ANC s'était déclaré contre la peine de mort, et la bannirait de la Déclaration des droits. La Déclaration des droits protégerait le droit d'avoir une maison et une famille et le droit de propriété. Elle affirmerait le droit de chacun à l'éducation, à la Sécurité sociale et aux prestations sociales.

« Il y a un fort soutien dans le pays au principe de discrimination positive, par un ensemble de mesures d'exception permettant à des personnes discriminées en raison de leur couleur de peau, de leur genre ou de leur handicap d'intégrer des milieux dont elles ont été exclues à cause de discriminations passées.

« Le service public dans son ensemble serait ouvert à tous les Sud-Africains pour en faire un service vraiment public, et non l'administration d'une minorité raciale. Il rendrait des comptes devant le Parlement et la communauté locale qu'il est censé servir.

« Il y aurait une armée et une police non raciales et non sexistes, et un personnel pénitentiaire formé, discipliné, humain et fidèle à la Constitution.

« Il y aurait un régime de lois auquel tous les Sud-Africains seraient libres de participer soit directement, soit par le biais de leur représentant au sein du corps législatif, sans discrimination de race, de couleur, de croyances ou de religion.

« Pour ce qui est de la sécurité et du crime, la priorité absolue est de lutter contre les conditions favorables au crime qui ont prévalu dans notre société. L'ANC a affirmé qu'on ne peut respecter une institution qui impose la loi et l'ordre que si le peuple respecte la loi. Il la respectera si la loi est juste et si tout le monde participe à son élaboration et son application. Un droit pénal juste augmentera le respect pour les tribunaux et l'obéissance à la loi.

« Il s'agissait là, affirme Mandela, du résumé d'une déclaration complète et avisée des principes de gouvernement fondamentaux d'anciens “terroristes”, qui n'avaient aucune préparation ni expérience du pouvoir[20]. »

L'un de ces anciens terroristes était Tito Mboweni*, futur ministre du Travail du pays qui, avec Saki Macozoma, fit partie de l'équipe ayant accompagné Mandela au Forum économique mondial de Davos en 1992. Là-bas, ils réduisirent à quelques points essentiels un long discours préparé par Nelson Mandela, au motif qu'il intervenait dans un panel composé de De Klerk et Buthelezi et non dans un meeting. Même s'ils tentèrent de convaincre Mandela de ne pas s'appesantir sur la question des nationalisations, il discuta avec d'autres chefs d'État, au cours du dîner, du projet économique de l'ANC, chantant les louanges de l'interventionnisme d'État. Au cours du sommet, Li Peng, Premier ministre chinois, demanda au porte-parole du Forum d'arranger un rendez-vous avec Mandela, au cours duquel il affirma que, à en juger par l'expérience

---

* Tito Mboweni – voir Personnalités, lieux et événements.

de la Chine, une politique de nationalisation serait une erreur[21]. Le Premier ministre du Vietnam, aussi présent au Forum, lui transmit un message similaire.

Après quoi Madiba conseilla à l'équipe de l'ANC « d'oublier cette histoire de nationalisation et de se concentrer sur les besoins élémentaires de [leur] peuple ». D'après Mboweni, l'équipe rentra immédiatement en Afrique du Sud où elle présenta son rapport et « eut de longs débats » qui débouchèrent sur la conférence de Nasrec, d'où sortit *Ready to Govern*[22].

❦

La feuille de route de cinq ans du Gouvernement d'union nationale, qui garantissait la participation de tout parti réunissant plus de 10 % des voix aux élections, fut élaborée en accord avec les principes inscrits dans la Constitution intérimaire de 1993. Les résultats de l'élection d'avril 1994 dictèrent la composition du premier gouvernement. Il consista en un président membre de l'ANC et deux vice-présidents – un de l'ANC, l'autre du Parti national –, une configuration qui octroyait dix-huit ministres à l'ANC, six au Parti national et trois à l'Inkatha.

Mais avant que Mandela ne décide de la composition de son gouvernement, lui et l'ANC durent prendre une autre décision concernant un poste important. Il avait la conviction que les structures du gouvernement devaient refléter la diversité du pays. Il fallait corriger l'image sectaire et nationaliste de l'ANC. En quatre-vingt-deux ans d'existence, il avait subi de nombreuses transformations. De parti chrétien composé de pétitionnaires non violents aux suffocantes années 1940 où la Ligue de jeunesse lui avait insufflé une redoutable force, et jusqu'aux années 1960 et sa conversion à la lutte armée, il avait tiré sa force de son caractère non racial et non sexiste. Il avait encaissé les coups tordus portés par l'État d'apartheid, l'état d'urgence, les violences et jusqu'aux assauts en dehors des frontières après l'exil forcé du parti – et sa survie n'avait tenu qu'au sacrifice d'une poignée d'individus. Les plus illustres étaient Walter Sisulu et Oliver Tambo, auxquels Mandela aurait confié sa propre vie. Il se souvient d'eux.

« Oliver Reginald Tambo, écrit-il, affectueusement surnommé OR par ses camarades, humble et brillant avocat et fervent chrétien, qui prit la tête de l'ANC à la mort du chef Luthuli, fut aussi un leader doué et respecté, qui donna au parti une force et une influence qu'il n'avait encore jamais atteintes.

« C'est un leader phénoménal qui réussit en exil à maintenir l'unité d'un grand parti multiracial aux multiples courants de pensée, dont les membres étaient disséminés sur des continents lointains, et dont la jeunesse bouillait de colère contre la répression de son peuple ; une jeunesse persuadée que la colère seule sans ressources ni véritable programme pouvait renverser un régime raciste.

« Tout cela, OR l'a réussi. Pour les prisonniers politiques et de droit commun à l'intérieur du pays, pour les combattants de la liberté étrangers, les diplomates, les chefs d'État, OR était considéré comme l'exemple éclatant d'un leader intelligent et objectif qui ne doutait pas de rendre un jour sa dignité au peuple oppressé et de remettre son destin entre ses mains.

« C'était un infatigable travailleur qui ne comptait jamais ses efforts, en service commandé vingt-deux heures par jour toute l'année sans jamais s'octroyer un jour de repos. Sa femme, Adélaïde, raconte comment OR passait la nuit à travailler. Quand il la voyait se préparer le matin, il lui demandait où elle allait comme ça, si tard.

« C'est sans doute cet emploi du temps si chargé qui fut à l'origine de ses ennuis de santé. Il fit une attaque, qui le laissa en partie paralysé. Les responsables discutèrent de son poste, et tout le monde tomba d'accord pour dire qu'il fallait mettre son immense sagesse et son expérience au service du parti. Nous l'avons donc nommé porte-parole national, un poste qu'il occupa jusqu'à sa mort en 1993.

« La mort d'OR fut comme la chute d'un chêne géant, présent depuis des générations, dominant les environs, embellissant le paysage, attirant tout le monde alentour, les humains comme les animaux. Ce fut la fin de l'époque d'un remarquable leader, mathématicien et musicien accompli qui fut sans égal dans son engagement pour la libération de son peuple.

« Les responsables s'accordèrent alors sur le fait que le professeur Kader Asmal, penseur instruit, avisé et lucide, qui devint par la suite ministre des Eaux et Forêts, puis de l'Éducation, devait succéder à OR. Sa maîtrise de tous les sujets discutés au sein du gouvernement lui valait le surnom distingué de “ministre de tous les Portefeuilles”. Nous pensions tous que sa nomination contribuerait à renverser l'idée fausse que l'ANC était un parti ethnique*.

« J'informai ensuite les membres du Comité national du travail, un à un, de la recommandation

---

* Asmal était un Sud-Africain d'ascendance indienne.

des responsables. À une exception près, tout le monde accepta cette recommandation.

« Peu après, l'un des responsables revint me voir pour m'annoncer en toute confidence que, même si les membres du Comité national du travail avaient expressément accepté la recommandation, ils avaient voté contre, et préféré nommer Thabo au lieu de Kader.

« Cet épisode m'inquiéta parce qu'il nourrit une spéculation négative parmi les camarades. Quand des gens acceptent une proposition importante puis finissent par changer d'avis sans en reparler avec vous, il devient difficile de contredire ceux qui les accusent d'avoir eu des objections mais de ne pas avoir eu le courage de vous les dire en face ; sachant que leur volte-face allait à l'encontre de la politique du parti.

« Mais tous étaient des leaders hautement qualifiés et fiables qui avaient subi une succession d'épreuves terribles dans leur détermination à libérer leur pays. Cet épisode n'altéra jamais ma confiance en eux. Le refus de soutenir Kader était, malgré tout, démocratique, et nous l'avons accepté sans réserve[23]. »

Mandela consulta beaucoup de monde avant de choisir son gouvernement. Il mit à contribution des gens qui avaient accumulé de l'expérience au sein de structures comme le Comité d'accueil national et qui avaient fini par intégrer le Conseil exécutif de transition. Puis il consulta Mbeki, parce que « Thabo avait passé de longues années en exil et noué contact avec des camarades à l'intérieur du pays ; il connaissait mieux que moi les personnes les plus qualifiées pour faire partie du gouvernement[24] ».

S'ensuivit une conversation dont Thabo Mbeki se souvient parfaitement :

Madiba m'a dit… « Peux-tu préparer une liste – noms et portefeuilles – des nôtres. » Cela devait vouloir dire qu'il savait déjà quelle proportion du gouvernement serait composée des nôtres [membres de l'ANC], c'était un nombre précis, car n'oubliez pas qu'il y avait aussi le Parti national et l'Inkatha… Alors on est allés chez Sydney Mufamadi, de l'autre côté de la rue, pour préparer une liste de noms et de postes. Et il m'a dit : « Prépare une proposition mais… ne t'occupe pas du poste de vice-président ; je m'en occuperai de notre côté. » Nous avons donc préparé la liste, noms et portefeuilles, ministres et secrétaires d'État. Dans mon souvenir, ça n'avait rien à voir avec ce qu'avaient fait ces personnes au sein du Conseil exécutif de transition. Cela consista simplement à dire, par exemple, que Steve Tshwete serait nommé ministre des Sports et des Loisirs parce que je connaissais sa passion pour le sport (il avait joué au rugby avant d'aller en prison) pendant sa détention, je voulais prendre en compte ce genre de considérations, choisir quelqu'un qui se sente vraiment concerné par ce portefeuille parce qu'il nourrissait un intérêt particulier pour le sport.

Mandela ne fit que deux changements à la liste de Mbeki. Il déclara que Derek Hanekom devrait être ministre – il pensait que sa connaissance du monde agricole et le fait qu'il soit Afrikaner faciliterait la tâche du gouvernement dans ses négociations avec les fermiers afrikaners – puis déclara qu'il fallait ajouter Joe Slovo à la liste. L'omission de Slovo venait du fait que, au cours de la période de négociations, sa présence à plein temps à la tête du Parti communiste avait été jugée nécessaire. Hanekom fut nommé ministre du Développement du territoire et Slovo ministre du Logement. Mbeki continue :

> Plus tard, il revint me voir au sujet de la vice-présidence, pour me dire : « Bon, j'ai consulté à propos de cette histoire de vice-présidence, je m'étais dit que Cyril [Ramaphosa] devrait être vice-président parce que, tu vois, il faut faire attention à une chose… le problème, tu vois, c'est le qu'en-dira-t-on. On a eu Oliver Tambo à la présidence de l'ANC, ensuite je lui ai succédé, et maintenant toi qui es vice-président… » – quel était mon rôle à l'époque ? Président national de l'ANC – « Les gens vont se dire : "Regardez les Xhosas ; les Xhosas monopolisent le pouvoir", voilà pourquoi je voulais Cyril… Mais tout le monde s'y est opposé – j'en ai parlé à Walter, j'en ai même parlé à Kenneth Kaunda et Nyerere*, et tous sans exception m'ont dit : "Non… bien sûr, nous comprenons que la question tribale soit sensible, mais ça manque de poids ; on parle de ton vice-président, là." » Et il m'a dit : « Voilà pourquoi il faut que tu deviennes vice-président. Il ne s'agit pas de toi, ce n'est pas à cause de toi ; c'est parce qu'il faut que je tienne compte de ce genre de choses. » Et je lui ai dit : « D'accord, Madiba. »… Pour autant que je me souvienne, c'est la seule fois qu'il est intervenu – enfin, trois fois, en tout – concernant les nominations au

* Kenneth Kaunda fut le premier président de Zambie de 1964 à 1991 ; Julius Nyerere fut président de Tanzanie de 1961 à 1985.

gouvernement, pour avoir Derek Hanekom, JS [Joe Slovo] et moi[25].

Mandela souligne l'importance d'un choix de nominations judicieux quand il écrit que, conformément aux instructions qu'il lui avait adressées, Mbeki « s'était assuré que tous nos groupes nationaux, ainsi que les membres de l'Alliance des Congrès*, soient convenablement représentés. Il avait mis de côté le poste de vice-président pour une bonne raison. J'ai approuvé ses recommandations et successivement prévenu le SACP [Parti communiste sud-africain], le COSATU [Congrès des syndicats sud-africains] et l'ANC pour finir. Je leur ai tous clairement dit que, même si leurs commentaires étaient bienvenus, la décision me reviendrait.

« Camarade brillant et fidèle, Raymond Suttner, qui est aujourd'hui ambassadeur en Suède, me rappela que, lors d'une conférence précédente, il avait justement été décidé que le gouvernement soit désigné en conférence nationale. Je rejetai aussitôt cette résolution pour la simple raison que, dans ce cas, les membres du gouvernement seraient choisis non pour leur mérite mais pour leur popularité, ou parce qu'ils étaient soutenus par une faction puissante.

« Chaque membre de l'alliance émit de fortes réserves contre certains des candidats proposés, y compris feu Alfred Nzo, expert doué, loyal et expérimenté en affaires étrangères. Il y eut aussi des objections contre Derek Hanekom au motif qu'il était malavisé de confier le portefeuille de l'Aménagement du territoire à un Blanc. Des objections furent aussi soulevées pour d'autres choix. Je rejetai toutes ces réserves au

---

* Alliance des Congrès – voir Personnalités, lieux et événements.

motif qu'elles ne reposaient pas sur des principes mais sur des considérations purement personnelles. Je présentai la liste aux dirigeants telle que recommandée par Thabo*.

« Les dirigeants approuvèrent tous les noms sans exception. Puis nous discutâmes du choix du vice-président. Deux noms, Thabo Mbeki et Cyril Ramaphosa, furent examinés. Ramaphosa était à la tête de notre équipe de négociateurs au World Trade Centre [à Kempton Park, au nord de Johannesburg]. C'est un individu impressionnant, adroit et persuasif qui avait étendu son influence aussi bien sur ses amis que sur ses adversaires, au Centre. Il s'attira beaucoup de respect et d'admiration, et s'affirma comme l'une des figures les plus puissantes de la constellation des penseurs éminents[26].

« Dans son autobiographie, *The Last Trek* (« La Dernière Marche »), De Klerk décrit Cyril de la façon suivante :

> La délégation de l'ANC était menée par Cyril Ramaphosa, son négociateur en chef. Ramaphosa avait auparavant occupé le poste de secrétaire général du Syndicat national des mineurs, où il avait acquis une grande expérience des négociations difficiles avec la Chambre des mines, qui représentait les plus grandes entreprises du secteur en Afrique du Sud. La grosse tête ronde de Ramaphosa était encadrée par une barbe et un front dégarni par une calvitie régulière. Ses façons décontractées et son expression conviviale étaient

* Les dirigeants de l'ANC étaient alors Mandela, Sisulu, Ramaphosa, Mbeki, Jacob Zuma et Thomas Nkobi. Mbeki et Ramaphosa ne prirent pas part à la discussion.

contredites par des yeux d'une froideur calculatrice, qui semblaient chercher en permanence les points faibles dans la défense de ses opposants. Sa langue d'acier et ses phrases mielleuses enjôlaient ses victimes potentielles, tandis que ses arguments se resserraient inexorablement autour d'eux[27].

« Cyril fut salué par des hommes et des femmes au sein et en dehors de notre parti comme le pilier des négociations, et l'un des principaux architectes de la nouvelle Afrique du Sud. À la Conférence nationale de l'ANC en 1997, il fut à juste titre récompensé par le plus grand nombre de suffrages lors de son élection au Comité exécutif national. Il a été, et reste, un véritable atout pour notre parti.

« Tout au long de ma carrière politique, j'ai été préoccupé par l'image persistante que donne l'ANC d'un parti xhosa, malgré l'évidence absolue du contraire. Je fis remarquer aux responsables qu'Oliver Tambo, Thabo Mbeki et moi-même appartenions au même groupe ethnique. Ne risquions-nous pas de renforcer cette image trompeuse si Thabo devenait vice-président ? demandai-je. Ne ferions-nous pas mieux de nommer Cyril à ce poste, un homme tout aussi doué et respecté qui venait du nord de notre pays ?

« J'admis volontiers que Thabo avait toutes les qualités requises pour occuper ce poste et que sa connaissance du continent et des questions diplomatiques excédait largement celle de Cyril. Mais j'insistai sur le fait que ce dernier avait une grande influence à l'international ; en particulier auprès des syndicats, et d'une grande majorité de faiseurs d'opinion, surtout parmi ceux qui avaient pris part aux négociations.

« Malgré mes arguments, déplore Mandela, les dirigeants ne furent pas convaincus. Pour eux, l'opinion publique accepterait l'idée que, en choisissant Thabo, l'ANC soit guidé par le principe du mérite et non par des considérations tribales. Au contraire, ma position ne reposait pas entièrement sur la notion de mérite, mais sur l'image fausse renvoyée par le parti qu'il était de notre devoir, selon moi, de corriger[28]. »

Même si Mandela avait l'intention de n'annoncer les nominations qu'après la cérémonie d'investiture, les médias lui forcèrent la main, après qu'ils eurent vent du débat autour du poste de vice-président, l'obligeant à annoncer la composition du gouvernement le 6 mai 1994. C'était une liste incomplète où certains noms et le portefeuille correspondant finiraient par être changés ; la décision serait aussi prise – après des débats passionnés – d'y inclure un ministre sans portefeuille, en charge du Programme reconstruction et développement.

La composition du gouvernement ne se fit pas sans accrocs, De Klerk affichant son dépit de ne pas avoir été consulté pour l'attribution de certains portefeuilles. Mais la touche personnelle de Mandela dans la composition du gouvernement était manifeste. Certains choix, qui paraissaient hasardeux au début, finirent par porter leurs fruits. Certains rouages du moteur assemblé par Mandela pour promouvoir son rêve étaient joyeusement inconscients de leur importance et des bouleversements que leur vie s'apprêtait à connaître. Trevor Manuel se souvient, alors qu'il était encore au cœur du pouvoir au Cap-Oriental en 1992, comment il fut approché par Cyril Ramaphosa, secrétaire général de l'ANC.

Ramaphosa dit à Manuel que Mandela voulait le mettre à la tête du Bureau de planification économique, un important cabinet politique de l'ANC. Manuel, conscient de ses lacunes dans le domaine de l'économie, protesta, faisant remarquer qu'il avait été choisi pour travailler sur les questions de santé. Ramaphosa lui répondit sèchement que l'ANC ne manquait pas de médecins. « Trevor, continua-t-il, pour être clair, ce n'est pas une négociation entre toi et moi ; je suis venu te transmettre un message[29]. »

Et ce fut tout. Manuel ne fut pas long à accompagner Mandela en mission à l'étranger, comme lors de son voyage aux États-Unis en 1993 quand, à la tribune des Nations unies, Mandela déclara que les progrès effectués étaient suffisants pour justifier la levée des sanctions contre l'Afrique du Sud.

« Une grande part de son action, encore une fois, dit Manuel, était de nouer des relations, mais c'était aussi une façon de prendre acte avec force. Il emmenait toute une délégation. Par exemple, on a été toute une clique à l'accompagner à Taïwan, y compris Pallo [Jordan], [Thomas] Nkobi, [et] bien sûr Joe Modise* », pour « assurer la formation, et le financement… mais aussi [nous] exposer à divers systèmes politiques et l'écouter expliquer ce que nous faisions. Il croyait à la transmission aux jeunes générations pour les préparer à l'exercice de plus hautes responsabilités »[30].

Dans certaines conférences d'investisseurs, qui réunissaient des chefs d'entreprise, des experts du monde industriel et des investisseurs institutionnels dans les lieux les plus prestigieux des grandes capitales

* Pallo Jordan, Thomas Nkobi – voir Personnalités, lieux et événements.

mondiales, Mandela disait : « Nous avons des jeunes gens comme Trevor Manuel, ici présent. J'aimerais qu'il vous parle ; j'aimerais qu'il réponde à vos questions quand j'aurai fini[31]. »

Il fit de même avec Valli Moosa qui, étant donné son implication dans les négociations, fut délégué auprès de Roelf Meyer, premier ministre du Développement constitutionnel et des Affaires provinciales du gouvernement de Mandela. Mufamadi, qui avait piloté le processus de paix, devint ministre de l'Intérieur, et Joe Modise, qui venait du MK et de l'état-major militaire de l'ANC, fut nommé ministre de la Défense.

Quand il repense à tous ces développements, révélateurs de la pensée stratégique de Mandela, Manuel déclare : « Je crois que, dans l'ensemble, ces échanges, dans l'esprit de Madiba, étaient censés créer dès le début, pour le meilleur et pour le pire, une espèce de gouvernement virtuel composé de personnes à qui étaient assignées un certain nombre de responsabilités. Ce processus, je pense, a eu un impact profond sur sa vision de certaines situations[32]. »

Parmi les portefeuilles qui furent évoqués dans les pourparlers, aussi bien au sein de l'ANC qu'avec De Klerk, figurait le ministère des Finances, qui déboucha sur un accord stipulant que Derek Keys* conserverait son poste de ministre des Finances. Quand bien même les Finances étaient l'un des six portefeuilles réservés au Parti national, il fut aussi décidé que ce poste clé ne devrait être associé à aucun parti en particulier[33]. Il y avait deux critères de choix – l'expérience et les inquiétudes sur la façon dont les acteurs économiques, africains et internationaux, pourraient réagir. L'Afrique

* Derek Keys – voir Personnalités, lieux et événements.

du Sud était une entité nouvelle, la viabilité de son système restant à prouver. Tout changement – en particulier la démission d'un ministre des Finances respecté – pouvait avoir un impact négatif sur les marchés.

« Il y a certains postes pour lesquels nous ne nous battrons pas dans l'immédiat, parce que le pays n'y est peut-être pas prêt. » Voilà ce que les collègues de Mandela se souviennent l'avoir entendu dire. Il parlait d'un certain nombre de postes, comme la direction de la Banque centrale et de la Commision du service public[34].

Mandela rencontra De Klerk à deux reprises pour discuter du gouvernement, d'abord à Pretoria puis au Cap, le jour où l'ANC annonça une première liste de ministres, au grand dam de De Klerk. D'après les Mémoires de ce dernier, il fut choqué par l'annonce de l'ANC « sans avoir fait le moindre effort pour [le] consulter préalablement » – comme stipulé dans la section 82 de la Constitution intérimaire – et par l'abrogation d'un précédent accord conclu avec le Parti national pour l'attribution du portefeuille de l'Intérieur ou de la Défense[35]. Quand il lui demanda comment ces deux ministères avaient pu être assignés à l'ANC, Mandela répondit que le parti n'avait pas tenu compte de son avis[36].

Les accords qu'ils trouvèrent pour la désignation des ministres et des ministres délégués aux portefeuilles restants réclamèrent quelques ajustements dans la répartition des portefeuilles attribués à l'ANC. Cela impliqua de faire passer Asmal du Développement constitutionnel aux Eaux et Forêts, ce qu'il n'apprit que le jour de sa prestation de serment[37].

Après avoir achevé les tractations avec les principaux partis en négociation – en particulier le Parti national et l'Inkatha –, Mandela fut convaincu que le gouvernement était à la fois fort et représentatif du peuple d'Afrique du Sud. Il aborda même la question d'une éventuelle participation au gouvernement de partis moins importants, entamant les discussions avec le PAC (Congrès panafricain d'Azanie), le Parti démocrate, le Parti conservateur et le Front de la liberté. À la sortie de prison de Mandela, De Klerk avait proposé qu'une troïka composée du Parti national, de l'ANC et de l'Inkatha négocie l'avenir de l'Afrique du Sud, notion que Mandela et l'ANC avaient rejetée en faveur d'une approche plus ouverte. Maintenant que le gouvernement était en place, Mandela était exaspéré chaque fois qu'on insinuait qu'il n'était pas pleinement représentatif.

« Peu après la formation du Gouvernement d'union nationale, écrit-il, et bien avant que le vice-président De Klerk ne décide de le quitter volontairement, l'ANC fut régulièrement accusé d'être raciste, de promouvoir les intérêts des seuls Africains, et de négliger ceux des minorités. Il reste encore des personnalités dans notre pays – conservateurs purs et durs – pour colporter cette ignoble propagande.

« J'ai délibérément révélé la liste complète des membres du Gouvernement d'union nationale*. Ceux qui ont le respect de la vérité et de leur personne, indépendamment de leur origine, s'abstiendront de

---

* Dans son manuscrit original, Mandela dressa la liste des noms et des postes de son premier gouvernement pour montrer la diversité de leurs origines ethniques. L'une de ces pages est visible dans le cahier hors-texte.

ternir leur image en reprenant ce qui relève clairement d'une absurde propagande chez ceux qui ne proposent aucune alternative politique crédible à l'ANC.

« Le subterfuge est encore plus flagrant quand on sait que, en dehors de Derek Keys et Abe Williams, ce dernier étant membre de la communauté métisse, les cinq membres du gouvernement restant issus du Parti national de M. De Klerk étaient tous blancs ou afrikaners. Il n'y avait aucun Africain ni Indien parmi eux. Pourtant, tous ces groupes nationaux faisaient partie des membres du gouvernement issus de l'ANC. Sur dix-neuf, sept appartenaient à une minorité.

« La domination des Blancs à l'Assemblée nationale en 1994 était tout aussi frappante. Sur deux cent cinquante-six membres de l'ANC à l'Assemblée nationale, quatre-vingt-deux étaient des métis, des Indiens ou des Blancs.

« Sur quatre-vingts membres du Parti national, il y avait onze Africains, neuf métis, quatre Indiens ; vingt-quatre au total contre cinquante-six Blancs – deux fois plus que dans les autres groupes[38]. »

Un Mandela plus jeune et impulsif aurait très bien pu continuer d'énumérer les exemples de mensonges grossiers répandus par les « purs et durs » qui « colportaient encore cette ignoble propagande ». Il aurait vanté la magnanimité de l'ANC qui donnait droit de cité au Parti national, dont la politique était à l'origine de l'immense malheur de la majorité noire. Malgré le plaisir qu'auraient pu en tirer ses compagnons, et sa conviction de défendre une cause juste, Mandela savait que cela aurait envoyé un mauvais signal. Il était maître de la situation et n'était pas de ceux qui jouent les martyrs.

Il avait soixante-quinze ans et aurait besoin de toute son endurance et son ingéniosité pour mettre ses qualités personnelles au service d'une force politique durable. Tandis que l'opposition avait accepté à contrecœur de participer au Gouvernement d'union nationale, il restait des poches de résistance dans ses rangs pour voir dans ce partage du pouvoir une capitulation face à l'ANC. Au revers de la médaille, il y avait des éléments au sein de l'ANC, par exemple Harry Gwala et ses partisans adeptes de la ligne dure, qui pensaient que les sacrifices faits pour arracher le pouvoir des mains du régime de Pretoria étaient mal récompensés par l'architecture du nouvel ordre politique.

Mais pour Mandela, la tâche la plus urgente était de s'assurer que les fondations de la nouvelle démocratie étaient bien posées. Il lui fallut se faire à l'idée qu'il allait devenir président, chef d'État dans un pays complexe, foyer d'une forme de gouvernement encore plus complexe. Tout s'était passé à la vitesse de l'éclair, de la prison à la liberté, puis à la plus haute fonction du pays. Comme quelqu'un qui se retrouve propulsé à la tête d'une immense famille après la mort du patriarche, Mandela devait sacrifier à un rite de passage, en l'occurrence devant le Parlement, pour officialiser son installation.

5

L'union nationale

Nelson Mandela et les hommes et les femmes rassemblés au Parlement le 9 mai 1994 pour prêter serment en tant que membres donnèrent la pleine mesure, dans leur diversité même, des changements intervenus dans la nouvelle Afrique du Sud démocratique. L'ambiance du siège parlementaire, autrefois guindée, menaçante et dominée par des hommes blancs en costume sombre, était festive et feutrée ; un événement mémorable se préparait[1]. Puis Albertina Sisulu*, elle-même figure historique de la lutte, se leva pour nommer Nelson Rolihlahla Mandela premier président démocratiquement élu d'Afrique du Sud.

Larmes et vivats éclatèrent quand les membres de l'assemblée et du public dans la tribune se levèrent comme un seul homme, applaudissant et souriant, saluant Mandela sur sa banquette de cuir marron. Elle avait jadis été le siège du président F.W. De Klerk, qui un peu plus de quatre ans plus tôt avait annoncé, dans cette même assemblée, sa décision de libérer l'homme qui avait passé plus de vingt-sept ans en

* Albertina Sisulu – voir Personnalités, lieux et événements.

prison. Les membres du Parlement tapaient en rythme dans leurs mains tandis qu'un *imbongi* (chanteur de louanges) transformait le Parlement à jamais, chantant les louanges du nouveau président dans sa langue maternelle, le xhosa.

❦

Presque tous ceux qui travaillèrent avec Mandela aux débuts de la première administration post-apartheid, des jardiniers aux ministres, admettent qu'il avait des qualités uniques et qu'en retour il attendait des autres qu'ils se montrent à la hauteur. Notoirement incapable d'accepter un refus, il faisait tout pour écarter la possibilité qu'on rejette une de ses propositions.

Trevor Manuel, qui était à l'époque ministre du Commerce et de l'Industrie, apporte une note légère au petit théâtre austère et parfois éprouvant pour les nerfs que fut l'installation du premier gouvernement démocratique sous la présidence de Mandela en 1994.

Mandela fut l'hôte d'un banquet d'État donné en l'honneur de François Mitterrand, le soir du 4 juillet 1994, à l'hôtel Mount Nelson du Cap. Deux jours avant, à Pretoria, le Président conviait Manuel à une réunion, à laquelle participaient aussi le vice-président Thabo Mbeki, le ministre du Travail Tito Mboweni et Alec Erwin* du Programme reconstruction et développement, où il leur annonça que Derek Keys démissionnait de son poste de ministre des Finances.

Manuel se souvient de Mandela disant avec sa franchise habituelle : « Écoutez, j'ai consulté un certain

* Alec Erwin – voir Personnalités, lieux et événements.

nombre de personnes, et je ne crois pas que le pays et le monde, en particulier les Blancs, soient prêts pour un ministre des Finances membre de l'ANC. J'espère que vous êtes d'accord avec moi. Je me suis dit qu'il fallait que je vous en parle et vous demande si vous avez des suggestions à me faire pour le poste de ministre des Finances. » Comme il n'y en eut aucune, Mandela poursuivit : « J'ai pensé à ce type, Chris Liebenberg*. C'est un ancien de la… [Ned]bank ; il a été mon banquier, il a été le banquier de l'ANC, c'est un très chic type. Le monde des affaires blanc le soutiendra vraiment. Y voyez-vous le moindre inconvénient ? » Personne n'y vit d'inconvénient. Mandela conclut : « Merci beaucoup, commandons du thé[2]. »

Dans l'après-midi du 4 juillet, Liebenberg, qui venait de rentrer de l'étranger, reçut un appel surprise de Mandela, qui lui demanda de venir de Johannesburg jusqu'à Genadendal pour le voir. Mandela quitta le banquet tôt pour retrouver Liebenberg à Genadendal.

« Quand Liebenberg arrive au Cap, se souvient Manuel, Mandela lui demande : "Qu'est-ce que vous faites en ce moment ?" Chris Liebenberg répond à Mandela qu'il a pris sa retraite. "Quel âge avez-vous ?", demande Mandela. Liebenberg dit qu'il a soixante ans. Mandela dit : "Oui… vous êtes trop jeune pour prendre votre retraite, Chris. J'ai une mission pour vous. Je veux que vous soyez mon ministre des Finances. Derek [Keys] s'en va et je veux que vous preniez la relève." Chris Liebenberg est abasourdi ; rien ne l'avait préparé à cela. Il lui dit : "Comme je viens de prendre ma retraite, il va falloir que je consulte mon épouse à ce sujet."[3] »

---

* Chris Liebenberg – voir Personnalités, lieux et événements.

Le mode de désignation apparemment informel et fortuit de Liebenberg au poste de ministre des Finances est contraire au sérieux avec lequel la direction de l'ANC forma le gouvernement. La nomination des ministres de l'ANC ne fut pas le résultat d'un caprice. Tous s'étaient admirablement acquittés de lourdes responsabilités au sein de structures dans le pays comme en exil. Ils avaient tous été mis à l'épreuve et s'étaient tous aguerris dans des circonstances difficiles. Mais cela n'empêchait pas une candidature d'être minutieusement examinée avant d'obtenir le feu vert.

Le poste de ministre des Finances évoqué plus haut en est la parfaite illustration. Mandela se livra à d'intenses consultations avec certains de ses ministres, y compris Manuel, Mboweni et Erwin – et des personnalités comme Gill Marcus*, un parlementaire membre de la Commission des finances, prirent le temps de discuter avec Liebenberg des rudiments de la politique fiscale. Mandela faisait tout pour assurer la stabilité du pays, d'où l'importance à ses yeux de confier la totalité des portefeuilles relatifs à la sécurité du pays à l'ANC. Avoir confiance dans ses deux vice-présidents au point de leur déléguer la plupart des tâches – en particulier Mbeki – lui permettait, comme cela a été dit plus tôt, de travailler plus en profondeur à la réconciliation. C'était Mbeki, dans un rôle que certains rapprochaient de celui de Premier ministre, qui dirigeait les réunions gouvernementales la plupart du temps, même en présence de Mandela.

« La préparation des lois, se souvient Mboweni, les calendriers, etc., lui étaient soumis. » Même s'il était non interventionniste, Mandela gardait bien sûr un œil

* Gill Marcus – voir Personnalités, lieux et événements.

sur les progrès effectués, se concentrant sur l'armée et la police, et sur les réaménagements structurels des institutions judiciaires et du chapitre 9*. Mbeki le tenait aussi informé de l'avancée des travaux. Mandela n'intervenait que lorsqu'il sentait que l'action d'un de ses ministres était délibérément entravée.

Le jour où Mboweni menaça de démissionner si certains ministres continuaient de bloquer la loi qu'il voulait faire passer en est une bonne illustration. Même les ministres de l'ANC avaient des vues divergentes sur certains sujets, il n'était donc pas rare que cela se produise, même si c'était assurément frustrant pour ceux qui soutenaient un projet de loi.

Le jour où il était censé présenter le sien, Mboweni se souvient :

> Mandela a demandé son ajournement pour qu'il puisse en discuter avec les ministres en question et moi-même. Enfin, on ne peut pas dire qu'il y ait eu discussion, parce que nous sommes seulement allés dans son bureau. C'était un tout petit bureau, et il nous dit : « Le ministre m'a mis au courant des difficultés qu'il rencontre pour faire accepter ce projet de loi par le gouvernement, et m'a dit que si ce projet n'est pas accepté aujourd'hui,

---

* Le chapitre 9 de la Constitution met en place « des institutions d'État qui soutiennent la démocratie constitutionnelle », connues sous le nom d'institutions du chapitre 9. Il s'agit, entre autres, du Médiateur, du Vérificateur général des comptes publics, de la Commission électorale indépendante, de l'Autorité indépendante de régulation de l'audiovisuel, de la Commission sud-africaine des droits de l'homme, de la Commission de l'égalité des sexes et de la Commission pour la promotion et la protection des droits des communautés culturelles, religieuses et linguistiques.

il démissionnera. Je ne veux pas que ce jeune homme démissionne, alors quand vous retournerez en Conseil des ministres, je veux que vous apportiez votre soutien à ce projet de loi. » Trevor [Manuel] tenta de s'expliquer mais Madiba lui rétorqua : « Non, il n'y a pas de discussion, je veux que vous apportiez votre soutien à ce projet de loi. »

Ils retournèrent tous au Conseil des ministres, et Mboweni poursuivit sa présentation, qui fut soutenue par ses anciens détracteurs. Non sans malice, Mboweni attribue cette victoire à « l'instinct de survie en politique[4] ».

Mais l'organisme politique qui avait vraiment besoin de survivre, c'était le gouvernement lui-même, moteur de l'Union nationale. Sa force reposait sur sa capacité à prendre des décisions en harmonie avec un principe directeur. Sans quoi, il échouerait. Portant un regard réaliste sur ce moteur à multiples pistons, le député Roelf Meyer admit dans une interview accordée en 1994 qu'il « ne sera pas possible de vivre en harmonie du matin au soir. Nous n'avons pas de coalition au vrai sens du terme, mais un accord de coopération[5] ».

Un peu plus d'un an avant, Mandela avait répondu à un certain nombre de questions de la BBC sur ce même problème épineux de la prise de décision. « Nous ferons face à ces problèmes dans un Gouvernement d'union nationale dominé par le Congrès national africain. Le principe du vote à la majorité s'appliquera. Aucun petit parti ne pourra saper le principe du vote à la majorité… Mais le point de vue de l'ANC prévaudra sans miner le principe du vote par consensus. Nous ferons au sein du Gouvernement d'union nationale ce que nous faisons en ce moment dans les forums multipartites… nous n'imposons rien, nous persuadons[6]. »

Cette déclaration remonte à la toute fin des négociations, quand, après que leur équipe leur eut respectivement demandé de trouver une résolution, Mandela et De Klerk proposèrent que le gouvernement prenne ses décisions sur la base du consensus, et, à défaut, que l'avis de la majorité prévale[7].

Ce fut accepté et plus tard incorporé à la Constitution intérimaire. Sous le chapitre 6, qui traite de toutes les prérogatives du pouvoir exécutif, la section 89 (2) stipule que « le gouvernement fonctionnera de façon à privilégier la recherche d'un esprit de consensus inhérent au concept de Gouvernement d'union nationale autant que le besoin d'un gouvernement efficace[8] ».

En effet, d'après Jakes Gerwel, qui était dans une position privilégiée en tant que secrétaire général du gouvernement, le GNU prenait ses décisions au consensus : « Il était impossible de se douter qu'il s'agissait d'un gouvernement de coalition en assistant aux débats, ou aux réunions gouvernementales. On ne se rendait pas compte qu'ils venaient de partis différents[9]. »

Kader Asmal, certainement l'un des ministres les plus hauts en couleur du gouvernement de Mandela, avec son rire rauque reconnaissable entre mille et sa mine à la Groucho Marx, a dû s'amuser pendant les débats. « Le consensus avait sa place dans cet environnement où tout le monde était à l'aise avec le processus d'argumentation et de contre-argumentation », observa-t-il dans ses Mémoires. Il aurait pu discerner un clash des cultures entre l'ANC et le Parti national dans ces discussions ; par exemple, aucun ministre du Parti national ne contestait De Klerk au sein du gouvernement, alors que les membres de l'ANC avaient des échanges vifs dans certains cas, parfois à la grande consternation des ministres du Parti national[10].

Malgré tout le talent de Mandela pour tirer le meilleur de ses collaborateurs, il eût été utopique de s'attendre à une unanimité parmi les membres du gouvernement ; il fallait toujours que l'un d'eux soit en désaccord avec la proposition soutenue par Mandela et De Klerk, même si c'était similaire au principe du consensus qu'ils utilisaient pour sortir de l'impasse pendant les négociations. C'est chef Buthelezi, indigné, qui se souvient de décisions du gouvernement prises « à la majorité parce que… j'avais préparé dans certains cas un mémo pour marquer mon désaccord avec certains projets de loi, et que tout ce qu'ils disaient, c'était : "Bon, les remarques du ministre de l'Intérieur doivent être notifiées, c'est tout, mais il faut avancer"[11] ».

Mandela voulait combler le fossé que creusaient les vues divergentes qui s'affrontaient parfois entre l'ANC et le Parti national. À cet effet, il créa des comités de gouvernement, sortes de plates-formes destinées à trouver un consensus. Trois comités furent ainsi créés, chacun un palimpseste – réutilisé mais altéré – de l'héritage du gouvernement d'apartheid. Mbeki dirigea le Comité des affaires économiques et De Klerk ceux relatifs à la sécurité, au renseignement et aux affaires sociales et administratives.

Pour mieux sceller la coopération, Mandela jumela des ministres et des délégués de partis différents. « Du point de vue de De Klerk et de son parti, dit-il dans une interview, trois appartiennent à l'Inkatha, six à De Klerk, et l'ANC en a dix-huit, deux fois plus que l'Inkatha et le Parti national réunis. Alors, si nous y tenions, nous pourrions diriger seuls le gouvernement, mais nous n'en faisons rien. Nous sommes décidés à faire du Gouvernement d'union nationale une structure au contenu substantiel, pas une coquille vide où tout le monde épouse les vues de l'ANC. C'est pour cela que nous avons fait en sorte, au moment de la répartition des portefeuilles, d'avoir des ministres délégués ; si un ministre est membre de l'ANC, alors son ministre délégué devrait être membre du Parti national, ou de l'Inkatha. Nous voulons qu'il fonctionne au mieux[12]. »

Et il fonctionna au mieux au cours des premières années, sauf quand Mandela insistait pour garder la main sur les questions de sécurité, ce qui exaspérait De Klerk. « L'obsession de Madiba au sein du gouvernement, c'étaient les questions de sécurité », se souvient Mbeki :

> Il venait assister aux réunions du comité gouvernemental… qui traitait des affaires de sécurité… parce qu'il s'inquiétait beaucoup de la possibilité d'une contre-révolution et que, comme nous tous à l'époque, il pensait que la contre-révolution viendrait de l'extrême droite afrikaner au sein de l'armée, dans la police, dans le secteur de la sécurité, qui prendrait les armes pour déstabiliser et probablement renverser le gouvernement. C'était son domaine de prédilection. Mais concernant le reste des travaux du gouvernement, il disait : « Non, c'est à vous de vous en occuper[13]. »

Mandela intervenait néanmoins directement auprès des ministres sur d'autres sujets quand il l'estimait nécessaire, comme après l'escarmouche entre

Nkosazana Dlamini-Zuma et De Klerk. Des ministres des trois partis allaient dans son bureau lui rapporter certaines choses ou demander son avis, et lui faire un rapport quand il l'exigeait.

Mais comme chaque parti avait ses propres structures pour maintenir une ligne politique – par exemple, l'ANC disposait d'un bureau politique et le Parti national d'un groupe d'orientation stratégique –, il était inévitable qu'une ligne de fracture structurelle apparaisse et génère des tensions entre les affaires du gouvernement et la réalité extérieure.

Il y avait désaccord à propos de la responsabilité collective autour des décisions du gouvernement. Le Parti national et l'Inkatha insistèrent sur leur droit de s'éloigner de la collégialité et de critiquer publiquement des décisions auxquelles ils s'étaient opposés au sein du gouvernement. Même s'il y eut peu de sujets de friction, les différences étaient profondes et récurrentes, compliquées par les relations entre les leaders des partis. À vrai dire, l'Union nationale ne fonctionna qu'au niveau gouvernemental et non à l'échelle de l'Assemblée ou des provinces.

La tenue d'élections locales vers la fin 1995 exacerba les tensions quand les différents partis s'attribuèrent les avancées et rejetèrent la responsabilité des échecs. Dans un meeting de début de campagne, dans le township disputé d'Eersterust à Pretoria, Mandela aborda le sujet sans prendre de gants.

« M. De Klerk, dit-il, tente de donner l'impression que le Parti national a joué un rôle majeur au sein du Gouvernement d'union nationale et que la confiance du monde économique et des investisseurs étrangers ne tient qu'à sa participation au gouvernement. » Tout en reconnaissant le rôle de De Klerk au sein du gouvernement, il déclara : « Il n'est pas bon de tenter d'exagérer le rôle du Parti national. L'ANC compte dix-huit membres au sein du gouvernement, contre six pour le Parti national. » Il finit en soulignant que le Programme reconstruction et développement avait été lancé à l'initiative de l'ANC[14].

Même la personne la moins capable de décrypter le langage corporel pouvait voir l'absence flagrante de chaleur entre Mandela et De Klerk. Le Parti national traversait une crise d'identité ; son groupe parlementaire avait du mal à se faire aux contraintes de son nouveau statut de parti d'opposition. La permanence du débat pour savoir s'il fallait rester au sein du GNU prenait les airs menaçants d'une prophétie autoréalisatrice. Pour regagner le terrain perdu, De Klerk se fit, de son propre aveu, à la fois critique des décisions et agressif dans sa défense de la politique du Parti national ; s'il le fit, c'est que ses propres ministres n'en faisaient rien. « Ils faisaient bien leur travail au sein de leur ministère, écrit-il, mais avaient plus de mal dès qu'il fallait se battre contre l'ANC en s'opposant à des décisions inconciliables avec la stratégie du Parti national[15]. »

Ces décisions jugées inconciliables avec la stratégie du Parti national ajoutèrent aux déboires de De Klerk, comme son échec à faire inscrire des principes régressifs dans la version finale de la Constitution. Il dut aussi composer avec la nouvelle génération du Parti national, représentés par Marthinus van Schalkwyk. Plus justifiée, néanmoins, était la frustration que De Klerk ne cachait pas ressentir dans la situation inélégante où il se trouvait, et qui ressemblait à celle « d'un ex-PDG qui reste membre du conseil d'administration de son successeur[16] ».

Mandela résuma la situation lors d'une discussion avec Tony Leon, alors chef du Parti démocrate. « De Klerk, dit-il, n'a toujours pas accepté d'avoir perdu le pouvoir[17]. » Mandela avait donné des responsabilités à De Klerk, que ce dernier estimait indignes de lui en tant qu'ancien Premier ministre et président. Pour quelqu'un qui avait conçu l'idée d'une troïka comprenant l'ANC, le Parti national et l'Inkatha où chacun exercerait le pouvoir dans le cadre d'une présidence tournante, cette apparente rétrogradation lui compliquait la tâche pour convaincre son parti du bien-fondé de sa participation au GNU.

Les choses atteignirent le point critique lors d'un Conseil des ministres en janvier 1995, où De Klerk mit à l'ordre du jour le droit pour les partis minoritaires de jouer publiquement leur rôle de parti d'opposition. Les critiques publiques de De Klerk à l'encontre de l'ANC, ainsi que l'indemnité qu'il avait attribuée à 3 500 membres de la police et à deux ministres juste avant l'élection de 1994, jetèrent les bases d'une épreuve de force. Après que des ministres de l'ANC eurent défendu l'idée de responsabilité collective pour les décisions du gouvernement, Mandela attaqua De Klerk, qualifiant le versement des indemnités de « sournois » et l'attitude du Parti national à l'égard du Programme reconstruction et développement de déloyale envers le gouvernement. Après avoir quitté le Conseil, furieux, De Klerk déclara que lui et ses collègues allaient réfléchir à leur participation au gouvernement. Mais, le lendemain, les deux chefs se présentèrent à une conférence de presse pour faire une déclaration commune. Le malentendu avait été levé et « nous sommes d'accord pour prendre un nouveau départ, ce qui nous évitera de revivre la situation qui s'est présentée plus tôt cette semaine[18] ».

Comme dans un couple dont la relation est vouée à l'échec, les disputes entre les deux hommes, symptômes de visions du monde singulièrement différentes, étaient pardonnées après des démonstrations publiques de réconciliation. Les disputes naissaient, d'un côté, du besoin de recréer le passé idyllique d'une minorité et, de l'autre, de l'impératif absolu de forger un avenir acceptable pour la majorité du peuple sud-africain.

« Quels que soient nos désaccords, dit Mandela, balayant une nouvelle fois des rumeurs de dissensions, M. De Klerk et moi savons que nous avons besoin l'un de l'autre. Notre association n'est pas une question d'affinités personnelles ; c'est une question d'absolue nécessité. Je crois qu'il comprend cela aussi bien que moi[19]. »

Le KwaZulu-Natal, province traditionnellement en proie à la violence, mit de nouveau le feu aux poudres. En septembre 1995, De Klerk écrivit à Mandela pour suggérer que le meilleur moyen de faire face à cette violence était d'organiser une rencontre entre Mandela, De Klerk, Mbeki et Buthelezi pour discuter, entre autres, d'une médiation internationale et d'initiatives politiques afin de faire retomber le niveau de tension et de violence[20]. Mandela décida de ne pas mâcher ses mots.

« Les problèmes du KwaZulu-Natal, écrit-il dans une lettre à De Klerk, et par conséquent les solutions à ces problèmes, sont profondément enracinés dans l'histoire de la situation qui prévaut actuellement. Vous admettrez, monsieur De Klerk, que le conflit actuel dans cette province est tout autant le produit des politiques et des stratégies de votre parti et du gouvernement dont vous avez été membre et que vous avez présidé que n'importe quel autre facteur. Nul besoin de redire ici les détails de cette histoire ; nous en avons déjà discuté. Outre que cela n'aiderait pas à trouver de vraie solution, il serait profondément trompeur de sous-entendre – comme vous le faites dans votre lettre – que l'absence de médiation internationale est l'une des causes fondamentales des problèmes de la province*.

« Je vous ai déjà rapporté en détail les discussions, et les tentatives de discussions, que j'ai eues à ce sujet avec le ministre Buthelezi. Vous savez que je suis à l'origine de toutes ces initiatives. Nous pourrions vous demander, comme je vous l'ai déjà dit, des suggestions concrètes sur la nature exacte des sujets que vous souhaitez aborder dans le genre de rencontre que vous proposez. Se réunir pour le plaisir de se réunir et se répandre en gesticulations politiques aggrave la situation plus que cela ne contribue à la résoudre.

« En tant que vice-président de mon gouvernement, vous êtes libre – et, de fait, obligé – d'aborder avec moi toute suggestion que vous pourriez avoir concernant la politique et les choix du gouvernement. Cela s'applique à ce cas comme aux autres. Il n'y aurait rien de constructif ou d'utile à ce que vous proposiez, en tant que chef d'un troisième parti, une médiation dans ce que vous présentez de façon erronée comme un simple conflit entre l'ANC et l'Inkatha. Le rôle historique

---

* Une médiation internationale sur les problèmes constitutionnels non résolus fut l'un des termes de l'accord signé en 1994 par l'Inkatha en échange de sa participation à l'élection. Pour diverses raisons, elle n'eut jamais lieu, et Mandela écrit que De Klerk sous-entend dans sa lettre que l'absence de médiation internationale explique en partie les violences.

joué par votre parti, et le gouvernement qu'il a formé, dans ce conflit, vous disqualifie complètement dans cette fonction[21]. »

C'était une sévère réprimande, et cela signifiait une seule chose, que Mandela, ce modèle de tact et de politesse – même aux yeux de ses adversaires –, était à bout de patience. La question de la violence et de la connexion Inkatha-Parti national dans sa planification et son exécution, et leurs conséquences sanglantes sur la population du KwaZulu-Natal comme sur les autres le préoccupaient depuis toujours. Et on aurait tort d'oublier – ou de s'attendre à ce qu'il ait oublié – le chœur humiliant des sceptiques quand, peu après sa libération en 1990, il appela les habitants du KwaZulu-Natal à déposer les armes. Si Mandela était courtois et poli envers De Klerk et Buthelezi, c'était en vertu de principes lui interdisant de se montrer discourtois avec un leader politique[22]. Ces leaders, aux yeux de Mandela, représentaient un électorat. Toute impolitesse à leur égard revenait à faire affront à leurs électeurs.

Quand De Klerk répondit qu'il ne proposait pas une médiation mais une réunion, dans le cadre de l'accord autour d'une médiation internationale, Mandela lui répondit sans ménagement. « Au lieu de proposer des réunions inutiles, écrit-il, je vous saurais gré de nous dire comment solder l'héritage du système inhumain de l'apartheid dont vous avez été l'un des architectes[23]. »

Une rupture dans une relation n'arrive pas du jour au lendemain, pas plus qu'elle ne s'explique par une seule raison. Le plus petit défaut dans la cuirasse du Gouvernement d'union nationale pouvait très bien s'expliquer par le gouffre d'une histoire non partagée qui séparait la somme de ses parties ; le manque d'affinités entre De Klerk et Mandela étant la manifestation la plus visible de cette dissonance. Mais, dès le début, il y avait peu de chances que le Parti national reste au sein du GNU pour toute la durée de son mandat. Le cabinet de De Klerk était malheureusement divisé sur son pouvoir de décision au sein du GNU, situation aggravée par le nombre réduit de ministres du parti au sein du gouvernement après l'élection, qui affaiblit son influence. Cela fit aussi le jeu de la faction du Parti national qui ne voulait rien avoir à faire dans un gouvernement dominé par l'ANC.

Le conflit de janvier 1995 entre De Klerk et Mandela au sujet de l'amnistie sembla confirmer le pire aux opposants à la participation. Il affaiblit le Congrès fédéral du Parti national en février, dominé par la question de savoir s'il fallait rester au gouvernement ou le quitter, renforçant l'idée que le parti n'avait aucune influence sur la prise de décision. En novembre 1995, ses mauvais résultats à peu près partout aux élections municipales (hormis au KwaZulu-Natal, dans quelques régions rurales du Cap-Oriental et au Cap) confirmèrent l'érosion de la base électorale du Parti national.

C'est néanmoins le texte définitif de la Constitution de mai 1996 qui donna à De Klerk une prétendue raison de retirer le Parti national du Gouvernement d'union nationale. Même s'il savait que le GNU était un arrangement temporaire d'une durée de cinq ans, De Klerk avait insisté dès le départ pour faire inscrire de façon formelle et définitive un outil transpartisan dans la Constitution. Il prétexta de son échec à obtenir cette concession de l'ANC pour justifier son retrait du GNU trois ans avant la fin du mandat prévu.

Le GNU empêchait le Parti national d'exercer son influence.

« Le GNU a bien fonctionné au début, écrit-il, mais il est vite devenu clair que le vrai partage du pouvoir n'était qu'un faux-semblant. L'ANC a refusé de conclure un accord de coalition avec nous, pour mieux nous garder dans une prison dorée où les ministres du Parti national avaient tous les attributs extérieurs du pouvoir mais aucun en substance[24]. »

Quand l'Assemblée constituante vota la Constitution, le Parti national vota pour son adoption. Mais, le soir même, De Klerk quitta prématurément le dîner organisé en l'honneur de la nouvelle Constitution. Après avoir eu vent de l'intention de De Klerk de convoquer une réunion pour annoncer le retrait du Parti national du GNU, Mbeki le suivit pour tenter de l'en dissuader, en vain. « Ils ont choisi de s'en aller, dit Mbeki, pour préserver l'unité de leur parti[25]. »

La décision de De Klerk de quitter le GNU divisa ses collègues du gouvernement en juillet 1996. Dans les commentaires qu'il fit publiquement dans la foulée du retrait et lors d'un débat parlementaire quelques semaines après, Mandela reconnut la contribution de certains leaders du Parti national. Ils n'avaient pas seulement joué un rôle constructif dans le processus de transition, mais avaient aussi rompu avec la politique passée, ce que leur parti – et par conséquent son chef – n'avait pas fait.

« Ce qui m'inquiète, dit Mandela, c'est le départ de la vie publique de personnalités épatantes comme Roelof "Pik" Botha, Leon Wessels et Chris Fismer – des leaders qui ont travaillé dur pour tenir un rôle essentiel dans la construction de l'union nationale, et empêcher la résurgence du racisme à la fois dans les partis et les communautés où ils travaillent*.

« Nous regrettons leur départ du gouvernement et du Parlement, et souhaitons qu'ils restent au service de la nation[26]. »

Il s'avéra que, en dehors d'un bref intermède lors de l'élection municipale du Cap peu après le retrait du Parti national, son déclin électoral se poursuivit, ses figures emblématiques changèrent de camp et sa base électorale migra vers le Parti démocrate[27].

Quand De Klerk tenta de convaincre l'Inkatha de quitter à son tour le GNU, Buthelezi décida de ne pas bouger. « Beaucoup des nôtres étaient morts, dit-il. Pour nous qui sommes noirs, il était plus important de chercher la réconciliation que de risquer une escalade de la violence[28]. »

Au moment de composer le GNU, Mandela avait nommé Buthelezi au poste de ministre de l'Intérieur, ce qui lui donnait le statut de ministre d'État. D'autre part, conscient du fait que Buthelezi était sensible à ces distinctions, Mandela lui confia la tâche de le

---

* Pik Botha, qui fut longtemps un ministre des Affaires étrangères exubérant sous divers gouvernements de l'apartheid, chapeauta plusieurs périodes importantes de transition, y compris la fin de la guerre civile angolaise et l'indépendance namibienne. En février 1986, il déclara à un journaliste allemand qu'il serait ravi de se mettre au service d'un président noir, à l'avenir (J. Brooks Spector, « Roelof "Pik" Botha, the Ultimate Survivor », *Daily Maverick*, 2 septembre 2011). Ancien ministre de l'Administration locale, du Logement et du Travail, Leon Wessels exprima son désaccord avec la politique de l'apartheid sous De Klerk. Il deviendra plus tard membre de la Commission Vérité et Réconciliation. Nommé par De Klerk à la CODESA, Chris Fismer fut député et conseiller politique de De Klerk et devint par la suite ministre des Affaires générales au sein du GNU.

remplacer quand les deux vice-présidents étaient aussi à l'étranger. Malgré les divergences historiques entre l'ANC et l'Inkatha, et entre Buthelezi et Mandela, le chef de l'Inkatha trouva le bon équilibre entre son rôle d'opposition publique et une posture conciliatoire au sein du gouvernement, chose que De Klerk n'avait pas su faire. Buthelezi était, en effet, une espèce de Dr Jekyll et Mr Hyde de la politique. Jakes Gerwel se souvient du « Buthelezi du mercredi et du Buthelezi du samedi, parce qu'il était si avenant lors du Conseil des ministres le mercredi et si agressif lors des meetings de l'Inkatha le samedi[29] ». De la même façon, les querelles entre Buthelezi et Mandela avaient lieu au Parlement et en public plutôt qu'au sein du Conseil des ministres.

Un incident mémorable se produisit quand Buthelezi, furieux, débarqua au siège du groupe audiovisuel sud-africain de service public et attaqua en direct une personnalité interviewée, Sifiso Zulu, qui l'avait accusé de s'être nommé tout seul au poste de Premier ministre du roi zoulou. Après quoi Mandela, qui se retrouvait sous la menace de la démission de Buthelezi, s'inquiéta des éventuelles conséquences sur l'instabilité de la situation au KwaZulu-Natal. Après avoir consulté ses collègues, on conseilla à Mandela de soutirer des excuses publiques à Buthelezi, ce qu'il fit.

Buthelezi voyait la participation au GNU comme un levier permettant à l'Inkatha d'atteindre ses objectifs constitutionnels. Pour sa part, il n'était pas favorable à une participation.

« En tant que démocrate, dit-il, j'accomplis la volonté de mon peuple, même si cela me déplaît. Au début, je ne voulais pas faire partie de ce Gouvernement d'union nationale, mais, au cours de la discussion qui a duré plusieurs heures, la majorité a dit que nous devrions le faire[30]. »

La relation entre Mandela et Buthelezi était longue et sinueuse, à la fois sur le plan personnel et politique, qui remontait à l'époque où ils faisaient partie de la Ligue de jeunesse de l'ANC. Elle se refroidit quand l'Inkatha s'éloigna de ce que Buthelezi appelait un « front de l'ANC », et fut illustrée par les querelles et la colère après 1994, sous l'impact de la situation au KwaZulu-Natal[31].

Mais même dans les périodes difficiles, ils restèrent en contact. Ils correspondirent quand Mandela était en prison, à la fois directement et par le biais de l'épouse de Buthelezi, Irene, sur des sujets familiaux et politiques[32]. Malgré ses divergences avec l'ANC, Buthelezi réclama sans relâche la libération de Mandela et refusa de négocier avec le gouvernement tant que Mandela et d'autres prisonniers politiques ne seraient pas libérés. À l'approche des élections de 1994, Mandela s'entretint régulièrement avec lui, lui reconnaissant une grande influence. Quand on l'interrogea sur sa relation avec Buthelezi, Mandela dit qu'elle était « saine depuis que je l'ai connu jeune homme[33] ». À la fin, leurs adieux, bien qu'empreints de réserve et d'ambiguïté, furent néanmoins respectueux. Mandela déclara plus d'une fois qu'il vouait « un immense respect » à Buthelezi et au « formidable survivant, qui nous a battus [l'ANC] deux fois dans des élections libres et équitables[34] ». Buthelezi resta convaincu que les difficultés entre lui et Mandela étaient nées de la volonté de l'ANC de les séparer[35].

Le retrait du Parti national força Mandela à parer au plus pressé, en remplaçant les ministres du Parti national. Pallo Jordan fut nommé à l'Environnement et au Tourisme, et les ministres délégués de l'ANC reprirent les portefeuilles des ministres du Parti national qui avaient démissionné. Mais leur départ aurait pu fragiliser le pays ; il revenait à Mandela d'assurer à l'Afrique du Sud – en particulier à ses investisseurs – que ce bref hiatus ne menacerait pas plus la transition qu'il ne l'en détournerait.

« Le vice-président De Klerk, dit Mandela, m'a annoncé un peu plus tôt que le Parti national avait décidé de quitter le Gouvernement d'union nationale. Comme vous le savez, la direction du Parti national a fait savoir que son retrait n'est pas le signe d'un manque de confiance dans notre démocratie multipartisane, dont les règles sont inscrites dans la Constitution, que nous avons adoptée ensemble hier.

« Au contraire, il reflète le fait que le Parti national reconnaît que notre jeune démocratie arrive à maturité, et a besoin d'une opposition vigoureuse qui ne soit pas entravée par sa participation à l'exécutif. Nous respectons son jugement ; de même que les considérations politiciennes qui ont précipité sa décision.

« Comme je l'ai dit hier après l'adoption de la nouvelle Constitution, l'union et la réconciliation au sein de notre société ne dépendent pas d'une coalition imposée aux partis. Elles sont gravées à jamais dans le cœur de la majorité écrasante du peuple d'Afrique du Sud. C'est la voie que le gouvernement et l'ANC ont choisi de suivre dans l'intérêt de notre pays. C'est une voie que nous suivrons avec toujours plus de vigueur dans les mois et les années qui viennent.

« La politique menée par le Gouvernement d'union nationale s'appuie sur les besoins et les aspirations de la population du pays. Cela vaut pour toutes les tentatives, soutenues par le Programme reconstruction et développement, d'améliorer la qualité de vie de la population par le biais d'une politique économique viable, de justice fiscale et d'autres mesures destinées à promouvoir la croissance et le développement.

« Cette politique ne changera pas. Au contraire, elle sera défendue avec encore plus de détermination.

« Bien que l'obligation d'un Gouvernement d'union nationale soit inscrite dans la Constitution intérimaire, il incombe aux partis ayant obtenu plus de 10 % des voix en avril 1994 de décider par eux-mêmes de participer ou non au gouvernement.

« En tant que parti de la majorité, l'ANC s'est réjoui du fait que le Parti national et l'Intakha aient décidé de prendre part à l'exécutif, surtout aux premiers temps de notre délicate période de transition.

« Je tiens à remercier le vice-président F.W. De Klerk et ses collègues pour le rôle constructif qu'ils ont joué. Je ne doute pas que nous continuerons à travailler ensemble dans l'intérêt du pays, et que leur retrait renforcera, au lieu de l'affaiblir, leur engagement dans la politique, la sécurité et les intérêts économiques du pays.

« En effet, nous pensons fermement que le Parti national doit continuer à contribuer au processus d'éradication de l'héritage de l'apartheid qu'il a créé. Par conséquent, nous espérons que sa décision de jouer un rôle plus actif en tant que parti d'opposition ne fera pas obstacle au processus de transformation et ne défendra pas les privilèges de l'apartheid.

« À cet égard, je tiens à rassurer tous les Sud-Africains, la voie que notre nation a empruntée est plus forte qu'un parti ou qu'un individu[36]. »

Même si ses mots avaient pour but de souligner l'importance de la mission de sa vie et d'envoyer une dernière pique à De Klerk et ses retraités grincheux, Mandela voulait aussi réaffirmer son autorité sur l'ANC et quiconque nourrirait des velléités de révolte.

En 1995, un an avant le retrait de De Klerk du GNU, Mandela avait grincé des dents face aux actes flagrants de déloyauté et de bravade de son épouse, Nomzamo Winnie Mandela, dont il était séparé et dont l'existence depuis la sortie de prison de Mandela en 1990 ressemblait déjà à un catalogue de désastres. Elle avait été condamnée pour enlèvement, vilipendée pour l'immoralité de son mode de vie et condamnée pour adultère, ce qui conduisit Mandela à annoncer leur séparation en 1992. Plus tard, elle fut accusée d'escroquerie et présida une branche dissidente de la Ligue des femmes de l'ANC*. Malgré tout cela, et sans doute parce qu'elle se présentait comme la patronne des damnés de la terre, elle bénéficiait toujours d'un important soutien de la part des communautés de laissés-pour-compte, soutien renforcé par l'appui politique de personnalités comme Bantu Holomisa et Peter Mokaba de la Ligue de jeunesse de l'ANC.

En février 1995, aux funérailles de l'adjudant Jabulani Xaba, qui avait été abattu par ses collègues policiers blancs dans un affrontement entre des officiers noirs en grève et leurs homologues blancs, elle aurait accusé le gouvernement d'avoir laissé tomber

* Ligue des femmes du Congrès national africain (ANCWL) – voir Personnalités, lieux et événements.

des gens comme Xaba parce qu'il n'avait pas débarrassé le monde du travail du racisme, puis elle déclara qu'il était temps de répondre à la volonté du peuple de voir l'État s'attaquer aux inégalités de l'apartheid[37]. La charge de Winnie Mandela ne pouvait pas rester sans réponse. Une semaine plus tard, après avoir mené toute une série de consultations, auprès de ministres, de ministres délégués et de dirigeants historiques de l'ANC, le cabinet de Mandela publia un communiqué. Il disait ceci : « Aux funérailles de l'adjudant Jabulani Xaba, qui a eu lieu au début de la semaine dernière, la ministre déléguée aux Arts, à la Culture, aux Sciences et à la Technologie, Mme Winnie Mandela, a lancé de graves accusations contre le Gouvernement d'union nationale.

« Ces accusations étaient, de l'avis du Président, incompatibles avec sa fonction de membre du gouvernement. Conformément à ses responsabilités constitutionnelles de chef du gouvernement, le président Nelson Mandela a appelé la ministre déléguée pour qu'elle retire publiquement ses propos et prie le gouvernement de bien vouloir l'excuser.

« Il s'ensuit que le Président a reçu une lettre de la ministre déléguée hier soir, 13 février 1995, dans laquelle la ministre déléguée s'exécute.

« Le Président a accepté ses excuses.

« Les ministres et ministres délégués sont garants de la politique actuelle du gouvernement. Leur choix d'occuper un poste au sein du gouvernement les oblige non seulement à réserver leurs déclarations politiques aux circonstances qui s'y prêtent mais aussi à appliquer à la lettre les décisions du gouvernement.

« Le Président condamne tout délit par action ou par omission, de la part d'un membre du gouvernement, qui donne une image dégradante ou irrespectueuse de la politique et des décisions du Gouvernement d'union nationale. En accord avec le principe fondamental d'un gouvernement de responsabilité collective, si cela devait se reproduire, aujourd'hui comme à l'avenir, le Président n'hésitera pas à réagir avec fermeté à tout acte de transgression[38]. »

Un mois plus tard – après une nouvelle série de consultations au sein des structures de l'ANC et un voyage non autorisé de Winnie Mandela en Afrique de l'Ouest –, un nouveau communiqué fut publié, cette fois pour annoncer son renvoi. Le communiqué allait droit au but :

« En tant que président de la République, chef du gouvernement et président de l'ANC, j'ai relevé Nomzamo Winnie Mandela de ses fonctions de ministre déléguée aux Arts, à la Culture, aux Sciences et à la Technologie.

« Cette décision a été prise pour assurer le bon fonctionnement du gouvernement et satisfaire à l'impératif de discipline parmi les membres du Gouvernement d'union nationale.

« J'ai pris cette décision après mûre réflexion, étant donné le rôle éminent joué, dans le passé, par la camarade Winnie Mandela dans la lutte contre l'apartheid, à la fois par ses compétences individuelles et comme leader de l'ANC et du reste du mouvement démocratique.

« J'espère que cette décision permettra à l'ancienne ministre déléguée de reconsidérer, en veillant à l'améliorer, sa conduite à des postes de responsabilité, pour apporter une contribution positive à la société, comme ses talents l'y autorisent.

« Afin d'assurer au gouvernement un fonctionnement sans heurts et d'assurer sans interruption le service à la nation, j'ai nommé Brigitte Mabandla au poste de ministre déléguée aux Arts, à la Culture, aux Sciences et à la Technologie. Elle occupera cette fonction avec effet immédiat[39]. »

Ce limogeage marqua le début d'une version politique du jeu des chaises musicales, quand Winnie Mandela le contesta devant la justice. Flanquée de membres de la famille, elle tint une conférence de presse dans une salle de conférences dont les murs étaient ornés de photos et de portraits de Nelson Mandela. Sous le crépitement des appareils photo, elle déclara sans préambule :

> La lettre du Président, bien que datée du vendredi saint, 14 avril 1995, m'a été remise dans une enveloppe non fermée à 23 h 30, le jeudi 13 avril 1995, et prétend mettre un terme à mes fonctions de ministre déléguée seulement à partir du mardi 18 avril 1995. À part [*sic*] ce comportement répété, maladroit, non professionnel et inepte du cabinet du Président, une chose est claire – c'est que je reste secrétaire d'État jusqu'au 18 avril 1995. Le Président me le doit en tant que citoyenne de ce pays, en ma qualité de ministre déléguée. Dans ces circonstances, puisque je suis encore ministre déléguée aux Arts, à la Culture, aux Sciences et à la Technologie, je démissionne publiquement de cette fonction pour me consacrer aux problèmes plus urgents que j'ai déjà mentionnés.

Quand elle se leva et sortit entourée de sa garde rapprochée, Winnie Mandela se tourna et fit signe aux médias, puis dit : « Au revoir, mesdames et messieurs[40] », avec le sourire.

La raison de la controverse était que, d'après la Constitution, le Président aurait dû consulter les deux vice-présidents et tous les chefs de partis du gouvernement. Pour éviter les fuites, le Président repoussa cette consultation le plus longtemps possible. Quand, à la dernière minute, il voulut consulter Buthelezi, ce dernier était injoignable, et Mandela se tourna vers un autre dirigeant de l'Inkatha. Même s'il avait obtenu l'assurance qu'il était légalement recevable, Mandela décida que « le limogeage de Mme Mandela devait être considéré comme invalide du point de vue technique et procédural ». Il le fit par souci « d'agir dans l'esprit de la Constitution, et afin d'épargner au gouvernement et à la nation les incertitudes susceptibles de découler d'une longue procédure judiciaire sur cette question »[41].

Quand Mandela rentra de l'étranger, la ministre déléguée Winnie Mandela fut limogée pour la deuxième et dernière fois, dans le respect des procédures. Vêtu d'une large chemise turquoise et d'un chino kaki, Mandela était un modèle de décontraction à son entrée dans la salle de conférences. Mais son visage fermé et sa mine sévère montraient qu'il prenait cette tâche déplaisante avec le plus grand sérieux. Il planait une impression de déjà-vu au sein du contingent de journalistes rassemblés, qui étaient déjà venus dans cette même salle peu de temps auparavant. Cette fois-ci, il ne fit aucune plaisanterie, aucun geste amical, contrairement à son habitude, en direction d'un visage familier qui honorait les lieux de sa présence ; une déclaration sans fioritures, que l'absence même d'émotion dans le ton de sa voix ne rendit que plus émouvante. Mandela lut une déclaration :

« Après mûre réflexion, j'ai décidé, conformément aux pouvoirs qui me sont conférés par la Constitution, de mettre un terme aux fonctions de Mme Winnie Mandela ; et de nommer Mme Brigitte Mabandla au poste de ministre déléguée aux Arts, à la Culture, aux Sciences et à la Technologie. Avec effet à partir du mardi 18 avril 1995[42]. »

Les réactions furent partout mitigées, certains soutenant le renvoi tandis que d'autres le condamnaient. L'incident allait probablement remettre au goût du jour la séparation du Président et de sa forte tête d'épouse, en particulier sur le terrain, où Winnie Mandela jouissait d'un important soutien. Sans surprise, un article du *Los Angeles Times* se concentra sur la rupture conjugale :

> Lors d'une brève conférence de presse à son domicile de Soweto, Mme Mandela a annoncé qu'elle démissionnait de ses fonctions au sein du gouvernement avec effet immédiat – un jour avant que son second limogeage par le président Nelson Mandela, dont elle est séparée, ne prenne effet.
>
> Mme Mandela, femme politique haute en couleur connue pour son culot et son charisme, ne s'est pas résignée à perdre son poste. Elle s'est plainte aux journalistes du fait que son renvoi était « légalement invalide et anticonstitutionnel » et que la nomination de sa remplaçante, l'avocate spécialiste des droits de l'homme Brigitte Mabandla, était également « irrégulière et anticonstitutionnelle ».
>
> Elle a vertement critiqué le Président pour avoir refusé de détailler les raisons de son renvoi en tant

que ministre déléguée aux Arts, à la Culture, aux Sciences et à la Technologie, qualifiant sa déclaration précédente de « creuse »[43].

❦

Dans ces moments-là, comme au départ prématuré du Parti national du GNU, Mandela devait s'attendre à se retrouver sous pression – lui comme l'ANC – et à susciter l'ire des prophètes de malheur. Aux yeux de tous ceux qui étaient conditionnés pour voir du mauvais œil une administration noire, le départ du rassurant Parti national (blanc, à une écrasante majorité) apportait de l'eau à leur moulin. Malgré la tenue d'élections pacifiques et l'éblouissante cérémonie d'investiture, le monde restait peuplé de fidèles à la cause des conservateurs racistes comme le journaliste britannique Peregrine Worsthorne. « La majorité noire, fulmina-t-il notoirement après la victoire électorale de l'ANC en 1994, devrait faire trembler le monde[44]. »

Beaucoup plus tard, piqué par un nouvel affront, et en réaction à la litanie de complaintes contre l'action de l'ANC au gouvernement, Mandela prit la plume. Ses mots, qui prennent le ton de la réprimande, font en même temps le rappel du soutien que sa présidence a reçu de la communauté internationale. Un éventail impressionnant d'hommes et de femmes de grande envergure avaient donné au pays, au président Mandela et à l'ANC leur bénédiction collective.

« Autre déformation éhontément propagée par certains partis d'opposition, écrit-il, le fait que l'ANC soit responsable du chômage, des sans-abri, de la violence et d'une multitude d'autres problèmes socio-économiques. Sur ce sujet précis, le *City Press* du 15 mai 1994 ne mâche pas ses mots. Il affirme que, traditionnellement, un nouveau gouvernement dans la plupart des démocraties occidentales bénéficie d'un délai de cent jours pour montrer qu'il est à la hauteur. Il serait injuste d'appliquer un tel calendrier dans notre cas.

« Un gouvernement de l'ANC a très peu de points communs avec les partis qui ont accédé au pouvoir dans le monde occidental. L'ANC a été, jusqu'à très récemment, un mouvement de libération. Il lui manque, bien que ce ne soit pas sa faute, l'expérience du gouvernement d'un pays sophistiqué comme l'Afrique du Sud. Mais la principale différence entre nous et les démocraties occidentales, c'est que, contrairement aux souhaits de certains, l'Afrique du Sud était un pays du tiers-monde confronté à des problèmes propres au tiers-monde.

« L'ANC héritait d'un pays confronté à d'immenses problèmes sociaux et économiques. Le gouffre entre la classe des possédants (à majorité blanche) et celle des prolétaires (à majorité noire) était béant ; il y avait un chômage de masse, l'économie fonctionnait au ralenti, la pénurie de logements parmi les pauvres s'aggravait, et des bidonvilles proliféraient dans nos principales agglomérations. La violence, politique ou de toute autre nature, était un des autres problèmes auxquels le pays devait faire face. Et aucune solution à la crise de l'éducation n'était en vue.

« Voilà ce que le *City Press* a écrit cinq jours à peine après l'installation du nouveau gouvernement. Le *City Press* a accusé le régime d'apartheid et les partis d'opposition qui acceptaient la suprématie blanche et récoltaient tous les fruits de ce régime rapace et tristement célèbre.

« Le Parti national et le Parti progressiste, prédécesseur du Parti démocrate de Tony Leon, ont condamné la lutte armée et les sanctions, principales armes à la disposition des opprimés pour libérer le pays. Ces partis se présentent désormais comme des modèles de bonne gouvernance, des gens qui ignoraient l'existence du chômage, des sans-abri, de la violence et d'autres problèmes socio-économiques avant la libération de 1994[45].

« Le *City Press* du 15 mai 1994 écrit qu'"il n'y avait pas de mots pour décrire et saisir l'ambiance" au moment où le premier président d'Afrique du Sud élu démocratiquement a pris ses fonctions mardi à Pretoria[46]. »

Mandela résume ensuite la nature historique du jour de son investiture, moins pour rappeler à ses interlocuteurs le faste et l'apparat de cette journée que pour resituer le contexte dans lequel l'Afrique du Sud est arrivée à maturité, permettant du même coup au monde d'arriver à maturité.

« "Des millions de personnes partout dans le monde, écrit-il, toujours en citant l'article du *City Press*, ont été témoins de ce moment historique. Ceux d'entre nous qui ont eu la chance d'être sur place n'oublieront jamais cette journée mémorable aussi longtemps qu'ils vivront.

« "Côtoyer et serrer la main de tant d'illustres personnalités, chefs d'État, rois et reines, dignitaires religieux et socialistes célèbres, fut une expérience inoubliable. On peut avancer sans risque que nulle part ailleurs un pays n'a accueilli autant de personnalités en même temps. Amis et adversaires se sont retrouvés côte à côte. Le président cubain Fidel Castro et le vice-président des États-Unis Al Gore ont échangé un sourire. Le président israélien [Chaim Herzog] et Yasser Arafat, le chef de l'OLP [Organisation de libération de la Palestine] se sont serré la main, et les présidents zambiens Frederick Chiluba et Kenneth Kaunda se sont pris dans les bras.

« "Les généraux de l'armée et de la police, qui il n'y a pas si longtemps déclaraient la guerre aux leaders politiques et aux pays voisins, étaient au garde-à-vous et saluaient leurs anciens ennemis et le Président, leur nouveau chef.

« "Nombre d'entre nous ont eu la chair de poule quand les avions de chasse ont survolé la foule. Nous avons eu la gorge nouée en chantant l'hymne national et, bien sûr, nous avons été nombreux à verser une larme quand le premier président noir d'Afrique du Sud fut enfin investi", écrit le journal[47]. »

Mandela fut stimulé de savoir que le soutien dont il bénéficiait – avec l'ANC et la nouvelle démocratie – arrivait des quatre coins du monde. Par exemple, le membre républicain du Congrès américain, Amory R. Houghton, Jr, raconte avoir assisté à beaucoup d'événements historiques – mais rien de comparable à ce qu'il a vu mardi, parmi une foule de 50 000 personnes témoins de l'avènement de la démocratie en Afrique du Sud.

« J'étais au Nicaragua pour l'investiture de Violeta Chamorro (de Barrios) et au Kremlin quand le drapeau soviétique a été remplacé par le drapeau russe, mais je n'ai jamais rien vu de semblable, dit-il dans un entretien téléphonique depuis Pretoria, où il a assisté à la cérémonie d'investiture de Nelson Mandela. C'est incroyable… On avait réellement l'impression qu'il se passait quelque chose d'extraordinaire, dit-il… Il y a une atmosphère de pardon et de réconciliation qui domine dans le pays à l'heure actuelle. Et Nelson Mandela en est le ciment. Il est le George Washington sud-africain[48]. »

La plupart des chefs d'État ont eu le même type de relation ambivalente avec les médias, répétant tous prudemment la même antienne selon laquelle les médias finissent toujours par brûler ce qu'ils ont adoré. Mandela, malgré son respect pour le quatrième pouvoir, était moins méfiant, voyant les médias comme une nécessité dans une démocratie efficace. Contrairement à la plupart des personnes qui occupent de hautes fonctions, il tira avantage de ses années d'incarcération, où il fut à l'écart de la sphère publique, et l'une des rares personnes de l'histoire dont la photo ou toute reproduction de son image pouvait coûter une peine de prison. Il atteignit une dimension épique dans l'imaginaire collectif, le slogan « Libérez Mandela ! », aussi omniprésent que Mandela était absent, finissant par apparaître sur fond de manchettes proclamant « Mandela libéré ! » en ce jour fatidique de 1990. C'étaient les médias qui l'avaient maintenu en contact avec l'actualité internationale et domestique – ses catastrophes, les hauts et les bas, les triomphes et les larmes – dans toutes les langues possibles, y compris l'afrikaans.

Avec le temps, il finit par commenter le rôle des médias sud-africains :

« Dans ses commentaires sur la cérémonie d'investiture, la presse sud-africaine a fait preuve d'un fort patriotisme. Elle a considéré cet événement comme réellement historique, et fut à la fois objective et enthousiaste.

« D'après *The Argus*, avec la cérémonie d'investiture, le sceau final fut apposé sur l'acceptation du non-racialisme et de la démocratie par l'Afrique du Sud. Et les chefs d'État du monde entier sont venus assister à cet engagement. L'Afrique du Sud, disait le journal, était dotée d'un système parlementaire représentatif de tous les citoyens.

« *Beeld* salua le fait que les Blancs et les Noirs avaient accepté de faire partie d'une seule et même famille[49]. L'une des principales raisons expliquant la violence était que toutes les familles ne participaient pas au processus politique. Que tout le monde puisse y prendre part fut un changement radical, qui contribua à la réduction de la violence politique[50].

« Le *Cape Times* parla de la remarquable transformation des quatre dernières années, initiée par M. De Klerk dans un acte historique de courage et de vision.

« En aucun cas cela ne se fit sans tension ni violence. Et il y avait eu quelque chose de miraculeux dans le changement radical pour le meilleur qui s'était produit depuis qu'une majorité de Sud-Africains avait eu la possibilité de voter dans une élection générale et que 87 % des citoyens figurant sur les listes électorales s'étaient rendus aux urnes, et avaient paisiblement voté dans le calme.

« Le *Citizen* salua l'événement comme un grand jour sur lequel s'achevait enfin la lutte de libération des Noirs. Que l'ANC finisse par l'emporter était aussi inévitable que le lever du soleil. Les changements qui s'étaient produits furent traumatisants pour beaucoup – l'ordre ancien disparaissant et le nouveau ne faisant que commencer, la fin de l'ère blanche, et le début de l'ère de la majorité noire, les allées du pouvoir arpentées par ceux qui en furent bannis ou qui durent s'exiler, ou qui se battirent en première ligne dans la lutte pour l'égalité.

« *City Press* : "L'arrivée des dignitaires à la présidence pour prendre le petit déjeuner ressemblait à un sommet des Nations unies à New York. Jamais auparavant l'Afrique du Sud n'avait été capable de rassembler un éventail aussi large de chefs d'État le même jour. Après notre journée passée à la présidence mardi, nous avons réellement compris que ce pays ne serait plus jamais le même[51]." L'Afrique du Sud vivait un moment exaltant, qui avait attiré l'attention du monde entier.

« Le *Daily News* : "Les grands défis qui se présentent à notre peuple font de la prestation de serment plus qu'un grand moment symbolique et émouvant pour les millions de Sud-Africains qui avaient été privés de leurs droits à la naissance. C'est une étape où le pays tourne le dos à l'anachronisme pour entrer de plain-pied dans l'avenir avec l'objectif et l'occasion d'occuper la place qui lui revient en Afrique et dans l'économie mondiale. Nous marchons vers notre avenir à la tête d'un Gouvernement d'union nationale. Le pays est uni comme jamais auparavant. Et c'est cela qui est réellement nouveau – et nous donne une chance de réussir dans l'année qui vient."

« Le *Sowetan* rapporte que, le 10 mai, le président De Klerk a effectué la passation des pouvoirs. "Des personnes que nous n'aurions jamais imaginé voir un jour sous le même toit, comme le Cubain Fidel Castro et l'Américain Al Gore, mais aussi des chefs d'État et des représentants de pays des quatre coins du globe, vinrent tous[52].” »

« Nous pourrions ajouter nos propres commentaires et dire que les mots qui résonnèrent clairement à l'oreille de tous furent les suivants : “Nous devons agir ensemble comme une nation unie pour la réconciliation nationale, pour la construction de la nation, pour la naissance d'un monde nouveau.” »

« Tout en félicitant les deux vice-présidents, Thabo Mbeki et De Klerk, le *Sowetan* ajouta : “De Klerk a eu la sagesse et l'intuition de choisir la bonne route quand il s'est retrouvé à la croisée des chemins[53].” »

« Le *Star* a choisi d'aborder le même thème. Sur un ton plus sombre mais à la conclusion optimiste, il prévenait que les leaders sud-africains étaient en période d'essai. L'Afrique nous scrutait pour savoir si l'Afrique du Sud, forte d'une grande réserve naturelle de talents, de la richesse de ses ressources naturelles et de la qualité de ses infrastructures, pouvait réussir là où la majorité du continent avait échoué. Cette terre, avec sa diversité de populations, de religions et de cultures, sa juxtaposition d'une économie de pays du tiers-monde et d'une économie de pays développé, était sous bien des aspects un microcosme du monde d'aujourd'hui. Le succès [*sic*] de toutes ces années d'oppression et de conflit serait une source de fierté pour les Sud-Africains et d'inspiration pour l'Afrique et au-delà.

« Le *Rapport* : “Le nombre de chefs d'État et de gouvernement qui ont assisté à la cérémonie d'investiture du président de la République sud-africaine cette semaine confirme le retour de l'Afrique du Sud au sein de la communauté internationale. Plusieurs leaders africains ont déclaré non seulement souhaiter que l'Afrique du Sud joue un rôle de premier plan en Afrique, mais ont aussi réclamé le soutien de l'Afrique du Sud. De fait, le monde entier attend de l'Afrique du Sud qu'elle joue un rôle moteur en Afrique, et pas en pure perte. Il est fatigué de porter le fardeau des problèmes d'un continent à l'agonie. L'Afrique du Sud est le dernier espoir de l'Afrique, a dit un expert africain."

« Le *Sunday Independant* fut créé en 1995, c'est pourquoi il n'existe aucun commentaire de ce journal.

« Le *Sunday Times* : "La plupart des gens présents à la cérémonie d'investiture du Président choisiraient le moment où les avions de chasse ont traversé le ciel – nos avions de chasse, pas les leurs – comme le paroxysme émotionnel de la renaissance de l'Afrique du Sud… Nous touchions enfin au but ; nous avions repris notre armée de l'air, notre armée, notre police et le pays. Il y avait si longtemps, une vie entière, que nous n'avions pas regardé les symboles de notre nation avec une fierté possessive, dénuée de culpabilité, de honte ou de colère[54]."

« De nombreux autres titres nationaux et régionaux ont salué la nouvelle Afrique du Sud en des termes glorieux qui ont été pour nous un motif de fierté.

« Nous avons eu de solides échanges avec la presse. Dans certains, les mots utilisés étaient soigneusement pesés pour n'exprimer ni plus ni moins que ce que les deux parties tenaient pour vrai. D'autres furent plus qu'intenses, et laissèrent les combattants sonnés et chancelants. De tels échanges musclés ne peuvent être évités ni supprimés dans une démocratie.

« Il est bon pour nous, les médias et le pays dans son ensemble, de savoir que nos journalistes peuvent se montrer à la hauteur de la situation et faire de l'excellent travail comme le jour de l'investiture ou en de nombreuses autres occasions[55]. »

On ne répétera jamais assez que le rêve d'une vie, pour Mandela, fut la libération de la majorité africaine de la tyrannie et l'entrée de l'Afrique du Sud dans l'ère de la démocratie. Tout au long de sa vie, il se dévoua aussi à réparer les injustices du passé et, en tant que président, à empêcher son administration, par la parole et les principes, de « faire trembler le monde ». C'est pourquoi il fut prompt à saluer les anciens ministres de De Klerk qui s'étaient démarqués de la politique partisane. Certains d'entre eux, comme leurs homologues de l'ANC, furent abasourdis par la décision précipitée de De Klerk qui privait certains, comme Pik Botha, des moyens de repartir de zéro. L'une des raisons qu'ils donnèrent le plus souvent pour expliquer leur décision était leur conviction que le Parti national était incapable de se transformer pour jouer un rôle important dans l'ère démocratique.

À la réunion du Comité exécutif national de mai 1996, Mandela parla des conséquences que cela aurait sur le Parti national. Il y voyait à la fois un risque, par exemple lors de la vigoureuse campagne qui s'annonçait pour l'élection municipale du Cap, et une chance car les divisions au sein du Parti national donnaient à l'ANC l'occasion de faire une percée dans les communautés métisse et indienne[56]. Plus tard, lors d'un discours devant le NEC en août, Mandela parla de la gestion de la transition et de l'union nationale.

Simultanément, il réfuta tout ce qu'on pouvait interpréter comme un signe prémonitoire de la mort du GNU.

« Avec le départ du PN du gouvernement, dit-il, la question de l'avenir du gouvernement de coalition se pose de façon pressante.

« D'abord, il faut examiner notre relation avec l'Inkatha, pour ce qui est de sa participation au GNU et des développements politiques au KwaZulu-Natal. Quelle est la meilleure façon de procéder avec ce parti ?

« Ensuite, j'ai personnellement abordé le sujet de la nécessité d'assurer la coopération du Congrès panafricain sur des sujets précis et sa participation active dans le processus de transformation, y compris au niveau de l'exécutif[57]. »

Dès la fin des années 1950, quand le Congrès panafricain rompit avec l'ANC, des leaders comme Mandela étaient prudemment restés à distance du parti dissident. Des gens comme Joe Slovo, vexés par les critiques du PAC selon qui la légitimité de l'ANC était minée par l'influence des communistes, disqualifiaient le PAC au motif qu'il n'était qu'une façade pour la CIA. Pour couronner le tout, le PAC fut créé les 5 et 6 avril 1959 à Johannesburg dans les bureaux du Service d'information des États-Unis (USIS), où son extravagant leader, Potlako Leballo, qui s'avérerait avoir un certain goût pour l'intrigue, avait été employé. Néanmoins, Mandela tenait son président, Robert Mangaliso Sobukwe, en haute estime. C'était un intellectuel engagé et respecté qui avait fait forte impression en tant que membre de la Ligue de jeunesse et qui, comme Mandela, était diplômé de l'université de Fort Hare.

Tout au long de l'histoire, à l'intérieur du pays comme à l'étranger, les tentatives d'unifier l'ANC et le PAC avaient échoué. L'échec le plus notable concernait le Front uni sud-africain (SAUF). Créé à l'étranger après le massacre de Sharpeville le 21 mars 1960, il rassemblait des sommités de la lutte comme Oliver Tambo de l'ANC, Nana Mahomo du PAC, Fanuel Kozonguizi de l'Union nationale du Sud-Ouest africain (SWANU) et le Dr Yusuf Dadoo du Congrès indien d'Afrique du Sud (SAIC). Malgré ces poids lourds, les différences d'approche sur les questions de discipline, notamment entre l'ANC et le PAC, mirent un terme prématuré à l'existence du SAUF. Yusuf Dadoo déplora la rupture :

« Les représentants de l'ANC et du SAIC se démenèrent pour préserver l'intégrité du Front uni… Ils s'abstinrent volontairement d'entrer dans les détails de leur politique à l'étranger pour préserver fidèlement l'unité du Front. Ils refusèrent, malgré les provocations répétées, de s'attaquer à leur principal partenaire, le PAC. Ils évoquèrent toujours avec leurs partenaires la question de leurs problèmes communs, allant jusqu'à compromettre certains aspects de leur politique, toujours dans le but de préserver l'unité et la cohésion du Front[58]. »

Le SAUF dura à peine plus de deux mois, et sa dissolution à Londres le 13 mars 1962 suscita des récriminations qui élargirent le gouffre entre l'ANC et le PAC au lieu de le combler.

En prison, Mandela fut témoin de querelles politiques qui menèrent parfois à des confrontations physiques, mais il était déterminé à continuer de jouer le rôle de conciliateur, au point que, lors d'une dispute, il refusa de prendre parti pour l'ANC. Il écrit :

« Je voyais mon rôle en prison non seulement comme celui de leader de l'ANC, mais de promoteur de l'unité, d'honnête entremetteur, de pacificateur, et je refusai de prendre parti dans cette querelle, même si ma propre organisation y était impliquée. Si j'avais pris position en faveur de l'ANC, j'aurais mis en péril mes chances de réconcilier les différents groupes. Si je voulais prêcher l'unité, il fallait que je me conduise en unificateur, y compris au risque de m'aliéner certains de mes collègues[59]. »

C'était encore par rapport à ce rôle que Mandela avait réfléchi, avant même le début des négociations, à la possibilité d'un front uni ou d'une alliance patriote de l'ANC, du PAC et l'Organisation du peuple d'Azanie (AZAPO)* pour qu'ils soient mieux représentés pendant les négociations[60]. Histoire, absence de vision, idées arrêtées et confusion théorique eurent raison de cette initiative.

Mais à ce moment-là, en juillet 1996, après l'effondrement du GNU, que Mandela ait caressé ou pas l'idée d'une coopération avec le PAC, Clarence Makwetu, président du PAC, déclina son offre. Mandela l'admit lorsqu'il fêta avec retard son soixante-dix-huitième anniversaire – qu'il coupla avec un dîner d'anciens combattants où l'on comptait parmi les invités Urbania Mothopeng, veuve de Zephania Mothopeng, ancien pilier du PAC[61].

Ce n'était pas la première fois que Mandela servait d'hôte à un dîner d'anciens combattants. Près de

---

* Formé en 1978 après la répression du Mouvement de la conscience noire (voir Personnalités, lieux et événements), l'Organisation du peuple d'Azanie chercha à combler le vide politique créé par l'interdiction de l'ANC et du PAC.

deux ans plus tôt, le 23 juillet 1994, encore sous le charme de la victoire électorale de l'ANC, sa joie était palpable. N'oublions pas que Mandela voyait l'ANC comme le représentant de la majorité du peuple sud-africain, noir et blanc ; par conséquent, il n'y avait pour lui rien d'abstrait ou d'égoïste dans cette victoire, comme, disons, quand votre équipe préférée bat l'équipe adverse. C'était un pas de plus vers un objectif précieux, la construction d'une société démocratique.

À cette occasion, il déclara : « C'est une célébration, un retour là où est notre place : au siège du gouvernement de notre pays. Nous y sommes enfin, là où les lois qui ont modelé notre servitude furent conçues ; où la planification de l'ingénierie sociale qui a déchiré notre pays s'est tramée.

« Il est de notre devoir aujourd'hui d'honorer dans les formes cet établissement en sollicitant la bénédiction des vétérans. Parce que, tant que ces bâtiments et ces bureaux ne seront pas purifiés par votre auguste présence, ils ne pourront être des symboles dignes du nouvel ordre démocratique.

« Alors je vous remercie, chers vétérans, d'avoir pris la peine de parcourir de longues distances pour être parmi nous. Vous aviez plus d'une raison de ne pas pouvoir venir : le grand âge, la santé, le travail, les affaires, ainsi de suite. Mais vous avez bravé tout cela, pour que nous nous retrouvions dans cette assemblée unique, celle de la crème des vétérans des droits de l'homme. Je vous remercie une fois de plus.

« Je tiens aussi à remercier les organisateurs et les collecteurs de fonds qui n'ont rien laissé au hasard pour s'assurer que cet événement ait lieu et obtienne le succès qui lui est promis : Rica Hodgson, Richard Maponya, Legau Mathabathe, Amina Cachalia, Moss

Nxumalo, Omar Motani et d'autres encore*. Nous avons néanmoins jugé nécessaire, au vu du budget limité alloué au cabinet du Président, que le gouvernement contribue au paiement du repas et d'autres prestations offertes ce soir. Parce que vous le méritez pour votre rôle dans l'avènement d'une Afrique du Sud démocratique et non raciale.

« Je vous accueille tous du fond de mon cœur – y compris ceux qui arrivent de l'étranger.

« Il y a quarante ans – pour nous vétérans, ce n'est pas si long ! –, qui aurait imaginé que nous nous retrouverions dans une soirée de cette nature ? Oui, nous rêvions et chantions à propos de ces jours de liberté et de démocratie. Mais nous savions que la tâche ne serait pas facile. Nous ne doutions pas de la réalisation finale de l'idéal démocratique. Mais nous avions beau être prêts à tout donner pour la lutte anti-apartheid,

---

* Rica Hodgson était une ancienne militante rentrée d'exil pour travailler aux côtés de Walter Sisulu. Elle a écrit *Foot Soldier for Freedom: A Life in South Africa's Liberation Movement*, récit essentiel des années de lutte. Richard Maponya, l'un des premiers hommes d'affaires noirs, suscita des vocations entrepreneuriales parmi les Noirs sud-africains grâce à sa réussite dans le monde des affaires à Soweto. Legau Mathabathe fut le proviseur légendaire du lycée Morris-Isaacson de Soweto, épicentre des émeutes de Soweto en juin 1976. On estime qu'il contribua au développement du Mouvement de la conscience noire. Amie de longue date et proche confidente de Mandela, Amina Cachalia participa à la campagne pour le droit de vote des femmes et est l'auteure de *When Hope and History Rhyme*, son autobiographie. Moss Nxumalo est un homme d'affaires, ancien vice-président de la Chambre nationale africaine fédérée de commerce et d'industrie (NAFCOC), et fondateur de la Thebe Investment Corporation. Homme d'affaires accompli et militant politique, Omar Motani a le plus souvent œuvré dans l'ombre pour soutenir la lutte.

beaucoup parmi nous eurent plus d'une fois l'impression que la nouvelle ère n'adviendrait qu'après notre départ.

« À cet égard, considérons comme un honneur d'avoir appartenu à la génération qui a récolté les fruits de la lutte de son vivant. Des centaines d'autres – non, des milliers – mériteraient d'être parmi nous aujourd'hui si leur vie n'avait pas été écourtée par le fardeau d'une existence misérable sous le régime d'apartheid. D'autres sont tombés sous les coups des tortionnaires et les balles des défenseurs de l'apartheid. Nous les saluons tous. C'est aussi en leur honneur que nous sommes ici aujourd'hui. Quand nous vous remercions d'avoir consacré votre vie à lutter pour la liberté, la justice et la démocratie, c'est aussi à eux que nous adressons notre profonde reconnaissance.

« Nous saluons tous les vétérans d'avoir osé résister à ceux qui vous harcelaient pour votre rôle dans la Campagne de résistance passive, la Grande Grève des mineurs, la Campagne de désobéissance civile, le Congrès du peuple et autres campagnes ; pour votre résistance à ceux qui vous traitèrent de traîtres au Parlement pour avoir dit la vérité ; pour avoir défié ceux qui accolaient toutes sortes de qualificatifs insultants à votre nom, pour vous être opposés aux passeports intérieurs et avoir constamment dénoncé le terrible état des relations entre les races dans notre pays*.

* Congrès du peuple – voir Personnalités, lieux et événements. La Campagne de résistance passive de 1946 était une campagne non violente contre une loi soumise par le gouvernement du Premier ministre Jan Smut afin de restreindre sévèrement le droit des Sud-Africains indiens de devenir propriétaires terriens. À la fin de la campagne en 1948, plus de 2000 hommes et femmes avaient été arrêtés. La grève des mineurs africains de

« Je vous cite tous : vétérans de l'ANC, du PAC, du SACP, du mouvement syndicaliste, du Parti progressiste, du Parti libéral, du Black Sash, de l'Institut des relations entre les races, des organisations féministes, des Congrès indiens du Natal et du Transvaal et beaucoup, beaucoup d'autres. Aujourd'hui nous pouvons dire ensemble : quand nous avons dit que la vérité triompherait, c'était parce que nous savions que la vérité finirait par prévaloir. Et nous savions, aussi, que l'Afrique du Sud et tout son peuple en bénéficieraient[62]. »

Pour Mandela, qui s'exprimait aux beaux jours du GNU, c'était une période d'exubérance où tout semblait possible. Deux ans plus tard, le nouveau gouvernement avait quelques missions déplaisantes, mais nécessaires, à accomplir. La réalité réclamait certaines reconfigurations, principalement la dissolution du bureau du Programme reconstruction et développement, l'une des mesures phares de la feuille de route de l'ANC.

Même si la reconstruction et le développement occupaient une place de choix dans le programme électoral de l'ANC, le parti se demanda s'il fallait poursuivre le programme sous la forme d'une structure indépendante ou disséminer ses attributions dans divers ministères et services du gouvernement. Après un intense débat et du lobbying de la part du Congrès des syndicats sud-africains (COSATU), l'ANC opta pour la seconde approche.

1946 fut une grève générale de tous les mineurs africains réclamant un salaire minimum de dix schillings par jour et de meilleures conditions de travail. La grève, qui dura une semaine, fit l'objet d'un assaut de la police qui tua au moins neuf personnes et en blessa 1 248.

Le syndicaliste vétéran Jay Naidoo se souvient que Mandela lui demanda en 1994 de prendre la tête du bureau dédié au Programme reconstruction et développement comme ministre sans portefeuille au sein du cabinet du Président. « Une tâche importante nous attend, se souvient-il avoir entendu Mandela dire. Vous avez piloté l'élaboration du Programme reconstruction et développement dans mon bureau de l'ANC, et maintenant je veux qu'il figure au cœur de tous nos programmes[63]. »

La position de ministre sans portefeuille est délicate à tenir au sein d'un gouvernement, car elle met le titulaire du poste en concurrence avec des ministres qui craignent de le voir empiéter sur leurs plates-bandes. D'après certains ministres, parmi lesquels Mufamadi, le bureau du Programme reconstruction et développement ne faisait pas partie de la liste initiale de portefeuilles de Mandela[64]. L'ambiguïté de la position et du rôle institutionnels du programme et de sa place au sein de la présidence, aggravée par son rattachement de dernière minute à l'exécutif, affectèrent son efficacité et portèrent les germes de sa dissolution moins de deux ans après sa création. La complexité des mécanismes de financement destinés à permettre aux services ministériels de réorienter leurs priorités ne fit rien pour apaiser les tensions entre services[65]. En tant que structure complètement nouvelle, le Programme reconstruction et développement fut aussi freiné par son manque de personnel.

Quand il annonça sa fermeture, il fallut que Mandela pense à tous ceux qui avaient placé leurs espoirs dans sa réussite. Il y avait la multitude de citoyens affiliés à une foule d'associations de la société civile – à l'arrêt – « dont la vie, pour reprendre les paroles de Mandela, fut écourtée par le fardeau d'une existence misérable sous le régime d'apartheid[66] ». Comme souvent quand il lui fallait convaincre les gens d'accepter des mesures contrariantes, il mobilisait sa réserve de soutien dans l'opinion, jouant les candides à propos des travaux du gouvernement.

Il déclara : « L'unité au sein du gouvernement s'est renforcée quand nous avons travaillé ensemble à identifier les priorités nationales, sur la foi du Programme reconstruction et développement, en évitant d'être trop limités par l'engagement exclusif des ministères que nous dirigeons.

« À la suite de l'évolution de la politique qui touche tous les ministères et la mise en œuvre de certains changements institutionnels pour nous donner la capacité nécessaire de mettre en œuvre ces politiques, la probabilité s'est accrue de voir les ministères mettre en œuvre le Programme reconstruction et développement dans le cadre de leurs propres attributions…

« Le bureau du Programme reconstruction et développement sera fermé. J'ai demandé au vice-président Mbeki de s'occuper de la redistribution des projets, des institutions et des programmes importants, qui sont actuellement sous la supervision du bureau.

« Le Fonds alloué au programme sera redirigé vers le ministère des Finances… Le Programme reconstruction et développement ne relève pas de la responsabilité d'un service spécial, il est la boussole, l'étoile Polaire qui guide toutes les activités du gouvernement[67]. »

Même si Mandela chanta les louanges de Naidoo et de « ses collaborateurs du bureau du Programme reconstruction et développement pour le travail fondateur qu'ils ont mené[68] », il dut sentir la contrariété de Naidoo de n'avoir pas été mis au courant de la fermeture et de sa mutation dans un autre ministère. Il dut prendre conscience de la profonde intuition de certains membres de l'Alliance tripartite – partenariat politique entre l'ANC, le SACP et le COSATU, créé en 1990 pour promouvoir les objectifs de la révolution démocratique nationale – qui virent dans ce changement les prémices d'une réorientation de la politique macroéconomique du pays.

Ces transitions complexes furent un peu la crise d'adolescence de la nouvelle démocratie. Si Mandela était résolu à prendre avec lui ceux qui étaient prêts, il fallait d'abord qu'il s'occupe de ceux qui voulaient quitter le navire, y compris Liebenberg, qui démissionna en vertu d'un accord passé avec Mandela, au moment d'accepter le poste en 1994, stipulant qu'il resterait en fonctions jusqu'au vote du prochain budget[69]. Il « céda élégamment sa place et retourna dans le secteur privé, après avoir facilité la transition avec le premier ministre des Finances de l'ANC[70] », écrit Alan Hirsch.

En août 1995, environ sept mois avant le départ de Liebenberg, Mandela appela Manuel pour le voir et lui dit qu'il voulait le nommer ministre des Finances quand Liebenberg se retirerait. Mandela lui dit qu'il devait s'attendre à quelques remous en tant que premier ministre des Finances noir. Mandela lui conseilla néanmoins de profiter du temps qui restait avant le départ de Liebenberg pour se préparer à la tâche. En plus de son travail de ministre du Commerce et de l'Industrie, il dut se familiariser avec les arcanes du ministère des Finances. Il devait jouer les doublures sans que personne sache ce qui se passait. La création d'un comité de ministres pour élaborer le budget, qui incluait Manuel, lui fut utile. Mandela demanda aussi à Manuel de ne pas assister à la réunion annuelle de la Banque mondiale ni à celle du Fonds monétaire international en 1995 – réunion à laquelle Manuel assistait depuis 1991 – de crainte que sa participation n'invite aux spéculations. Manuel se souvient :

> Madiba m'appelait régulièrement pour me dire : « Comment vas-tu ? Est-ce que tu suis Chris ? Est-ce que tu es prêt – est-ce que ça t'intéresse ? » Et puis il disait : « Bon, tout est paré, je l'annoncerai après le bouclage du budget par Chris, fin mars, mais il y aura quelques changements dont il faut que je te parle. Alec [Erwin] est aux Finances et je veux le mettre au Commerce et à l'Industrie à ta place, mais ne lui en parle pas encore. Il va te falloir un ministre délégué, et Gill [Marcus] fait du très bon boulot au comité de pilotage des portefeuilles, je veux lui proposer le poste – mais ne lui en parle pas non plus[71]. »

En avril 1996, après que Liebenberg eut présenté le nouveau budget, Manuel fut nommé ministre des Finances, Marcus ministre délégué aux Finances et Erwin ministre du Commerce et de l'Industrie.

Dans toutes ces tractations, Mandela faisait face à des situations exigeant qu'il garde la main ferme. Il consultait toujours collaborateurs et conseillers, mais sur d'autres sujets plus sensibles – n'oublions pas que Tambo, son confident, n'était plus là – il faisait appel à Walter Sisulu. Parfois Albertina Sisulu venait au domicile de Mandela à Houghton, et ils se concertaient. En tant qu'ancienne présidente du Front démocratique uni, qui avait tenu la barre du mouvement démocratique de masse pendant la période la plus explosive qu'ait connue le pays, elle fut un fidèle puits d'expérience[72].

Il fallut sans aucun doute à Mandela puiser dans ses réserves de sagesse et de tact quand la question se posa de l'emplacement du Parlement. Sujet *a priori* insignifiant, l'emplacement du Parlement était inextricablement lié à la dérangeante genèse de l'Union d'Afrique du Sud en 1910 en tant qu'État unitaire d'une minorité blanche. Pretoria, dans le Transvaal, avait été choisie comme capitale administrative, le pouvoir judiciaire étant à Bloemfontein dans l'État libre d'Orange, et le pouvoir législatif au Cap. Le Natal, dont la capitale était Pietermaritzburg, reçut une compensation financière pour la perte de revenus résultant de l'Union.

Le débat tourna autour des coûts et de l'impact économique lié à la révision d'un accord datant de 1910. La question se posa du coût de déplacement des fonctionnaires entre les deux capitales ; quel serait le coût de la révision de l'accord et l'impact économique sur les capitales ? L'impact financier d'un Parlement démocratique plus grand et de séances plus longues s'invita dans la discussion, comme l'idée qu'un déménagement à l'intérieur des terres rendrait le Parlement plus accessible au public et plus ouvert à l'opinion publique.

Quand la question fut mise à l'ordre du jour du premier Conseil des ministres du GNU, Mandela savait qu'elle excitait déjà la concurrence et le lobbying frénétique des agences de communication. S'adressant au Conseil national des provinces, assemblée des gouvernements locaux et provinciaux, Mandela éprouva le besoin de calmer le jeu.

« Quant à la question du siège du Parlement, dit-il, la discussion est ouverte, et j'espère que tous les membres comprennent que ce sujet fera l'objet d'une attention particulière. C'est un sujet très sensible. La seule fois que j'ai vu les membres de l'ANC au Cap-Oriental être entièrement d'accord avec des membres du Parti national fut sur la question du siège du Parlement. Les citoyens du Transvaal parlent eux aussi d'une même voix sur cette question, affirmant que le Parlement doit être transféré au Transvaal. On s'exprime même en mon nom. Quand nous avons entendu que le conseil municipal de Pretoria avait déclaré que le Président était en faveur d'un transfert du Parlement au Transvaal, j'ai demandé à mon directeur de cabinet de leur écrire pour dire que je ne m'étais jamais exprimé à ce sujet[73]. »

Le cabinet nomma une sous-commission non partisane, initialement dirigée par Mac Maharaj* puis par Jeff Radebe, respectivement ministres des Transports et des Travaux publics, pour évaluer le coût et l'impact de la proposition, et faire des recommandations. Le Comité exécutif national de l'ANC nomma quant à lui son propre groupe de travail.

Pendant que les groupes de travail de l'ANC et du cabinet planchaient sur la question, d'intenses campagnes furent lancées dans les villes, où des ministres et des membres de l'ANC se livrèrent à des passes d'armes alors que le protocole exigeait leur neutralité publique. Même si Mandela restait impassible, il avait montré son jeu par inadvertance lors d'une visite du prince Édouard en septembre 1994. Les deux hommes discutaient à Mahlamba Ndlopfu, sans savoir qu'ils étaient à portée d'oreille des médias, quand Mandela montra fièrement au prince le site derrière la crête où se trouvait Mahlamba Ndlopfu, où devrait être selon

* Mac Maharaj – voir Personnalités, lieux et événements.

lui le nouveau Parlement. Ce scoop obligea le cabinet du Président à faire des contorsions pour circonscrire l'incendie au sein de l'ANC et de la société.

Un an plus tôt, Mandela avait fermement mais délicatement souligné la sensibilité du sujet lors d'un meeting de l'ANC. Avec solennité, il avait fait valoir que de forts sentiments étaient en jeu et que la situation réclamait d'agir avec tact. Puis il avoua sa préférence personnelle. Il ne devrait y avoir qu'une seule capitale, « et ce devrait être Qunu[74] » !

Mandela fut néanmoins bien plus sévère avec les ministres infidèles, comme le prouvent ses notes en vue d'une réunion de dirigeants de l'ANC, le 19 février 1996 :

« Neuf ministres et deux délégués ont bafoué le protocole pour signer une lettre publique adressée au président Mandela, soutenant le maintien du Cap comme siège du Parlement. Leur lettre, parue ce jour dans un encart de *The Argus*, est vue comme un coup politique décisif dans la campagne pour le maintien du Parlement au Cap. Cette page est aussi vue comme un solide coup décoché après celui publié dans le magazine de la South African Airways, *Flying Springbok*, qui montre un président Mandela multipersonnifié [*sic*] vanter les mérites touristiques de Pretoria… les ministres de l'ANC doivent expliquer leurs agissements dès que possible. Une démarche a été lancée par le gouvernement à cet effet[75]. »

Si l'on peut lire les lignes ci-dessus comme des paroles de frustration que le Président s'adresse à lui-même, elles seraient par la suite relevées d'une pointe d'humour quand il le raconta deux ans plus tard au Conseil national des provinces. Mandela déclara que le nom de « ces mêmes ministres qui avaient décidé de ne pas prendre position tant que la procédure n'était pas arrivée à son terme et que les rapports ne nous étaient pas parvenus se retrouvait maintenant sur une liste qui circulait au Cap-Oriental, pour dire : "Que le Parlement reste où il est." Je les ai appelés pour dire que je voulais une explication. Nous avions pris la décision de ne pas prendre position sur cette question. Ils m'ont dit : "Non, nous avons vu le nom des ministres du Parti national sur une liste, et nous nous sommes dit, par rapport à l'élection du gouvernement local, que si nous n'y figurions pas...[rires]." J'ai ensuite appelé le vice-président De Klerk pour lui dire : "Vous êtes au courant de notre décision. Vos ministres ont publiquement pris position et signé une pétition pour que le Parlement reste au Cap."

« Il a convoqué ses ministres qui lui ont dit : "Non, nous avons vu le nom des ministres de l'ANC sur une liste et avons décidé d'y figurer [rires]." Alors j'ai averti les deux partis que la mesure disciplinaire la plus forte serait prise contre eux s'ils reprenaient position publiquement ou exprimaient leur opinion sur le sujet[76]. »

Manuel, l'un des six ministres de l'ANC impliqués dans la campagne, parmi lesquels certains étaient peut-être innocents, se souvient d'une rencontre blessante avec le Président à Tuynhuys et se rappelle que Mandela lui a dit :

> « Bon, Trevor, tu fais partie d'une faction. Ta faction fait pression dans la presse pour que le Parlement reste au Cap. Tu connais notre point de vue à ce sujet. Tu sais que je crois que la meilleure chance de déménager le Parlement à Pretoria, c'est pendant le seul mandat que je ferai. Tu le

sais. Tu sais que j'ai demandé à Mac [Maharaj] et Jeff [Radebe] d'entreprendre des recherches. Tu sais tout ça, et pourtant tu fais comme si tu n'étais pas au courant et tu entres dans cette faction pour faire pression contre des décisions d'intérêt général pour ce pays[77]. »

Manuel tenta d'expliquer qu'il ne faisait partie d'aucune faction : ils n'avaient jamais discuté de cette question, mais Mandela ne voulut rien savoir. « Ton avis ne m'intéresse pas, dit-il. Tu fais partie d'une faction ; je veux que tu m'écoutes, et tu fais partie de la même faction que tous les autres qui habitent ici, au Cap… Tu sais que tu es un très bon ministre et que tu iras encore plus haut, mais si tu ne veux pas faire partie du collectif, il faut que tu partes. Quelle conduite comptes-tu adopter[78] ? »

Même si le sujet n'était plus à l'ordre du jour à la fin du mandat de Mandela, cette histoire donna à tous ces gens, du moins à Manuel, un aperçu de l'humeur de Mandela quand il se sentait contrecarré. « Madiba était comme ça, dit Manuel. Il avait un point de vue. On pouvait ne pas être d'accord avec lui, mais c'était le chef de l'État, et si vous ne vouliez pas faire partie de l'équipe, il fallait savoir comment jouer le coup[79]. »

Pour Manuel, ce fut « l'un des grands enseignements de cet engagement. Cela met à mal l'idée d'un saint qui n'intervenait pas, qui n'avait pas d'opinions personnelles. Il n'hésitait pas à parler franchement d'un sujet, même si ça vous mettait mal à l'aise[80] ».

À plusieurs reprises, Mandela dut taper du poing sur la table, de plus en plus souvent contre des personnes de son propre camp. Il avait fait sien l'adage de Sénèque : « Celui qui craint trop la malveillance n'est pas fait pour régner. » Même s'il comprenait que la nouvelle Afrique du Sud était en chantier, il devait faire en sorte que les gens prennent leurs responsabilités et se conduisent en adultes. Il fallut limoger certains dirigeants ou membres du gouvernement – ou leur demander de démissionner. Il lui était douloureux de prendre des mesures contre des camarades ; il était inévitablement déçu quand sa confiance dans l'intégrité d'autrui n'était pas justifiée. Mais même quand il était en colère d'avoir été abusé, il était prêt à redonner sa confiance.

Ses proches collaborateurs se souviennent de la force de ses émotions, souvent conflictuelles, quand il passait à l'action ou se retenait de le faire. Ahmed Kathrada dit que la fidélité de Mandela était « à la fois une force et une faiblesse. Quand il est fidèle à quelqu'un, il refuse d'entendre quoi que ce soit ; sa fidélité est plus forte que tout. Mais si vous le trahissez, il tombe dans l'excès inverse[81] ».

Pour Sydney Mufamadi, « une facette clé de son caractère était de refuser qu'on tienne son amitié pour acquise ou qu'on profite de lui une fois qu'il vous avait accordé sa confiance[82] ».

Jakes Gerwel décrit comment la vision qu'avait Mandela de la nature humaine guidait ses actions :

> Il croyait vraiment – et m'a souvent dit que c'était facile à prouver – que l'être humain est « naturellement bon ; il fait le bien ». Il y a eu un incident au gouvernement, quand un de ses

membres les plus haut placés a fait une chose très bête et stupide, et a dû quitter son poste. Mais en même temps, il a joué un rôle crucial en assurant la stabilité de la période de transition. Finalement, nous avons dû nous séparer de lui, et il a démissionné. Madiba lui a dit : « Si je peux faire quoi que ce soit pour toi, n'hésite pas à me le demander. »

Et cet homme lui a effectivement demandé quelque chose. Un ou deux jours après, il est revenu pour demander d'être nommé à un autre poste à l'international. Tout le monde a conseillé à Mandela de ne pas lui donner de seconde chance. Contrarié, il avait dit que « si on pouvait suivre les êtres humains du moment où ils se lèvent le matin à celui où ils se retirent le soir, on s'apercevrait que la plupart d'entre eux font les bons choix la plupart du temps, et que la faute est l'exception qui confirme la règle ». Et il s'y tenait vraiment. Il n'est pas naïf, mais il a foi en la bonté des êtres humains, quels que soient ses désaccords politiques ou autres, et il s'est toujours tenu à cette ligne de conduite. Bien sûr, c'est aussi ce trait de caractère qui a favorisé la cohésion sociale et l'union nationale de ce pays[83].

Il voulait atteindre cet objectif en allant au contact des gens, poussé par le besoin de voir par lui-même l'impact du nouveau contexte politique dans leur vie. Il était aussi attiré par la nouveauté d'un pays dont il avait été coupé pendant des dizaines d'années, et qui se dévoilait chaque jour un peu plus. Elle était représentée par la jeunesse. Un de ses fidèles gardes du corps, Mzwandile Vena, raconte que cet enthousiasme faisait de Mandela une personne imprévisible et un cauchemar pour son service de sécurité. Il ordonnait à son chauffeur de faire un arrêt imprévu, descendait de voiture et traversait la rue pour aller dire bonjour à un groupe d'enfants.

« Il fallait rester aux aguets en permanence, dit Vena. Une chorale chantait lors d'un événement, et sans crier gare il se levait de son siège pour se joindre à la chorale. Nous étions tout le temps obligés d'improviser[84]. »

L'un des aspects de cette spontanéité se retrouvait dans le sens du timing politique de Mandela, quand il délivrait d'importants messages qui bousculaient les traditions. Toine Eggenhuizen, ancien prêtre hollandais en poste au bureau de l'ANC à Londres, se souvient que Mandela avait anticipé le débat sur la question des symboles à l'approche de la Coupe du monde de rugby de 1995.

> Il y a eu un début de controverse au sujet du springbok, l'antilope emblème de l'équipe nationale, qui renvoyait pour beaucoup à l'apartheid et son système d'exclusion des Noirs dans le sport. Or, quelqu'un avait envoyé à Mandela une casquette de rugby sur laquelle figurait l'emblème des Springboks, que Beryl Baker, son assistante personnelle, avait acceptée – et aussitôt oubliée. Peu de temps après, Mandela, en tant que président de l'ANC, prononçait un discours dans un meeting au Cap-Oriental. Comme il faisait chaud, Beryl s'est inquiétée de voir Madiba en plein soleil. Elle a sorti la casquette en s'excusant de n'avoir rien d'autre sous la main. Madiba en fut très heureux. Résultat : il apparut au journal du soir avec cette casquette sur la tête[85].

Quand il réhabilita l'emblème des Springboks lors de ses apparitions à Ellis Park pendant cette mémorable Coupe du monde – qui réunit les Sud-Africains de toutes races –, Mandela contribua beaucoup à faire taire les critiques contre cet emblème grâce à ce geste totalement improvisé.

6

La présidence et la Constitution

En tant que président, Nelson Mandela allait être observé de près dans ses rapports avec la justice. Et pour quelqu'un qui a fini par présider à la création de l'une des Constitutions les plus admirées au monde, on ne peut pas dire que sa relation avec les tribunaux sud-africains ait toujours été bonne. Quand il n'était encore qu'un jeune avocat, il avait eu de constants accrochages avec des magistrats qui réprouvaient son attitude prétendument « arrogante ». Pour ne rien arranger, il mesurait près d'un mètre quatre-vingt-dix et s'habillait toujours impeccablement durant ses plaidoiries, prenant le contre-pied des vieux clichés sur l'apparence des Africains. Il avait aussi la capacité déconcertante de trouver le moyen, quel que soit l'objet de la procédure, d'en revenir à ce dont il voulait vraiment parler.

La déposition qu'il fit depuis le banc des accusés le 20 avril 1964, pendant le dernier mois du procès de Rivonia, en est la parfaite illustration. Alors qu'il encourait la peine de mort, Mandela déclara à la Cour – et au monde – qu'il avait « chéri l'idéal d'une société démocratique et libre au sein de laquelle tout le monde vivrait en harmonie et aurait les mêmes chances. C'est un idéal pour lequel je veux vivre et que j'espère atteindre. Mais, s'il le faut, c'est un idéal pour lequel je suis prêt à mourir[1] ».

Ce n'est qu'une fois en prison que Mandela termina les études de droit qu'il avait commencées en 1949. Ses années d'études ne lui avaient pas permis d'achever son cursus à l'université du Witwatersrand. Mais une fois incarcéré à Robben Island, il prépara sa licence par correspondance auprès de l'université d'Afrique du Sud (UNISA), obtenant finalement son diplôme *in absentia* en 1989.

Après sa libération, sa première rencontre avec le système judiciaire fut un affront à sa dignité quand il prit place – silhouette esseulée mais stoïque – dans les travées ouvertes au public de la Cour suprême du Rand en mai 1991, témoin de la mortification de celle qui était encore son épouse, Winnie, jugée pour violences et enlèvement.

Par la suite, dans des affaires qui le touchaient en tant que président, la relation de Mandela avec la justice fut mise à l'épreuve à deux reprises. Se souviendrait-il, sur des sujets qui le touchaient personnellement, de son serment d'investiture et tiendrait-il compte des paroles solennelles qui définissaient son rôle de président, de chef d'État et de parti ? Avait-il intégré le fait qu'occuper la plus haute fonction du pays le rendait, en tant que premier citoyen, indispensable à une gouvernance efficace de l'Afrique du Sud démocratique ? Soutiendrait-il, défendrait-il et respecterait-il la Constitution comme loi suprême de la République ? Affirmerait-il que « dans la nouvelle Afrique du Sud il n'y a personne, pas même le Président, qui soit au-dessus de la loi, que le régime de lois de façon générale, et plus particulièrement l'indépendance de la justice, doit être respecté[2] » ?

La première épreuve se présenta avant même la rédaction de la nouvelle Constitution. La date butoir des préparatifs aux élections gouvernementales locales approchant à grands pas, le Parlement vota la loi de transition des collectivités locales avant la finalisation du texte. En guise de compensation, un article fut introduit donnant au président le pouvoir d'amender le texte de loi. Fort de cette disposition, Mandela fit transférer le contrôle sur les membres des comités de découpage des juridictions locales du gouvernement provincial au gouvernement national. Mais cela eut pour effet d'annuler les décisions prises par le gouverneur du Cap-Oriental, Hernus Kriel, qui porta l'affaire devant la Cour constitutionnelle. La Cour donna raison au gouvernement provincial du Cap-Oriental et accorda un mois au Parlement pour rectifier la loi.

Dans l'heure qui suivit le délibéré défavorable, Mandela accepta publiquement la décision et se réjouit du fait que cela prouvât l'égalité de tous devant la loi[3]. Plus tard, il écrivit :

« Au cours de ma présidence, le Parlement m'a autorisé à émettre deux proclamations relatives aux élections de la province du Cap-Oriental. Le gouvernement de cette province m'a emmené devant la Cour constitutionnelle, qui m'a donné tort dans une décision prise à l'unanimité. Dès que j'ai été informé du jugement, j'ai organisé une conférence de presse pour demander que soit respectée la décision de la plus haute juridiction constitutionnelle du pays[4]. »

Mandela discuta du jugement de la Cour avec ses conseillers et la présidente du Parlement, Frene Ginwala. Elle se souvient de cette journée : « Il nous a demandé de venir chez lui et nous a annoncé avoir été informé que le jugement était défavorable au gouvernement. Il a demandé : “Combien de temps nous faut-il pour modifier notre proposition ?” J'ai répondu : “On peut toujours convoquer de nouveau le Parlement si nécessaire…” mais, sans même me donner le temps de finir, il dit : “Une chose est sûre : nous devons respecter le jugement de la Cour constitutionnelle. Il n'est question ni de l'ignorer ni de le rejeter.”[5] »

Dans une déclaration publique, il alla plus loin, annonçant que le Parlement serait de nouveau convoqué pour aborder la question et insistant sur le fait qu'à part au Cap tout était prêt pour les élections :

« Les préparatifs des élections régionales doivent continuer pour que ces élections se déroulent comme prévu. Il ne faut pas que le jugement de la Cour déclenche une crise. Je dirais même que le jugement de la Cour constitutionnelle confirme que notre nouvelle démocratie est en train de s'enraciner et que personne n'est au-dessus de la loi[6]. »

Mais Mandela était moins optimiste à propos de l'autre affaire pour laquelle il s'était rendu au tribunal. Il avait travaillé dur, s'appuyant sur la victoire iconique lors de la Coupe du monde de rugby 1995, pour ancrer l'esprit d'une nation en construction et de la réconciliation parmi les Sud-Africains. Mais l'euphorie de l'élan d'unité et d'ouverture vers l'avenir était restée cantonnée dans le périmètre de l'Ellis Park Stadium, parmi les déchets qui jonchaient le sol et les souvenirs de matchs. Pour certains spectateurs, joueurs et dirigeants du rugby, tout était redevenu comme avant. Au bout de deux ans, poussé par les rapports de mauvaise gestion, la résistance au changement et le racisme dans les instances dirigeantes du sport, après consultation de Steve Tshwete, ministre des Sports et des Loisirs, Mandela créa une Commission d'enquête, dirigée par le juge Jules Browde, pour examiner les affaires de la Fédération sud-africaine de football et de rugby (SARFU).

Le président de la SARFU, Louis Luyt, qui avait été parachuté à ce poste, avait fondé en 1976 un journal de langue anglaise, *The Citizen*, grâce à des fonds secrets du ministère de l'Information, dans ce qu'on appela « le scandale de l'Infogate », qui faisait de la propagande dans le but d'embellir l'image du gouvernement d'apartheid outre-Atlantique. Singulièrement antipathique, Luyt avait provoqué le départ des All Blacks néo-zélandais d'un banquet d'après-match en faisant des remarques déplacées au lieu de se montrer magnanime dans la victoire*.

Le cabinet du Président publia un communiqué, affirmant : « Le nuage qui pèse sur le rugby sud-africain doit être dissipé et le Président ne doute pas que l'enquête donnera l'occasion de le faire, et de chasser l'impression qu'il… se retranche dans un *laager*† de chauvinisme racial. Le Président pense que le rugby relèvera le défi de devenir un des sports les

---

* Le capitaine défait des All Blacks, Sean Fitzpatrick, demanda à son équipe de quitter le banquet quand Louis Luyt affirma dans son discours que les Springboks étaient les premiers « vrais » champions du monde. Il affirma que les vainqueurs des Coupes du monde 1987 et 1991 n'étaient pas de vrais champions du monde puisque l'Afrique du Sud était interdite de compétition.

† Camp retranché. *(Note du traducteur.)*

plus célébrés, un sport joué et soutenu par les Sud-Africains partout dans le pays[7]. »

L'intention de Mandela était de tirer la SARFU de son « *laager* de chauvinisme racial », mais ne fit qu'inciter son président, Louis Luyt, à aller devant la Haute Cour de Pretoria pour étouffer dans l'œuf la création d'une Commission d'enquête sur l'administration du rugby. Le juge William de Villiers convoqua Mandela au tribunal en tant que témoin. Non seulement il refusa d'être assisté par un avocat et resta maître de ses émotions – à l'idée de témoigner à l'audience, son « sang ne fit qu'un tour », dit-il à des journalistes – mais Mandela obtempéra, dans l'intérêt de la justice[8]. Il écrit ceci à propos de cet épisode :

« Le juge William de Villiers de la Haute Cour du Gauteng me cita à comparaître à fin de justification de ma décision de créer une Commission d'enquête sur les affaires de la Fédération sud-africaine de football et de rugby. Certains de mes collaborateurs, au sein du cabinet, me conseillèrent de contester la citation, arguant du fait que le juge en question était, c'est le moins qu'on puisse dire, extrêmement conservateur, et que son véritable but était d'humilier un président noir. Mon avocat non plus, le professeur Fink Haysom, ne voulait pas que je me présente au tribunal. Il me dit avec talent et persuasion que nous avions de bonnes raisons légales de contester la citation.

« Sans forcément récuser leur point de vue, j'avais l'impression qu'à cette étape de la transformation de notre pays le Président avait certaines obligations à remplir. Je leur dis qu'après le procès il y avait encore la possibilité de faire appel, et que le jugement pourrait être remis en question devant la Cour constitutionnelle*. Bref, je voulais que toute cette affaire trouve une résolution sur le seul plan judiciaire. C'était, à mon avis, une autre façon de promouvoir le respect de la loi et de l'ordre et, une fois de plus, des tribunaux du pays.

« Comme il fallait s'y attendre, le juge mit sérieusement en doute mes preuves, et trancha en faveur de Louis Luyt, le plaignant. Mais la Cour constitutionnelle annula la décision du tribunal tout en maintenant que mon attitude lors de ma déposition avait été impérieuse. La Cour constitutionnelle n'avait pas tort. Dans cette situation, il fallait être autoritaire et montrer que se plier à la citation à comparaître était un signe de force, et non de faiblesse[9]. »

La réaction de Mandela au jugement favorable à la SARFU était sa façon de s'engager à « respecter les jugements des tribunaux ». Il déclara que « tous les Sud-Africains devaient faire de même. L'indépendance de la justice est un pilier essentiel de notre démocratie[10] ».

Dans un discours devant le Parlement vers la fin du mois d'avril, Mandela dit aux parlementaires rassemblés qu'ils allaient devoir « se poser quelques questions élémentaires », car il n'était que « trop facile de faire ressurgir les sentiments encore plus élémentaires qui existent dans toute société mais n'en sont que plus sensibles dans une société qui a une histoire comme la nôtre. Pire encore, il n'est que trop facile de le faire d'une façon qui sape nos progrès dans la construction de l'union nationale et la mise en avant de la légitimité

* D'après la Constitution, tout jugement de la Haute Cour sur des questions de validité constitutionnelle de la conduite du Président est sujet à confirmation par la Cour constitutionnelle.

de nos institutions démocratiques. Nous devons nous poser ces questions parce qu'il est beaucoup plus facile de détruire que de construire[11] ».

Il exhorta les membres du Parlement à s'emparer des questions de constitutionnalité, comme le fait de convoquer le Président devant un tribunal pour « défendre les décisions de l'exécutif », d'aborder le principe de séparation des pouvoirs et son application dans une démocratie émergente. Il souhaita que « nos meilleurs juristes, parmi les magistrats comme dans toute la profession[12] », réfléchissent à la question.

En tant qu'avocat, Mandela connaissait sans doute les réponses aux questions qu'il posait, mais il s'agissait de la Constitution, qu'il voyait comme la fondation de la maison démocratique – une démocratie dont le socle était l'union nationale et la réconciliation. Il voulait l'accord de tous, même si ses propres interprétations étaient correctes et justifiables. Son appel aux parlementaires de tous bords leur demandait de l'aider à construire et non à détruire.

Quand la Cour constitutionnelle annula le jugement de la Haute Cour de Pretoria selon lequel le Président avait agi anticonstitutionnellement, les réactions aux agissements de Louis Luyt – dans l'opinion publique comme dans le milieu du rugby – avaient déjà poussé ce dernier à la démission et conduit les dirigeants de la SARFU à envoyer une délégation présenter ses excuses à Mandela[13].

Même s'ils ne furent pas codifiés avant les négociations des années 1990, les principes du constitutionnalisme et du régime de lois avaient été associés à la vision d'ensemble de l'avenir que partageaient Mandela et l'ANC. On trouve les prémices d'une

Constitution puissante dans la Charte de la liberté, successivement adoptée par le Congrès du peuple et l'ANC en 1955, dont les fondements s'appuyaient sur des doléances populaires recueillies auprès d'organisations de toutes les régions du pays.

Contrairement à ce qui s'était passé dans les luttes pour la liberté de beaucoup d'autres pays, le mouvement de libération sud-africain fit de la loi un terrain de lutte – défendre ses leaders, ses membres et ses militants au tribunal –, affirmant ainsi l'idéal d'un système judiciaire juste. En 1995, lors d'une conférence, Mandela parla de la nécessité de recourir au droit pour prendre sa revanche sur l'État, comme lui et les autres accusés l'avaient fait au procès de Rivonia :

« Le ministère public s'attendait à ce que nous refusions d'assumer la responsabilité de nos actes. Au lieu de quoi, c'est nous qui sommes devenus les accusateurs ; dès le début, quand on nous a demandé de nous défendre, nous avons dit que c'était le gouvernement qui était responsable de la situation du pays et que c'était le gouvernement qui devait être sur le banc des accusés. Nous avons maintenu cette position tout au long de l'instruction et lors du contre-interrogatoire des témoins[14]. »

En 1985, Oliver Tambo avait créé un Comité constitutionnel qui avait conduit à la publication par l'ANC en 1989 des « Directives constitutionnelles pour une Afrique du Sud démocratique ». Reprenant la vision politique et constitutionnelle défendue par la Charte de la liberté d'une Afrique du Sud libre, démocratique et non raciale, les directives étaient une déclaration de principe plutôt qu'une version écrite de la Constitution. Même si les conditions pour une transition négociée commençaient à prendre forme, il planait encore trop d'incertitudes sur la transition à venir, et la légitimité d'une Constitution dépendrait du taux de participation populaire à sa rédaction[15].

Les directives de l'ANC étaient à l'opposé complet de la Constitution sud-africaine de 1983, qui reposait sur un système de « partage du pouvoir » assurant le contrôle à la minorité blanche, obligeant la majorité africaine exclue à se contenter des bantoustans et des conseils urbains. L'ANC rejeta la protection par la Constitution des droits des groupes qui ne feraient que perpétuer le *statu quo*[16]. Les directives de l'ANC prônaient un État unitaire et le suffrage universel ; une Déclaration des droits garantissant les droits fondamentaux de tous les citoyens ; et l'obligation constitutionnelle pour l'État et toutes les institutions sociales d'éradiquer la discrimination raciale et toutes ses ramifications.

Quand il rédigea une Constitution et une Déclaration des droits pendant les négociations, le Comité constitutionnel de l'ANC puisa dans les directives constitutionnelles du parti et tint aussi compte de principes démocratiques universellement acceptés[17].

Sans être impliqué dans le détail des négociations constitutionnelles, Mandela surveilla les travaux pour éviter qu'ils ne s'éloignent de la ligne de l'ANC. Toujours disponible pour sortir d'une impasse, Mandela était guidé par deux principes, le premier portant sur la nature de la procédure – les négociations devaient être ouvertes à une participation de la population –, le second sur son contenu – l'exercice devait aboutir à la rédaction d'une Constitution pleinement démocratique.

Le protocole d'accord signé entre l'ANC et le Parti national le 26 novembre 1992 ouvrit la voie à un processus en deux étapes ; la première étape, un Forum de négociations multipartites, édicta trente-quatre principes, qui furent intégrés à la Constitution intérimaire par le gouvernement du Parti national. Elle ouvrait la voie à l'élection d'un Parlement sur un mode de scrutin proportionnel au suffrage universel. Après quoi une Assemblée constituante rédigerait le texte définitif de la Constitution. La Cour constitutionnelle, elle-même créée par la Constitution intérimaire, devrait certifier que la nouvelle version de la Constitution se conformait aux trente-quatre principes avant d'être entérinée.

Pendant que le forum multipartite négociait la Constitution intérimaire, le texte final de la Constitution fut rédigé par des représentants des citoyens présents dans l'Assemblée constituante en proportion du pourcentage de votes que leurs partis avaient recueillis lors de l'élection de 1994. Contrairement à la première étape, il y eut aussi une participation directe de la population, entre autres par le biais de doléances des citoyens, aussi bien écrites qu'orales, présentées lors des forums, dans les villages, les villes et les communautés[18].

Valli Moosa se souvient que Mandela était très attaché à certains sujets. « L'un d'eux, dit-il, était la règle de la majorité. »

> On lui parlait de proportionnelle, des neuf provinces, des deux chambres du Parlement, le Sénat et l'Assemblée nationale… d'un Conseil des provinces, et lui nous posait toujours la même question : « Comment pouvez-vous comparer tout ça au besoin d'instaurer la règle de la majorité ? En quoi cela constitue-t-il une règle à la majorité ? »

> Il n'en démordit pas ; il voulait que rien ne puisse diluer la volonté de la majorité en provoquant l'élection d'organes du pouvoir contraires à la volonté de l'électorat… Alors l'idée d'une protection des minorités, des droits des minorités, des privilèges spéciaux – il n'était d'accord avec rien de tout ça… Et puis il était aussi très clair sur le fait qu'il fallait créer une démocratie moderne, dans la mesure où elle serait non raciale, non sexiste et laïque, qui incarnerait tous les concepts modernes et les droits de l'homme[19].

Son ancien vice-président, Thabo Mbeki, se souvient que Mandela fut toujours présent aux moments décisifs, aussi bien lors de la rédaction de la Constitution définitive que de l'intérimaire. « Sur les sujets qu'abordaient nos interlocuteurs avec moi, comme le droit de propriété, le droit de grève, le *lock-out*, ce genre de choses, ils venaient me dire : "Écoutez, on a un problème avec ça", et là, en effet, Madiba s'invitait dans les discussions[20]. »

Si Mandela intervint moins souvent – bien que cela fût chaque fois décisif – dans la rédaction de la Constitution finale, c'est en grande partie parce que de nombreuses questions avaient été réglées à l'étape intermédiaire grâce au travail minutieux et intense de l'Assemblée constituante. Dirigée par Cyril Ramaphosa de l'ANC, assisté de Leon Wessels, du Parti national, l'Assemblée constituante impliquait la totalité du Parlement – 400 députés de l'Assemblée nationale et 90 sénateurs du Conseil national des provinces. Ce ne fut pas toujours simple. Ramaphosa se souvient de certaines difficultés :

> Il y a eu des moments difficiles pendant les négociations sur le texte définitif de la Constitution, surtout quand il devint clair que De Klerk était de plus en plus réticent à l'idée d'accepter toutes les dispositions finales. Madiba prenait le relais et il était très bon dans ces moments-là. Nous savions qu'en cas d'impasse nous pouvions compter sur Madiba pour débloquer la situation. Nous lui donnions tous les sujets sensibles, et il les martelait jusqu'à ce qu'on réussisse à emporter le morceau. Madiba était un leader plein de ressources, il s'y connaissait et se tenait au courant des développements, voulait qu'on lui fasse un topo régulièrement[21].

Une ombre plana néanmoins sur la création de la nouvelle Constitution. Dès le milieu des années 1980, l'Inkatha s'était soit violemment opposé, soit contenté de faire obstruction à la lutte pour un nouveau système constitutionnel. Récemment, il avait « flirté avec la droite, dans l'espoir d'obtenir des pouvoirs spéciaux et autres privilèges au KwaZulu-Natal[22] ». Au lieu de participer à l'Assemblée constituante au même titre que les autres partis, l'Inkatha exigea une médiation internationale et quitta l'hémicycle pendant le discours de Mandela sur l'état de la nation en 1995, déployant des trésors de ruse pour justifier sa position.

Un Mandela visiblement irrité qualifia l'approche de l'Inkatha de tentative « de revendiquer un statut, dans le processus d'élaboration de la Constitution, qui outrepasse largement le soutien obtenu lors de l'élection de l'Assemblée constituante[23] ». Dans un discours à la fois conciliant et déterminé, Mandela mit l'Inkatha au défi de revenir au Parlement. Il déclara :

« Nous réprouvons fortement cette décision. Parce que c'est ici, dans ces chambres, qu'est le creuset de l'action politique. C'est ici que les idées devraient être forgées et les divergences aplanies…

« Nous réprouvons aussi cette attitude dans l'intérêt de l'unité du pays ; cela ne redonne pas confiance à notre peuple et à la communauté internationale sur la capacité de nos leaders d'utiliser des institutions démocratiques pour résoudre les désaccords. Mais nous pensons surtout à tous ceux qui ont voté pour que l'Inkatha intègre ces institutions.

« Dans ce contexte, je voudrais leur dire simplement :

« Vous avez élu ces représentants de l'Inkatha pour défendre vos intérêts et obtenir ce qui vous tient à cœur. Vous l'avez fait parce que vous étiez convaincus qu'ils ne se conduiraient pas comme des lâches qui quitteraient ce noble hémicycle au moindre problème. Vous étiez sûrs qu'ils se battraient à l'Assemblée nationale comme au Sénat et, dans le respect des règles, qu'ils défendraient votre point de vue.

« Ils ne résoudront aucun des problèmes soulevés en quittant l'hémicycle. Il est de votre responsabilité de les rappeler à l'ordre. Dans la tradition des Shaka, Makhanda, Cetshwayo, Moshoeshoe, Ramabulana, Sekhukhune et Nghunghunyana*, faites-les revenir

---

* Les rois et chefs politiques qui créèrent respectivement les groupes linguistiques zoulou, xhosa, sesotho, tshivenda, sepedi et tsonga et contribuèrent à leur accession au statut de nation dans les années 1800. Sekhukhune – voir Personnalités, lieux et événements.

pour qu'ils se décarcassent au Parlement au lieu de s'enfuir en courant!

« Permettez-moi de répéter une fois de plus les principes qui guident l'approche de l'ANC sur la question d'une médiation internationale, qui a été présentée, ostensiblement, comme la raison de ce comportement irrationnel.

« *Primo*, l'ANC a déclaré encore et encore qu'il était lié par l'accord conclu le 19 avril 1994. C'est justement pour cette raison qu'une sous-commission a été créée pour réfléchir au problème.

« *Secundo*, la logique nous enseigne que, avant d'inviter d'éminentes personnalités à s'atteler à la tâche, il faudrait se mettre clairement d'accord sur un cahier des charges. C'est justement de cela que discutait la sous-commission tripartite.

« *Tertio*, nous réfléchissons à toutes les voies possibles pour traiter la question. Du côté de l'ANC, nous déléguerons le vice-président Mbeki pour qu'il s'attaque au problème dès son retour de l'étranger. En attendant, je rencontrerai le chef Buthelezi à Genadendal pour explorer les différentes solutions possibles.

« *Quarto*, l'ANC – et, me semble-t-il, tout parti raisonnable – ne souhaite pas traiter d'une question qui concerne le roi du KwaZulu-Natal comme si le roi n'existait pas. Pas plus que nous n'accepterions qu'un parti politique s'arroge le droit de parler au nom d'un roi ou d'un royaume.

« Mais je serai très clair sur un point. Même si nous reconnaissons le droit du peuple à agir dans les limites de la loi ; même si nous nous engageons à trouver des solutions politiques à ce problème ; nous ne pouvons pas, et ne voulons pas, en tant que nation comme en tant que gouvernement, tolérer les menaces et la violence actuelle sans réagir.

« Nous ne doutons pas que les Africains de tous bords, y compris dans les médias, soutiendront le droit du gouvernement de défendre ses obligations comme inscrites dans la Constitution ; qu'ils n'aborderont pas cette question d'une façon qui encourage l'irresponsabilité, l'illégalité et le chantage[24]. »

La dureté du discours de Mandela, qui s'adressait plus à la base de l'Inkatha qu'à ses leaders – et qui irrita sans doute profondément Buthelezi et ses lieutenants –, s'adressait aussi à l'ANC. L'ANC voyait bien les efforts que faisait Mandela, et s'agaçait que Buthelezi et l'Inkatha leur mette des bâtons dans les roues alors qu'ils étaient à deux doigts de résoudre un problème historique.

Mais malgré la frustration de certains dans son propre camp, Mandela était bien décidé à continuer. Il rencontra Buthelezi deux fois pour tenter de convaincre l'Inkatha de revenir à l'Assemblée constituante. Il échoua les deux fois. Au bout du compte, il n'y eut pas de médiation internationale. Cela ressemblait à ces matchs de football qui se terminent dans la confusion sur un score nul et vierge, quand le dernier coup de sifflet retentit bien après que l'arbitre a quitté le terrain. Par ailleurs, le roi zoulou, au nom de qui l'Assemblée constituante avait été rejetée, avait perdu tout intérêt pour la chose, étant désormais brouillé avec son ancien soutien, Buthelezi.

Contrairement à l'Inkatha, le Parti national poursuivit ses objectifs dans le cadre du processus agréé. Il se battit jusqu'au bout sur un certain nombre de questions, exigeant de Mandela qu'il déploie des trésors de persuasion pour sortir de l'impasse tout en campant sur les positions de l'ANC. Dans un remake du scénario où Mandela et De Klerk s'étaient rencontrés pour aplanir leurs différends aux derniers jours des négociations avant les élections, ils se retrouvèrent pour sauter les obstacles avant la date butoir prévue pour le bouclage du texte définitif de la nouvelle Constitution. Ils travaillèrent dur, jusqu'à une heure avancée de la nuit, soit dans le bureau de De Klerk dans les Bâtiments de l'Union, soit dans la résidence officielle de Mandela à Pretoria. Pour certains problèmes, qui ne purent être résolus à temps, ils s'en remirent au processus de certification de la Cour constitutionnelle[25].

Malgré son inébranlable leadership, Mandela gardait toujours l'esprit ouvert et savait se laisser convaincre par un argument persuasif. Par exemple, il aurait préféré conserver les quatre provinces existantes au lieu de les diviser en neuf régions économiques telles que définies par la Banque de développement d'Afrique du Sud*. Mais l'ANC accepta la nouvelle partition, à quelques petites modifications près.

---

* Les quatre régions originelles de 1910 à 1914 étaient le Natal, le Transvaal, l'État libre d'Orange et le Cap de Bonne-Espérance et dix territoires fragmentaires disséminés à travers le pays. Les nouvelles provinces sont le KwaZulu-Natal, le Cap-Oriental, le Cap-Occidental, le Limpopo, le Mpumalanga, le Cap du Nord, l'État libre, le Nord-Ouest et le Gauteng. Voir la carte en page 568. Créée à l'origine pour servir de vaste outil de développement économique dans le cadre des dispositions constitutionnelles territoriales de l'époque, la Banque de développement d'Afrique du Sud fut relancée en 1944 sous forme d'institution de développement financier. Elle promeut le développement et la croissance économique, le développement des ressources humaines et le renforcement des capacités institutionnelles en mobilisant des ressources financières ou autres des secteurs privé et public nationaux

À l'issue des deux années allouées à la rédaction de la nouvelle Constitution, les négociations, blocages et interventions touchèrent enfin à leur terme. Le 8 mai 1996, dans un soupir de soulagement collectif, l'Assemblée constituante adopta le texte finalisé au petit matin par la Commission constitutionnelle du Parlement. Mandela la salua dans un discours qui faisait à la fois référence à son contenu et à son processus d'élaboration.

« Les brèves secondes qui ont vu une majorité d'honorables élus adopter en silence le nouveau régime de lois du pays ont capturé, avec fugacité, les siècles d'histoire que le peuple sud-africain a endurés dans sa quête d'un avenir meilleur.

« Comme un seul homme, vous, représentants de l'écrasante majorité des Sud-Africains, avez donné une voix à l'ardent désir de millions de personnes.

« Voici donc venu aujourd'hui le moment pour l'Afrique du Sud de renaître, lavée d'un horrible passé, libérée après des débuts incertains, et tournée vers l'avenir avec confiance.

« La nation a marché sur le fil du rasoir ces derniers jours, au rythme de prétendus blocages rédhibitoires et de l'imminence de sa chute. Il fallait s'y attendre, au vu des difficiles questions qu'il nous a fallu aborder, et au vu de la brièveté des délais de négociation. Mais les Sud-Africains ne sont-ils pas un peuple merveilleux, pour qui les mots "blocage" et "miracle" en sont

---

et internationaux pour des projets et des programmes de développement durable en Afrique du Sud et plus largement sur le continent africain.

arrivés à coexister dans une confortable promiscuité ; et en sont arrivés, chacun leur tour, à s'immiscer dans l'imaginaire collectif comme un fléau !

« Quoi qu'il en soit, nous n'oublierons pas, grisés par les solutions de dernière minute, l'ampleur de la réussite que nous célébrons aujourd'hui. Car, au-delà de toutes ces considérations, nous avons assisté à un changement radical dans le système politique sud-africain que symbolise ce moment historique.

« Bien avant les exténuantes séances de travail des ultimes instants, il avait été décidé, une bonne fois pour toutes, que l'Afrique du Sud disposerait d'une Constitution démocratique fondée sur le principe universel de la règle de la majorité démocratique. Aujourd'hui, nous actons ce consensus. Ainsi, notre nation fait un pas historique au-delà des arrangements temporaires, qui obligeaient ses représentants, grâce à la loi, à travailler ensemble en dépit des divisions raciales et politiques.

« Désormais, il est universellement reconnu que l'union et la réconciliation sont inscrits dans le cœur de millions de Sud-Africains. Elles incarnent le principe indélébile de notre serment fondateur. Elles sont le feu ardent de notre nouveau patriotisme. Elles resteront la condition nécessaire à la reconstruction et au développement, tant que reconstruction et développement reposeront sur l'union et la réconciliation. »

Comme souvent, Mandela était sensible à la réalité des gens ordinaires, dont les efforts et les contributions passaient généralement inaperçus tandis que les tenants du pouvoir se complaisaient dans l'autosatisfaction. Il fit donc l'éloge de « la participation active du peuple à l'élaboration de la nouvelle Constitution qui… invente une nouvelle façon d'intéresser la société au processus législatif… et revigore la société civile comme aucun autre processus récent n'y est parvenu ».

Il releva la présence dans les travées ouvertes au public d'un échantillon de « la société civile qui a apporté sa contribution au processus : la communauté juridique, les femmes, les associations locales, les structures traditionnelles, et les leaders du secteur des affaires, des ouvriers, de l'agriculture, des médias, des arts et de la culture, de la jeunesse, des handicapés, des droits des enfants, et d'autres encore.

« Au-delà des personnes présentes, il y a les millions qui ont écrit une lettre ou pris part aux forums publics : du policier dans un commissariat retiré de la province du Nord aux détenus se réunissant pour discuter des articles de loi, en passant par les résidents de Peddie au Cap-Oriental qui ont débattu sous la pluie du rôle des chefs traditionnels ».

Courtois à l'excès, Mandela les remercia tous – du président et son vice-président aux comités de gestion au sein desquels tous les partis étaient représentés, et à leur équipe – « pour leur dévouement et leur dynamisme grâce auxquels nous sommes arrivés à ce moment historique ». Dans la même veine, il remercia aussi les représentants de la communauté internationale qui avaient soutenu le processus, ajoutant : « Vos contributions et votre force d'exemple furent une fontaine à laquelle nous avons bu avec délectation. »

Le seul principe qui avait guidé l'approche de l'ANC lors des négociations, déclara Mandela qui s'éloigna, à cet instant, de son discours écrit, était que, au bout du compte, « il n'y ait ni gagnants ni perdants », mais que « l'Afrique du Sud dans son ensemble soit la gagnante ». L'ANC s'était engagé à éviter tout abus de position dominante qui réduirait les autres parties du Gouvernement d'union nationale au rôle de « faire-valoir ». Une fois cela dit, Mandela lança un avertissement : « Tout le monde comprendra que l'écrasante majorité du peuple de ce pays nous a confié la tâche de faire passer l'Afrique du Sud d'un État d'apartheid à un État non racial, de résoudre le problème du chômage et de la pénurie de logements, de construire les équipements dont seule une infime minorité a profité pendant des siècles. Nous avons pris cet engagement et nous sommes bien décidés à ce que tous les citoyens d'Afrique du Sud mènent une vie digne où la pauvreté, l'illettrisme, l'ignorance et la maladie n'existent pas. Voilà notre engagement. Nous sommes décidés à tenir cette promesse, et quiconque tentera de nous empêcher d'atteindre cet objectif, de mettre à exécution notre programme, sera comme une voix perdue dans l'immensité de la nature sauvage. »

Il termina sur un bémol : « Nous faisons face à une situation dans laquelle, quand on parle aux Blancs, ils pensent que seuls les Blancs comptent dans ce pays, et regardent les problèmes avec un point de vue de Blancs. Ils oublient les Noirs, les métis, les Africains et les Indiens. C'est un aspect du problème. Mais nous avons un autre problème. Quand on parle aux Africains, aux métis et aux Indiens, ils font exactement la même erreur. Ils croient que les Blancs ne comptent pas dans ce pays. Ils s'imaginent que nous avons entrepris cette transformation en triomphant de la minorité blanche et que nous avons affaire à une communauté prostrée au sol, suppliant d'être épargnée, à qui nous pouvons dicter notre loi. Ils se trompent, tous autant qu'ils sont. Nous voulons des hommes et des femmes qui soutiennent notre mandat, mais qui soient capables de dépasser les intérêts de leur groupe ethnique et de penser à l'Afrique du Sud comme à un tout.

« Nous avons maintenant adopté cette Constitution… Tous les soirs je me sens fort en allant me coucher, et plein d'espoir car je vois émerger de nouveaux courants de pensée et leurs leaders, des leaders qui sont un espoir pour notre avenir[26]. »

Après que le Parlement eut amendé les quelques dernières incohérences de la nouvelle Constitution, conformément aux demandes de la Cour constitutionnelle, le président Mandela lui donna force de loi lors d'une cérémonie de ratification publique à Sharpeville le 10 décembre 1996. Le lieu fut choisi avec soin, pour symboliser la restauration des droits et de la dignité à l'endroit même du Massacre de Sharpeville, où, le 21 mars 1960, la police ouvrit le feu, tua soixante-neuf personnes et en blessa cent soixante-seize autres venues manifester contre le passeport intérieur ; les impacts de balles dans le dos des victimes prouvèrent qu'elles prenaient la fuite quand elles furent abattues.

Dans un pays où, par tradition, les lois étaient conçues pour préserver les intérêts des Blancs, et où ceux de la majorité noire passaient au second plan, il était important qu'un nouveau système judiciaire surgisse des braises du passé. Et il fallait que ce soit bien visible et vibrant au cours du mandat présidentiel de Mandela pour convaincre un électorat sceptique. La création de la Commission du service judiciaire (JSC), comme l'a dit George Bizos*, avocat spécialisé dans la défense des droits de l'homme, fut une réaction épidermique à la politique d'apartheid[27]. La méfiance généralisée associée à un sentiment d'hostilité à l'égard de la loi au sein de la population noire rappelait un poème intitulé « Justice » de Langston Hughes, figure de la Renaissance de Harlem, qui dit :

Que la Justice soit une déesse aveugle
Nous les Noirs y sommes habitués :
Son bandage cache deux plaies purulentes
Où des yeux peut-être jadis se trouvaient[28].

Le système judiciaire, ensuite, devait se décharger du fardeau du passé et s'assurer que Dame Justice fût vraiment impartiale. Malgré les pressions pour rendre des jugements iniques, certains des acteurs de la justice – des avocats blancs confirmés, nommés par décret ministériel – « avaient un solide sens de la justice[29] ». Ils furent parmi les candidats interrogés par la Commission du service judiciaire, qui transmit ensuite une liste au président Mandela dans laquelle il sélectionna les juges de la Cour constitutionnelle. Cette sélection était prévue par la Constitution, qui stipulait que « la justice devait bien refléter la diversité raciale et sexuelle de l'Afrique du Sud[30] ».

Il était peut-être inévitable, toutefois, que le spectre de la race rôde sur chaque entretien avec les juges potentiels au Civic Theatre de Johannesburg. Mais la création de la Commission du service judiciaire avait posé les fondations d'un État constitutionnel, qui

* George Bizos – voir Personnalités, lieux et événements.

s'appuierait sur des autorités indépendantes mises en place pour protéger la démocratie et assurer un débat ouvert et pluriel. Les effets se firent immédiatement sentir. Dans ses Mémoires, George Bizos se souvient d'un moment de contestation pendant les entretiens : « Des étudiants de l'université voisine de Wits s'étaient rassemblés à l'entrée avec des écriteaux protestant contre deux professeurs de droit qui s'étaient portés candidats à la Cour, mais qui étaient impliqués dans une controverse sur le campus. Le juge Corbett, président de la Cour suprême, alla voir les étudiants, qui lui donnèrent leur tract, puis les invita à assister aux entretiens. Sans leurs pancartes, mais convaincus par ses façons conciliantes, les étudiants obtempérèrent, entrèrent dans la salle avec solennité et suivirent les débats en silence[31]. »

L'inauguration de la Cour constitutionnelle en février 1995 combla les rêves de constitutionnalisme de Mandela. Dans son discours, il expliqua le sens de ce rêve dans le monde réel :

« Le constitutionnalisme signifie qu'aucun bureau ni aucune institution ne peuvent être au-dessus de la loi. Le plus puissant comme le plus humble du pays, tous sans exception, se soumettent au même document, aux mêmes principes. Peu importe que vous soyez blanc ou noir, homme ou femme, jeune ou vieux ; que vous parliez setswana ou afrikaans ; que vous soyez riche ou pauvre, que vous rouliez dans une belle voiture ou que vous marchiez pieds nus ; que vous portiez l'uniforme ou que vous soyez enfermé dans une cellule. Nous avons tous certains droits élémentaires, et ces droits fondamentaux sont inscrits dans la Constitution.

« L'autorité du gouvernement lui est conférée par le peuple à travers la Constitution. Vos devoirs et vos responsabilités, comme votre pouvoir, vous sont conférés par le peuple à travers la Constitution. Le peuple s'exprime à travers la Constitution. La Constitution permet aux multiples voix du peuple d'être entendues de façon organisée, précise, explicite et forte de principes. Nous ne doutons pas que vous trouverez le moyen dans vos jugements de parler directement au peuple.

« Vous formez une Cour inédite en tout point. Le processus qui a mené à votre sélection était inédit. Quand nous vous regardons, nous voyons pour la première fois toutes les dimensions de notre pays riche et divers. Nous voyons une multitude de parcours et d'expériences de vie. Votre mission est inédite. Vos pouvoirs sont inédits. Nous espérons que, sans vous départir des multiples vertus admirables de la tradition judiciaire, vous trouverez une nouvelle façon d'exprimer les grandes vérités de votre profession. Vous jugerez des droits de millions de simples citoyens. La Constitution que vous servirez est le produit de leur sacrifice et de leur foi. Je suis sûr que je parle en leur nom à tous quand je dis que les motivations élémentaires de vos jugements devront être énoncées dans une langue que chacun pourra comprendre[32]. »

Les juristes les plus éminents de la présidence de Mandela avaient gagné le respect en tant que défenseurs de la justice avant l'avènement de la démocratie. Michael Corbett, premier président de la Cour suprême d'une Afrique du Sud démocratique, ne rencontrait pas Mandela pour la première fois quand il avait fait prêter serment au Président lors de sa cérémonie d'investiture en mai 1994. Dans un banquet officiel pour fêter le départ à la retraite de Corbett deux ans plus tard,

Mandela profita de l'occasion pour raconter les circonstances de leur rencontre :

« J'ai connu Michael Corbett sous de tristes auspices, voilà quelque trente-cinq ans de cela, dit-il. J'étais un détenu condamné à la perpétuité. Lui était un jeune juge en visite à Robben Island.

« Il y avait un conflit particulièrement déplaisant entre les gardiens et les détenus, né d'un brutal passage à tabac, et j'étais le porte-parole des prisonniers.

« Je ne m'attendais ni à ce qu'on me croie ni même à ce qu'on m'écoute. Le commandant tenta de m'intimider. Mais non seulement ce jeune juge et ses collègues écoutèrent attentivement ce que j'avais à dire ; mais devant moi, le juge Corbett s'est tourné vers le commandant et le directeur de l'administration pénitentiaire et se plaignit sèchement au directeur du comportement du commandant. Pareils courage et indépendance étaient rares. »

Quand il étudiait en prison pour obtenir son diplôme de droit, Mandela tomba « de temps en temps sur des jugements de Michael Corbett. Leur perspicacité me rappelait ma première rencontre avec lui. De même que son opposition en 1979 dans la plainte déposée contre le garde des Sceaux par mon coaccusé lors du procès de Rivonia, Denis Goldberg*. Seul parmi les cinq juges d'appel, Michael Corbett soutint que l'autorité pénitentiaire n'avait pas le droit de prendre des mesures interdisant aux détenus tout accès à l'information ».

Ce jugement, dit Mandela, était « érudit, méticuleux et sans compromis par la primauté qu'il donnait aux droits fondamentaux…

---

* Denis Goldberg – voir Personnalités, lieux et événements.

« C'est grâce à de tels actes d'hommes et de femmes pleins de bonté, comme Michael Corbett, de tous côtés de notre société et de l'échiquier politique, que nous devons le succès de notre transition vers la démocratie. L'une des forces de notre nation en construction est que, en supprimant les causes de tension et de conflit, nous créons un espace pour permettre à ces gens-là d'émerger et de jouer leur rôle légitime. C'est à cette condition que peut s'épanouir ce que nous avons de meilleur en nous. C'est dans ces circonstances que nous produirons une nouvelle génération de leaders dans une société juste et prospère, en paix avec elle-même[33] ».

❦

En 1994, Mandela nomma Arthur Chaskalson, l'un des avocats de la défense lors du procès de Rivonia et membre du Comité constitutionnel de l'ANC, au poste de premier président de la Cour constitutionnelle. Le juge Ismail Mohamed succéda à Michael Corbett à celui de président de la Cour suprême en 1996. Qualifié par Mandela d'homme à qui tout réussit, le nouveau président de la Cour suprême s'était vu soumettre par l'État d'apartheid à un ensemble de mesures coercitives pour l'empêcher d'exercer dans divers endroits du pays.

« En trente-cinq ans de carrière d'avocat, dit Mandela, Ismail Mohamed a représenté dans de nombreux procès les figures majeures de la lutte pour la libération. Comme d'autres membres du barreau de Johannesburg… il a dénoncé dans les tribunaux l'injustice de l'apartheid. Grâce à sa réputation d'impartialité et de fermeté, il a été accepté comme coprésident des négociations multipartites sur la Constitution… Il nous a avertis, nous les politiciens présents lors de ces négociations, qu'en tant que juge il ferait crânement respecter la Constitution. »

Il mit sa menace à exécution, dit Mandela. Quand Mandela fut jugé premier responsable d'un problème de constitutionnalité lié à un ensemble de dispositions qu'il avait approuvées dans une section de la loi de transition des collectivités locales, le juge Mohamed et la majorité des juges de la Cour constitutionnelle les invalidèrent. D'après Mandela, ils déclarèrent : « Dans notre nouveau système constitutionnel, le Parlement n'a pas l'autorité suprême, il est soumis à notre droit fondamental et suprême, la Constitution. Notre Parlement, nous rappelèrent-ils, ne pourrait pas, même s'il le voulait, renoncer à sa responsabilité de législateur[34]. »

Mandela écrit : « Toutes ces considérations, si importantes soient-elles, ne devraient jamais pouvoir miner notre Constitution démocratique qui garantit des droits inaliénables à tous les citoyens sud-africains, sans considération pour le groupe ethnique auquel ils appartiennent. Il y a une Déclaration de droits, sur laquelle tout citoyen peut compter si ses droits sont menacés ou violés. Nous devons tous, sans exception, respecter cette Constitution.

« Il y a des autorités indépendantes gérées par des figures publiques fortes et qualifiées qui ne dépendent pas du gouvernement. Elles certifient que la Constitution et ses articles sont respectés par tous les citoyens, quelle que soit leur position au sein du gouvernement ou de la société.

« Il y a le Médiateur, le Directeur national des poursuites publiques, le Vérificateur général des comptes publics, la Commission des droits de l'homme, la Commission Vérité et Réconciliation et la Cour constitutionnelle*.

« Le régime d'apartheid avait jeté le discrédit sur la loi et l'ordre. Les droits de l'homme étaient impitoyablement bafoués. Il y avait des détentions arbitraires, la torture et le meurtre de militants politiques, la diffamation patente des juges de la cour d'appel indépendants qui rendaient des jugements défavorables au régime, et la mise sous l'éteignoir de la justice grâce à des avocats conservateurs et dociles. La police, en particulier la police secrète, était régie par ses propres lois. À cause de la trivialité de ces pratiques, et indépendamment de mes propres convictions, j'ai saisi chaque occasion de promouvoir le respect pour la loi, l'ordre et la justice[35]. »

Même s'il portait la plus haute estime à la Constitution et avait toutes les qualités requises pour être un dirigeant courageux doté d'une éthique, il était attentif à l'héritage du passé, surtout celui du système judiciaire. C'est au tribunal, quand il était à la tête d'un cabinet d'avocats au centre de Johannesburg avec Tambo, son associé, qu'il avait vu la souffrance et l'humiliation humaines les plus abjectes.

« Les métiers du droit et le système judiciaire en Afrique du Sud, déclara-t-il à un banquet du Conseil national des barreaux d'Afrique du Sud en l'an 2000, n'ont pas une histoire irréprochable. Il y a eu des échecs et des occasions perdues, institutionnelles comme individuelles. Mais il est aussi vrai qu'il y a eu des femmes

* Les autorités indépendantes incluent aussi la Commission pour l'égalité des sexes, la Commission électorale indépendante et l'Autorité indépendante de régulation de l'audiovisuel.

et des hommes parmi les avocats sud-africains, y compris chez les juges et les défenseurs de ce pays, qui se sont battus pour un régime de lois et l'avènement d'une démocratie constitutionnelle. Certains l'ont payé au prix fort.

« Je crois qu'il faut rendre hommage aux personnes de cette trempe, et je suis fier de me joindre à vous pour le faire. Le barreau et la Cour ne sont pas des institutions au-dessus de toute critique, mais la critique ne sert à rien si elle est purement destructrice et ne reconnaît pas les contributions désintéressées qui ont été faites. Surtout quand elles l'ont été aux heures les plus sombres de notre histoire.

« Je suis heureux de voir que le barreau tente de s'ouvrir à la diversité, en particulier à travers sa politique de sensibilisation aux questions de droit ; je suis notamment très heureux d'apprendre la création ce soir d'une bourse Pius-Langa, en hommage à l'illustre vice-président de notre Cour constitutionnelle et président de l'université du Natal[36]. »

Le voyage vers la création d'un État légitime et démocratique avait commencé depuis longtemps, dans les années oubliées des premières luttes, saccageant la vie de millions de personnes. Pour Mandela, c'était l'accomplissement d'une mission qu'il s'était fixée dès le mois de mai 1961. Albie Sachs – juriste chevronné et l'un des douze premiers juges nommés à la Cour constitutionnelle – se souvient de cette période : « Nelson Mandela était entré dans la clandestinité et avait lancé un appel à la grève générale. Déclarant que la majorité du peuple n'avait pas été consultée sur le fait que l'Afrique du Sud devienne une République en dehors du Commonwealth, il avait simultanément appelé à la grève et à la tenue d'une convention nationale pour la rédaction d'une nouvelle Constitution[37]. »

Trente-cinq ans après, la loi, jadis instrument cruel d'exclusion et d'oppression, était enfin mise au service du peuple.

7

Le Parlement

Si, en 1994, les 39 millions de citoyens sud-africains avaient été soumis à un grand sondage sur ce qu'ils pensaient du Parlement, il est probable qu'il y aurait eu autant d'opinions que de réponses. Le plus grand tour de passe-passe du régime d'apartheid était de créer une illusion de transparence, alors qu'en réalité il cachait à la population les rouages les plus fins et complexes de la machinerie d'État, laissant tout le monde – Noirs comme Blancs – en subir les effets à divers degrés sans qu'il soit possible d'en rechercher les causes. Les Blancs rentraient le plus souvent chez eux satisfaits de leur gouvernement tandis que la majorité noire grinçait collectivement des dents, maudissant le *uhulumeni* (« gouvernement » en zoulou), cette entité vaguement informe, semblable à un automate produisant des lois qui menaçaient leurs enfants. De temps à autre, ce qui se passait entre les murs des grands immeubles blancs aussi imposants qu'inaccessibles du quartier du Parlement faisait les gros titres. Mais en général, personne n'y prêtait trop attention.

Ce fut une autre histoire le 24 mai 1994, quand Nelson Mandela se leva pour faire son premier discours sur l'état de la nation.

Un peu plus tôt, la foule avait assisté à un véritable festival de couleurs, entre les différents uniformes de la police montée et des escortes militaires, le tapis rouge qui allait du Mémorial aux esclaves jusqu'à l'Assemblée nationale, les artistes, parmi lesquels des majorettes des écoles alentour et un *imbongi* en tenue de guerre traditionnelle qui déclama d'une voix de stentor son poème à la gloire de Mandela, bientôt noyé sous les cuivres de la fanfare militaire, couverte à son tour par le survol de l'armée de l'air sud-africaine, pour finir sur les vingt et une détonations du salut militaire.

Mais les insignes des différents régiments, les drapeaux et fanions n'étaient rien comparé aux splendides habits des membres du Parlement, les spectateurs postés dans les tribunes ouvertes au public dévorant des yeux la procession de tenues d'apparat, classiques et démesurées, occidentales et traditionnelles. Mandela avait décrété qu'à l'aube de la démocratie les portes du Parlement étaient désormais ouvertes à tous, faisant de son premier discours sur l'état de la nation une fête pour tous les citoyens d'Afrique du Sud. Et ils étaient là. Dans l'Assemblée, depuis les tribunes qui leur offraient une vue plongeante sur les festivités, des hommes et des femmes du peuple pouvaient voir tous ceux qui avaient été à l'avant-garde de la création de la nouvelle Afrique du Sud. Certains des invités qui avaient été séparés par leurs divers rôles pendant les années de lutte – un militant gêné aux entournures dans sa tenue de soirée, des compagnons qui avaient survécu à un guet-apens et réussi à surmonter cette épreuve, ou un exilé récemment rentré avec son épouse étrangère – se serraient dans les bras, les yeux brillants de larmes.

Mandela remercia d'abord Frene Ginwala, présidente du Parlement, et d'autres invités prestigieux. Puis, tandis que brillaient des reflets sur le verre de ses lunettes, il continua :

« Le temps viendra où notre nation honorera le souvenir de tous ses fils, filles, mères et pères, de sa jeunesse et de ses enfants qui, par leurs pensées et leurs actes, nous ont donné le droit d'affirmer avec fierté que nous sommes sud-africains, que nous sommes africains et citoyens du monde.

« Les certitudes qui viennent avec l'âge me disent qu'il y aura parmi eux une femme afrikaner qui transcenda son expérience individuelle pour devenir sud-africaine, africaine et citoyenne du monde. Elle s'appelle Ingrid Jonker. C'était une poétesse sud-africaine. Afrikaner et africaine. Artiste et humaine. En plein désespoir, elle célébra l'espoir. Face à la mort, elle proclama la beauté de la vie. Aux jours sombres de notre pays où tout semblait sans espoir, quand beaucoup refusaient d'écouter sa voix profonde, elle mit fin à ses jours.

« Pour elle et ses semblables, nous avons une dette de vie. Pour elle et ses semblables, nous prenons l'engagement d'aider le pauvre, l'opprimé, le misérable et le méprisé. Après le massacre de la manifestation contre le passeport intérieur à Sharpeville, elle a écrit :

L'enfant n'est pas mort
l'enfant lève les poings contre sa mère
qui crie Afrika […]

L'enfant n'est pas mort
ni à Langa ni à Nyanga

ni à Orlando ni à Sharpeville
ni au commissariat de Philippi
où il gît une balle dans la tête [...]

l'enfant est de toutes les assemblées de toutes les lois
l'enfant regarde par les fenêtres des maisons et dans le cœur des mères
l'enfant qui voulait simplement jouer au soleil est partout
l'enfant devenu homme arpente toute l'Afrique
l'enfant devenu géant voyage dans le monde entier

Sans laissez-passer[1]

« Et par cette splendide vision elle nous enseigne que nos efforts doivent porter sur la libération de la femme, l'émancipation de l'homme et la liberté de l'enfant[2]. »

Si puissantes et profondes que soient ces paroles, il n'en demeurait pas moins que le premier Parlement démocratiquement élu d'Afrique du Sud occupait les mêmes bâtiments que le Parlement de l'apartheid, où furent promulguées des lois ayant entraîné une détresse indicible. Ces considérations avaient poussé certains guérisseurs traditionnels à demander l'autorisation de rituellement purifier l'Assemblée, une exigence d'ordre spirituel finalement satisfaite quand fut organisé un office œcuménique au Parlement.

Mais grâce à un travail acharné, Mandela fit du Parlement une institution guidée par les vœux du peuple, moteur de la Constitution. Il voyait dans le Parlement un outil de profonde transformation de la société et un espace prééminent de débat public. Ce devait être un lieu ouvert à la totalité du peuple d'Afrique du Sud, même à ceux qui étaient réticents à l'adopter au début. Ginwala se souvient de Mandela lui disant que le plus grand défi était que « notre peuple n'a pas l'habitude de venir au Parlement ; le public n'a pas l'habitude du Parlement, alors il faut faire en sorte que tout le monde, tous les partis politiques, tous les Sud-Africains, le voient comme leur Parlement[3] ».

Mais si le Parlement votait des lois, il le faisait sous la contrainte d'une Constitution souveraine, après l'arbitrage final de la Cour constitutionnelle – une façon de se démarquer de l'ère de l'apartheid où le Parlement votait des lois liberticides à volonté. Même quand le Parlement rédigea le texte final de la Constitution, ses travaux durent être validés par la Cour constitutionnelle. La coopération entre les partis de la législature reposait, étrangement, sur le seul « esprit d'unité nationale » plutôt que sur la prescription constitutionnelle. Et même s'il y avait eu des changements dans l'institution, l'ANC butait encore contre certains obstacles, n'ayant pas d'expérience technique de la machinerie parlementaire, du gouvernement ou des responsabilités économiques, ce dont l'opposition et l'administration sortante ne manquaient pas.

Néanmoins, les quelque 400 nouveaux membres du Parlement avaient en commun la légitimité. Chacun d'entre eux avait été élu à la proportionnelle, qui permit de remplacer les chambres ségrégationnistes de représentants blancs, métis et indiens par une Assemblée nationale unique qui représentait tous les Sud-Africains. Qui plus est, le système de la proportionnelle faisait du Parlement un microcosme plus fidèle de la diversité du pays que n'importe quel autre système électoral. Il répondait aussi aux craintes de l'ANC d'adopter un système où le vainqueur détient la majorité absolue, ou un système majoritaire à un tour, qui avait la préférence de Mandela jusqu'à ce qu'il change d'avis après des discussions avec Essop Pahad et Penuell Maduna. Les deux hommes avaient été membres de l'équipe de l'ANC chargée de rédiger la partie de la Constitution intérimaire traitant des questions de représentation, et ils s'attelaient maintenant à la rédaction du texte final de la Constitution. Pahad se souvient :

> Nous lui avons dit : « Nous voudrions discuter de cette question avec vous. » Il a dit : « Je sais, allez-y. » Alors nous lui avons expliqué pourquoi nous pensions que la proportionnelle était le mode de scrutin le plus équitable qui soit. Il nous a écoutés, a posé plusieurs questions sur la responsabilité, et ainsi de suite. Nous avons dit : « Si vous choisissez un autre système, nous pouvons prendre un système bipartite ou, au mieux, un système tripartite qui exclura des partis comme le PAC, alors que la proportionnelle favorisera une meilleure représentation des partis au Parlement. » Il nous a écoutés, a posé des questions, puis à la fin, il nous a dit : « Très bien, c'est d'accord, mais ça ne veut pas dire que ce doit être définitif. » Nous lui avons répondu : « Oui, la Constitution nous donne la possibilité de changer le système tant qu'il fonctionne sur un mode de représentation largement proportionnel[4]. »

Après avoir formé un collège électoral, qui désigna Mandela pour être le président du pays, l'étape suivante, pour la nouvelle Assemblée nationale, fut de se choisir un président et un vice-président. Vu l'importance de ces postes, il fallait que la direction de l'ANC, en particulier Mandela, et son groupe parlementaire émettent un avis.

Mandela écrit : « L'élection du président de l'Assemblée nationale fut un autre sujet épineux. Même si l'ANC avait depuis longtemps accepté sans réserve le principe de parité entre hommes et femmes, dans les faits nous étions à la traîne.

« Dans mon équipe de président de l'ANC, il y avait trois femmes, toutes fortes, indépendantes, qualifiées et franches du collier. Elles ne toléraient aucune forme de machisme, que ce soit de ma part ou de celle de mes camarades. Ce n'était pas pour rien qu'elles étaient surnommées “les trois sorcières”.

« Il y avait Barbara Masekela, qui devait devenir ambassadrice en France, Jessie Duarte, notre ambassadrice au Mozambique, et Frene Ginwala. Nous avions quantité d'échanges sur une grande variété de sujets. Elles furent impressionnantes, travaillèrent d'arrache-pied et contribuèrent à débarrasser le système de tout mépris à l'égard des femmes. Je destinais Frene au poste de présidente de l'Assemblée nationale.

« Mes camarades m'opposèrent d'abord un silence de mort quand je partageai mon secret avec eux. Je soupçonne que le fait de proposer une femme, à l'époque, indépendamment de ses qualifications, fut difficile à accepter pour ces camarades, dont l'écrasante majorité étaient des hommes.

« Il y avait aussi des divergences, parfois même des querelles intestines, avec les anciens exilés, qui n'avaient toujours pas été aplanies depuis leur retour au pays. Mais je fus très clair auprès des intéressés pour dire que je n'accepterais aucune objection inconvenante à l'égard d'une camarade compétente au sein d'un parti à qui revenait la tâche de gouverner le pays le plus riche et le plus développé du continent africain. J'ordonnai pratiquement à chaque député de l'ANC de l'élire à la présidence.

« L'autre difficulté venait de Frene elle-même. Elle m'appela un matin et me demanda pourquoi il y avait si peu de femmes au sein du gouvernement. Je lui répondis que j'allais m'assurer qu'elle soit désignée à la présidence de l'Assemblée. Elle protesta avec véhémence, disant qu'elle ne parlait pas d'elle ; elle parlait d'un problème plus général, qui touchait toutes les femmes.

« Comme le ton montait entre nous, je lui demandai ouvertement de me dire si elle acceptait ou refusait mon offre. Dans nos discussions, j'ai toujours été réconforté par le fait qu'elle avait plus de respect pour mes cheveux gris que pour ma personne. Elle se tut puis me dit qu'elle y réfléchirait. Je fus soulagé quand elle accepta.

« Sa décision fut un tournant car c'était la première fois de notre histoire qu'une femme occupait un poste aussi prestigieux dans notre corps législatif national. Ce fut doublement une victoire puisque le poste de vice-président revint aussi à une femme, l'intrépide et compétente Baleka Mbete-Kgositsile.

« Les députés des deux côtés de l'hémicycle sont unanimes pour dire qu'elle [Ginwala] s'est bien acquittée de sa tâche sans aucune préparation ni expérience à ce poste. Elle est non partisane et réprimande souvent les députés pour comportement antiparlementaire, sans accorder d'importance à l'appartenance politique du contrevenant.

« Son superbe travail et sa maîtrise des attributions de son poste n'ont pas fait qu'accroître le respect et le soutien de la classe politique. Sa réussite exemplaire et celle de ses collègues femmes à l'Assemblée ont clairement démontré que la bataille pour l'égalité des sexes est en train d'être gagnée.

« Cette réussite exceptionnelle fut récompensée par le Parlement lorsqu'il la reconduisit triomphalement pour un second mandat de cinq ans[5]. »

Dans la droite ligne de la volonté de Mandela d'en faire un Parlement du peuple, la disposition, des sièges des députés fut modifiée de façon que les chefs de groupes soient visibles par les téléspectateurs. Les réunions des commissions furent ouvertes à la presse, et l'important travail de proximité auprès de la population pour familiariser la société avec les tenants et aboutissants de la législature approfondit la confiance et la transparence entre le peuple et l'institution. Cette façon de procéder était considérée comme contre-productive par quiconque, parti ou dirigeants, exerçait le pouvoir, même dans les pays de tradition démocratique, où l'on est tenté de contrôler l'information. Le projet de l'apartheid était de maintenir les Noirs, du berceau à la tombe, dans l'ignorance ; les Blancs, qui pouvaient croire qu'ils avaient échappé au même sort, se berçaient d'illusions, puisque, à eux aussi, on mentait.

Pour ramener un peu de bon sens dans le pays et débusquer les mensonges proférés avec une facilité déconcertante depuis 1652, Mandela donnait parfois l'impression de chercher à se convaincre lui-même de la légitimité de cette volonté de transparence dans le corps législatif. Par exemple, dans son second discours sur l'état de la nation, il dit : « Nous pouvons donc affirmer à juste titre que cette législation, telle qu'elle a été approuvée, est représentative de la volonté du peuple. Elle jouit donc d'une légitimité et d'une force exécutoire qu'aucune loi antérieure ne saurait avoir[6]. »

Le bâtiment du premier Parlement du Cap fut construit en 1884, dans un style néoclassique qui intégrait les caractéristiques de l'architecture hollandaise du Cap. Site classé, le Parlement a abrité plus de quatre mille œuvres d'art, certaines d'une valeur inestimable, ou datant du XVIIe siècle. Mais, malgré son importance historique et sa valeur, cette collection n'était pas représentative de la totalité du peuple et de l'art sud-africains.

Quand le Parlement décida de retirer de ses bâtiments des portraits et des œuvres datant de l'ère de l'apartheid, Mandela soutint la démarche. Il dit que la décision « avait été prise après de longues délibérations au sein du Parlement, et fut soutenue par tous les partis politiques. Le nouveau Parlement démocratique devait refléter l'image d'une Afrique du Sud ouverte, dans toute sa diversité. C'est un élément important de la construction de la nation et du processus de réconciliation[7] ».

Mandela rendit aussi hommage au Parlement d'autres façons. Pleinement conscient de la force symbolique du code vestimentaire, il tenait à porter un costume au Parlement, ce qui changeait de ses habituelles chemises bariolées de Madiba. Il était effectivement toujours sourcilleux à propos de ses tenues – et plus généralement concernant ses habitudes quotidiennes. Son épouse, Graça Machel, raconte qu'il faisait ses exercices chaque matin au saut du lit, pliait son pyjama et faisait son lit avant de céder à l'aimable tyrannie de Xoliswa Ndoyiya, vieux membre du personnel de leur maison de Hougton. « Il était très propre et ordonné, dit Machel. Il ne fallait rien laisser traîner en sa présence. Partout où il allait, tout devait être bien rangé… d'une impeccable propreté. Même pour s'habiller, il prenait son temps ; il se regardait [dans le miroir] pour vérifier que tout soit parfait[8]. » Il était d'un pragmatisme inflexible mâtiné de courtoisie d'antan, qu'il attendait aussi d'autrui, surtout de ses collègues.

Ginwala lui demanda un jour pourquoi il venait tout le temps au Parlement en costume alors que ses chemises colorées étaient déjà devenues sa marque de fabrique. « Il a pris son air le plus digne, dit Frene, et m'a répondu : "Frene, le Parlement représente le peuple, il faut que je le respecte, donc, je porte toujours un costume."[9] »

Il ne se souciait pas que de son apparence. Il s'inquiétait également de l'absentéisme de certains députés et ministres, à la fois parce qu'on avait besoin d'eux au Parlement en tant qu'élus du peuple et aussi pour s'assurer que le quorum était atteint au cours des débats. Parfois l'opposition demandait la tenue d'un débat anticipé qui prenait de court l'ANC[10]. Quand la question fut soulevée par le révérend Makhenkesi Stofile, premier chef de groupe de l'ANC, Mandela accepta de leur écrire à ce sujet, mais l'avertit : « Trouvez un moyen de ne pas faire peser un trop lourd fardeau sur leurs épaules parce qu'ils ont aussi un autre travail[11]. »

Mandela avait soixante-quinze ans quand il devint président, et il n'avait jamais été député. La séance des questions au gouvernement était souvent houleuse et très partisane. Par conséquent, il existait un accord tacite – par déférence pour son âge et son statut, et les pressions liées à son programme lors des premières années de transition – pour lui éviter d'avoir à répondre aux questions du Parlement[12].

En revanche, Mandela était invité aux réunions de l'ANC. Il y assista fréquemment au début, discutant de nombreux sujets avec les leaders du groupe parlementaire et les ténors du parti, y compris Ginwala ; Govan Mbeki, qui était vice-président du Sénat ; Stofile, le chef de groupe ; et Mendi Msimang, qui présidait la réunion. Il sondait aussi fréquemment ses proches collaborateurs et anciens codétenus, s'assurant que leur point de vue était bien pris en compte dans les discussions[13].

Les notes préparatoires de Mandela à une réunion de février 1996, presque deux ans après l'élection du nouveau Parlement, nous éclairent sur ses interventions. Il était toujours préoccupé par l'assiduité et la conduite des députés de l'ANC au Parlement[14]. Il était aussi contrarié par les tensions entre l'ANC et d'autres partis liées au fait que l'essence multipartite du Gouvernement d'union nationale ne se retrouvait pas toujours au Parlement[15] :

> 1. J'ai manqué plusieurs réunions de ce groupe à cause d'autres engagements que je ne pouvais pas annuler.
>
>   La réunion du groupe est le moteur principal de notre travail parlementaire ; et si

nous voulons accomplir le mandat de notre peuple efficacement, il est de notre devoir à tous d'y assister.
Je me suis arrangé avec mon cabinet pour organiser mes rendez-vous de façon à me permettre d'assister à la réunion.
2. Il faut aussi que j'essaie de rester en contact étroit avec les commissions de pilotage des portefeuilles.
3. Les coordinateurs du groupe vont me communiquer le taux d'absentéisme au Parlement à la fin de chaque mois. Faire attention aux conséquences d'un échec. Sujet abordé avec [illisible].
Discipline maximum cruciale. Conséquences du manque de discipline.
4. Section 43 [question du pouvoir des provinces] en discussion.
5. Nous n'avons pas remporté une victoire militaire où nous dictons nos conditions à une armée vaincue.
6. Mission accomplie – autorités indépendantes résultat de notre dur labeur[16].

Les notes personnelles de Mandela en vue des réunions montrent son attachement à la discipline – la loyauté et la franchise. Dans l'une, il remarque que « le parti a relevé de nombreux défis », en référence à certaines frondes, y compris l'évincement des prétendus africanistes dans les années 1950 et du Groupe des Huit dans les années 1970*. « Ils étaient populaires

---

* Les voix dissonantes au sein de l'ANC qui ont fait scission et créé le PAC. Huit hauts dirigeants de l'ANC, le Groupe des Huit,

au sein de l'ANC, mais une fois qu'ils n'en ont plus fait partie, il a été facile de les gérer. » Puis, en tête d'une liste de déclarations, de mémos et d'admonestations qui s'adressaient autant à lui qu'à un public imaginaire, Mandela remarque : « Le secret, c'est que notre lutte repose sur des principes[17]. »

Il y a encore d'autres notes du même genre, toutes révélatrices de l'état d'esprit d'un homme pour qui la démocratie était un idéal pour lequel il était prêt à mourir. Pour les non-initiés, les notes griffonnées de Mandela sonnent comme des aphorismes un peu frustes, des mots que des parents pourraient attribuer à un adolescent tourmenté – « Ne jamais laver son linge sale en public » ou « Penser avec sa tête, pas avec son sang » – mais ils étaient très sérieux. L'un d'entre eux, « Que les leaders décident qui participe au débat », s'explique par l'attention portée par Mandela au travail des commissions parlementaires de pilotage des portefeuilles[18]. Comparé au système de commissions du vieil apartheid, où, comme l'a dit un observateur, « un seul agent s'occupait de cinq commissions qui se réunissaient en secret pour approuver sans discussion les lois et la politique de l'exécutif », les commissions démocratiques « avaient les moyens de demander des comptes à l'exécutif. Elles étaient habilitées à recevoir des preuves, à convoquer des témoins et faciliter la participation publique dans le processus parlementaire[19] ». Il fallait un mécanisme qui fasse contrepoids aux ministres, qui tienne l'exécutif en respect, dans des commissions de pilotage des portefeuilles

---

furent exclus de l'ANC pour leur opposition aux membres blancs du Parti communiste qui affaiblissaient, selon eux, les revendications nationalistes de l'ANC.

représentatives du corps législatif. Mandela fit en sorte que les braconniers endossent le rôle de gardes-chasse avec sérieux.

En janvier 1996, il y eut un débat houleux lors d'une audience de la Commission de pilotage du portefeuille de la Défense autour d'une loi relative à la mixité au sein des forces armées. La loi proposée suggérait que l'anglais soit la seule langue utilisée au sein des forces mixtes. Le chef des forces de défense, le général Georg Meiring, se plaignit de l'incident à Mandela. Lors de la réunion suivante du groupe parlementaire, Mandela tança les membres de l'ANC qui faisaient partie de la commission pour avoir proposé une loi qui, dit-il, allait à l'encontre des efforts de réconciliation de l'ANC et du GNU[20].

Autre problème qui jeta une lumière crue sur la relation entre l'exécutif et les commissions, une comédie musicale financée par l'État, *Sarafina II*, dont le sujet était la prévention contre le sida, et qui suscita rapidement la controverse. Le thème de la comédie musicale et la dépense d'argent public, ainsi qu'une explication incohérente du ministère de la Santé sur les sources de financement, prirent un tour feuilletonesque dont Mandela se serait bien passé. Conscient de l'intense intérêt public autour de cette question, il fit en sorte de la manier avec précaution. Après avoir expliqué les mérites de ce projet, la ministre de la Santé, Nkosazana Dlamini-Zuma, proposa de présenter sa démission s'il s'avérait qu'elle avait mal agi. Mandela déclina sa proposition. Certains, comme Ahmed Kathrada – cela a déjà été dit –, ont qualifié la fidélité de Mandela de force et de faiblesse. Mais malgré la levée de tout soupçon sur la responsabilité financière de la ministre Dlamini-Zuma par le bureau du Médiateur, l'incident entacha la réputation de Mandela, poussant des éditorialistes du pays et de l'étranger à parler du développement de la corruption au cours de son mandat.

S'il avait su ce qui se dirait, Mandela ne se serait jamais laissé détourner de son idée, guidé par ce qu'il avait appris de Sophocle : « La croyance commune prévaut sur la vérité[21]. » À propos du personnage interprété par Mandela dans une représentation d'*Antigone* à Robben Island, le célèbre auteur sud-africain André Brink déclara : « Même si, comme ses camarades de jeu, il s'identifia d'abord à Antigone, il donna de Créon ce qui était sans doute, *a posteriori*, une interprétation étrangement clairvoyante : "Bien sûr, on ne connaît jamais complètement un homme, son caractère, ses principes, son jugement, tant qu'il n'a pas montré sa couleur, gouverné un peuple, promulgué des lois. L'expérience, voilà le révélateur."[22] »

La scène, désormais, était là, dans la nouvelle Chambre, à près de quatorze kilomètres de l'île. Des sujets d'importance nationale étaient soumis au Parlement sous la forme de débats exceptionnels ou de déclarations. Parmi ceux-ci figuraient la fermeture des bureaux du Programme reconstruction et développement, l'adoption de la Constitution par l'Assemblée constituante, et le rapport de la Commission Vérité et Réconciliation.

Aucun sujet ne souleva plus la controverse que le processus, initié par Mandela, d'exhumation et de confrontation avec les crimes du passé institutionnellement tolérés, par le biais de la Commission Vérité et Réconciliation. Créée par une loi du Parlement en 1995, la Commission tint ses premières auditions sur le passé tristement célèbre de l'Afrique du Sud en avril 1996 à East London, au Cap-Oriental, province la plus pauvre du pays. C'est là que, le deuxième jour, le président de la Commission, l'archevêque Desmond Tutu, éclata en sanglots pendant la séance publique et télévisée, quand il écouta l'effroyable déposition en fauteuil roulant de Singqokwana Malgas, ancien détenu de Robben Island qui avait eu une attaque en 1989 après des années de torture aux mains de la police secrète. Malgas, qui parlait avec difficulté, dit qu'en 1963, après son arrestation par la police d'East London et son accusation des chefs de terrorisme, « il avait été torturé et “terriblement violenté” avant d'être emmené à Pretoria, accusé et condamné à vingt-deux ans de prison. En appel, sa peine avait été réduite à quatorze ans[23] ».

De nombreux cas sembables, dont l'épouvantable histoire de Malgas reste le symbole, mirent à nu les crimes d'un passé ignoré.

Même si Mandela et De Klerk bataillèrent pendant des mois sur le cadre de travail de la Commission, par exemple la période concernée par l'enquête – une partie de la communauté blanche craignant de rouvrir de vieilles plaies –, la Commission permit de mettre au jour l'appareil sécuritaire de l'apartheid et de révéler ses réseaux secrets. Bien que le rapport final en cinq volumes ne pût satisfaire tout le monde – les Blancs sud-africains parce qu'il ressemblait à une entreprise de démolition en règle et les Noirs sud-africains parce qu'il n'était pas allé assez loin –, il est devenu un document inestimable de l'histoire sociale.

En juin 1995, Mandela répondit à un sénateur qui s'interrogeait sur les progrès de l'enquête de police après la mort par balles de militants de l'Inkatha devant Shell House, le siège de l'ANC à Johannesburg, en mars 1994. Pour clore le débat, Mandela déclara qu'il était responsable de la fusillade de Shell House. En réalité, comme cela fut révélé par les audiences d'amnistie de la Commission Vérité et Réconciliation, Mandela n'avait pas ordonné au service de sécurité de tuer qui que ce soit, mais de protéger l'immeuble[24]. Mais il fit ce qu'un leader doit faire : il en assuma l'entière responsabilité. Avec un curieux mélange de calme et de rudesse, il aborda le sujet dans un discours au Sénat :

« Concernant le prétendu massacre de Shell House, les membres du Parti national se sont rangés du côté de l'Inkatha. Et ce malgré le fait que, la veille du drame, j'aie appelé le président d'alors, M. De Klerk, le général van der Merwe et le général Callitz. Je leur ai dit qu'il y aurait une prétendue manifestation, et qu'il risquait d'y avoir de nombreux morts. Je leur ai demandé de poser des barrages autour de Johannesburg, pour protéger des vies.

« Ils se sont tous engagés à le faire. M. De Klerk m'a même interrompu pour me demander : "En avez-vous parlé à van der Merwe ?" À quoi j'ai répondu : "Oui, je lui en ai parlé." Il m'a alors dit qu'il lui en parlerait, lui aussi. Aucun barrage n'a été posé. Ces gens ont pu entrer dans la ville avec leurs armes. À 7 heures, Radio 702 a annoncé que l'Inkatha avait tué trente-deux personnes à Soweto. Quand ils sont arrivés en ville, nous disposions déjà de cette information.

« Ils sont venus à Shell House, sans s'arrêter devant l'endroit où ils étaient censés se retrouver. Nous savons pourquoi ; j'ai donc dit à notre service de sécurité que, s'ils s'attaquaient à l'immeuble, il fallait qu'ils le protègent, même s'il devait y avoir des morts. Il était absolument nécessaire pour moi de donner ces instructions.

« Ce que je constate, aujourd'hui, c'est que le Parti national et le Parti démocrate, qui est désormais à la droite du PN, n'ont jamais pu nous dire qui a tué ces quarante-cinq personnes à Johannesburg. Leur seul souci, c'étaient les neuf personnes abattues en situation de légitime défense. C'était le seul objectif de la position tenue par le Parti national et le Parti démocrate. Ils n'ont montré aucun signe d'intérêt pour les quarante-cinq autres personnes qui ont trouvé la mort, donnant l'impression que les Blancs n'ont rien à faire des Noirs[25]. »

Un tollé général accueillit la déclaration de Mandela, et l'opposition demanda la tenue d'un débat anticipé. Quand Thabo Mbeki et Sydney Mufamadi allèrent le voir, avant même qu'ils abordent le sujet, il leur dit : « Je sais pourquoi vous êtes là. Vous êtes des diplomates. Je ne suis pas un diplomate parce que j'ai passé mon temps à me battre contre des gardiens. Que voulez-vous que je fasse avec ma déclaration[26] ? »

Après leur discussion, une réunion exceptionnelle des dirigeants de l'ANC fut organisée pour adopter une stratégie et choisir une réponse appropriée lors du débat parlementaire. Conscient de la portée du débat qui s'annonçait, Mandela se prépara. Mais il savait qu'il lui serait encore plus dur de s'expliquer s'il ne conviait pas les médias. « Finalement, écrit-il au moment de préparer la réunion, l'opinion des médias est importante et même cruciale à certains égards. Nous devons toujours les traiter avec respect ; les Blancs disposent d'armes puissantes et de la propagande, que nous ignorons, à nos risques et périls. Mais il ne faut jamais oublier le peuple, et notre stratégie ne doit pas ignorer ses sentiments sur cette question[27]. »

Ce que Mandela déclara au cours du débat anticipé fut en substance une reprise de son premier discours au Sénat, auquel il ajouta un rappel des objectifs fondamentaux de la transition, en insistant sur l'impératif d'un effort national pour atteindre ces objectifs. Shell House « ne fut pas une surprise », dit-il. Les manifestants « avaient reçu l'ordre d'attaquer Shell House, de détruire des informations et de tuer les membres de la direction ». Sachant cela, l'ANC avait alerté les autorités, qui n'avaient pas pris les mesures préventives qu'elles s'étaient engagées à prendre, ce qui entraîna la mort de plus de trente personnes, tuées dans la foulée du déchaînement de fureur de l'Inkatha à Soweto.

« Inutile de dire, poursuivit Mandela, que la déferlante de manifestants sur Shell House, loin de leur itinéraire, les coups de feu tirés, et le fait que les quelques policiers déployés sur place aient pris la fuite, a donné du crédit aux informations que nous avions obtenues. C'est dans ce contexte, madame la présidente, que survint cet incident. »

Il regrettait « la perte de vies, où que ce soit, en toutes circonstances. Mais les partis impliqués dans cette vendetta devraient réfléchir à ce qui serait arrivé si ces comploteurs étaient allés au bout de leurs intentions, si, en effet, ils avaient envahi Shell

House, détruit des documents et tué les leaders de l'ANC[28] ! ».

Il termina néanmoins sur une note conciliante : « C'est pourquoi nous devons nous consacrer, en mémoire de toutes les vies perdues dans le conflit, à chercher ensemble des solutions aux problèmes qui génèrent le conflit. Il faut mettre un terme à la violence. L'existence de zones de non-droit, contrôlées par tel ou tel parti, est une honte pour notre nation. Il faut faire en sorte de s'en débarrasser. Plus que tout, nous devons sauver des vies humaines.

« Tant que nous échouerons à nous attaquer à ces problèmes, nous saperons notre capacité à améliorer la qualité de vie de notre peuple, des millions qui vivent encore dans une pauvreté abjecte. Nous serons freinés dans notre volonté de voir tous les Sud-Africains profiter d'un climat de tranquillité et de sécurité, ce qui est leur droit.

« La nation s'est fixé une mission de reconstruction et de développement, de construction et de réconciliation. Elle attend de ses élus dans ces augustes assemblées le sérieux de la détermination et l'application à la tâche que requiert le succès. C'est dans cet esprit que nous prenons les commentaires qui nous ont été faits. Pour ma part, j'appelle tous les partis à se joindre à nous pour donner une meilleure vie à tous les Sud-Africains[29]. »

❦

Lors de la dernière session de l'année 1999, Mandela parla de la contribution apportée par le premier Parlement démocratiquement élu. Il fit l'éloge du peuple sud-africain pour avoir choisi « une façon profondément légale de faire sa révolution », notant que « c'est par la voie législative que des instruments ont été pensés afin de créer une meilleure vie pour tous ». Au souvenir de certaines confrontations douloureuses avec les commissions, il dit que c'était par la voie législative « que la surveillance du gouvernement pouvait s'exercer »[30].

Mandela savait, malgré ses envolées lyriques, que le Parlement avait des détracteurs. Peu de temps auparavant, Joseph Chiole, du Front de la liberté, s'était emporté contre les médias, qui d'après lui induisaient la population en erreur. « Les élus du Parlement, dit-il, ont été, et continuent d'être, discrédités, insultés, et déshonorés au point que le fait de dire du mal d'un élu du Parlement est devenu un sport national en Afrique du Sud… Chaque jour, dans presque tous les journaux, nous lisons des histoires déformées. » En conclusion de son discours, Chiole dit : « La réalité actuelle en Afrique du Sud, c'est que les parlementaires sont terriblement frustrés de ne pas avoir les moyens à leur disposition de servir efficacement les électeurs ni de mener un travail de recherche absolument nécessaire. D'un autre côté – je regrette de le dire –, quand les élus font des propositions, on les accuse de s'en mettre plein les poches[31]. »

Mandela déclara : « Des questions ont été soulevées, nous le savons, pour savoir si cette assemblée n'est pas un bon moyen de gagner de l'argent à ne rien faire, où les députés se tournent les pouces aux frais de la nation. À ceux qui posent ce genre de questions, nous disons : “Regardez le bilan de notre Parlement pendant ces années de liberté.” »

Il renvoya les critiques du Parlement à « la centaine de lois votées en moyenne par ce corps législatif chaque année ». Des lois votées pour que « l'héritage de notre passé soit défait et corrigé…

« C'est un bilan, conclut Mandela, dont nous pouvons être fiers[32]. »

8

Les chefs traditionnels et la démocratie

Le fait que les chefs traditionnels africains aient joué un rôle aux débuts de l'ANC est généralement négligé ou, dans le meilleur des cas, fait partie du folklore. Nelson Mandela a toujours cautionné les dignitaires historiques (dont certains étaient membres de familles royales africaines) qui furent les délégués de la conférence fondatrice de l'ANC à Bloemfontein (aussi appelée Mangaung, son nom ancestral en sesotho), le 8 janvier 1912. Durant les années d'exil, il était aussi devenu de tradition pour le président de longue date de l'ANC, OR Tambo, d'utiliser le jour anniversaire de la naissance de l'ANC pour saluer le soutien de la communauté internationale et afficher sa solidarité avec les mouvements de libération partout dans le monde. Le style de leadership de Mandela consistait à marquer l'anniversaire en prêchant l'union, et en reprenant les mots de Pixley ka Isaka Seme*, l'un des fondateurs de l'ANC et premier de ses présidents. Mandela citait l'appel mémorable de Seme :

* Pixley ka Isaka Seme – voir Personnalités, lieux et événements.

> Chefs de sang royal et gentilshommes de notre race, nous sommes ici rassemblés pour réfléchir et discuter d'un sujet que mes collègues et moi avons décidé de vous soumettre. Nous avons découvert que, dans leur pays de naissance, des Africains en sont réduits au rôle de porteurs d'eau. Les Blancs de ce pays ont créé ce qui est connu sous le nom d'Union d'Afrique du Sud – où nous n'avons pas droit de cité pour la rédaction des lois comme pour leur administration. Nous vous avons donc conviés à cette conférence pour discuter des moyens de former notre propre union nationale dans le but de créer l'unité nationale et de défendre nos droits et privilèges[1].

Au fil du temps, néanmoins, en grande partie à cause des intrigues de l'administration coloniale puis de l'État d'apartheid, les structures traditionnelles des rois et des chefs avaient fini par servir des intérêts contraires à ceux de la majorité du peuple. Le grand dessein de l'apartheid, fondé sur l'éternelle stratégie de la division pour mieux régner, donna naissance aux bantoustans (ou homelands), à des entités prétendument « autonomes », dotés de partis politiques et d'une administration propres.

Pour Mandela et l'ANC, c'était un impératif politique de donner une place au pouvoir traditionnel dans une Afrique du Sud démocratique, sans mettre en danger le principe démocratique. À sa fondation, l'ANC disposait d'une Chambre haute composée de représentants du pouvoir traditionnel, affirmant le rôle précoce des royaumes et des structures traditionnelles dans la résistance contre l'intrusion coloniale.

Bien que la Chambre haute eût été abandonnée parce qu'elle impliquait une forme de ségrégation, elle fut supplantée en 1987 par le Congrès des chefs traditionnels sud-africains (CONTRALESA)*, qui intégra le vaste front démocratique créé par l'ANC. Cela s'inscrivait dans la droite ligne des « Directives constitutionnelles pour une Afrique du Sud démocratique » de l'ANC en 1989, qui stipulaient que « l'institution des souverains et des chefs héréditaires devrait être transformée pour servir les intérêts de l'ensemble du peuple en conformité avec les principes démocratiques incarnés par la Constitution ».

À Robben Island dans les années 1970, les détenus débattirent des derniers développements dans les bantoustans, où des arrangements manipulateurs venaient d'accorder pouvoirs et privilèges aux chefs qui se conformaient aux règles de l'apartheid tout en écartant les rebelles. L'essence de la pensée de Mandela à ce propos fut exposée dans son essai de 1976, « Clear the Obstacles and Confront the Enemy » (« Faire tomber les obstacles et affronter l'ennemi »), dans lequel la phrase « Chaque minute compte et nous ne pouvons nous permettre aucune hésitation » exprime un sentiment d'urgence absolue. Puis il va au cœur du problème, affirmant : « L'un des sujets les plus brûlants du pays en ce moment est l'indépendance du Transkei et d'autres bantoustans, et toute la question de notre stratégie à l'égard des institutions de l'apartheid[2]. »

Brusquement autocritique, Mandela se demande s'il est bien sage de rejeter en bloc les bantoustans et défend l'idée qu'ils pourraient être utilisés – ou

---

* Congrès des chefs traditionnels sud-africains (CONTRALESA) – voir Personnalités, lieux et événements.

potentiellement explorés – pour atteindre les objectifs de la libération. L'essai affirme que le mouvement de libération présente des « failles », qu'il est « dépassé », et milite pour trouver un arrangement avec les bantoustans. Cela, suggère-t-il, ferait pencher la balance en faveur du mouvement de libération et lui donnerait une présence politique, une assise dans les zones rurales où son influence était alors au plus bas. Cette entente entre le mouvement de libération et les bantoustans faciliterait l'exploitation des failles du régime. Le cœur de son argumentation, néanmoins, est la crainte que le mouvement de libération ne détruise tout seul sa raison d'être.

« En exploitant notre faiblesse dans les zones rurales, écrit-il à propos de l'indépendance imminente du Transkei, le régime s'est probablement aperçu que l'indépendance de chaque bantoustan aurait pour conséquence une chute brutale voire une disparition complète du nombre de nos partisans dans ces régions-là*. Une fois qu'un peuple a le droit de s'occuper de ses propres affaires, il a gagné le seul droit pour lequel il était susceptible de se joindre au mouvement de libération. » Il mettait en garde contre les tergiversations car le leurre des homelands avait déjà attiré « certains hommes autrefois politiquement actifs ». Il prévient : « Si nous n'aplanissons pas nos différends et ne serrons pas les rangs immédiatement, il nous sera difficile, voire impossible, de résister aux pressions clivantes une fois que l'indépendance sera prononcée. »

* L'un des plus anciens bantoustans, le Transkei, obtint une indépendance symbolique et devint une République autonome de l'État sud-africain le 26 octobre 1976, avec comme président le chef suprême Botha J. Sigcau et comme Premier ministre le chef Kaiser Matanzima.

Quand Mandela fut libéré, le Front démocratique uni avait déjà posé les fondations d'un large front démocratique incluant un nombre considérable de chefs traditionnels. Beaucoup avaient décidé de mettre leur destin en jeu pour résister au système des bantoustans, ou de s'en servir comme d'une tribune contre ses fondateurs.

En décembre 1989, deux mois tout juste avant la libération de Mandela, la Conférence pour un avenir démocratique rassembla des milliers de représentants de centaines d'organisations, y compris de partis politiques de plusieurs bantoustans. Tout juste deux mois après sa sortie de prison, Walter Sisulu fit un discours lors de la conférence sur le besoin d'un front élargi. « Notre réponse est de rester intraitables dans la quête d'une unité plus large, dit-il. En effet, nous ne pouvons nous satisfaire de cette conférence, malgré son ampleur. Notre objectif est plus ambitieux. Il est d'unir la totalité de notre société[3]. »

Le sentiment d'urgence ne quitta jamais vraiment Mandela, même après sa libération. Il poussa l'ANC à réunir les chefs traditionnels et les partis des bantoustans dans le camp du mouvement de libération pour les opposer au Parti national. Une note rédigée par Walter Sisulu au cours d'une réunion souligne ses préoccupations : « Camarade Xhamela, j'espère que vous rendrez bientôt visite aux chefs des homelands. Tout retard risquerait de nous faire damer le pion par le gouvernement[4]. »

Quand les négociations officielles débutèrent le 21 décembre 1991, les partis du bantoustan étaient parmi les participants. Quelques jours avant la première réunion de la Convention pour une Afrique du Sud démocratique (CODESA), Mandela, en tant que président de l'ANC, publia un communiqué :

« Dans le souci d'un esprit d'unité, l'ANC pense qu'il est important que les chefs traditionnels s'impliquent dans le processus. Nous croyons, et nous l'avons dit à la CODESA, que les chefs traditionnels du plus haut rang de toutes les régions d'Afrique du Sud assisteront à l'événement en tant qu'observateurs les 20 et 21 décembre. Tout comme les chefs étaient présents lors de la formation de l'ANC, ils devraient être présents à ce tournant qui annonce l'aube d'une nouvelle Afrique du Sud démocratique[5]. »

Après bien des débats au sein même des comités de l'ANC sur la forme que cette implication devrait prendre, un compromis fut trouvé en faveur d'un statut participatif spécial, en présence des chefs traditionnels des quatre provinces. Plus tard, à l'approche des premières élections, Mandela exhorta les militants à faire un choix tactique et à ne pas se détourner des chefs traditionnels à cause de leur histoire. En s'adressant à la jeunesse en avril 1994, il leur rappela : « Il serait difficile pour notre organisation de s'implanter et d'être forte dans les zones rurales à moins de travailler avec [les chefs traditionnels] sur leurs territoires respectifs. Ceux qui s'imaginent que nous n'avons rien à faire avec les chefs ne connaissent pas la politique de l'ANC et n'ont aucune idée de la meilleure façon de renforcer la présence de l'organisation à la campagne. »

Le Parti national avait exploité cette faiblesse. « C'est ainsi qu'ils ont réussi, dit Mandela, à imposer la politique des homelands au peuple.

« Dans nos coutumes et notre histoire, le chef est le porte-parole de son peuple. Il doit écouter les doléances de son peuple. Il est le dépositaire de ses espoirs et ses désirs. Et si un chef décide d'être un tyran, de prendre les décisions à la place de son peuple, il courra tragiquement à sa perte, parce que nous nous occuperons de lui[6]. »

Ce dernier point était né d'une réunion avec un panel de chefs traditionnels peu après sa libération. Il en parle ainsi :

« Peu après ma sortie de prison, j'ai pris l'avion pour East London où j'ai rencontré le camarade Silumko Sokupa et le Comité exécutif régional pour me tenir au courant de la situation de cette zone. Au cours de leur présentation, ils m'ont dit que le président de la Chambre de Rarabe, le roi Zanesizwe Sandile, viendrait me rendre visite à mon hôtel ce matin-là. Je fus stupéfait car le fait de proposer à un monarque de rendre visite à un simple homme politique dans un hôtel était une entorse au protocole.

« Je demandai au Comité d'appeler immédiatement le roi pour lui dire que je préférais lui rendre une visite de courtoisie dans son palais dans la journée. C'est à ce moment-là que le roi entra dans la chambre. Je lui présentai mes excuses, affirmant que, parmi les jeunes gens qui occupaient des postes à responsabilité au sein du Congrès national africain, beaucoup étaient originaires de zones urbaines. Ils savaient très peu de choses des chefs traditionnels. C'était moins l'expression d'un manque de respect délibéré qu'une forme d'ignorance sur le rôle historique des chefs traditionnels et la contribution vitale qu'ils avaient apportée à la lutte de libération.

« Des héros comme le chef Khoi, Autshumayo, Maqoma et Hintsa de la maison royale des Tshiwo, les Thembus Siqungati et Gecelo, les Zoulous Cetwayo et Bambatha, les Pedis Mampuru et Sekhukhune, les Vendas Makhado et Tshivhase, et beaucoup d'autres légendes, s'étaient retrouvés en première ligne dans les guerres de résistance. Nous parlons d'eux avec respect et admiration. Des chefs traditionnels comme le Thembu Dalindyebo Ngangelizwe, et les Swazis Indlovukazi, Labotsibeni Gwamile, ont tous donné une grande quantité de bétail pour que leur peuple fasse partie de l'ANC*. Des rois ont appelé aux quatre coins du pays d'autres chefs africains à participer à la formation de l'ANC en 1912. Une Chambre haute fut créée par la suite pour accueillir les chefs traditionnels.

« Même au plus fort de la sévère répression du régime d'apartheid, il y eut des monarques courageux comme Cyprian Bhekuzulu kaSolomon, Sabata Dalindyebo et d'autres qui refusèrent de trahir leur peuple en acceptant la politique des bantoustans†.

---

* Le chef Maqoma fut commandant dans la dite Sixième Guerre anticoloniale xhosa de 1834-1836. Hintsa fut le treizième roi des Xhosas et régna de 1820 jusqu'à sa mort en 1835. Siqungati fut un guerrier Thembu qui combattit le colonialisme. Gecelo était un chef xhosa qui fut en première ligne dans les batailles contre le colonialisme dans les années 1800. Cetwayo était l'un des neveux du roi Chaka Zulu. Il succéda à son père, Mpande, comme roi de la nation zouloue en 1872. Bambatha prit la tête des manifestations connues sous le nom de Révolte Bambatha contre le pouvoir et les taxations britanniques en 1906. Mampuru était un roi et un combattant anticolonialiste, il fut exécuté par le pouvoir colonial en 1883. Sekhukhune fut roi des baPedi et combattit dans deux guerres anticolonialistes. Il fut assassiné par son rival Mampuru en 1882. Makhado était un roi guerrier et le fils du roi Ramabulana. Tshivhase était le fils de Dibanyika, premier roi VhaVenda, au sud du fleuve Limpopo. Dalindyebo Ngangelizwe fut roi des Thembus à partir de 1879. En 1904, il se rendit en Angleterre pour assister au couronnement du roi Édouard VII. Indlovukazi était la reine mère swazi. Labotsibeni Gwamile était la reine mère et régente du Swaziland.

† Cyprian Bhekuzulu fut roi de la nation zouloue de 1948 à 1968. Sabata Jonguhlanga Dalindyebo fut chef suprême du Transkei de 1954 à 1980, et chef du Parti démocrate progressiste.

« À mon retour de prison j'ai emmené le camarade Peter Mokaba, président de la Ligue de jeunesse de l'ANC, le général Bantu Holomisa, qui était alors l'homme fort du bantoustan du Transkei, et Ngangomhlaba Matanzima*, ancien ministre de l'Agriculture du même bantoustan. Nous sommes allés au Cap-Oriental rendre visite à des rois africains et aux chefs traditionnels qui leur prêtaient allégeance.

« À tous, mon message fut le même : j'expliquai que nous savions très bien qu'ils avaient été forcés par le régime d'apartheid à accepter la politique de développement séparé des races. S'ils ne l'avaient pas fait, ils auraient été destitués par ce régime oppressif. Nous, l'ANC, n'étions pas là à l'époque pour les protéger.

« J'allai plus loin et insistai sur le fait que la jeunesse était excusable de les avoir qualifiés de traîtres, car les chefs traditionnels, à quelques exceptions près mentionnées ci-dessus, furent impitoyables dans leur persécution des membres du mouvement de libération. Désormais, l'organisation n'était plus interdite, les prisonniers politiques avaient été relâchés et les exilés seraient bientôt rentrés au pays. L'ANC regagnait force et légitimité et accorderait sa protection aux chefs traditionnels. Je les exhortai à rallier l'organisation et à se joindre au combat pour la libération.

« Partout où nous allâmes, nous fûmes bien accueillis. Vulindlela Tutor Ndamase était alors roi du Pondoland-Occidental et son siège était à Nyandeni. Holomisa, qui était présent à la réunion, était devenu le chef militaire du Transkei, où se trouvait le Pondoland.

---

* Ngangomhlaba Matanzima est le président de la Chambre des chefs traditionnels du Cap-Oriental.

Il avait réussi un coup d'État sans verser le sang contre la Première ministre Stella Sigcau, princesse du Pondoland-Oriental. En nous accueillant, Vulindlela se vanta de n'être pas un chef traditionnel ordinaire, mais un roi renommé. Personne, affirma-t-il, n'oserait jamais tenter un coup d'État contre lui. Il donnait l'impression de mettre au défi le général Holomisa de lui faire un coup [*sic*]. Il donnait l'impression de mettre au défi le général de le renverser. Mais le général ne fut pas offensé par cette vantardise royale.

« Nous rendîmes aussi visite au roi Xolilizwe Sigcau de la maison de Tshiwo. Dans son discours de bienvenue, il attaqua avec virulence le *toyi-toyi* [une danse], qui était devenue une forme populaire de protestation*. Il déclara qu'il n'y avait rien qu'il pût haïr davantage que le *toyi-toyi*. Il avait mené son enquête pour savoir d'où venait ce type de manifestation, mais personne n'avait pu le renseigner. Il annonça qu'il avait interdit cette forme de manifestation dans son royaume.

« Peter Mokaba lui expliqua alors son origine. C'était un cri de guerre contre la politique d'apartheid. Ce n'était pas du tout dirigé contre les chefs traditionnels. Mokaba, non sans audace ni sans grâce, se mit à danser le *toyi-toyi*, tournoyant sur lui-même d'un air menaçant. Le maître de cérémonie était Mandlenkosi Dumalisile, chef traditionnel de haut rang de cette maison, et ministre de l'Agriculture dans le bantoustan du Transkei. Quand Peter Mokaba fit ses dernières

* Empruntée par l'ANC à l'Armée populaire révolutionnaire du Zimbabwe, cette danse énergique, consistant à taper des pieds en rythme, fut récupérée dans les manifestations politiques des townships assiégés d'Afrique du Sud dans les années 1980.

observations, Dumalisile fit tressaillir l'assemblée en dansant à son tour le *toyi-toyi*. Le roi, visiblement fasciné par l'éloquence et la grâce de Mokaba, accepta l'explication.

« Holomisa et Ngangomhlaba Matanzima m'accompagnèrent seulement dans le Transkei, où mes rencontres se déroulèrent sans encombre. Malgré le langage diplomatique et courtois de rigueur, cela se passa moins bien dans les bantoustans du Bophuthatswana et du Lebowa dans la province du Transvaal, comme s'appelait alors la province du Limpopo. La situation fut aussi difficile au KwaZulu-Natal.

« Lucas Mangope était le président du Bophuthatswana, et un client d'un autre genre. J'allai dans son bantoustan en compagnie du camarade Joe Modise, qui devint plus tard notre ministre de la Défense, de Ruth Matseoane, qui devint notre ambassadrice en Suisse, et de Popo Molefe, qui devint gouverneur de la province du Nord-Ouest. Avant avril 1994, le mouvement de libération n'était pas autorisé à faire campagne dans le bantoustan de Mangope. Il commença par accepter ma demande de retirer toutes les barrières pour permettre aux partis politiques de faire campagne librement dans sa zone. Plus tard dans la discussion, il me posa soudain une question inattendue : "Quand vous prononcerez un discours dans ma zone, comptez-vous dire que le Bophutuatswana est un bantoustan ?"

« Je lui assurai que tout le monde savait que sa zone était un bantoustan et que cela serait le thème de nos discours. Il me dit que dans ce cas il allait avoir des ennuis. Son peuple se sentirait insulté et il ne serait plus en mesure de garantir notre sécurité. Nous répondîmes que nous étions sûrs que non seulement il réussirait à nous protéger, mais que nous gagnerions le soutien de la majorité de la population de cette zone. Mais nous n'arrivâmes pas à le convaincre. Ce fut un match nul. Plusieurs fois, par la suite, je l'invitai à Johannesburg et tentai, sans succès, de le convaincre. C'est un des hommes politiques les plus difficiles et imprévisibles que j'aie connus.

« Après nous être arrachés à la toile inextricable des intrigues de Mangope et de quelques généraux sud-africains, nous avons réussi, avec le concours de Pik Botha, Mac Maharaj, Fanie van der Merwe et Roelf Meyer à convaincre Mangope de quitter son poste de président et de dissoudre son gouvernement. Le Conseil exécutif de transition le remplaça par l'ambassadeur sud-africain de ce bantoustan [du Bophuthatswana], Tjaart van der Walt, et Job Mokgoro en guise de gouvernement provisoire.

« J'eus aussi de graves ennuis, dans la province du Transvaal, dans le bantoustan du Lebowa qui était placé sous l'autorité du gouverneur Nelson Ramodike. Il y avait deux très sérieux prétendants au trône des Pedis, à savoir Rhyne Thulare et Kenneth Kgagudi Sekhukhune, tous deux descendants du roi Sekwati Ier*. Rhyne était le fils de l'héritier incontesté de la reine Mankopodi Thulare, qui fut régente tant que son fils était mineur. Elle fut déposée par la suite par le Conseil royal de la tribu qui réprouvait certains aspects de son règne. Le Conseil royal désigna Rhyne pour prendre la succession de la mère, mais Rhyne déclina. Le Conseil royal se tourna alors vers K.K. Sekhukhune et le nomma régent. On lui ordonna d'épouser ce qu'on appelait une "femme-chandelle" pour engendrer

* Sekwati (1775-1861) fut roi des Pedis dans ce qui est aujourd'hui la province du Limpopo.

un roi*. Un fils naquit à la suite de ce mariage et fut baptisé Sekwati III.

« Puis Rhyne changea d'avis et réclama son trône à bon droit. D'après la loi et la coutume, il était l'héritier incontesté du trône. Mais K.K. Sekhukhune refusa de céder la place au motif que Rhyne avait abdiqué, argument retenu par la Haute Cour. Je tentai d'organiser plusieurs fois une réunion des membres de la tribu, sans succès. Je finis par dire très clairement qu'il s'agissait d'une querelle qui devait être réglée par les Pedis eux-mêmes et non par le président de l'ANC ou du pays. Mais le problème reste irrésolu.

« J'eus des ennuis du même genre avec les chefs traditionnels du Venda. Je rendis visite au roi Tshivhase, persuadé que tous les chefs traditionnels de la région seraient là. Contrairement à ce que je croyais, le roi Mphephu refusa de venir sous prétexte qu'il était l'aîné de Tshivhase, et insistait, malgré sa grande envie d'écouter ce que j'avais à dire, pour que je me rende chez lui. Même si je reçus un accueil chaleureux, il était clair que je l'avais profondément blessé en croyant que Tshivhase était son aîné. Je découvris aussi qu'il travaillait en étroite collaboration avec le président De Klerk.

« Je n'eus pas moins de problèmes avec les chefs traditionnels zoulous...

« En temps utile et en dépit de tous les problèmes que j'ai rencontrés, la majorité écrasante des chefs traditionnels du pays a fini par répondre positivement et rallier l'ANC.

---

* Une « femme-chandelle » est une femme sélectionnée par la nation et rattachée par les liens du mariage à la maison royale dans le seul but d'engendrer un garçon.

« Je n'essaie pas le moins du monde d'insinuer qu'une seule personne est responsable de cet accomplissement historique. Des dirigeants comme Walter Sisulu, OR Tambo, Jacob Zuma, John Nkadimeng, Elias Motsoaledi, Ngoako Ramatlhodi et beaucoup d'autres encore occupèrent le devant de la scène pendant cette campagne*. C'est grâce au résultat de cet effort collectif que l'ANC est devenu tout-puissant à la fois dans les zones urbaines et rurales[7]. »

Le processus d'intégration du pouvoir traditionnel dans la démocratie fut long et ardu. Alors que les chefs traditionnels étaient représentés au Forum de négociations multipartites, qui négocia la Constitution intérimaire avant l'élection de 1994, ils furent absents de l'Assemblée constituante élue qui rédigea la Constitution définitive, et ne furent pas non plus consultés. Un peu comme on invite un parent qui n'a plus toute sa tête à une fête de famille, le gouvernement dut échafauder des stratégies, y compris sur le plan législatif, pour réincorporer les bantoustans dans l'État sud-africain, tout en s'assurant que les valeurs de la démocratie en sortiraient intactes. Le principal casse-tête pour tout le monde consista à détricoter les éléments des structures administratives coercitives inhérentes aux bantoustans, qui étaient un héritage du régime d'apartheid.

* Nkadimeng a été membre du Comité exécutif national de l'ANC, membre du Congrès sud-africain des syndicats et du SACP, et vice-président du COSATU. Ramatlhodi a été membre du Comité exécutif national de l'ANC et gouverneur de la province du Limpopo de 1994 à 2004.

Une partie de la quête de Mandela pour approfondir la démocratie, en se servant du pouvoir de l'État, consistait – comme dans l'expression consacrée où il faut procéder « par étapes » – à éliminer un par un les bâtons que l'histoire lui avait mis dans les roues. Une partie de la législation permettant la création d'un État unitaire, comme la loi de transition des gouvernements locaux de 1993, ouvrit la voie aux premières élections de gouvernements locaux, qui eurent lieu dans presque tout le pays en novembre 1995. L'exercice pesa sur la transformation qui, comme l'observa Allister Sparks, avait amené à « redessiner la carte géopolitique de l'Afrique du Sud – en soi, une transformation tout à fait remarquable par son échelle. Un pays qui consistait jusque-là en quatre provinces et dix homelands tribaux théoriquement autonomes, quatre d'entre eux indépendants, avait été redessiné en neuf provinces entièrement nouvelles qui disposaient de leur propre gouverneur, pouvoir exécutif et législatif, et où les prétendus homelands disparaissaient en tant qu'entités séparées pour se fondre dans les provinces[8] ».

Le format des élections fut l'un des sujets de négociations les plus difficiles. Il avait été conçu pour favoriser l'électorat blanc et, dans certaines régions, les forums de restructuration des collectivités locales furent utilisés pour résister au changement. Simultanément à d'autres dynamiques, cela créa une alliance inhabituelle entre le CONTRALESA et l'Inkatha, qui organisèrent une marche vers les Bâtiments de l'Union pour presser le président Mandela de leur donner plus de pouvoir. Dans certaines régions rurales, les chefs traditionnels appelèrent au boycott des élections – ce qui ne fut qu'un pétard mouillé puisque la population de ces régions choisit massivement d'exercer son droit de vote nouvellement acquis. Bien que le taux de participation ait été inférieur à la moyenne dans certaines régions rurales, on ne peut pas l'attribuer avec certitude à l'influence des chefs traditionnels[9].

Si le CONTRALESA et l'Inkatha avaient uni leurs forces pour demander que les collectivités locales accordent un plus grand pouvoir aux chefs traditionnels, leurs positions sur le financement restaient divergentes. Le CONTRALESA penchait pour une égalité de traitement à travers le pays tandis que l'Inkatha voulait accorder un statut spécial au KwaZulu-Natal et craignait de perdre son emprise sur la province si les ressources étaient versées par le gouvernement national.

Ceux qui avaient travaillé avec Mandela pendant les négociations sur la Constitution savaient que lui-même était un membre de la famille royale Thembu. Mais son attitude fut exclusivement guidée par les impératifs politiques.

Valli Moosa se souvient de Mandela affirmant :

> Les chefs traditionnels avaient une certaine influence dans leur région, et il était important de coopérer avec eux. Pendant les négociations, il avait l'impression qu'il fallait les avoir de son côté, pour qu'ils soutiennent la transition au lieu de s'y opposer. Il ne voulait pas non plus que le régime mobilise les chefs traditionnels contre le changement, voilà pourquoi il a coopéré avec eux et les a gardés près de lui. Il respectait les chefs traditionnels en ceci qu'ils avaient le respect et le soutien de leur communauté… même s'il pensait que nombre d'entre eux n'avaient aucune légitimité ; il répétait ça tout le temps. Mais il n'a

jamais voulu qu'ils tiennent un rôle quelconque au sein du gouvernement ; ce n'étaient pas des élus[10].

Vu la complexité du sujet, Mandela crut aussi utile de prendre conseil autour de lui. Il écrit que Sydney Mufamadi, ministre des Affaires provinciales et du gouvernement local, « m'a tenu informé de la position des chefs traditionnels, surtout après mon départ de la présidence du pays en juin 1999. Il m'a rappelé que, lors de notre accession au pouvoir en 1994, il nous avait fallu donner une place aux chefs traditionnels dans notre nouveau système de gouvernement. Pour cela, nous avions créé six Chambres provinciales des chefs traditionnels, ainsi que la Chambre nationale des chefs traditionnels, pour qu'ils puissent jouer un rôle sur les questions relevant de leur juridiction.

« La création de ces chambres s'accordait à la politique de l'ANC qui avait dès l'origine, comme nous l'avons déjà dit, une Chambre haute pour les chefs traditionnels. Cette mesure ne fut pas seulement prise pour reconnaître le rôle joué par les chefs traditionnels dans les guerres de résistance, mais aussi parce qu'il s'agissait d'un pas important dans notre campagne pour enterrer la malédiction du tribalisme. Un groupe de travail interministériel fut créé pour conseiller au gouvernement le rôle que devaient jouer les chefs traditionnels à l'échelle du gouvernement local, provincial et national. Mais il faut fermement refuser toute concession qui les placerait hors du processus démocratique en leur confiant un pouvoir décisionnaire. Ce qui est très perturbant est leur incapacité à comprendre les forces sociales à l'intérieur et à l'extérieur du pays.

« Les Sud-Africains ont pleinement accepté un gouvernement démocratique au sein duquel les représentants du peuple au niveau central, provincial et local sont élus démocratiquement et doivent rendre des comptes à leur électorat. D'ailleurs, la jeunesse du pays qui occupe aujourd'hui des postes à responsabilité, dans la société civile comme à tous les niveaux du gouvernement, au Congrès des syndicats sud-africains (COSATU) et au Parti communiste sud-africain (SACP), est urbaine et instruite. Elle refuse de compromettre les principes démocratiques en concédant un pan du pouvoir à ceux qui occupent une position d'autorité au sein de la société non grâce à leurs mérites mais grâce à des liens d'hérédité.

« Nombre de nos chefs traditionnels oublient aussi de tirer les enseignements de l'histoire. Ils n'ont pas l'air de savoir qu'il y eut jadis des monarques dans le monde qui ne partageaient pas le pouvoir avec leurs sujets… Les monarques ayant résisté à l'épreuve du temps sont ceux qui ont décidé, eux-mêmes ou leurs prédécesseurs, de permettre à des représentants du peuple de gouverner, transformant leurs pays en monarchies constitutionnelles, comme la reine Élisabeth II d'Angleterre, le roi Juan Carlos d'Espagne, le roi Albert de Belgique, la reine Beatrix des Pays-Bas, la reine Margrethe II du Danemark, le roi Harald de Norvège et le roi Carl XVI Gustaf. Si ces monarques s'étaient accrochés obstinément à leur pouvoir absolu, ils auraient disparu depuis longtemps.

« Mais il ne faut jamais oublier que l'institution des chefs traditionnels est consacrée par le droit et les coutumes africaines, par notre culture et notre tradition. Il ne faut pas chercher à l'abolir. Il faut trouver une solution amiable fondée sur des principes démocratiques et qui permette aux chefs traditionnels de jouer un rôle important à tous les niveaux de gouvernement.

« J'ignore si le gouvernement d'apartheid a mis en place la mesure suivante dans d'autres bantoustans, mais dans le Transkei existait une école pour les fils de chefs traditionnels, où leur étaient enseignés les rudiments du pouvoir administratif dans les régions sous leur juridiction. Je n'essaie pas de dire qu'il nous faudrait plus d'écoles de ce genre. Mais en fonction des ressources d'un gouvernement, il serait souhaitable d'encourager les fils de chefs traditionnels à recevoir la meilleure formation possible.

« Bien que mes propres ressources soient très limitées, j'ai envoyé un certain nombre de fils et de filles de chefs traditionnels dans des universités d'Afrique du Sud, du Royaume-Uni et des États-Unis d'Amérique. Un corps instruit de chefs traditionnels diplômés de l'université accepterait selon toute probabilité le processus démocratique. Leur complexe d'infériorité, qui en pousse beaucoup à perpétuer un mode d'administration féodal, finirait par disparaître, au fil du temps.

« Certains dirigeants de l'ANC ont créé des fonds éducatifs pour favoriser l'entrée, en particulier des enfants précédemment défavorisés, au lycée, dans des technicons* et à l'université. Mais je les incite à ouvrir leurs bourses aux enfants des chefs traditionnels.

« Les pouvoirs coloniaux, dans leurs tentatives de soumettre le peuple du continent africain, ont volontairement refusé d'admettre l'existence de nos rois. Ils les appelaient chefs suprêmes. Seules les puissances

---

* Un technicon est un établissement semblable à un institut de technologie.

coloniales se réservaient le monopole d'avoir des rois et des princes. L'ère du colonialisme et du mépris pour le peuple africain est révolue, pour toujours. Nous devons reconnaître nos rois et nos princes[11] ».

❦

La dernière étape, pendant la présidence de Mandela, vers la réconciliation du pouvoir traditionnel avec les gouvernements locaux démocratiques fut le vote de la loi définissant les structures municipales en 1998. Elle ouvrit le champ de la première élection pleinement démocratique des gouvernements locaux, en l'an 2000, consolidant le système d'autorités locales élues. Les chefs traditionnels seraient membres d'office, sans droit de vote, des conseils de régions qui les reconnaissaient. Mais là encore, certains furent déçus et critiques, continuant de faire pression sur l'État pour plus de reconnaissance.

La relation entre le pouvoir traditionnel et la violence fut un problème persistant pour Mandela. En particulier dans le Natal, où l'opiniâtreté de la résistance était malheureusement liée aux violences. Ce problème l'avait convaincu de passer l'un de ses premiers jours de liberté – le 25 février 1990 – à Durban pour tenir un meeting.

Après avoir salué la population du Natal, il avait déclaré : « Le passé est une abondante ressource sur laquelle nous pouvons nous appuyer pour prendre nos décisions futures, mais il ne dicte pas nos choix. Nous devrions nous tourner vers le passé pour en choisir les bons côtés et abandonner les mauvais. La question du pouvoir traditionnel en est une illustration. Non seulement dans le Natal, mais partout dans le pays, il y a eu des chefs qui ont été de bons et d'honnêtes leaders, guidant adroitement leur peuple dans cette sombre époque d'oppression. Voilà des chefs qui ont défendu les intérêts de leur peuple et qui bénéficient de son soutien. Nous saluons ces chefs traditionnels. Mais il y a eu beaucoup de mauvais chefs qui ont profité de l'apartheid et alourdi le fardeau de leur peuple. Nous dénonçons ces abus de pouvoir dans les termes les plus forts. Il y a aussi des chefs qui ont collaboré avec le système, mais qui ont depuis compris leur erreur. Nous saluons leur prise de conscience. Le titre de chef n'a pas été transmis par l'histoire à certains individus pour qu'ils en usent et en abusent à leur guise. Comme toutes les formes de pouvoir, il donne à ses détenteurs un certain nombre de responsabilités. Comme Luthuli, qui en est un lui-même, l'a dit : “Un chef est avant tout un serviteur du peuple. Il est la voix de son peuple.”

« La maison royale zouloue continue aujourd'hui de jouir du respect de ses sujets. Elle a une glorieuse histoire. Nous sommes sûrs que ses membres agiront toujours dans le souci du bien-être des Sud-Africains.

« L'ANC offre une maison à tous ceux qui souscrivent aux principes d'une Afrique du Sud libre, démocratique, non raciale et unie. Nous nous engageons à construire une nation unique dans notre pays. Notre nouvelle nation inclura Noirs et Blancs, Zoulous et Afrikaners, et locuteurs de toutes autres langues. Le chef Luthuli, président général de l'ANC, a dit : “Je crois personnellement qu'ici, en Afrique du Sud, forts d'une grande diversité de couleurs et de races, nous montrerons au monde un nouveau modèle de démocratie. Je crois que nous, Sud-Africains, devons relever le défi pour donner l'exemple au monde." Voilà le défi auquel nous faisons face aujourd'hui. »

Le principal obstacle à franchir était que peu de choses avaient changé depuis sa libération. « Et pourtant, même aujourd'hui, alors que nous nous tenons ensemble sur le seuil d'une nouvelle Afrique du Sud, le Natal est à feu et à sang, dit-il. Nos frères se battent les uns contre les autres dans des guerres de vengeance et de représailles. Chaque famille a perdu un être cher dans ce conflit[12]. »

C'est un grand paradoxe que le Natal des années 1990 soit devenu le principal obstacle à la transition vers la démocratie. Les guerres de la province contre l'intrusion coloniale sont légendaires, sans parler du fait que c'est la terre natale de John Langalibalele Dube et de Pixley ka Isaka Seme, fondateurs de l'ANC en 1912. Le chef Albert Luthuli, premier récipiendaire du prix Nobel de la paix en 1960 et président général de l'ANC de décembre 1952 à juillet 1967, était aussi originaire du Natal.

Dans presque tous ses discours à propos de la tragédie des divisions qui ravageaient la province, Mandela invoqua le passé glorieux des Zoulous en rappelant leur engagement dans la résistance anticoloniale. La réémergence du syndicalisme militant dans les années 1970 et 1980 devait beaucoup aux ouvriers du Natal. Mais, à partir du milieu des années 1980, le Natal s'enfonça dans un conflit violent et meurtrier qui aurait fait, selon certaines estimations, vingt mille morts au cours de la décennie suivante, la plupart à la suite de la levée de l'interdiction des mouvements de libération en 1990[13].

Les forces de sécurité de l'apartheid – police et renseignement militaire – fomentèrent et perpétrèrent des violences et, d'après des preuves fournies par divers agents, ont offert un soutien matériel et opérationnel à l'Inkatha, parti au pouvoir dans le bantoustan du KwaZulu[14]. Malgré les manœuvres déloyales du gouvernement de l'apartheid pour limiter le changement démocratique au bantoustan du KwaZulu, il fut débordé par l'ANC, qui réussit à attirer pratiquement tous les autres bantoustans dans son camp[15].

Grâce au soutien actif des forces de sécurité, l'Inkatha fit monter la pression pour atteindre ses objectifs constitutionnels – anticonstitutionnels, en l'occurrence –, semant le chaos à travers le Reef (qui fait désormais partie du Grand Johannesburg), en particulier dans l'East Rand et des parties de ce qui est aujourd'hui le Mpumalanga. Environ un millier de personnes furent tuées dans les trois mois qui précédèrent les élections de 1994. La capitulation de dernière minute de Mangosuthu Buthelezi pour participer aux élections fut donc essentielle dans l'arrêt des violences et la perspective de la transition et d'une élection incontestée.

Malgré cela, la paix fut sporadique, entrecoupée de régulières poussées de violence. La normalisation de la situation au KwaZulu-Natal fut l'une des principales préoccupations de la présidence de Mandela. Sans éradiquer complètement la violence politique, il fit feu de tout bois en recourant à des stratégies qui, dans l'ensemble, rétrécirent l'espace opérationnel de la violence, coupant le cordon ombilical qui avait nourri la capacité d'action de la police secrète. Plus de sécurité et une activité politique plus libre permirent un retour à la normale dans la province et son intégration dans la nation sud-africaine émergente.

Au cours de son mandat, Mandela eut une attitude ambivalente à l'égard des chefs traditionnels du KwaZulu-Natal :

« Tout d'abord, il faut dire que ces représentants de notre peuple sont intensément nationalistes, fiers et courageux. Ils s'inspirent beaucoup des accomplissements spectaculaires de uNodumehlezi, ou le Napoléon noir, comme les historiens du colonialisme appellent parfois le roi Shaka.

« Cela fait longtemps que je côtoie les Zoulous, et la majorité sont des hommes et des femmes que j'admire profondément.

« Je voue un immense respect à Mangosuthu Buthelezi, ministre de l'Intérieur, entre autres, formidable survivant, qui nous a battus deux fois à la régulière dans des élections libres, la première en avril 1994 et de nouveau en juin 1999. Nous avons utilisé contre lui des faits notoirement connus, qu'il dirigea un bantoustan, et que, malgré son refus de prendre son indépendance comme l'avaient fait d'autres bantoustans, il avait travaillé main dans la main avec le régime d'apartheid, qui lui avait octroyé des fonds pour qu'il prenne position contre les sanctions et la lutte armée, qu'il avait créé le syndicat UWUSA [Syndicat des travailleurs unis d'Afrique du Sud] pour saper les politiques progressistes et dynamiques du COSATU et du SACP. Nous avions même des arguments encore plus dévastateurs que ceux que je viens de citer. Tous échouèrent à ternir sa réputation, et il reste encore à ce jour un incontournable et puissant personnage public.

« Mais on ne peut nier qu'il existe encore un noyau dur de traditionalistes arrogants et influents qui se croient supérieurs à d'autres groupes africains dans le pays. Lors d'une réunion avec les chefs traditionnels zoulous à Durban, le prince Gideon Zulu m'accusa d'avoir insulté les Zoulous dans leur ensemble et leur roi Zwelithini en particulier, parce que je l'avais placé au même rang que le roi Mayishe II des Ndebele. Je critiquai vivement pareille arrogance et lui dis sèchement qu'il y avait beaucoup de monarques très respectés dans notre pays. Les Ndebele, lui fis-je remarquer, étaient une tribu fière et sans peur qui avait apporté une importante contribution à notre histoire. J'ajoutai qu'il était dangereusement illusoire de la part des Zoulous de penser qu'il n'y avait qu'un roi noir dans le pays.

« Il y a une zone disputée dans le Transkei, revendiquée à la fois par Thandizulu Sigcau, roi du Pondoland-Oriental, et par Zwelithini. Les deux rois, le ministre Buthelezi et moi avons assisté à une réunion dans cette zone. Je fus abasourdi et gêné quand Thandizulu fut écarté et qu'on lui demanda de s'asseoir derrière Zwelithini et Buthelezi. Malgré mon immense respect pour Zwelithini, je ne pus garder le silence. J'intervins pour faire en sorte que Thandizulu prenne place au premier rang à côté de Zwelithini.

« De nombreux membres de cette célèbre tribu sont comme le vice-président Jacob Zuma et le Dr Ben Ngubane, membre de l'Inkatha et ministre des Arts, de la Culture, des Sciences et de la Technologie. Ces deux hommes politiques sont un exemple de dirigeants qui ont constamment fait passer le bien-être du pays avant les intérêts personnels ou partisans. Ils sont larges d'esprit et se battent pour l'unité de notre peuple[16]. »

Même si Mandela et Buthelezi avaient une histoire politique et sociale commune – tous deux étaient des anciens de l'université de Fort Hare et avaient été membres de la Ligue de jeunesse de l'ANC –,

Buthelezi restait une énigme pour Mandela. L'attitude des membres de l'ANC sur le terrain, qui faisaient les frais de la violence dans le Natal, se durcissait à l'égard de l'Inkatha, Buthelezi étant le point focal de leur exécration. L'hostilité des réactions quand Mandela demanda aux factions du Natal en guerre de jeter leurs *pangas* « à la mer » n'était pas retombée quand, quelques semaines après, il avait émis l'idée d'une rencontre avec Buthelezi pour ramener la paix[17].

« Le Comité exécutif national de l'ANC ne voyait aucune objection à ce que je discute avec Buthelezi, dit-il à Richard Stengel, son collaborateur pour *Un long chemin vers la liberté*. Ce qui s'est passé, c'est qu'en 1990 je suis allé à Pietermaritzburg où j'ai reçu un accueil enthousiaste. Ce fut difficile – à un moment j'ai même perdu une chaussure, voyez – parce qu'il n'y avait pas de forces de l'ordre et que la foule m'entourait, voyez… mais ils furent très enthousiastes. J'ai même eu du mal à commencer mon discours, mais une fois lancé, pris dans mon élan, j'ai dit : "Monsieur De Klerk, M. Buthelezi et moi devrons nous rendre dans des zones à risque pour lancer des appels à la paix." C'est là que le public a failli m'écharper. Ce même public qui m'avait montré son amour. À la seconde où j'ai mentionné le nom de Buthelezi, toute trace d'amour a disparu. Et ils m'ont dit : "Vous n'allez quand même pas discuter avec un homme dont le parti tue notre peuple !"[18] »

Mandela maintenait avec Buthelezi des relations cordiales, d'aucuns auraient même dit amicales, parce que ce dernier avait refusé les flatteries des lois de l'apartheid dans les bantoustans et tenu le prisonnier « informé de ce qui se passait à l'extérieur ». Mais ils étaient nombreux au sein de l'ANC à n'en rien faire, y compris parmi les membres de la direction en exil, comme John Nkadimeng, du Comité exécutif national, qui déclara dans une émission de Radio Freedom que « la marionnette Gatsha [Buthelezi] est formée par l'Occident et le régime raciste pour devenir un [Jonas] Savimbi*, dans une future Afrique du Sud libre. Il revient au peuple sud-africain de neutraliser le serpent Gatsha qui l'empoisonne. Il faut l'assommer d'un coup sur la tête[19] ».

Dans son livre *Gatsha Buthelezi : Chief With a Double Agenda*, Mzala, nom de plume de feu Jabulani Nobleman Nxumalo, brillant idéologue de l'ANC et du SACP, réfute l'idée que Buthelezi ait jamais eu d'influence positive dans la longue lutte contre l'apartheid. Il affirme qu'il fut absent de tous les événements importants : opposition à la promulgation de la loi sur les autorités bantoues de 1951, mobilisation pendant la Campagne de résistance passive en 1952, et action préparatoire pour le Congrès du peuple et l'adoption de la Charte de la liberté. « Cette campagne n'impliquait pas seulement des membres de l'ANC. Des gens venus de tous horizons y participèrent et envoyèrent des délégués à Kliptown le 26 juin 1955. Buthelezi n'y fut pas délégué, et n'y envoya aucun délégué[20]. »

Mandela lui-même expliqua à Stengel que Buthelezi « n'a pas honoré les accords conclus entre l'Inkatha et l'ANC… et que les nôtres en ont eu assez de lui. Vous

---

* Jonas Savimbi fut le cofondateur et le chef de l'Union nationale pour l'indépendance totale de l'Angola (União nacional para a independência total de Angola) (UNITA), le mouvement nationaliste anticommuniste opposé au Mouvement populaire de libération de l'Angola (Movimento popular de libertação de Angola) (MPLA) pour gouverner l'Angola avec le soutien secret de l'appareil sécuritaire de l'apartheid et de la CIA.

savez, l'Inkatha a été créé par l'ANC pour lui servir de branche armée à l'intérieur du pays et nous avions conclu un accord à cet effet ». Mais, affirme Mandela, « une fois l'Inkatha créé, Buthelezi a décidé… de se séparer de l'ANC et de développer son propre parti politique, ce qui a détérioré nos relations[21] ».

Dans le cadre de sa stratégie pour juguler la violence au KwaZulu-Natal, le gouvernement développa une approche du conflit où la paix deviendrait le thème dominant de l'action politique ; les chefs traditionnels seraient soustraits au contrôle des partis politiques et à l'action sécuritaire guidée par la collecte de renseignements sur le terrain. Mandela déclara que l'ANC avait été « très clair sur sa conviction que cette violence était téléguidée par une main cachée[22] ». Il croyait aussi que les plus hauts dirigeants du parti devaient être « déployés dans ces zones dangereuses », en prenant des mesures de sécurité adéquates. « Rien, sentait Mandela, ne décourage autant les gens sur le terrain que la perpétuelle absence de dirigeants dans ces zones problématiques[23]. »

Juste au moment où Mandela obtint le soutien de P.W. Botha pour riposter à la menace de la violence que faisait peser l'aile droite afrikaner, il alla voir le roi Goodwill Zwelithini. « Mon but, dit Mandela, était de forger une relation indépendante avec le roi, distincte de ma relation avec le chef Buthelezi. Le roi était le véritable chef héréditaire des Zoulous, qui l'aimaient et le respectaient. La fidélité au roi était bien plus répandue au KwaZulu que l'allégeance à l'Inkatha[24]. »

Avec cette approche, il ne faisait aucune concession ; il se mettait en quatre pour ramener la paix. Walter Sisulu avait décrit son camarade et protégé comme une personne très dure, ajoutant : « Je crois qu'il y a très peu de personnes qui ont les qualités de Nelson. Nelson est un battant ; Nelson est un pacificateur[25]. »

Le roi Zwelithini accepta progressivement l'idée que, en tant que roi d'une nation de citoyens appartenant à divers courants politiques, il soit le seul chef traditionnel capable de transcender les querelles partisanes.

La violence continue et des déclarations incendiaires provoquèrent l'ire de Mandela. Tout commença en 1995 lors d'un meeting le 1er mai à Umlazi, un township à près de 25 kilomètres au sud-est de Durban. Le meeting avait lieu une semaine après que Buthelezi eut appelé ses partisans, lors d'un discours prononcé dans le même stade, à « se dresser et résister au gouvernement central » si les demandes constitutionnelles de l'Inkatha n'étaient pas satisfaites[26]. Pendant que la police tirait des balles en caoutchouc et des gaz lacrymogènes pour disperser les habitants massés depuis le matin et pour empêcher les partisans de l'Inkatha de marcher sur le meeting, un Mandela stoïque continuait son discours. Un article du *Mail & Guardian* décrit comment, « alors que les tirs faisaient fuir ses partisans derrière des rangées de bus, Mandela oublia son discours écrit et prononça ce qui reste peut-être la phrase la plus militante de sa présidence : "L'Inkatha est bien placé pour savoir que c'est le gouvernement central qui lui donne de l'argent, et que cet argent, il l'utilise contre mon gouvernement… s'il continue comme ça, je cesserai de le lui verser[27]." »

Pris de court, le cabinet du Président eut tôt fait de s'expliquer auprès des médias, replaçant la menace de Mandela dans le contexte d'une « mise en garde bienvenue » à la province[28]. Sans explication, cela eût été anticonstitutionnel. Par la suite, au Parlement,

Mandela développa, conscient de la tempête politique que ses remarques avaient déclenchée.

La retombée des tensions dans la province du KwaZulu-Natal était, dit-il, « l'une des priorités les plus urgentes à traiter par les politiques ». En référence à la Constitution, il rappela aux députés et aux sénateurs que la vie humaine était plus importante que la Constitution, car c'était cela qui était en jeu[29].

« J'ai informé les chefs de partis politiques, qu'ils soient membres ou pas du Gouvernement d'union nationale, de la gravité de la situation au KwaZulu-Natal. Le chef Buthelezi a publiquement appelé les Zoulous à se soulever contre le gouvernement central. Il a dit que, s'ils n'obtenaient pas le droit à l'autodétermination, cela ne valait pas la peine d'être vivant. Non seulement c'est ce qu'il a déclaré, mais sa menace est désormais mise à exécution dans cette province[30]. »

Citant une longue liste d'exactions de l'Inkatha qui avaient coûté des vies, il s'en prit aux députés de l'opposition pour leur hypocrisie sur les droits de l'homme. Il dit :

« Des députés ici présents qui ont toujours ignoré la tradition des droits de l'homme et de la démocratie donnent maintenant des conseils gracieux à des gens qui se sont battus durement pour installer la démocratie et la culture des droits de l'homme dans ce pays. Ils parlent du caractère sacré de la Constitution, et pourtant, quand ils sont au pouvoir, à la moindre occasion, ils interfèrent avec la Constitution. Ils ont même amendé le principe pourtant bien ancré qui protégeait le droit des citoyens de ce pays à parler leur langue, et le droit de vote des métis. Et voilà qu'ils nous font la leçon sur le caractère sacré de la Constitution[31]. »

Sur sa lancée, mais d'un air désabusé, Mandela finit son discours, expliquant ce qui l'avait poussé à menacer de retirer ses financements au KwaZulu-Natal :

« Je suis d'accord, la Constitution est très importante, et c'est un sérieux motif d'inquiétude d'entendre le président d'un pays menacer de modifier la Constitution, mais je suis déterminé à protéger la vie humaine. Le sentiment perdure chez certains que pour les Blancs de ce pays la vie des Noirs ne compte pas. Je ne le partage peut-être pas, mais il est palpable. Les discussions qui ont lieu ici, où personne ne prend la peine ne serait-ce que d'évoquer la raison principale qui m'a poussé à tenir cette ligne dure pour protéger des vies humaines, tend malheureusement à confirmer ce sentiment[32]. »

Le sujet fut de nouveau abordé quand le Sénat discuta du budget un mois plus tard, cette fois avec une question sur la fusillade préélectorale des manifestants de l'Inkatha devant Shell House, le siège de l'ANC à Johannesburg. Là, Mandela rappela à la Chambre le jeu de dupes auquel le Parti national s'était livré avec l'Inkatha :

« Quelles que soient les origines de l'Inkatha, le Parti national en a vite pris le contrôle et l'a utilisé pour saper la démocratie dans ce pays, saper le Front démocratique uni et maintenant l'ANC. Les députés doivent se rappeler que, lorsqu'on demanda au président De Klerk en juillet 1991 s'il avait donné à l'Inkatha 8 millions de rands puis 250 000 rands, il répondit oui, mais qu'il avait mis fin à cette pratique.

« Ce qui se passe au KwaZulu-Natal est le résultat des intentions cachées du Parti national. On le voit, en ce moment même, à sa façon d'aborder la question [dans le débat]. Je ne doute pas de la sincérité de leur point de vue, mais ils ont tellement pris l'habitude de se servir de l'Inkatha qu'ils ne voient même plus où est le mal… Il n'est pas exact de voir dans le problème le résultat d'un conflit entre les seuls ANC et Inkatha. Le Parti national est l'un des partis les plus coupables dans toute cette affaire, parce qu'il a pendant des dizaines d'années incité l'Inkatha à faire des choses contraires à la loi du pays. Voilà pourquoi il a tant de mal à se démarquer des exactions perpétrées par l'Inkatha.

« J'ai maintenu le contact avec l'Inkatha depuis ma sortie de prison. Une fois sur deux, c'est moi qui ai été à l'initiative de la rencontre. Pas une seule fois l'Inkatha n'en a pris l'initiative. C'est l'ANC qui l'a prise le reste du temps. Nous avons discuté de parti à parti. J'ai appelé le chef Buthelezi, j'ai eu des discussions seul à seul avec lui. Aucune n'a rien résolu, mais le Parti national ne trouve rien de mieux à dire que je ferais mieux d'engager les discussions avec Buthelezi.

« Dois-je vraiment répéter tout ce que je fais depuis cinq ans, et qui n'a rien résolu ? Sont-ils creux au point de n'avoir aucune nouvelle suggestion, sinon de dire que je devrais refaire ce que je fais depuis cinq ans ? Voilà ce qu'ils disent ! Sinon, qu'ils me disent quoi faire. J'ai eu recours à la négociation, à la persuasion, mais il n'y a pas eu la moindre avancée. Et maintenant, que suis-je censé faire[33] ? »

Quelques jours après, comme en réponse à la question exaspérée de Mandela, le cabinet fut informé des mesures tangibles prises pour combattre la violence au KwaZulu-Natal. Un groupe de travail composé du Président, des deux vice-présidents et du ministre de l'Intérieur fut créé, marquant un tournant dans le passage d'une guerre des mots publique à une action sécuritaire concertée pour stabiliser la situation. Des agents et officiers du renseignement accompagneraient les troupes et les policiers supplémentaires déployés dans la province. Un plan de sécurité couvrant tout le pays se concentra sur l'identification des points de départ du conflit, et la Commission d'enquête poursuivit son travail d'identification des structures secrètes des unités de commandos[34].

Une révélation des services de renseignements avait mis en avant l'implication d'une « main cachée » ou d'une « troisième force » et mené, en 1992, à la condamnation des officiers de police coupables d'un massacre en 1988 dans le village de Trust Feed, dans le Natal*. Un minutieux travail d'enquête révéla l'implication de hauts responsables des services de sécurité du gouvernement central et des homelands[35].

La révélation de l'implication de responsables politiques de premier plan fut une source de dilemmes, comme quand, en septembre, le procureur général de la province se retrouva en position d'engager des poursuites contre des dirigeants de l'Inkatha et des chefs de la police du KwaZulu. Dans certains cas, choisissant de privilégier la paix au bénéfice incertain qu'il y avait à poursuivre des criminels haut placés de l'Inkatha, l'ANC privilégia la stabilité. Les avancées effectuées dans la lutte contre cette violence entretenue depuis des dizaines d'années furent progressives. Violents incidents et massacres continuèrent de se produire.

Mandela devait tâcher de préserver la loi et l'ordre dans un pays défaillant, dangereux et d'une irrémédiable

---

* Trust Feed, village du KwaZulu-Natal où, en 1988, onze personnes furent tuées. Le lieutenant de police Brian Mitchell et quatre agents furent condamnés pour les onze meurtres à la peine de mort, commuée par la suite en réclusion criminelle à perpétuité.

cruauté, qui avait engendré des monstres comme Sifiso Nkabinde, seigneur de guerre zoulou dont le règne de la terreur se termina en 1999, quand il fut abattu sous les yeux de sa famille. Ironie du sort, peu de temps auparavant, en pleine folie meurtrière, Nkabinde, transfuge qui avait été l'un des leaders de l'ANC avant de devenir incontrôlable, avait tenté sans succès de faire assassiner sa propre mère. Sa mort marqua un tournant dans la neutralisation des éléments les plus violents qu'avaient engendrés les structures de sécurité.

En novembre 1996, à la mi-mandat du gouvernement, Mandela donna au Comité exécutif national de l'ANC des informations sur leur long périple vers une paix imparfaite. Ses notes reflètent son optimisme :

« Le KwaZulu-Natal est une réussite majeure, grâce à la fermeté, à une conduite intelligente des opérations, et au rôle des responsables politiques, religieux et autres. On peut mesurer le succès par le fait que seuls vingt-sept cas de violence politique ont été relevés au cours des trois derniers mois[36]. »

❦

Bien que la violence n'ait toujours pas été éradiquée au moment des deuxièmes élections nationales en 1999, la situation était bien meilleure que cinq ans plus tôt. Les zones de non-droit, qui s'étaient souvent révélées fatales pour les candidats, étaient moins nombreuses. Le roi Zwelithini et quelques autres chefs traditionnels du KwaZulu-Natal incitaient à aller voter et prêchaient la tolérance. Mais, comme partout ailleurs dans le pays, des tensions demeuraient, et la province souffrait encore d'un des plus forts taux de pauvreté rurale d'Afrique du Sud. L'adaptation des chefs traditionnels à la démocratie ne faisait que commencer – et il y avait encore beaucoup de travail à faire. La période de transition avait doté le roi zoulou d'un statut et de pouvoirs exceptionnels, qui se révéleraient problématiques dans les années à venir.

9

La transformation de l'État

Le 12 juin 1964, l'un des jours les plus sombres de l'histoire de l'Afrique du Sud, Nelson Mandela et sept autres membres du MK commencèrent une nouvelle vie, celle d'hommes condamnés à la réclusion criminelle à perpétuité. Même s'il finit par en parler avec légèreté, déclarant sur le ton de la boutade qu'il « était parti en vacances pendant vingt-sept ans », avant même de quitter le palais de justice de Pretoria, Mandela, alors âgé de quarante-cinq ans, avait déjà décidé de ne pas se laisser briser par la réclusion. La survie en prison réclamait d'immenses réserves de force mentale – il lui fallut s'armer de tout ce qui pouvait renforcer son équilibre intérieur et rejeter tout ce qui pouvait l'affaiblir. Comme il n'y avait pas d'anciens dans la prison, Mandela dut se reposer sur les livres dont il s'était nourri et intérioriser ce qu'il avait lu sur la vie d'autres détenus dans la même situation que lui[1].

La bibliothèque de Nelson Mandela, avant, pendant et après son incarcération était pleine de Mémoires et de biographies ainsi que de romans épiques dont le fil conducteur était la lutte de l'homme et son triomphe, contre toute attente. Jan Smuts, Deneys Reitz, Lénine, Jawaharlal Nehru, Carl von Clausewitz, Kwame Nkrumah et le chef Albert Luthuli côtoyaient *Spartacus*, *Guerre et Paix*, *Enterre mon cœur à Wounded Knee*, *Étoile rouge sur la Chine*[2]. Il y avait aussi les œuvres de Luis Taruc, meneur philippin de l'insurrection du Hukbalahap, dont les Mémoires, *Fils du peuple*, furent un texte clé pour Mandela quand il était à la tête du MK ; le récit par Taruc de la résistance paysanne et de la guérilla est si sombre qu'il les décrit comme un travail de Sisyphe[3].

L'une des montagnes que dut gravir Mandela fut la transformation de l'État. Comme en 1947, quand la joie de Nehru de devenir le premier Premier ministre de l'Inde fut éclipsée par sa détresse face aux vagues de meurtres et de conflits sectaires dans le Cachemire, il fallut que Mandela – qui avait présidé à la naissance d'une créature imparfaite – reste stoïque face à la destruction semée par l'apartheid, pour redonner foi à un peuple découragé. C'est aussi là que Mandela arracha une page du livre de Nehru quand il disait être sûr que des organisations multilatérales comme les Nations unies allaient s'impliquer dans la résolution du conflit.

La nécessité de rester optimiste pour l'avenir du pays fut un élément central de l'exercice du pouvoir par Mandela. Il s'agissait pour lui de l'une de ses missions les plus importantes. Sachant qu'il avait hérité d'une machine d'État faillible et inefficace, Mandela se devait d'éviter les écueils qui gangrenaient les pays nouvellement indépendants quand leur administration coloniale ouvrait la porte aux mouvements de libération. Les colons, ou l'ancienne administration de l'apartheid et ses partisans, étaient des Sud-Africains et non l'avant-poste d'un pouvoir colonisateur étranger ;

les colons étaient installés – ils étaient chez eux en Afrique du Sud. La transition conduisit inévitablement à des changements dans la fonction publique.

Le gouvernement de Mandela devait réorienter les priorités de l'État. Il fallait repenser tout ce qui avait été fragmenté. Comme l'a dit Allister Sparks : « Au niveau municipal, régional et national, un fatras d'institutions gouvernementales régionales inextricablement enracinées dans le système de l'apartheid, et où les races étaient physiquement et politiquement séparées, a été restructuré en un système compact[4]. »

Dans ce contexte, le corps de la fonction publique se devait de refléter la diversité de la population du pays. Mandela aborda la complexité de cette situation avec pragmatisme.

« Quand nous remportons une élection, nous exécutons un mandat, dit-il. Nous ne mettons pas la main sur le pouvoir politique. Pour mettre la main sur le pouvoir politique, il faut mettre la main sur la fonction publique, sur les forces de sécurité – à savoir la police et l'armée ; il faut placer les nôtres dans les télécommunications, etc. Il va falloir du temps pour mener à bien cette politique. Au cours des premiers mois ou de la première année, nous allons nous reposer largement sur les services tels qu'ils sont. Mais le processus de réorganisation commencera sur-le-champ, pour mettre nos citoyens les plus qualifiés dans les structures politiques où sont prises les décisions. Et cela prendra sans doute du temps, car nous devons former du personnel[5]. »

En outre, il y avait bien sûr la création des neuf nouvelles administrations provinciales pour remplacer les quatre provinces existantes, les dix bantoustans et les deux pseudo-administrations censées servir les populations métisse et indienne, ainsi qu'un nouveau système gouvernemental local.

Les « clauses d'extinction » actées pendant les négociations garantissaient aux fonctionnaires de l'ancien régime de conserver leur poste pendant la période d'intégration. De la même façon, la décision de garder les dirigeants de la Commission de l'administration publique, rebaptisée par la suite Commission du service public, assurait une transition en douceur et réduisait la probabilité d'une contre-révolution.

Ces succès furent parfois ponctués de difficultés qui détournaient l'attention des progrès effectués. Le manque de préparation et de compétences de l'ANC fut une source de grande préoccupation. Zola Skweyiya, qui deviendrait ministre de la Fonction publique et de l'Administration, déclara sans ambages : « Pour ce qui est de la fonction publique, je ne mentirai pas ; on ne peut pas dire qu'on était préparés du côté de l'ANC[6]. »

Avec sa franchise habituelle, Mandela pointa aussi le problème, déclarant : « Nous avions notre ligne politique, élaborée de longue date, mais nous n'avions pas d'expérience[7]. »

Si les leaders et les cadres de l'ANC manquaient de compétences techniques dans certains aspects de l'administration publique, par exemple dans les forces de sécurité, ils rattrapèrent leur retard en suivant des fonctionnaires de l'apartheid pendant les négociations et au sein du Conseil exécutif de transition, dont la première réunion eut lieu le 7 décembre 1993. Les sous-commissions du Conseil chapeautèrent les gouvernements locaux et régionaux, et les autorités traditionnelles s'occupèrent de la loi et de l'ordre – stabilité et sécurité, défense, finances, affaires étrangères, statut des femmes et renseignement. Ceux qui s'attachèrent aux questions de sécurité, de défense et de renseignement développèrent des procédures et des mécanismes de surveillance et de contrôle, qui furent un point de départ pour le nouveau gouvernement démocratique après l'élection. L'ANC était déterminé à ce que ces agences cessent de se fonder sur leurs vieilles méthodes opérationnelles et se conforment à l'esprit démocratique[8].

Comme cela a déjà été dit, pour Mandela, la sécurité était la clé d'une transition stable ; les fondations de son idéal démocratique. La meilleure façon d'avancer, d'après lui, était de faire en sorte que les fonctionnaires du régime précédent soient pris en compte et qu'on leur donne une place dans la nouvelle démocratie en tant que dépositaires et créateurs actifs de l'avenir. De plus, aux premiers jours de cette démocratie balbutiante, une immense quantité d'informations sur les violations des droits de l'homme restaient encore à découvrir ; un chamboulement précipité des forces de sécurité aurait pu entraîner une destruction des preuves, privant le gouvernement d'informations cruciales pour comprendre le passé, et éviter qu'il ne se répète[9].

En novembre 1994, six mois après le début de la mandature, informé de la volonté de certains éléments de la sécurité d'État d'empêcher une véritable transformation, le nouveau ministre de la Sûreté et de la Sécurité, Sydney Mufamadi, demanda à Mandela d'aborder la question avec les chefs de la police nationale. Mandela leur parla à huis clos, levant de temps à autre les yeux des notes qu'il avait préparées pour la réunion. Conscient de cette loi universelle selon laquelle un policier – n'importe quel policier – est lié par un strict code de solidarité, et que les flics sont connus pour mépriser les signes de faiblesse, il lui fallait être à la fois ferme et conciliant, la meilleure solution pour dompter leurs penchants sectaires :

« Je me réjouis de l'occasion qui m'est donnée de discuter avec le commandement du SAPS [Service de police sud-africaine]. Vous êtes responsables de la police. Vous ne pouvez atteindre votre objectif qu'avec le plein soutien du gouvernement.

« Je ne suis pas là en tant que représentant d'un parti politique – le Parti national ou l'ANC – mais en tant que chef du gouvernement du pays.

« Je crois à une force de police dévouée au service de la nation tout entière, et non d'un parti politique particulier.

« Je crois à une force qui cultive les critères professionnels les plus élevés. De tels critères doivent être maintenus, mais dans une phase de restructuration et de réorientation radicales des services de police.

« Il nous faut mener à bien cette transformation radicale, mais nous voudrions y parvenir avec la pleine coopération du directeur de la police nationale et de la totalité de son équipe dirigeante[10]. »

Il est rare qu'un Sud-Africain n'ait jamais eu d'expérience malheureuse avec la police. Si la police est souvent mal vue dans le monde, c'était encore plus le cas à l'apogée de l'apartheid et pendant la période de transition pilotée par Mandela. Car, aussi longtemps que l'apartheid fut légal, le trope du flic cruel avait existé dans la littérature et la chanson sud-africaines – et, dans presque tous les théâtres des townships, il fut synonyme de cruauté d'État. Sachant cela, Mandela enjoignit aux services de police de chercher en eux des solutions leur donnant une légitimité :

« Il serait regrettable que l'opinion publique vous croie opposés à cette transformation, et pense que vous défendez la nature raciste d'une force dominée par une minorité de Blancs, et où les Noirs sont relégués à des postes subalternes.

« Il ne faut pas que vous donniez l'impression de participer au changement contraints et forcés.

« Vous ne devez jamais oublier que les changements que nous introduisons dans ce pays sont le résultat de la lutte du peuple opprimé de notre pays, pour laquelle certains ont payé au prix de leur vie. Beaucoup d'entre eux sont morts en garde à vue, et d'autres ont subi de telles tortures en détention qu'ils sont handicapés à vie. Ils ne permettront jamais, surtout depuis qu'ils sont au pouvoir, qu'une agence ou un service du gouvernement sape leur projet de vivre dans de meilleures conditions.

« N'oubliez pas non plus que le monde regarde l'Afrique du Sud.

« Malgré la brutalité générale du système de l'apartheid – et celle de la police en particulier – à l'approche des élections, j'ai exhorté mon peuple à oublier le passé ; à œuvrer pour la réconciliation et la construction de la nation.

« À quelques insignifiantes exceptions près, le pays entier à merveilleusement réagi à ce message. Noirs et Blancs, tous les Sud-Africains, qu'ils parlent shangaan, venda, sotho, afrikaans ou anglais, œuvrent désormais ensemble à la construction d'une nouvelle Afrique du Sud.

« La police ne doit pas donner l'impression de s'opposer à ce mouvement et à cet esprit, n'apportant qu'un soutien de façade à cette idée, tout en œuvrant jour et nuit à saper notre action[11]. »

Mandela poursuivit en leur disant que non seulement il avait appelé la majorité noire – dont la plupart avait horriblement souffert aux mains de la loi – à voir la police d'un autre œil, mais il avait aussi pris des mesures concrètes pour assurer une transition pacifique. Il avait rencontré le général van der Merwe quelques mois avant les élections, s'était adressé au commandement de la SADF et à celui de la police sud-africaine (SAP) le 16 janvier 1993*.

« Le SAP, dit-il, a très bien réagi. Il a fait forte impression le jour de la cérémonie d'investiture, tout comme la SADF. Il ne faut pas que les généraux du SAP donnent l'impression de s'opposer à toute évolution.

« Les fantômes du passé continueront à nous hanter si nous ne devenons pas une part visible du changement. Les unités de commandos restent un élément préoccupant de la situation criminelle ; et l'incapacité du SAP à les arrêter une source de grande inquiétude pour moi[12]. »

Il énuméra ce qui le dérangeait ; le manque de sanctions disciplinaires quand il était prouvé que la police avait été impliquée dans l'entraînement militaire de membres de l'Inkatha ; son échec à trouver des camps d'entraînement illégaux de l'Inkatha ; le fait qu'elle ferme les yeux sur le mépris affiché par les membres de l'Inkatha en possession illégale d'une arme à feu. Il décria l'existence de deux poids, deux mesures dans « la virulence et parfois le vice avec lesquels le SAP agit contre l'ANC », alors qu'en même temps elle reste les bras croisés quand Eugene Terre'Blanche entraîne l'Afrikaner Weerstandsbeweging [AWB] dans des actions qui tuent de nombreuses personnes dans le

* La police sud-africaine (SAP) fut rebaptisée Service de police sud-africaine (SAPS) à la fin de l'apartheid et fusionnée avec d'autres forces de police du régime de l'apartheid.

Bophuthatswana juste avant les élections*. Conscient de la compromission de la police dans les actes criminels, il dénonça la criminalité galopante comme un frein aux investissements futurs dans le pays, et conclut en faisant part de sa préoccupation sur les conditions de travail des membres ordinaires de la police[13].

Il y eut de nombreuses rencontres comme celle-là, certaines commandées par l'urgence de la situation, d'autres par le besoin de Mandela de s'assurer que la police était sur la bonne voie. En plus d'assister à toutes les réunions du Comité sécurité et renseignement du cabinet, d'après Thabo Mbeki, Mandela était en contact avec la police à tous les niveaux. Son engagement sans limites à huis clos n'avait d'équivalent que dans les appels publics aux communautés lancés par Mandela pour soutenir la police, dont il reconnaissait l'effort d'adaptation à la nouvelle Afrique du Sud.

Mufamadi se souvient que, en tant que ministre de la Sûreté et de la Sécurité, il conseilla à Mandela de rencontrer la police. Mais souvent, Mandela « fixait des rendez-vous avec la police uniquement pour savoir ce qu'on y pensait de l'évolution de la situation ».

> Mandela leur donnait des conseils quand il pensait que c'était justifié, et les encourageait

* Début 1994, le président Lucas Mangope du Bophuthatswana tenta de réprimer les manifestations demandant la réincorporation du homeland dans l'Afrique du Sud. Le 7 mars 1994, de violentes manifestations et une grève de la fonction publique eurent lieu en réaction à sa décision de boycotter les élections démocratiques du 27 avril 1994. Le 11 mars, le AWB envoie des hommes armés soutenir Mangope. Ils s'engagent dans une folie meurtrière au cours de laquelle quarante-deux personnes sont tuées. Trois hommes de l'AWB furent abattus par un policier du Bophuthatswana.

à rester concentrés sur leur travail. À certains moments, telle activité criminelle devenait une priorité nationale, comme l'attaque de transports de fonds qui devint une habitude du crime organisé, avec des assaillants qui avaient parfois visiblement suivi un entraînement militaire. Nous avons créé une unité spéciale pour enquêter sur ce sujet. Quand Mandela l'apprit, il dit : « Est-ce que je peux les rencontrer pour savoir ce qu'ils pensent de leur mission ? Leur a-t-on donné assez d'argent pour faire leur travail ? » Quand ils [les hommes de l'unité spéciale] faisaient des découvertes capitales, il les invitait et les félicitait. Mais constamment, même quand il faisait des commentaires positifs et les encourageait à continuer de bien travailler, il insistait pour qu'on ne voie plus jamais certaines choses, des choses qui appartenaient au passé[14].

En décembre 1996, quand Mandela était censé prendre des vacances dans sa maison ancestrale de Qunu, au Cap-Oriental, il organisa une réunion avec la police de la province. Il avait de bonnes nouvelles à communiquer aux officiers de police après la réception d'un rapport du Centre national de traitement des statistiques criminelles du SAPS, qui avait enregistré une baisse significative cette année-là du nombre de crimes avec violence, comme les vols, les attaques à main armée, les violences pour des motifs politiques, les meurtres et les violences faites aux chauffeurs de taxi.

« Malgré les nombreux problèmes que certaines communautés du Cap-Oriental connaissent encore, dit-il, par exemple les violences faites aux chauffeurs de taxi à Port Elizabeth, la violence à Qumbu, Tsolo,

Mqanduli, mais aussi la criminalité liée aux gangs dans le nord de P.E. [Port Elizabeth], la province a connu une baisse de son taux de crimes avec violence en 1996[15]. »

Le Cap-Oriental avait été l'épicentre de la lutte contre l'apartheid, une province d'où venait un pourcentage disproportionnellement élevé de dirigeants de l'ANC. Comme c'était sa province natale, Mandela était affligé que ce soit la plus pauvre des neuf provinces et la plus touchée par la criminalité. Ces progrès étaient donc un authentique accomplissement, car, tout en luttant contre la criminalité, la police « s'attelait à la restructuration de ses services en fusionnant trois agences dans la province, la police du Transkei, celle du Ciskei et le SAP ».

Il encouragea ceux « qui servaient la communauté », et fit un commentaire sur « les quelques éléments au sein du SAPS dont les agissements jettent le discrédit sur les services de police », observant que « le fait que de tels éléments soient souvent dénoncés par leurs propres collègues convaincra à long terme les communautés que la police a irrévocablement rompu avec le passé.

« L'un des problèmes qui tourmentent la province est la corruption qui envahit les différents services de l'État. Le fait que certaines affaires très médiatisées de détournement de l'argent du contribuable restent irrésolues ne contribue pas à donner une bonne image de la police. Il est important de garder à l'esprit que la crédibilité du SAPS viendra de l'impression que le SAPS veut résoudre les problèmes que connaît notre peuple[16] ».

Le général van der Merwe avait dit à Mandela avant l'élection de 1994 qu'il avait l'intention de prendre une retraite anticipée. Au grand agacement de Mandela, van der Merwe voulait que le lieutenant-général Sebastiaan « Basie » Smit prenne sa succession[17]*. Or, Mandela voulait qu'il reste. Il voulait donner au général et à ses subordonnés l'assurance qu'ils ne seraient pas poursuivis pour leurs crimes et leurs forfaits passés et qu'ils avaient leur place au sein de la nouvelle Afrique du Sud – à condition, bien sûr, qu'ils participent à la construction de l'avenir et œuvrent à ce que les crimes du passé ne se reproduisent pas. Mais van der Merwe se montra peu enclin à participer aux enquêtes sur la présence persistante et les activités des commandos ou à la Commission Vérité et Réconciliation, qui révélerait sans doute un soutien structurel aux violences en cours. La relation entre van der Merwe et le ministre Mufamadi commença à se détériorer, et Mandela fut convaincu qu'il fallait nommer pour la première fois un chef de la police nationale, comme le lui permettait la nouvelle loi sur les services de police sudafricains. Finalement, George Fivaz†, qui avait fait partie du groupe de travail sur la transition dans la police nationale, fut nommé à la place du général van der Merwe[18].

En choisissant de faire évoluer les structures de sécurité, Mandela était sûr de son fait, comme un architecte voyant divers éléments de ses plans prendre forme ; dans ses Mémoires inachevés, il décrit la situation :

---

* Basie Smit fut impliqué dans une tentative de meurtre quand l'éminent prêtre Frank Chikane reçut des T-shirts empoisonnés en 1989. Smit remit aussi une décoration à Eugene de Kock, reconnu coupable de meurtre de masse et ancien membre de la police secrète.

† George Fivaz – voir Personnalités, lieux et événements.

« C'est dans ce contexte que George Fivaz devint le nouveau chef de la police nationale. M. Sydney Mufamadi devint ministre de la Sûreté et de la Sécurité. Ils furent tous deux les principaux pionniers d'une nouvelle police sud-africaine au service de notre peuple sans considération de couleur ou de croyances. Dans la Stratégie nationale de prévention de la délinquance, qui fut rendue publique en 1996, et les feuilles de route postérieures, ils ont analysé honnêtement les formidables défis qui se présentaient pour le ministère de la Sûreté et de la Sécurité.

« Ils ont démontré que les premières élections démocratiques en 1994 n'avaient pas mis l'institution policière en situation de créer une police légitime à partir des onze différentes forces de police constituées sous l'apartheid.

« Cela nous rappela que le maintien de l'ordre en Afrique du Sud était par tradition fortement centralisé, paramilitaire et autoritaire. Si ces caractéristiques permettaient à la police d'être efficace sous l'apartheid dans sa mainmise sur les opposants politiques au gouvernement, elles ne la préparaient pas à juguler et à prévenir la délinquance dans la nouvelle démocratie.

« Sous le régime d'apartheid, insistaient-ils, la police manquait de légitimité, et fonctionnait comme un instrument de contrôle plutôt que comme un service dévoué à la sécurité de tous les citoyens. Voilà pourquoi, par tradition, la police n'avait jamais fait une priorité de la lutte contre la criminalité dans les zones habitées par les Noirs. En 1994, 74 % des commissariats de police se trouvaient dans des zones résidentielles blanches et des quartiers d'affaires.

« La présence de la police dans les townships servait à anticiper les tentatives collectives de remettre en cause l'apartheid. Ce système de maintien de l'ordre nécessitait la mobilisation d'une force aux compétences et à l'organisation très différentes de celles requises pour maintenir l'ordre dans une démocratie où le gouvernement veut assurer la sécurité de tous les citoyens. Cet héritage eut un certain nombre de conséquences, qui affaiblirent la capacité du ministère à lutter contre la criminalité.

« L'étude a démontré qu'une police autoritaire disposait de peu (voire d'aucun) des systèmes de contrôle et de surveillance internes, et n'avait pas besoin d'être légitime aux yeux de la population pour être efficace. Voilà pourquoi, lors de l'avènement de la démocratie en Afrique du Sud, il n'y avait aucun système de contrôle et de surveillance.

« De nouveaux mécanismes comme la Direction indépendante des plaintes (ICD) – agence d'enquête sur les violations commises au sein de la police, indépendante de la police, mais placée directement sous l'autorité du ministère – avaient pour vocation de limiter les cas de violation des droits de l'homme.

« L'étude affirme que la police sud-africaine n'a jamais appliqué la politique de lutte contre la délinquance propre à la police d'autres sociétés démocratiques. La collecte, le tri et la présentation de preuves en vue d'engager des poursuites contre les criminels étaient des pratiques peu développées dans la plupart des régions. Cela s'est traduit, entre autres indicateurs, par un faible niveau de formation et d'expérience des équipes d'enquêteurs du SAPS.

« En 1994, seuls 26 % des lieutenants de police avaient suivi une formation spécifique, et seuls 13 % des lieutenants avaient plus de six ans d'expérience. En tout état de cause, les lieutenants dûment formés et expérimentés au sein de la police avant 1994 étaient concentrés dans les zones à population blanche.

« D'après l'étude, les carences de la lutte contre la délinquance se retrouvaient dans le domaine du renseignement. Les services de collecte du renseignement étaient orientés vers les opposants politiques de l'État d'apartheid. En conséquence, le renseignement appliqué aux activités criminelles, surtout lorsqu'il faisait face à des formes de plus en plus sophistiquées de crime organisé, exigeait une amélioration immédiate.

« La concentration des moyens policiers aux fins de contrôle politique signifiait que, avant 1994 – et contrairement aux évolutions dans d'autres pays –, tant la compréhension que la pratique de la prévention de la délinquance étaient sous-développées en Afrique du Sud.

« La Stratégie nationale de prévention de la délinquance fut la principale initiative pour atteindre un meilleur niveau de sécurité en Afrique du Sud. Elle était composée de deux volets majeurs et solidaires, celui de la police et celui de la prévention de la délinquance, et plus particulièrement la prévention sociale de la délinquance.

« L'étude ajoute que les initiatives de la police seront affaiblies si les conditions de leur exécution continuent de générer de hauts niveaux de criminalité. L'expérience internationale a montré que des stratégies sophistiquées de prévention de la délinquance n'avaient qu'un effet limité quand les institutions policières et judiciaires étaient sous-développées.

« Il était nécessaire de développer des programmes sociaux de prévention de la délinquance qui ciblaient les causes de certains types de délinquance au niveau national, provincial et local. Une telle approche tenait aussi compte de l'impact d'une politique gouvernementale de développement économique et social plus large dans la prévention de la délinquance. L'efficacité des services fondamentaux que sont le logement, l'éducation et la santé, tout comme la création d'emplois, étaient essentielles pour créer un environnement moins propice à la délinquance.

« J'ai résumé cette étude franche et objective pour montrer que Sydney Mufamadi et George Fivaz avaient bien décrit le genre de police dont l'Afrique du Sud héritait du régime d'apartheid. C'est le point de vue respecté de deux dirigeants éminents et courageux aux états de service incontestés dans leur engagement pour le pays.

« Leur message était que nous avions clairement besoin d'une nouvelle police, complètement différente de celle qui avait servi l'État d'apartheid, si nous voulions réussir à réduire le taux de criminalité intolérablement élevé qui ravageait le pays. Seule une police débarrassée de ses fondements paramilitaires et autoritaires et dûment formée aux méthodes modernes de maintien de l'ordre dans une société démocratique aiderait l'Afrique du Sud à atteindre cet objectif.

« Des commentateurs intègres reconnurent au ministère de la Sûreté et de la Sécurité la pertinence de son analyse et de sa vision. Aucun analyste honnête, blanc ou noir, ne pouvait raisonnablement s'attendre à ce que cet objectif soit atteint dans une période de sept ans[19].

« Dans son discours de présentation de la loi de finances à l'Assemblée nationale le 28 mai 1998, Sydney Mufamadi cita un passage révélateur d'un *Rapport de l'Institut sud-africain des relations entre les races* [de 1993-1994] :

Les meurtres et vols à main armée, ainsi que les violences faites aux personnes âgées et aux policiers ont radicalement augmenté, de même que la délinquance en col blanc en 1992.

Le ministre de la Loi et de l'Ordre, Hernus Kriel, a déclaré au Parlement en mai 1993 que plus de 20000 personnes avaient été assassinées en Afrique du Sud dans des actes de délinquance ou de violence politique en 1992. On dénombre 380000 viols par an en Afrique du Sud dont 95 % des victimes sont africaines…

Au cours des dix années écoulées entre 1983 et 1992, le taux d'homicides a augmenté de 135 %, les vols de 109 %, les cambriolages de 71 %, les vols de voitures de 64 %. Et ce alors que de nombreux cas restent non déclarés[20].

« Sydney Mufamadi ajouta que ce tableau de l'escalade de la grande délinquance était la preuve d'une grave progression géométrique.

« C'est dans ce contexte qu'il faut comprendre la réussite du gouvernement dans la transformation de notre police. Il faut néanmoins reconnaître que, même aux heures les plus sombres de l'apartheid, il y eut beaucoup de policiers, noirs et blancs, hommes et femmes, de très haut calibre, d'un grand professionnalisme, qui ont tenté du mieux possible de servir toutes les composantes de la population sans discrimination.

« Mais ils ne furent pas légion. Ils furent plutôt l'exception à la règle.

« L'écrasante majorité accepta sans réserve la politique inhumaine de l'apartheid, et fut l'instrument des formes les plus brutales d'oppression raciale jamais vues dans ce pays. Certains de ces hommes et femmes sont toujours membres des forces actuelles, et occupent des postes stratégiques où ils font obstruction d'une infinité de manières à la création d'une nouvelle police.

« Néanmoins, Sydney Mufamadi comme son successeur, Steve Tshwete, George Fivaz et [son successeur] l'actuel chef de la police nationale Jackie Selebi, ont accompli des progrès sans précédent pour créer une nouvelle force capable de maintenir l'ordre dans une société démocratique, et de réduire significativement le fort taux de criminalité.

« Le 24 mai 1997, après en avoir discuté avec moi, le vice-président Mbeki annonça la nomination de M. Meyer Kahn*, président de la South African Breweries Limited, au poste de directeur général du SAPS pour une période de deux ans. Le vice-président expliqua qu'il souhaitait confier pour la première fois ce poste à un civil pour diriger et accélérer la conversion du SAPS en agence efficace de police et de prévention de la délinquance. M. Kahn serait placé sous l'autorité du ministre de la Sûreté et de la Sécurité, Sydney Mufamadi.

« Le vice-président ajouta que notre choix de l'un des managers les plus durs et qualifiés du secteur privé – et sa volonté d'accepter notre proposition – ouvrait la nouvelle ère de partenariat entre les secteurs public et privé pour en finir avec le fléau de la criminalité.

« Le chef de la police Fivaz serait donc libéré du fardeau administratif au sein du SAPS et pourrait consacrer toute son énergie à la gestion et au contrôle des opérations de pur maintien de l'ordre.

« L'objectif, dit le vice-président, était de remettre la police en première ligne, et de s'assurer qu'elle était

---

* Meyer Kahn – voir Personnalités, lieux et événements.

équipée des compétences et des ressources adéquates pour bien faire son travail.

« Mais le partenariat entre le gouvernement et le secteur privé avait en réalité commencé un an avant avec la création d'une association à but non lucratif, Le Monde des affaires contre le crime. Le but principal de l'association était de contribuer à la stratégie, à la politique et aux priorités de lutte contre la criminalité du gouvernement, et d'effectuer un très précieux transfert de compétences au gouvernement.

« Ce partenariat a été considéré comme l'une des meilleures expériences du genre dans le monde. C'est la Stratégie nationale de prévention de la délinquance qui l'avait initié. Après l'embauche de Meyer Kahn, d'autres P-DG furent nommés et financés par le milieu des affaires.

« Ils participèrent à la modernisation du système de justice criminelle, luttant contre la délinquance en col blanc, le crime organisé et [facilitant] l'installation de la surveillance électronique avec une remarquable réussite. Dans une région, la surveillance électronique entraîna une baisse de 80 % de la criminalité, un taux de condamnation en hausse dans les affaires criminelles, une baisse de 90 % du nombre d'agents de police sollicités pour une intervention, et un temps moyen d'intervention lors d'incidents inférieur à soixante secondes.

« Cette simple évaluation a été faite par Le Monde des affaires contre le crime, organisation importante au sein de notre communauté, qui a dépensé des ressources, du temps et une énergie considérables à l'amélioration de notre service de police.

« J'ai demandé à Meyer Kahn un rapport sur notre stratégie commune de reconstruction du SAPS en service de police efficace. Il m'a répondu le 2 juillet 1998.

Parmi les domaines d'intérêt structurels sur lesquels il travaillait figurait l'application du nouveau code de déontologie qui avait pour but, avec le temps, de changer la conduite et le comportement de la police.

« Le fil conducteur de ce code, écrivit Meyer dans son rapport, c'est le souci de l'autre. Le souci de notre pays, de notre communauté, de nos collègues, de nos atouts et, par-dessus tout, le souci de notre réputation.

« Il signalait qu'il était en poste depuis onze mois et n'avait jamais regretté cette nomination. Il pensait que notre nouvelle stratégie était la meilleure. Il était encouragé par le fait que nos statistiques indiquaient clairement une stabilisation et une légère baisse générale de la grande délinquance dans notre pays. Il considérait que c'était remarquable au vu de la dégradation de la conjoncture : absence de croissance économique et hausse du chômage. De plus, la hausse et l'accélération du taux d'interpellations par nos lieutenants dans les affaires de grande délinquance qui minaient la confiance et la réputation de notre pays prouvaient que le SAPS avait encore assez de compétence et d'abnégation en son sein pour rivaliser avec les meilleures polices du monde.

« Néanmoins, il signala officiellement que l'augmentation d'à peine 3,7 % du budget de la police, en comparaison, était difficile à comprendre. Surtout dans un contexte où la lutte contre la criminalité est reconnue par tous les Sud-Africains, et par l'opinion internationale, comme une priorité, sinon la priorité absolue, pour créer un environnement propice à l'épanouissement de notre démocratie et de notre économie.

« Il regrettait qu'une réduction cette année-là en valeur réelle d'au moins 4 % des dépenses pour la police entrave inévitablement le service minimum que notre population était en droit d'attendre, et mette gravement en péril notre stratégie de reconstruction à moyen terme du SAPS.

« Mais le vice-président, Le Monde des affaires contre le crime et Meyer Kahn, indépendamment les uns des autres, tirèrent les enseignements du diagnostic de Sydney Mufamadi et George Fivaz, lorsqu'ils analysèrent les formidables défis lancés au ministère de la Sûreté et de la Sécurité dans ses efforts pour transformer le SAPS et le faire passer du statut de service illégitime et discrédité à celui de force crédible et efficace dans une Afrique du Sud démocratique.

« Ils firent la liste des changements nécessaires et, en temps voulu, évaluèrent les résultats de leurs initiatives, à savoir la coopération entre le SAPS et la population, et le déclin progressif du taux de criminalité. Leur performance et leur réussite nous ont rendus fiers de notre pays, de nos camarades, de notre police et de nous-mêmes. Nous débordons de confiance et d'optimisme[21]...

« Il en a fallu, du temps, pour passer de l'ère difficile et douloureuse de la police d'avant 1994, qui n'avait aucune légitimité publique, à celle des forces de l'ordre actuelles qui travaillent avec la population et garantissent la sûreté et la sécurité de l'ensemble de notre peuple. Sans une police bien formée et efficace qui jouit de la confiance et du soutien de la population, comme c'est le cas aujourd'hui, la stabilité politique et économique n'eût été qu'un rêve hors d'atteinte[22]. »

❦

La transformation de l'armée, par contraste, s'annonçait bien, grâce à l'engagement inconditionnel du général Georg Meiring au service du gouvernement de Mandela. Cela s'était notamment traduit par le haut niveau de sécurité des élections et de la cérémonie d'investiture en 1994. Très vite, cependant, la transformation des forces de défense se révéla beaucoup plus agitée que prévu.

L'armée sud-africaine et les forces de défense des bantoustans supposément indépendants du Transkei, Venda, Bophuthatswana et Ciskei, ainsi que la Force d'autodéfense du KwaZulu, devaient se fondre en une Force de défense nationale sud-africaine (SANDF) avec leurs ennemis jurés, le MK de l'ANC et l'Armée populaire de libération d'Azanie du Congrès panafricain d'Azanie. Une fois ce processus terminé, il fallait réglementer et réduire les effectifs de la nouvelle entité, la SANDF.

Il y avait eu des réunions préalables entre l'armée sud-africaine et le MK, d'abord en 1990 à Lusaka, puis en 1992[23]. Initié par Mandela, alors président de l'ANC – qui annonça à son parti : « Ces gens veulent discuter » –, le premier contact concret eut lieu en avril 1993, quand les hauts responsables de l'armée et du renseignement de l'ANC rencontrèrent les cinq plus hauts gradés de l'armée sud-africaine[24].

Présidé par le général Meiring à l'époque du Conseil exécutif de transition, un comité de coordination militaire, composé à la fois de représentants de l'armée et des forces du mouvement de libération, œuvra à la création d'une force de défense unique qui puisse être opérationnelle dès minuit le premier jour des élections. Cela impliquait « l'intégration d'un grand nombre d'effectifs statutaires et non statutaires dans une force de défense unique et cohésive » et la création de « systèmes de contrôle civil sur la force de défense[25] ».

L'ANC prépara la fusion, informant les cadres du MK dans les camps, organisant des conférences à travers le pays, auxquelles assista parfois Mandela pour leur transmettre sa sérénité. Ces hommes et ces femmes avaient rejoint les rangs du MK pour se former au combat et libérer le pays de l'oppression et de l'exploitation de l'apartheid. Désormais, alors que nombre de leurs compatriotes revêtaient l'uniforme de la nouvelle force de défense intégrée, il leur fallait remiser l'uniforme qui leur avait donné le sentiment de participer à une lutte essentielle.

Tout soldat se sent nu en habits civils. Mandela comprit cette vulnérabilité, cette impression d'être dépossédé de sa béquille. Il savait aussi que la possibilité offerte aux soldats de toucher une indemnité de départ était une arme à double tranchant qui risquait d'affaiblir cette nouvelle armée. Elle attirait ceux qui n'avaient que quelques années de service ; mais elle était surtout susceptible de provoquer un exode du genre de talents dont l'armée avait besoin. Sachant que certains soldats – dont beaucoup étaient jeunes et inexpérimentés – se feraient un plaisir de recevoir l'importante somme offerte à tout volontaire à la démobilisation, il les mit en garde contre la tentation de « manger l'argent ». Malheureusement, dans la plupart des cas, son conseil tomba dans l'oreille d'un sourd[26].

Malgré le soin apporté aux préparatifs, les années d'hostilité, de soupçon et d'aspirations contradictoires freinèrent énormément l'intégration. La gronde la plus notable se produisit sur la base militaire de Wallmansthal, à une cinquantaine de kilomètres de Pretoria où, quelques jours après l'élection, le véhicule de deux généraux du MK, venus traiter des plaintes, fut caillassé par d'anciens soldats à l'entrée de la base.

Quelques mois plus tard, près de cinq cents soldats du MK organisèrent une marche depuis la base jusqu'aux Bâtiments de l'Union, exigeant de voir le Président. Mandela rentra sur-le-champ de sa résidence et, après les avoir écoutés, jugea leurs griefs légitimes. Il en discuta avec le général Meiring, le chef d'état-major Siphiwe Nyanda et le ministre de la Défense Joe Modise. Après des contacts approfondis avec les effectifs du MK, Mandela rencontra les membres du Conseil de commandement de la SANDF, plus haut corps décisionnaire de l'armée, pour les exhorter à résoudre le problème des forces non statutaires qui étaient moins intégrées que tolérées. Le processus fut très lent ; le racisme était vivace dans les camps, et les conditions de vie y étaient atroces[27].

Désireux de régler la question, Mandela se rendit à Wallmansthal pour s'adresser aux anciens soldats du MK et fut immédiatement confronté à la gravité de la situation. Après les avoir écoutés pendant deux heures, Mandela fit passer un message ferme aux manifestants et aux plus hauts gradés. Même si les griefs des soldats étaient légitimes, ils étaient en faute de les avoir exprimés de façon inappropriée pour des hommes en uniforme. Il leur annonça qu'ils avaient une semaine pour retourner dans leurs baraquements, à leurs frais, et se plier à la discipline de la SANDF ; à ceux qui ne seraient pas rentrés d'ici là, il annonça qu'il était inutile qu'ils reviennent. À l'état-major de la SANDF, il dit qu'il fallait accélérer le processus d'intégration. Il ajouta qu'il comptait sur le général Meiring et ses commandants pour assurer la réussite de l'intégration[28].

Si certains soldats retournèrent à la base, un grand nombre n'en fit rien, déclenchant des rumeurs de protestations armées ; ce qui fit craindre que des soldats démobilisés, de chaque côté, ne se tournent vers la délinquance ou la sédition.

La moitié des sept mille soldats manquaient à l'appel et refusaient de revenir avant que leur situation ne soit réglée. Il rappela aux soldats l'histoire du MK : les raisons de sa création et son fier passé – un passé dont il leur revenait d'être les gardiens, dit-il[29].

Deux ans plus tard, en 1996, Mandela fit part de son inquiétude dans une interview :

« Nous avons une grande armée d'environ 90 000 soldats. Nous n'avons même pas besoin de la moitié de ces effectifs. Il nous en faudrait beaucoup moins vu que nous n'avons pas d'ennemis. Mais si nous réduisons les effectifs de moitié cette année, cela mettra 45 000 personnes au chômage. Nous avons déjà cinq millions de personnes au chômage.

« Ce serait une source de forte amertume chez des personnes formées à la manipulation des armes. Et comme les armes circulent presque librement dans ce pays, ce serait une décision potentiellement dangereuse.

« Aussi, quand nous nous écarterons du budget établi par l'apartheid, il faudra le faire prudemment et progressivement, car nous ne pourrons pas faire tout ce que nous voulons[30]. »

Beaucoup de chefs d'État élus à travers le monde ont fait écho aux plaintes de Mandela sur les circonstances qui les « empêchent d'accomplir une grande partie » de ce qu'ils auraient voulu faire. Certains, pris par des contraintes budgétaires, n'ont pu subvenir aux besoins sociaux des citoyens ; mais très peu – hormis dans les pays dévastés par la guerre – ont dû affronter l'inévitable héritage des problèmes du passé. Ce sont des problèmes complexes pour une société en construction

– aussi malléable que l'argile avant sa cuisson au four. La solution, appliquée sans discernement, peut très bien entraîner son effondrement.

Un an plus tôt, en 1995, le passé déshonorant de l'Afrique du Sud avait ressurgi, apportant son lot de nouvelles complications pour Mandela et son gouvernement. Magnus Malan, ancien ministre de la Défense de l'apartheid, fut arrêté et accusé avec M. Z. Khumalo, chef de l'Inkatha, et dix-huit autres personnes, du massacre de KwaMakhutha, un township près d'Amanzimtoti, au sud de Durban. Treize personnes, pour la plupart des femmes et des enfants, furent abattus au domicile du militant du Front démocratique uni Bheki Ntuli le 21 janvier 1987. Mandela savait que l'acte d'accusation de Malan diviserait encore plus le pays. Magnus Malan – soldat décoré et stratège militaire – était aussi admiré par l'armée de l'apartheid qu'il était honni par la majorité qui avait, directement ou indirectement, subi le poids de ses excès dans l'application de la doctrine de P.W. Botha dite de « stratégie totale* ».

Dans une note préparatoire à une réunion du Comité exécutif national, Mandela observe que « l'arrestation du général Malan et des autres a suscité un grand intérêt dans tout le pays… Avant et après l'arrestation nous avons informé plusieurs personnalités et organisations, comme Georg Meiring et la chaîne de commandement de la SANDF ; le milieu des affaires ;

* Dans son combat pour maintenir l'Afrique du Sud sous le contrôle des Blancs, le gouvernement de P.W. Botha utilisa le terme « stratégie totale » pour décrire la répression (qui recourait généralement à un usage disproportionné de la violence) de la résistance noire grandissante, qu'il qualifiait d'« agression totale ». Cette doctrine conduisit le gouvernement à mener des raids transfrontaliers contre l'ANC, dans des pays limitrophes.

l'archevêque Tutu et le SACC [Conseil œcuménique des Églises]; l'évêque Lekganyane ; la DRC [Église réformée hollandaise]; les spécialistes en sciences politiques de toutes les universités, à l'exception de Stellenbosch et PE [Port Elizabeth]; les 26 associations d'enseignants ; le FF [Front de la liberté]; et P.W. Botha[31] ».

Informer les divers membres du clergé pour solliciter leur avis sur les détails de l'arrestation était une chose, mais Mandela fut cavalier avec la SANDF. Le général Nyanda se souvient de Mandela disant « qu'il voulait assister à la réunion habituelle du Conseil de la défense, le lundi. Les questions ne seraient pas autorisées, il viendrait en tant que chef des armées. Voici en substance ce qu'il déclara : “Nous avons traversé une période de changement difficile ; notre peuple s'est battu pour la démocratie, dont nous profitons désormais. Sa situation reste fragile et si certains veulent la miner de l'intérieur pour renverser l'ordre des choses, le peuple sud-africain les vaincra.”[32] ».

Il fit des déclarations tout aussi cassantes quand, en janvier 1996, le groupe parlementaire de l'ANC soumit une motion pour éliminer l'afrikaans de la chaîne d'instruction, d'entraînement et de commandement, préconisant que l'anglais soit la seule langue utilisée. Mandela pensait que toucher à une langue « réduirait le pays en cendres », et fit le vœu de « protéger » l'héritage culturel afrikaner « comme si c'était le [sien][33] ». Heureusement, l'idée fut rejetée par le ministre de la Défense et le gouvernement, et, en mai 1996, la section consacrée aux langues dans le *White Paper on National Defence for the Republic of South Africa* (« Livre blanc de la défense nationale pour la République d'Afrique du Sud ») préconisa que la SANDF « respecte le cadre constitutionnel sur les langues et s'efforce de respecter les différentes langues de ses membres. Instruction, commandement et contrôle seront menés dans une langue comprise par tous[34] ».

Mais la fougueuse défense par Mandela des Afrikaners et de leur culture – et ses arrangements avec la vieille hiérarchie militaire – fut récompensée par la trahison de sa confiance.

Même si les agences de renseignements étaient censées s'être placées sous l'autorité du nouveau Service national de renseignements, la vérité est que le renseignement militaire abritait encore des agents qui continuaient de mener l'ancienne politique. Trois mois après les élections, ils tentèrent de faire pression sur le ministre de la Défense en menaçant de rendre public le nom des membres de l'ANC désormais au gouvernement qui avaient prétendument été des informateurs du régime d'apartheid[35].

Au cours des trois années suivantes, le renseignement militaire monta de toutes pièces un rapport prétendant montrer un plan de sabotage des élections de 1999 et de renversement du gouvernement – plan qui, disait-on, impliquait le général Nyanda, qui était en lice pour prendre la succession du général Meiring. Quand le rapport lui arriva, Meiring l'apporta à un Président sceptique qui trouva le rapport peu crédible : il pointait du doigt des personnes qui n'avaient aucune raison de semer le chaos, puisqu'elles étaient susceptibles d'occuper des postes à haute responsabilité après le départ des généraux de la vieille garde. À l'ouverture du débat sur la loi de finances en avril 1998, Mandela en informa le Parlement :

« Plusieurs développements récents ont mis en évidence la force de notre démocratie. Des reportages suggérant qu'un projet de coup d'État avait été déjoué se révélèrent n'avoir aucun fondement et ne reposer que sur les manifestations d'une imagination débridée.

« Il serait bon de profiter de l'occasion pour informer les honorables députés des grandes lignes d'un rapport de la SANDF, qui m'a été remis le 5 février, intitulé : “Activités organisées dans le but de renverser le gouvernement”. Des consultations initiales au sein du gouvernement avaient soulevé des questions sur la fiabilité du rapport et son manque de sources. Elles étaient toujours en cours quand la fuite d'une partie de son contenu nous a contraints, dans l'urgence, de vérifier la fiabilité des méthodes qui ont prévalu à la compilation de ses informations, à leur vérification et à l'usage qui en a été fait.

« La Commission d'enquête nommée à cet effet m'a remis son rapport à la fin du mois de mars. Le rapport du service de renseignements affirmait ceci : qu'une organisation nommée FAPLA (Armée de libération des peuples africains) fondée en 1995 voulait saboter les élections générales de 1999 en assassinant le Président ; en assassinant des juges ; en occupant le Parlement, des chaînes de télévision et des institutions financières clés ; et en orchestrant le chaos généralisé quatre mois avant les élections.

« Le point culminant aurait été une série d'attaques provoquant l'effondrement de l'ordre actuel, et la prise de pouvoir par les instigateurs du coup d'État. Environ cent trente personnes sont désignées dans le rapport comme des membres présumés de l'organisation, leaders et soutiens. On y trouve de très hauts responsables militaires, des personnalités politiques et autres.

« Les principales conclusions de la Commission furent les suivantes : le rapport était dénué de tout fondement et profondément fantaisiste. Tous les témoins interrogés doutaient de l'existence du FAPLA. Même ceux qui avaient compilé ces informations ne semblaient pas les prendre au sérieux. Rien n'avait été vraiment fait pour mettre les comploteurs présumés sous surveillance et rien n'avait été fait pour authentifier le rapport.

« Les auteurs du rapport qui ont passé trois ans à le rédiger n'en ont jamais partagé les informations avec les autorités adéquates, y compris la police sud-africaine et le Comité national de coordination du renseignement. La Commission critiqua la décision de garder ces informations secrètes et d'éviter toute fuite. Les responsables de la compilation et de la rédaction du rapport ne l'ont jamais communiqué aux ministères responsables du Renseignement, de la Sûreté et de la Sécurité, qui n'y ont eu accès que par l'intermédiaire du Président après qu'il l'eut reçu des mains du patron de la SANDF.

« Une allégation impliquant un officier a été transmise par le patron de la SANDF au ministre de la Défense, sans pour autant indiquer l'identité des autres hauts responsables prétendument impliqués ni les détails du complot. Le ministre de la Défense dit qu'il n'était pas disposé à transmettre au Président une allégation non corroborée.

« La Commission a conclu qu'un tel rapport n'aurait pas dû être transmis au Président en l'état. Elle évoquait aussi le caractère exceptionnel de sa transmission directe au Président dans l'intention délibérée de ne pas soumettre le rapport à d'autres responsables. La Commission préconisait que les services de sécurité enquêtent sur les raisons de ces omissions et de ces échecs procéduraux et ce qui pouvait être fait, du point de vue législatif si nécessaire, pour éviter que cela ne se reproduise.

« J'accédai à la demande d'un départ à la retraite anticipé du chef de la SANDF, car c'était une décision qui plaçait l'intérêt national de l'armée au-dessus de son intérêt personnel. La fuite du rapport et les commentaires critiques de la Commission d'enquête sur la compilation des données et leur transmission mettait clairement le général dans une position délicate vis-à-vis des hauts responsables mentionnés dans le rapport, de son chef d'état-major et de son ministre de la Défense. Cette décision audacieuse, bien que regrettable, était donc pleinement justifiée. »

Mandela promit que, lors du prochain Conseil des ministres, le gouvernement aborderait la question urgente de la nomination d'un nouveau chef de la SANDF. Il ajouta qu'« il fallait insister sur le fait que notre nation dispose d'une force de défense loyale qui a posé les fondations de sa propre transformation ». Mais, continuait-il, « ni le rapport original [et discrédité] du renseignement militaire ni celui de la Commission d'enquête n'ont été rendus publics… C'eût été le comble de l'irresponsabilité pour tout gouvernement de diffuser des contre-vérités et autres falsifications sur des personnalités dont la réputation pourrait en souffrir, malgré l'absence de fondement des allégations.

« Le public a le droit de savoir que ces questions sont scrupuleusement passées au tamis de procédures de vérification en lesquelles il peut avoir confiance. La Commission d'enquête remplit ces critères. La transmission de l'information aux commissions parlementaires complète cette procédure ».

Mandela proposa néanmoins de transmettre une version expurgée du rapport au Comité mixte de suivi du renseignement, et, pour « bénéficier d'un examen plus large », le rapport fut mis à disposition des chefs de partis d'opposition.

« Il est instructif de noter que ce sont ceux-là mêmes qui ont opportunément refusé d'examiner le rapport [après qu'on le leur eut présenté] qui continuent de réclamer sa publication. En même temps, ils utilisent le fait de ne l'avoir toujours pas lu pour émettre des doutes sur la fiabilité du gouvernement.

« C'est jouer à un jeu dangereux avec nos services de renseignements, et cela nous oblige à nous demander si ces gens-là reconnaissent la légitimité du gouvernement ! À moins qu'il ne s'agisse simplement d'une façon peu scrupuleuse d'en tirer un avantage partisan, poussant ces champions autoproclamés du respect des traditions démocratiques à abdiquer toute responsabilité en tant que leaders politiques. Moi-même, face à ce problème, je suis parti du principe que chacun d'entre nous, au sein de son parti, agissait dans l'intérêt commun. »

Mandela continue, sur un air de défi : « De fait, il s'agit ici d'un problème d'ordre plus général. À l'approche de la campagne électorale, les partis vont devoir se poser certaines questions élémentaires. Il est trop facile d'en appeler aux instincts les plus bas d'une société, d'autant qu'ils sont plus sensibles dans une société qui a une histoire comme la nôtre. Pire encore, il est trop facile de vouloir saboter l'action entreprise pour la construction de l'unité nationale et de la légitimité de nos institutions démocratiques. Ces questions méritent d'être posées parce qu'il est bien plus facile de détruire que de construire[36]. »

Encore une fois, n'oublions pas l'extraordinaire capacité de Mandela à entretenir une relation d'amitié avec toute personne qu'il estimait essentielle à la construction de la démocratie sud-africaine. Il a vaincu nombre d'ultraconservateurs qui menaçaient son projet, avant de solliciter leur coopération ; les autres, comme le leader de l'AWB, Eugene Terre'Blanche, qui selon lui dépassait les bornes, il les écartait avec mépris. Par exemple, lors d'une discussion avec Mike Siluma, du *Sowetan*, il déclara : « Nous avons marginalisé l'extrême droite… [Eugene] Terre'Blanche attirait 2 000 personnes dans ses meetings, avant. Maintenant, il a plus de mal. C'est tout juste s'il en réunit 100, même en comptant son cheval[37]. »

Mandela avait accueilli à bras ouverts Meiring, et l'avait défendu, malgré les critiques de ses propres camarades. Après la démission de Meiring, Mandela déclara : « J'ai accepté sa décision de se mettre en retrait avec regret parce que c'est un officier que je tiens en haute estime pour l'inappréciable service qu'il a rendu aux forces armées sud-africaines, au pays, et à moi personnellement. Pendant quatre ans nous avons noué des liens étroits, et je l'ai considéré comme l'un de mes plus proches amis[38]. » Que le général ait joué un rôle si actif dans le complot ourdi par le renseignement militaire fut donc une véritable trahison personnelle.

Après le départ de Meiring, Nyanga fut nommé à la tête de l'armée. Le cadre programmatique définissant à la fois la fonction et la doctrine stratégique de la nouvelle armée fut tiré du « Livre blanc de la défense nationale » de 1996 et de la *Defence Review* (« Document de réflexion stratégique sur la défense ») de 1998. Il établissait un secrétariat à la Défense qui renforçait le contrôle de la société civile, et la fin du recours au pouvoir militaire pour dicter ses conditions à l'Afrique australe, comme le faisait le régime d'apartheid. On savait que, avec le retour de l'Afrique du Sud au sein de nombreuses organisations internationales, les plus notables étant les Nations unies, l'Organisation de l'unité africaine (OAU) et la Communauté de développement d'Afrique australe (SADC)*, elle jouerait un rôle actif dans ces organismes, surtout en faveur de la paix et de la sécurité en Afrique et dans la région. Le cadre programmatique du « Livre blanc » et du « Document de réflexion stratégique sur la défense » tentait de renverser l'ordre de priorité militaire en prônant le soutien aux opérations de police contre la criminalité et l'obligation de contribuer à la reconstruction et au développement.

La réflexion sur le rôle de l'armée et son besoin en équipements durerait près de trois ans, et la question des nouveaux équipements militaires se posa dès l'arrivée au pouvoir du gouvernement de Mandela. Un achat de corvettes à l'Espagne était en cours. D'après Trevor Manuel, Joe Modise, ministre de la Défense, était arrivé accompagné d'un Mandela au visage fermé à la première réunion des ministres membres de l'ANC après la victoire aux élections. Ils venaient manifestement d'avoir une discussion ensemble. Manuel se souvient : « Madiba fit : “Joe ?” Joe Modise craqua, éclata en sanglots : “Ce n'est pas le bon jour pour dire ça, c'est mon anniversaire aujourd'hui, mais le Président

* Organisation de l'unité africaine (OAU); Communauté de développement d'Afrique australe (SADC) – voir Personnalités, lieux et événements.

m'a parlé du contrat d'achat de corvettes à l'Espagne, et il m'a dit que nous allions annuler ce contrat. Je ne sais pas comment je vais annoncer à mes troupes, surtout la marine, que nous annulons, mais le Président m'assure que nous allons nous occuper de ça."[39] »

Mandela pensait que le gouvernement devait prendre en compte les besoins de l'armée entière, non d'une arme en particulier, et qu'il fallait donc abandonner ce contrat[40].

Il y avait, dit-il, « un consensus national pour reconnaître que notre armée a besoin de moyens adéquats et d'un équipement moderne. Nous nous réjouissons du fait que le débat sur ces questions trouve aujourd'hui un prolongement logique dans les discussions autour du "Livre blanc de la défense nationale" et du "Document de réflexion stratégique sur la défense"[41] ».

Vu le volume des dépenses, le gouvernement centralisa le processus complexe d'achat d'équipement militaire dans un ensemble unique connu sous le nom de Programme d'achats stratégiques de défense. Le gouvernement et un comité spécial composé des ministres des Finances, de la Défense, des Entreprises publiques, du Commerce et de l'Industrie, présidé par Thabo Mbeki, décida de la répartition des principaux contrats. Le comité se fixa comme règle de ne pas traiter directement avec les vendeurs, et de mettre en place quatre groupes d'évaluation indépendants, histoire d'ajouter une couche supplémentaire aux mécanismes de régulation. C'est néanmoins le gouvernement qui choisirait les principaux contractants ; ces derniers, en retour, seraient responsables de l'embauche des sous-traitants dont ils auraient besoin pour remplir leurs obligations[42].

Cela aurait de lourdes conséquences pour le gouvernement sud-africain et gagnerait, le moment venu, le sobriquet peu flatteur de « scandale du contrat d'armement ».

❦

Même si son unification et sa transformation avaient été secouées par de forts vents en provenance de médias curieux et d'une opinion publique perplexe, l'armée avait changé du tout au tout à la fin du mandat de Mandela. C'était un projet complexe, une incursion en territoire inexploré, qui n'aurait pu réussir sans l'implication personnelle de Mandela, sans ses interventions caractéristiques qui tombaient toujours à point nommé. La nouvelle armée était à l'origine un empilement d'armées fortes d'un passé d'hostilité et d'irrespect. Les contingents de libération méprisaient les troupes des bantoustans, ne voyant en elles qu'une pâle version d'un vieil ennemi éprouvé, la SADF. De plus, les soldats de la SADF étaient entrés contraints et forcés dans l'ère moderne, où ils devaient regarder leurs nouveaux compagnons comme des êtres humains et plus comme du gibier dans leur viseur.

Les processus jumeaux d'unification et de rationalisation avaient produit la SANDF, au sein de laquelle environ 40 % des soldats venaient du contingent des mouvements de libération et des bantoustans[43]. Le recrutement de jeunes Noirs dans les rangs des volontaires servant à temps partiel augmenta le nombre de nouveaux venus.

L'esprit de camaraderie commença à se développer entre soldats d'armes différentes. Le soutien de l'armée à la police dans la lutte contre la délinquance était considéré comme un signe de soutien aux populations, bien loin du rejet d'une armée honnie dans les townships, au temps de l'apartheid. Un sondage effectué en 1999 par le Conseil de recherche des sciences humaines conclut que 69 % des Africains faisaient confiance aux forces armées. Chose intéressante, l'étude affirme que « la confiance accordée à l'armée sud-africaine (SANDF) dépasse celle accordée à la police et la justice[44] ».

❦

Quand il s'attaqua à la transformation des services de renseignements, jadis centre névralgique et colonne vertébrale de l'État d'apartheid, le nouveau gouvernement démocratique dut puiser profondément dans ses réserves intellectuelles – et déployer des trésors de ruse – pour trouver son chemin dans un dédale dont la construction avait pris des dizaines d'années. L'acte de transformation consistait à fouiller les entrailles d'un monstre multicéphale au budget illimité. Ses officiers s'étaient engagés dans des programmes d'échange avec leurs homologues du Moyen-Orient, au premier rang desquels Israël, et avec les dictatures d'Amérique du Sud, où ils avaient appris l'art subtil de la torture et de la disparition opportune d'opposants à grande échelle. C'était un service omniprésent qui touchait tous les domaines de la vie – et de la mort – en Afrique du Sud. Simultanément adroit dans l'art de communiquer sa non-existence, et de rappeler à notre souvenir ces mots de Baudelaire : « La plus belle des ruses du diable est de vous persuader qu'il n'existe pas[45]. »

C'est pour tenter de couvrir leurs traces que les services de sécurité de l'État se lancèrent, à la veille de l'arrivée au pouvoir du nouveau gouvernement, dans une opération sans précédent de broyage et de destruction par le feu de documents secrets.

Le ministère du Renseignement militaire, qui avait préparé le rapport ayant entraîné la démission de Meiring, n'était qu'une facette du système de renseignement de l'apartheid. Le nouveau gouvernement s'attaqua dès le début à la restructuration des agences, mais, même avant cela, Mandela demanda un rapport exhaustif sur la situation sécuritaire. Il organisa une série de rendez-vous avec la direction du Service national de renseignements, l'armée et la police. Il leur dit ce qu'il attendait du Service national de renseignements, lui-même pressenti pour faire l'objet d'une restructuration, et dit qu'il le voulait le plus tôt possible. Cela consistait en une liste complète :

1) Des documents contenant des renseignements ont-ils été détruits ou [possiblement « retouchés »] et des renseignements ont-ils été effacés des ordinateurs entre le 1er février 1990 et le 31 mai 1994 ?
   a) Si oui, ~~la raison d'une telle destruction~~ de quel ~~matériel ou inform :~~ donner le détail de ces renseignements ou informations
   b) Les dates de ces destructions ou de ces effacements de données
   c) Le nom ou les noms des personnes qui ont autorisé ces destructions ou ces effacements.
2) Est-ce que le Conseil de sécurité d'État et ses structures, comme le Comité de coordination militaire, existent encore ?
   a) Si oui, qui sont les membres de ce Conseil de sécurité d'État et du Comité de coordination militaire ?
   b) Sinon, les détails précis sur la date de leur démantèlement

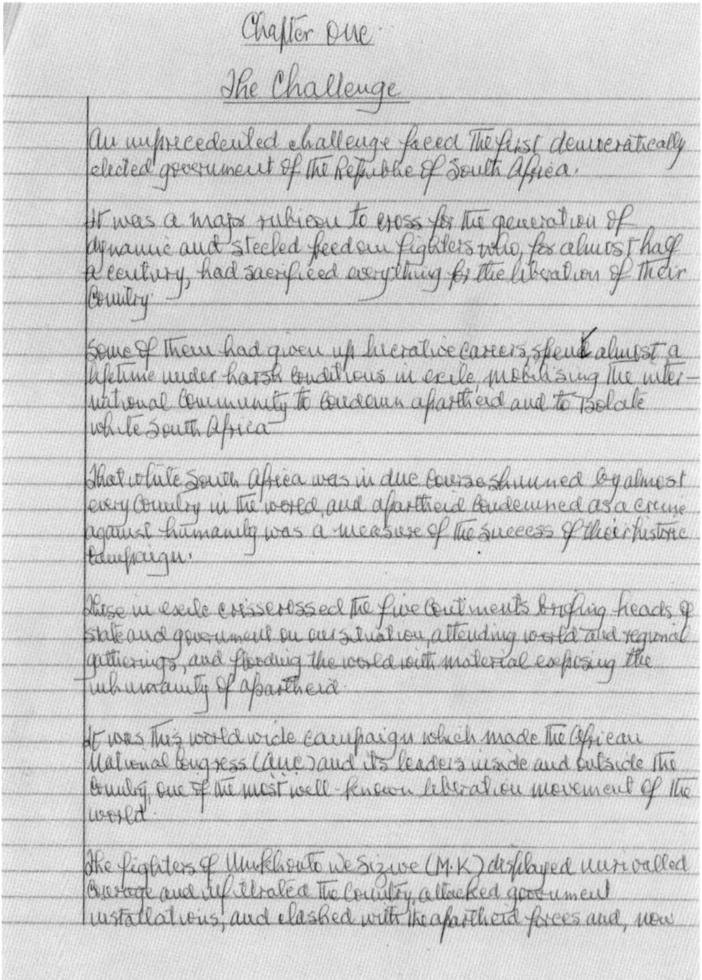

Chapter One

The Challenge

An unprecedented challenge faced the first democratically elected government of the Republic of South Africa.

It was a major rubicon to cross for the generation of dynamic and steeled freedom fighters who, for almost half a century, had sacrificed everything for the liberation of their country.

Some of them had given up lucrative careers, spent almost a lifetime under harsh conditions in exile mobilising the international community to condemn apartheid and to isolate white South Africa.

That white South Africa was in due course shunned by almost every country in the world, and apartheid condemned as a crime against humanity was a measure of the success of their historic campaign.

Those in exile crisscrossed the five continents briefing heads of state and government on our situation, attending world and regional gatherings, and flooding the world with material exposing the inhumanity of apartheid.

It was this worldwide campaign which made the African National Congress (ANC) and its leaders inside and outside the country, one of the most well-known liberation movement of the world.

The fighters of Umkhonto we Sizwe (M.K) displayed unrivalled courage and infiltrated the country, attacked government installations, and clashed with the apartheid forces and, now

Page du manuscrit original de la troisième version des mémoires présidentiels de Mandela. Sa secrétaire particulière, Zelda la Grange, tapait le texte manuscrit avec son équipe, puis Mandela annotait cette version ou en réécrivait à la main une nouvelle. Certains chapitres furent repris plusieurs fois selon cette méthode.

Nelson Mandela fait son premier discours public en vingt-sept ans, le jour de sa libération, à l'hôtel de ville, devant la place Grande Parade, au Cap, le 11 février 1990. « Je me tiens devant vous non comme un prophète mais comme votre humble serviteur, le serviteur du peuple, déclare-t-il. Vos sacrifices incessants et héroïques m'ont permis d'être parmi vous aujourd'hui. Je remets, par conséquent, les dernières années de ma vie entre vos mains. »

Il chante « Nkosi Sikelel' iAfrika » avec sa femme, Winnie Mandela, lors du rassemblement de bienvenue au stade FNB, à Soweto, le 13 février 1990, deux jours après sa libération. Plus de 100 000 personnes y assistèrent pour l'écouter.

Discours de Mandela devant le Comité spécial contre l'apartheid des Nations unies, à New York en 1990, où il demande le maintien des sanctions de l'ONU et des gouvernements contre l'Afrique du Sud jusqu'à l'abolition de l'apartheid. Les sanctions économiques, que l'ONU avait imposées depuis 1962, furent levées en octobre 1993.

En janvier 1991, les deux leaders des frères ennemis que sont l'Inkatha et le Congrès national africain (ANC), Mangosuthu Buthelezi et Nelson Mandela, se rencontrent et déclarent avoir trouvé un accord de paix pour mettre fin aux violences politiques. Ce dessin publié par *Die Transvaler* suggère que les sentiments que se vouent réellement les deux leaders sont loin d'être magnanimes.

Avec le leader de l'Inkatha, Mangosuthu Buthelezi, et le président F. W. De Klerk à une conférence de presse pour annoncer le ralliement tardif du Parti de la liberté Inkatha (IFP) au processus des premières élections démocratiques d'Afrique du Sud, quelques semaines à peine avant le scrutin, en avril 1994.

Mandela et Walter Sisulu rendent hommage au cercueil du militant vénéré Chris Hani, au stade FNB, à Soweto, le 19 avril 1993. L'assassinat de Hani mena le pays au bord de la guerre civile. Dans une allocution télévisée, Mandela exhorta la nation à réagir avec dignité et à tout faire pour apporter la démocratie au pays (voir page 62).

Mandela salue la foule pendant un meeting électoral au stade de Galeshewe, près de Kimberley, en 1994. Son fidèle garde du corps, Mzwandile Vena, raconte que l'imprévisibilité de Mandela quand il était dans la foule rendait cauchemardesque le travail de sa garde rapprochée. « Il fallait rester aux aguets en permanence » (voir page 229).

Campagne électorale, 1994. Mandela écrivit que « Pour la majorité noire », l'élection qui approchait « fut synonyme de naissance d'un rêve » (voir page 92).

Mandela vote pour la première fois au lycée d'Ohlange, à Inanda, le 27 avril 1994. Le lieu se trouve à proximité de la tombe du premier président de l'ANC, John Dube.

Dans ce dessin, publié par *The Sowetan*, Nanda Soobben juxtapose le battage et l'excitation autour de l'investiture de Mandela et les attentes de l'opinion en besoins de première nécessité.

Séparé de son épouse, Winnie, il apparaît aux côtés de sa fille, SAS la princesse Zenani Dlamini, au déjeuner qui suit son investiture à Pretoria, le 10 mai 1994.

Le président Mandela flanqué de ses deux vice-présidents – Thabo Mbeki (à gauche) et F. W. De Klerk, président sortant –, bâtiments de l'Union, Pretoria, le 10 mai 1994.

Devant Tuynhuys, siège de la présidence au Cap, le jour de l'ouverture de la législature du premier Parlement élu démocratiquement. Mandela est accompagné (de gauche à droite) du député Cyril Ramaphosa, de Zanele Mbeki et de son mari le vice-président Thabo Mbeki, de la présidente du Parlement Frene Ginwala, de Kobie Coetsee, qui fut président du Sénat jusqu'en 1997, et du vice-président F. W. De Klerk.

Mandela en compagnie de certains membres de son premier gouvernement. Il est entouré du chef de l'Inkatha Mangosuthu Buthelezi, à sa gauche, et du vice-président Thabo Mbeki, à sa droite.

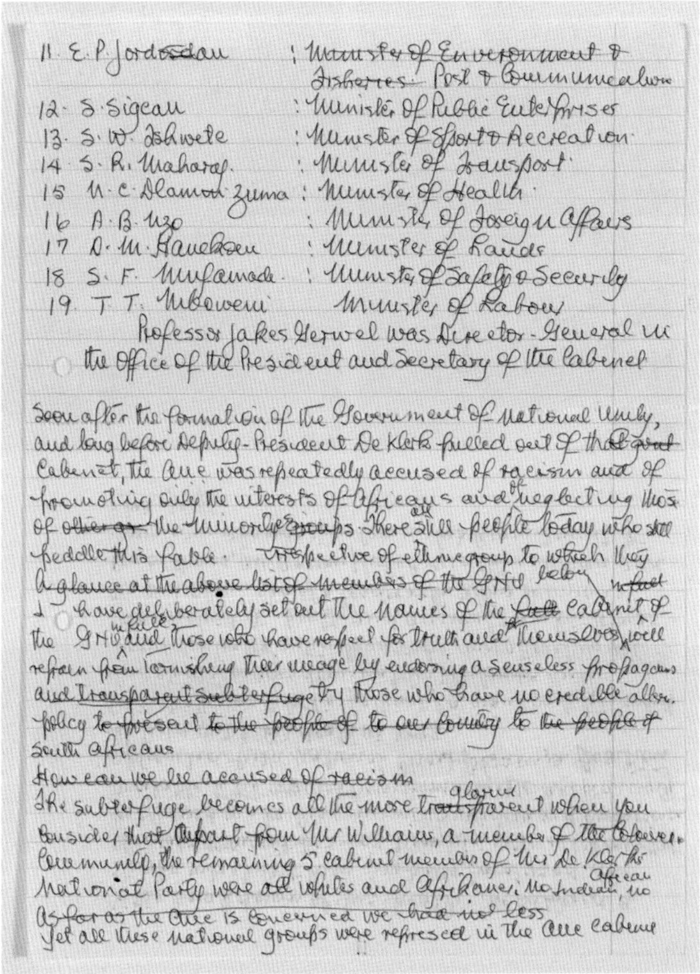

11. E. P. Jordaan : Minister of Post & Communication
12. S. Sigcau : Minister of Public Enterprises
13. S. W. Tshwete : Minister of Sport & Recreation
14. S. R. Maharaj : Minister of Transport
15. N. C. Dlamini Zuma : Minister of Health
16. A. B. Nzo : Minister of Foreign Affairs
17. D. M. Hanekom : Minister of Lands
18. S. F. Mufamadi : Minister of Safety & Security
19. T. T. Mboweni Minister of Labour

Professor Jakes Gerwel was Director-General in the Office of the President and Secretary of the Cabinet

Soon after the formation of the Government of National Unity, and long before Deputy-President De Klerk pulled out of that Cabinet, the ANC was repeatedly accused of racism and of promoting only the interests of Africans and neglecting those of all the minority groups. There are still people today who still peddle this fable. I have deliberately set out the names of the cabinet of the GNU below in full. Those who have respect for truth and themselves will refrain from tarnishing their image by endorsing a senseless propaganda by those who have no credible alternative policy to South Africans.

The subterfuge becomes all the more glaring when you consider that apart from Mr Williams, a member of the Coloured Community, the remaining 5 cabinet members of Mr De Klerk's National Party were all whites and Afrikaners. No Indian, no African.

Yet all these national groups were represented in the ANC cabinet

Page du chapitre cinq du manuscrit des mémoires des années présidentielles de Mandela. Il a écrit le nom des membres du Gouvernement d'union nationale pour montrer que sa liste est représentative de la diversité des groupes ethniques. C'est une réponse aux accusations selon lesquelles l'ANC privilégiait la population noire. « Il reste encore des personnalités dans notre pays – conservateurs purs et durs – pour colporter cette ignoble propagande », écrit-il (voir page 169).

En haut : Avec Jessie Duarte, chef des opérations de l'ANC pendant le mandat présidentiel.
En bas : Avec Joe Slovo, qui fut nommé ministre du Logement du Gouvernement d'union nationale.

En haut : Avec Trevor Manuel, ministre le plus longtemps en poste aux Finances.
En bas : Mandela et le directeur de cabinet de la présidence, Jakes Gerwel, surnommé « Prof ».

Au Parlement avec son vieil ami Ahmed Kathrada, ancien compagnon d'incarcération et conseiller politique.

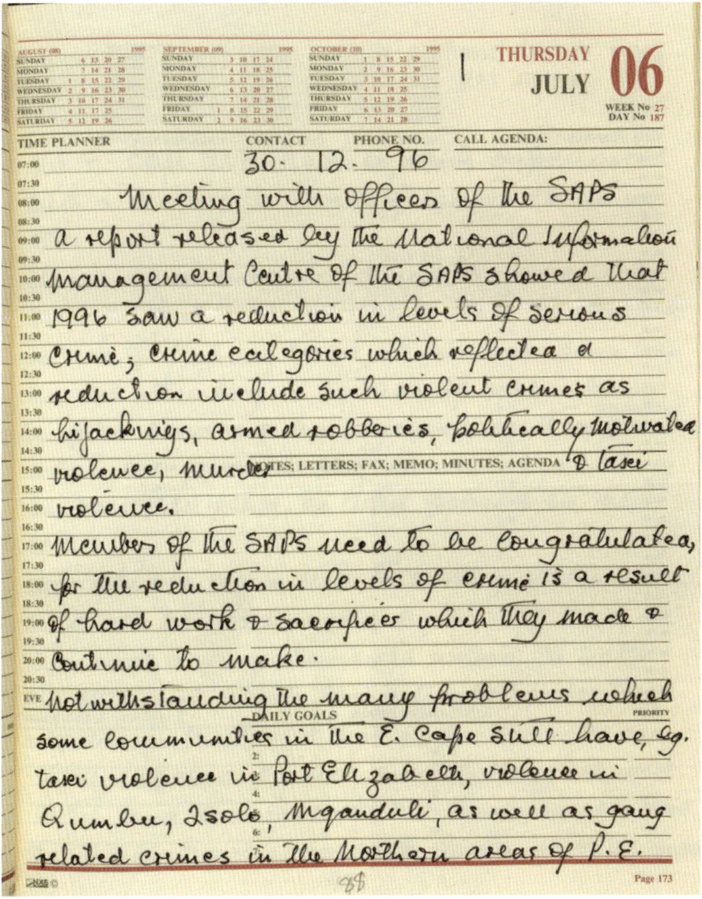

THURSDAY JULY 06

WEEK No 27 DAY No 187

30. 12. 96

Meeting with officers of the SAPS

A report released by the National Information Management Centre of the SAPS showed that 1996 saw a reduction in levels of serious crime; crime categories which reflected a reduction include such violent crimes as hijackings, armed robberies, politically motivated violence, murder & taxi violence.

Members of the SAPS need to be congratulated, for the reduction in levels of crime is a result of hard work & sacrifices which they made & continue to make.

Notwithstanding the many problems which some communities in the E. Cape still have, eg. taxi violence in Port Elizabeth, violence in Qumbu, Tsolo, Mqanduli, as well as gang related crimes in the Northern areas of P.E.

Page 173

Mandela prenait beaucoup de notes et consignait le contenu des réunions dans son journal, comme il le fit pour cette réunion du 30 décembre 1996, avec des officiers de la police sud-africaine.

Le président Mandela rend visite à l'ancien président et fidèle soutien de l'apartheid P. W. Botha, connu sous le nom de « Die Groot Krokodil » (« Le Grand Crocodile »), à son domicile de Wilderness, en 1995.

Dans son effort de réconciliation, Mandela rend visite à Betsie Verwoerd, veuve de l'architecte de l'apartheid, le Dr H.F. Verwoerd, à son domicile de la ville « réservée aux blancs » d'Orania, en 1995.

Signature de la Constitution de la république d'Afrique du Sud, à Sharpeville, le 10 décembre 1996, avec (de droite à gauche) Cyril Ramaphosa et le maire de Lekoa-Vaal qui était à la tête du Conseil métropolitain, Yunus Chamda.

À Libertas, la résidence présidentielle de Pretoria, que Mandela rebaptisa Mahlamba Ndlopfu, qui signifie « La Nouvelle Aube » en tsonga, ou, littéralement, « la toilette des éléphants ».

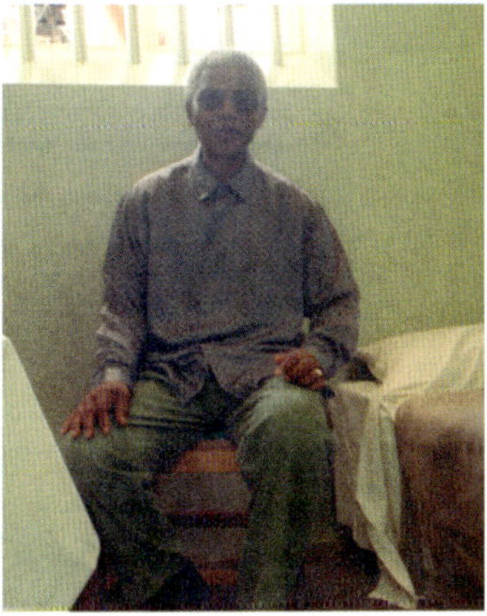

Dans son ancienne cellule de Robben Island lors de retrouvailles avec d'anciens prisonniers politiques, le 10 février 1995.

Avec le président américain Bill Clinton à la Maison Blanche, à Washington. Mandela tira avantage de ses relations personnelles avec les leaders internationaux pour influer sur des négociations et le règlement des conflits.

Avec le président cubain Fidel Castro. Mandela insista pour que Castro assiste à sa cérémonie d'investiture.

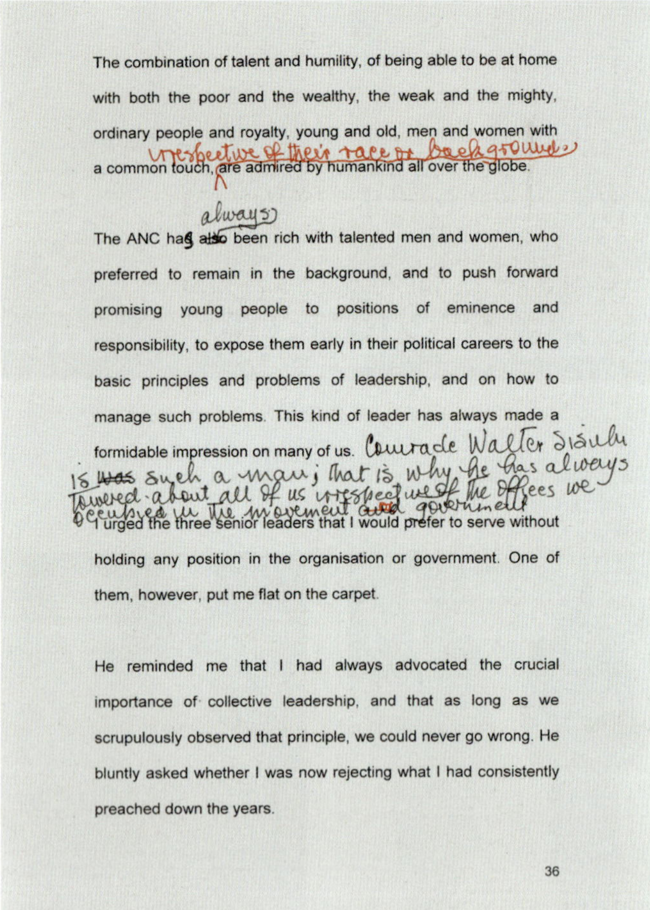

The combination of talent and humility, of being able to be at home with both the poor and the wealthy, the weak and the mighty, ordinary people and royalty, young and old, men and women with a common touch, irrespective of their race or background, are admired by humankind all over the globe.

The ANC has ~~also~~ always been rich with talented men and women, who preferred to remain in the background, and to push forward promising young people to positions of eminence and responsibility, to expose them early in their political careers to the basic principles and problems of leadership, and on how to manage such problems. This kind of leader has always made a formidable impression on many of us. Comrade Walter Sisulu is ~~was~~ such a man; that is why he has always towered above all of us irrespective of the offices we occupied in the movement and government.

I urged the three senior leaders that I would prefer to serve without holding any position in the organisation or government. One of them, however, put me flat on the carpet.

He reminded me that I had always advocated the crucial importance of collective leadership, and that as long as we scrupulously observed that principle, we could never go wrong. He bluntly asked whether I was now rejecting what I had consistently preached down the years.

36

Sur cette page du manuscrit, tirée du chapitre six, Mandela ajoute une description de son ami et ancien associé au sein de son cabinet d'avocats, Oliver Tambo, où il affirme que certains membres de l'ANC ont toujours préféré rester dans l'ombre pour promouvoir de jeunes membres aux postes à responsabilité. Il annote une deuxième fois le texte avec les mots suivants : « Le camarade Walter Sisulu est de cette trempe ; voilà pourquoi il nous domine tous, malgré les responsabilités que nous avons pu avoir au sein du mouvement ou du gouvernement » (voir page 135).

Avec le président de la République française Jacques Chirac, le 14 juillet 1996, sur les Champs-Élysées.

En haut : Avec le leader palestinien Yasser Arafat.
En bas : Avec Graça Machel, la reine Margrethe II et le prince Henrik du Danemark, à Copenhague, en 1999.

En haut : Avec la reine Élisabeth II, sur le Mall en direction de Buckingham Palace, à Londres, en 1996.
En bas : Avec le prince Bandar bin Sultan d'Arabie saoudite et le leader libyen Mouammar Kadhafi, en 1999 (voir page 505).

Avec Graça Machel, à l'aéroport de Heathrow en 1997. C'est la lettre de condoléances envoyée par Mandela au moment du décès du président mozambicain Samora Machel, en 1986, qui leur permit d'entamer une correspondance. Ils se marièrent le jour des quatre-vingts ans de Mandela, en 1998.

Mandela insistait pour effectuer lui-même plusieurs tâches ménagères, au point de faire son lit à l'hôtel et de cirer ses chaussures à bord du jet présidentiel. « Il ne fallait rien laisser traîner en sa présence, dit sa veuve Graça Machel. Partout où il allait, tout devait être bien rangé… d'une impeccable propreté » (voir page 273).

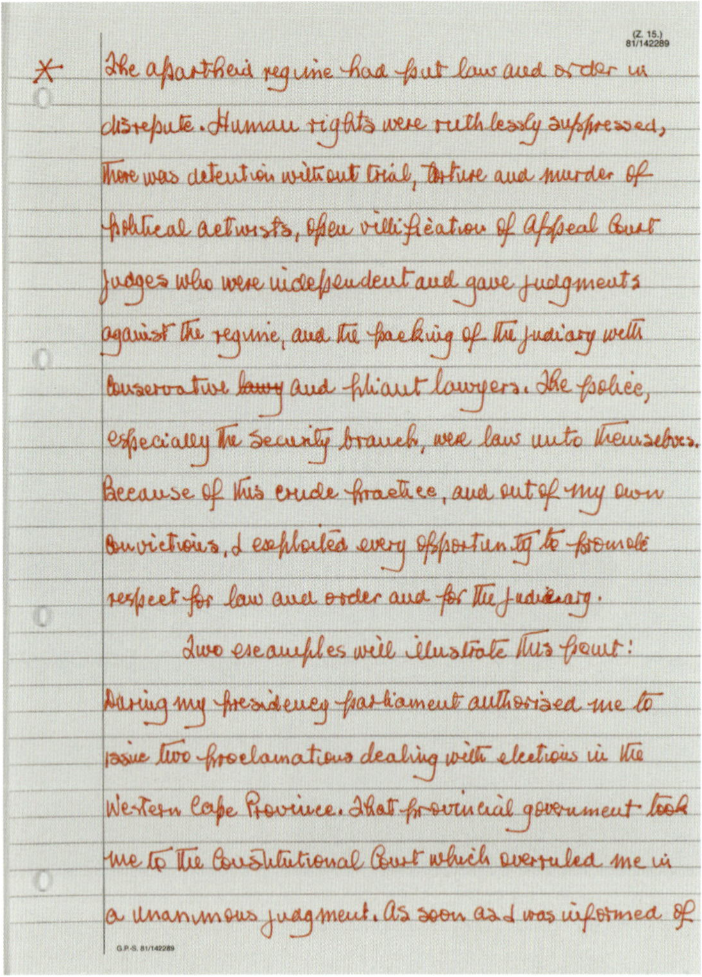
(Z. 15.)
81/142289

* The apartheid regime had put law and order in disrepute. Human rights were ruthlessly suppressed, there was detention without trial, torture and murder of political activists, open villification of Appeal Court judges who were independent and gave judgments against the regime, and the packing of the judiciary with conservative ~~lawy~~ and pliant lawyers. The police, especially the security branch, were laws unto themselves. Because of this crude practice, and out of my own convictions, I exploited every opportunity to promote respect for law and order and for the judiciary.

Two examples will illustrate this point: During my presidency parliament authorised me to issue two proclamations dealing with elections in the Western Cape Province. That provincial government took me to the Constitutional Court which overruled me in a unanimous judgment. As soon as I was informed of

G.P.-S. 81/142289

Sur cette page manuscrite tirée du chapitre six des mémoires de Mandela, il explique que, en raison des pratiques corrompues et inhumaines des institutions judiciaires du régime d'apartheid, il a « saisi chaque occasion de promouvoir le respect pour la loi, l'ordre et la justice » dans la nouvelle Afrique du Sud démocratique (voir page 259).

Lors d'un match de rugby du Tri Nations avec Zelda la Grange, qui travailla pour Nelson Mandela pendant dix-neuf ans, d'abord comme secrétaire particulière, puis comme aide de camp, porte-parole et chef de bureau, après qu'il eut pris sa retraite.

Mandela et Graça Machel visitent la prison de Pollsmoor en 1997, où Mandela avait été incarcéré dix ans plus tôt, pour rencontrer des détenus qui s'étaient plaints de subir des agressions.

Avec le capitaine des Springboks, Francois Pienaar, à l'Ellis Park de Johannesburg, après la victoire de l'Afrique du Sud à la Coupe du monde 1995. En portant le maillot et la casquette des Springboks, Mandela gagna le cœur de millions d'Afrikaners.

À la cinquantième conférence nationale de l'ANC, Mandela cède la présidence de l'organisation à Thabo Mbeki, à Mafikeng, le 20 décembre 1997. En clôture de la conférence, il déclare : «Je suis impatient d'y être, de me lever avec le soleil ; d'arpenter les collines et les vallées de Qunu dans la paix et la tranquillité» (voir page 517).

Il reçoit le rapport de la Commission Vérité et Réconciliation des mains du président de la Commission, l'archevêque Desmond Tutu, à Pretoria en 1998. La Commission enquêta sur les violations des droits de l'homme qui eurent lieu entre 1960 et 1994. Conscient des doutes soulevés lors de l'enquête, Mandela admit ses imperfections mais insista sur le besoin d'une reconnaissance nationale des crimes du passé (voir page 411).

Accueillant des enfants dans son village de Qunu, le jour de Noël, en 1995. Décrivant Qunu à Richard Stengel en 1993, il déclare : « Les gens, là-bas, vous savez, c'est une tout autre dimension, et je suis… tellement heureux quand je les écoute parler ; leurs manières, ça me rappelle mes jeunes années. »

S'adressant à des étudiants au lancement du Fonds d'aide à l'enfance Nelson-Mandela, à Pretoria en 1995. La sécurité sociale et l'école pour tous les enfants faisaient partie de ses préoccupations majeures, et il fit don d'un tiers de son salaire au Fonds pendant la durée de son mandat.

La jeunesse accueille son héros tandis qu'il esquisse le célèbre « pas de danse Madiba » devant un groupe de musique local, au cours d'une visite du township d'Oukasie à Brits, en 1995.

Toujours stimulé par le contact avec le public, Mandela, ici, prend dans ses bras une employée de l'hôpital de jour Hanover, à Hanover Park, en 1996.

Après son retrait de la vie politique, Mandela devint l'un des plus fervents militants africains pour la prévention du sida. Ici, il prend la parole lors d'un événement de l'association Ruban Rouge pour la prévention du sida en 1998.

Le président Mandela reçoit une *standing ovation* après son dernier discours devant le premier Parlement élu démocratiquement en Afrique du Sud, avant son retrait de la vie politique, Le Cap, 26 mars 1999.

Dans ce dessin de Zapiro, la jeune nation démocratique laisse échapper un soupir de mélancolie tandis que le soleil se couche sur « l'ère Mandela » et que son premier président démocratiquement élu quitte la vie politique en mars 1999.

c) Une liste des membres avant leur démantèlement
d) La vocation du Conseil de sécurité d'État
e) Ce qui est arrivé à ses fonds et son équipement.

3) Une liste des organisations que le NIS [Service national de renseignements] a espionnées et une liste des agents du service qui ont infiltré les organisations ou institutions espionnées.
4) Le Bureau de coopération civile existe-t-il encore ? Une explication détaillée de sa structure et de son personnel doit être fournie.
   a) Sinon, quand fut-il démantelé ? Qu'est-il arrivé à ses fonds et son équipement ?
5) Le Conseil de collecte secrète de renseignements existe-t-il encore ?
   a) Si oui, qui en est membre ?
   b) Sinon, quand a-t-il été dissous ?
   c) Qu'est-il arrivé à ses fonds et son équipement ?
6) L'original du rapport du général Pierre Steyn* doit être fourni.
   a) Pour quels actes criminels précis plusieurs officiers de haut rang de l'armée ont-ils été relevés ou leur a-t-on demandé de démissionner à la suite de ce rapport ?
7) Qui est responsable des violences politiques qui ont mené au meurtre de près de 20000 personnes ?

---

* Le rapport du général Pierre Steyn en 1992 détaillait l'implication de la police et de l'armée dans les violences perpétrées à l'approche des élections.

8) Il est probable que les parties responsables de la violence politique soient aussi responsables de la mort de combattants de la liberté comme Neil Aggett, Rick Turner, Imam Haroon, Ahmed Timol, David Webster, [Matthew] Goniwe et d'autres, Griffiths et Victoria Mxenge ; Pebco Three ; Bheki Mlangeni
9) L'Unité Valkplaas* a-t-elle continué à exister après 1/2 ? Qui étaient ses membres et que sont-ils devenus [?] Quelle était ou quelle est sa vocation, et si elle a continué d'exister, que sont devenus ses membres après 1990 ?
   Si elle a été dissoute, que sont devenus ses fonds et son équipement ?
10) Informations détaillées sur les opérations des unités de commandos dans le pays. D'après le rapport Goldstone, des membres de l'Unité Valkplaas étaient payés entre 200 000 rands et 1 000 000 de rands à la [« dissolution » ?] Est-ce exact ? Pourquoi les payait-on[46] ?

Le rapport du général Pierre Steyn en 1992, auquel Mandela se réfère, avait fait beaucoup pour la découverte des commandos. Mais si Mandela avait été informé d'une partie de son contenu, il n'avait pas vu le rapport complet. Néanmoins, il était sur son bureau après la réunion d'information.

---

* L'Unité Valkplaas, unité de contre-insurrection de la police sud-africaine, fut responsable de la torture et de la mort d'un grand nombre de militants anti-apartheid.

Tout en pointant l'ampleur de la conspiration des agences de renseignements pour réprimer la résistance, la liste explique la prudence constante de Mandela – ou sa méfiance – et pourquoi la dissolution de ces structures le laissa toujours sur ses gardes. En transformant les agences de sécurité, où les opérations secrètes et la corruption étaient la chaîne et la trame du fonctionnement de l'apartheid, Mandela devait s'assurer de l'application de la recommandation constitutionnelle en matière de sécurité nationale. Elle stipulait que la sécurité nationale « doit refléter la résolution des Sud-Africains, en tant qu'individus et nation, de vivre sur un pied d'égalité, de vivre dans la paix et l'harmonie, de ne plus avoir peur et de vouloir une vie meilleure[47] ».

Le premier obstacle politique majeur pour le nouveau Parlement démocratique fut la « fragmentation des nouveaux moyens de renseignement de l'État. Six agences de renseignements – chacune d'elles ayant été soumise à l'une ou l'autre autorité ou parti politique ayant pris part aux premières négociations – devaient être regroupées sous un même toit et appliquer un nouveau programme sécuritaire[48] ».

Fin 1994, la police et la législation étaient en place pour fusionner l'Agence nationale de renseignements, celles des bantoustans et les services de renseignement des mouvements de libération. Les activités de renseignement intérieur étaient menées au sein de l'Agence nationale de renseignements (NIA) et les activités de renseignement extérieur au sein des Services secrets sud-africains (SASS). Après d'intenses négociations qui couvraient tous les champs d'activité de la direction stratégique aux caractéristiques de chaque poste, l'ANC fit preuve de sagesse en plaçant son personnel à des postes plus stratégiques, contrairement à ce qui s'était produit pour les agences de renseignements de l'armée et de la police[49]. Et pour s'assurer un pouvoir de contrôle et de supervision étroit, il y aurait une surveillance opérationnelle d'inspecteurs indépendants dans chaque service, un suivi ministériel et, surtout, un contrôle parlementaire par le biais du Comité mixte sur le renseignement.

Le nouveau service fut officiellement lancé en 1995, avec pour premier directeur le général Sizakele Sigxashe, de l'ANC ; un adjoint issu des rangs de l'ANC prit la tête de l'Agence nationale de renseignements (NIA) tandis qu'un adjoint de l'ancien Service national de renseignements prit celle des SASS. Le directeur du service était *de facto* Joe Nhlanhla, de l'ANC, qui fut nommé secrétaire d'État aux Services de renseignements sous l'autorité du ministre de la Justice.

Là encore, la fusion fonctionna sur le papier mais fut, en réalité, lente et inégale, malmenée par une méfiance persistante entre anciens et nouveaux membres du personnel. Elle fut aussi freinée par des tensions au sein du personnel issu de l'ANC. Il faut peut-être y voir les raisons de la mauvaise qualité des renseignements qui atterrirent sur le bureau de Mandela, et la frustration de ce dernier. D'après Jakes Gerwel, la lecture des mémos de renseignements envoyés sur le bureau du Président revenait un peu à lire « le journal d'il y a trois jours[50] ». Mandela était connu pour avoir rejeté ces rapports, parfois avec des mots très durs, en réunion avec les membres du gouvernement ou de hauts responsables du renseignement. Un jour, il renvoya des responsables du renseignement d'une réunion du gouvernement parce que leur rapport ne répondait pas assez à sa demande d'informations. Sur certains sujets internationaux, les politiques étaient parfois mieux informés que les officiers de l'ancienne administration qui leur fournissaient des rapports.

Dans un cas, quand Alfred Nzo, ministre des Affaires étrangères, se fit remettre un rapport sur les participants au conflit du Burundi, il jeta le rapport*. « Je connais ces gens, dit-il. J'ai vécu en exil avec certains d'entre eux en Tanzanie[51]. »

Le nouveau service de renseignements était court-circuité par de fausses informations, lancées par d'anciens agents, ou d'autres en lien avec le nouveau service, à propos de complots issus des rangs de l'extrême droite et de l'extrême gauche pour déstabiliser ou renverser le gouvernement[52]. Le rapport Meiring, qui était une de ces falsifications, utilisait le travail de « colporteurs d'informations » élaboré par des éléments du renseignement militaire. Le général Nyanda dit à Mandela, après que la Commission d'enquête judiciaire eut déclaré le rapport dénué de fondement, que le renseignement militaire était « l'un des services les plus rétrogrades et sclérosés du ministère de la Défense ». Il affichait ses « partis pris en faveur des vieux amis de la SADF dans des analyses et des rapports sur l'Afrique australe et une multitude de rapports sur des menaces imaginaires venues d'extrême gauche au détriment de celles, bien plus graves, venues d'extrême droite[53] ».

À l'origine de tous ces coups fourrés et autres perfidies, il y avait une communauté du renseignement aveuglée par les préjugés de race, incapable de tolérer

* Mandela succéda à feu Julius Nyerere, président de Tanzanie, en tant que président du Processus de paix multipartite au Burundi.

que le nouveau gouvernement puisse réussir – selon ses propres règles, qui plus est.

❦

En collaboration directe avec Thabo Mbeki, les SASS œuvrèrent en coulisses au soutien des initiatives internationales de Mandela. Leur contribution en matière de renseignement extérieur prenait le contrepied de la priorité accordée par l'ancien régime à l'Europe et aux États-Unis, et privilégiait une approche plus en accord avec les nouvelles orientations des affaires étrangères. On vit les effets de ce changement de cap quand l'Afrique du Sud commença à jouer un plus grand rôle dans la résolution des conflits. Elle fut souvent amenée à jouer les intermédiaires, à faciliter les initiatives ou recoller les morceaux. Par exemple, Mandela avait envoyé son vice-président, Thabo Mbeki, à Abuja pour intercéder en faveur de l'écrivain et militant ogoni Ken Saro-Wiwa et huit de ses compatriotes, qui étaient sous la menace d'une exécution ordonnée par le général Sani Abacha, chef militaire nigérian, en 1995. Quand le général Abacha ignora la demande de suspension de l'exécution et fit pendre les neuf militants, Mandela laissa éclater sa rage.

Lansana Gberie, universitaire et journaliste de Sierra Leone, entendit quelqu'un faire une déclaration d'une voix posée à la BBC, le 27 novembre 1995. C'était Mandela, qui disait : « Abacha est assis sur un volcan. Et ce volcan, je vais le faire exploser sous lui. » Mandela avait profondément foi en la nature humaine, mais était mû par un certain sens du nationalisme, qu'il espérait voir imprégner le reste du continent. Abacha avait beau être corrompu et obstiné, il n'en restait pas moins un leader africain et – sans doute – pas un monstre[54].

Quand le plaidoyer de Mandela – au nom d'une diplomatie apaisée – pour que les hommes soient épargnés tomba dans l'oreille d'un sourd, il se sentit contrecarré et attaqué, pour les mêmes raisons qui l'avaient poussé à rabrouer De Klerk devant les caméras de télévision. Il n'avait pas fait ça pour humilier un adversaire, comme l'a dit Graça Machel. La confiance – même si elle n'avait jamais été consacrée par un accord formel dans le cas d'Abacha – était rompue. Les responsables du renseignement avaient travaillé dur pour nouer le contact entre l'Afrique du Sud et le Nigeria.

Un autre exemple fut l'apaisement des tensions avec l'Égypte à la suite d'une brouille entre Mandela et le président Hosni Moubarak, quand ce dernier lui avait faussement fait miroiter en 1992 la promesse d'un don à l'ANC[55].

Lors de l'inauguration du nouveau siège commun aux agences de renseignements en 1997, Mandela parla des « défis qui attendaient l'Afrique du Sud, et qui étaient sans aucun doute différents des défis d'hier. Par le passé, la seule vraie menace pour la sécurité de notre peuple ne venait pas de l'extérieur mais de nos services de police, y compris des services de renseignements…

« À cet égard, nous avons entamé la difficile mais nécessaire tâche de transformer l'État, et la communauté du renseignement en particulier, en structures qui servent la population au lieu de la terroriser ; des structures qui protègent l'intégrité de notre pays au lieu de déstabiliser nos voisins ; des structures qui protègent la démocratie au lieu de la saper ».

À propos de la mission des services, il affirma que leur principale vocation était de devenir « les yeux et les oreilles de la nation ». Il espérait que l'Agence nationale de renseignements (NIA) et les SASS permettraient de « créer un environnement propice à la reconstruction et au développement, à l'édification de la nation et la réconciliation », prévenant que, « sans une vie meilleure pour tous, tout espoir de sécurité nationale ne serait qu'une chimère ». Pour lui, il était flagrant que cela n'avait pas été le cas dans le passé récent de l'Afrique du Sud, remarquant que l'histoire du pays « avait confirmé que personne ne pourrait profiter de la sécurité à long terme si la majorité était privée d'un confort de vie élémentaire ». Il demanda aux services de renseignements de « continuer à soutenir la police dans son combat contre le crime, en particulier le crime organisé ».

À ce propos, on avait assisté à une recrudescence de vols dans les bureaux des services de renseignements. « Il est clair, vu la nature de ces vols, dit-il, qu'il y a des éléments au sein de nos structures, liés à des agents extérieurs, qui travaillent pour des forces malveillantes, y compris des syndicats du crime et des agences étrangères de renseignements pour saper notre démocratie…

« Ce sont des forces dont le but est de revenir sur nos avancées démocratiques, des forces qui ont choisi de repousser la main de l'amitié qui leur a été tendue, des forces qui ne veulent pas de la réconciliation, des forces qui attendent que nous nous excusions d'avoir détruit l'apartheid et établi la démocratie. »

Mais Mandela ne doutait pas qu'il existât une solution à ces problèmes. Il dit : « L'inauguration du siège commun à l'Agence nationale de renseignements et aux Services secrets sud-africains symbolise un autre pas de géant loin d'une époque où les structures de renseignement étaient au cœur de la division et du conflit dans notre pays. Elle symbolise aussi la réunification des différents fils de notre passé divisé en un service uni œuvrant au bien commun[56]. »

Concernant la fonction publique, l'ANC comme le gouvernement d'apartheid reconnaissent que sa transformation n'a jamais été une priorité. Skweyiya, qui fut ministre de la Fonction publique et de l'Administration de 1994 à 1999, parle du « cauchemar » – qui empêcha sans doute Mandela de dormir pendant de longues nuits – que fut la nécessité de trouver la bonne formule pour les différentes couches de gouvernement, surtout au niveau de gouvernance le plus modeste, celui du gouvernement local. « L'une des premières choses que nous ayons faites fut d'organiser la fonction publique en créant neuf provinces dans une Afrique du Sud unitaire, et de nous assurer qu'il y ait des services dans chacune d'elles, que du personnel soit embauché, et que toutes ces provinces et les onze administrations ne fassent plus qu'une, ce qui fut un vrai cauchemar[57]. » Le gouvernement d'apartheid, qui dépensait des fortunes pour l'organisation et la formation des forces de sécurité, l'économie et les affaires internationales, n'avait jamais accordé trop d'importance à la fonction publique[58]. Il n'était guère étonnant qu'il s'inquiète de voir la nouvelle administration poser problème[59].

L'origine des difficultés qui entravaient la transformation de certains secteurs, comme la fonction publique, était dans l'architecture de la transition négociée, et notamment les clauses d'extinction défendues par Joe Slovo. Inscrites dans la Constitution pour faciliter les cinq premières années de transition, les clauses assuraient, entre autres, la protection des retraites de la fonction publique. Cela permettait d'assurer une certaine stabilité en retenant le personnel qui avait l'expérience de l'institution, et donnait à la fonction publique, en retour, les moyens d'assurer sa mission. Mais le besoin urgent de rendre la fonction publique plus représentative entraîna l'assemblage malheureux de ce qu'Allister Sparks décrivit comme « une vieille garde fossilisée et des nouveaux venus inexpérimentés », ce qui rendit la mission du gouvernement plus laborieuse et lente que prévu[60]. D'autre part, quand fut calculé le coût des indemnités du plan de départ volontaire pour faciliter le départ des responsables de l'ancienne administration, il se révéla trop coûteux. Annoncer la vacance des postes de fonctionnaires de l'ordre ancien mena aux premiers désaccords au sein du Gouvernement d'union nationale[61].

L'un des problèmes naquit d'une négligence de l'ANC lors de la négociation de la Constitution intérimaire : la vieille Commission d'administration publique (CPA) avait conservé l'exclusivité de son pouvoir de nomination dans la fonction publique. Ce n'est qu'à la signature du texte définitif que cette anomalie fut rectifiée, et la CPA remplacée en 1996 par la Commission de service public.

Un autre problème, censé permettre de contourner les restrictions de nominations, naquit du placement de responsables du mouvement de libération à des postes de direction, certains propulsés conseillers ministériels, menant à la création de centres d'autorité parallèles. À quoi s'ajoutèrent le choc des cultures entre l'ancien et le nouveau régime et l'absence de vision partagée, qui nécessita l'octroi de pouvoirs supplémentaires aux ministres dans les nominations aux postes à responsabilité. Cette mesure non planifiée s'enracina, ce qui eut des conséquences négatives les années suivantes sur la professionnalisation de la fonction publique[62].

Des programmes quinquennaux furent mis en place pour la composition de la direction de la fonction publique. Le but était que les Noirs, c'est-à-dire les métis, les Indiens et les Africains, représentent 50 % des effectifs ; qu'au moins 30 % des nouvelles recrues soient des femmes ; et qu'après dix ans, au moins 2 % soient des personnes handicapées. Seul le pourcentage de cette dernière catégorie ne fut pas atteint[63].

Moins d'un mois après les débuts du nouveau gouvernement, Mandela écrivit à ses ministres, révélant l'urgence, selon lui, de s'attaquer à la question de la nomination des femmes, en particulier :

« Dans notre pays, la représentation des femmes est désormais considérée comme essentielle au succès de notre politique de construction d'une société juste et équitable.

« Le gouvernement doit être à la tête de ce processus en donnant la preuve concrète de la présence des femmes à tous les échelons du pouvoir.

« Je souhaite, par conséquent, vous demander de procéder en priorité à la nomination de femmes à des postes gouvernementaux, au sein de la fonction publique et des commissions permanentes.

« Je voudrais aussi vous rappeler que les services fournis par votre ministère devront améliorer les conditions de vie des femmes comme des hommes[64]. »

Un autre obstacle au sein de la fonction publique était le besoin d'optimiser et de réduire les effectifs pour un fonctionnement plus efficace. Cela ne pouvait se faire par arrêté ministériel, à huis clos, mais impliquait des négociations avec les syndicats qui, jusqu'en 1993, étaient interdits par l'apartheid dans la fonction publique. À cela s'ajoutait la pression d'une crise macroéconomique qui bridait le pays et aggravait la situation. Le ministre des Finances proposa de faire passer le nombre de fonctionnaires de 1,3 million à 1 million. Ce chiffre était politiquement intenable, vu l'ampleur du chômage et l'impact corrélatif sur les plus pauvres parmi les pauvres[65].

La corruption aussi joua un grand rôle dans la mobilisation des ressources et l'altération de la légitimité du nouveau gouvernement aux yeux des citoyens. Elle était particulièrement endémique – sans leur être propre – dans les anciens bantoustans où clientélisme et laxisme graissaient les rouages des survivances de l'apartheid. Partant du Cap-Oriental, avant d'étendre son action au reste du pays, le gouvernement entreprit de s'atteler au problème. Il identifia des travailleurs fictifs et enquêta sur les détournements de l'argent des caisses de retraite et de fonds publics.

De plus, alors qu'il y avait eu jusque-là quatre provinces et dix bantoustans, il y avait désormais neuf administrations provinciales. Les anciens responsables des bantoustans, désormais intégrés à la nouvelle fonction publique, arrivaient avec un héritage institutionnel aux effets durablement négatifs[66].

Bien que l'engagement de Mandela dans la transformation de la fonction publique fût moins direct que pour les forces de sécurité, il s'impliqua dans la promotion d'une nouvelle fonction publique plus représentative auprès de l'opinion. Pour lui, le service public devait être une ressource pour la société tout entière[67].

Mais pour permettre cela, il fallait trouver un compromis entre la fonction publique et le gouvernement. Dans son deuxième discours sur l'état de la nation en février 1995, Mandela fit l'éloge de l'abnégation des employés du service public et s'adressa directement aux fonctionnaires :

« Nous soutenons l'engagement de tous les travailleurs du secteur public pour faire d'eux des agents volontaires, enthousiastes et compétents de la transformation de notre société en accord avec les objectifs énumérés dans le Programme reconstruction et développement.

« Dans le cadre de cette démarche, le gouvernement a donné l'instruction à ses ministres d'interagir constamment avec tous les membres de leur ministère et de leurs services pour les informer de leurs missions, rendre compte des progrès effectués, et décider du meilleur moyen de surmonter les obstacles au processus de transformation et plus généralement pour s'impliquer dans la lutte pour le changement.

« Nous avons aussi invité les syndicats du secteur public à participer le plus possible à l'élaboration du budget afin qu'ils apportent leur propre contribution à la difficile tâche de décider de la meilleure allocation possible des ressources limitées à la disposition du gouvernement. »

Néanmoins, Mandela mit en garde contre une relation conflictuelle entre l'exécutif et l'Administration, qui « aurait un impact négatif sur la mission commune… de servir le peuple d'Afrique du Sud.

« Par conséquent, continuait-il, nous sommes à l'écoute et disposés à aborder tous les motifs de préoccupation des agents du service public, y compris la question des salaires, des promotions, des retraites et autres sujets relatifs aux conditions de travail ».

Il appela les salariés de la fonction publique à « avancer main dans la main avec le gouvernement pour traiter de sujets importants comme l'inégalité entre les races et les sexes dans ce service », tout en observant que la fonction publique « ne sera jamais complètement acceptée par la population et ne répondra jamais réellement aux besoins de la population à moins que ses rangs ne soient le reflet de la diversité de notre population.

« Pour accélérer ce processus, le gouvernement continuera d'appliquer des mesures et des programmes visant à donner à ceux qui furent victimes de l'apartheid la possibilité de rattraper ceux qui ont eu l'occasion de s'épanouir dans le monde de l'entreprise ou de développer d'autres talents ».

Après avoir rappelé le sens du programme de discrimination positive, dont le but était la réparation des inégalités du passé, Mandela appela les citoyens à « refuser d'écouter les faux prophètes qui cherchent à perpétuer les divisions de l'apartheid et les inégalités du passé en présentant le programme de discrimination positive comme une mesure destinée à en favoriser certains et à défavoriser les autres selon des critères de race et de couleur de peau[68] ».

Mais Mandela fut très franc au moment d'évoquer les obstacles et le plan d'action pour les surmonter. Il expliqua au Parlement en février 1996 que, malgré la volonté du gouvernement de respecter sa promesse de créer « une fonction publique homogène, dégraissée, efficace et transparente et d'allouer plus de ressources publiques à des postes essentiels », il était temps « d'être franc et de dire que le service public actuel est tentaculaire, et qu'il faut en réduire les effectifs. Il n'y a pas d'autre solution.

« Mais l'action que nous menons ne peut ignorer une vérité douloureuse : les zones les plus touchées seront les plus pauvres, celles où l'activité économique est la moins dynamique et la probabilité de trouver un autre emploi la plus faible. Ce qui signifie, entre autres, qu'il faut négocier pour trouver des solutions créatives permettant de stimuler l'activité économique.

« La réduction du nombre de fonctionnaires ne sera pas guidée par l'esprit de revanche. Pas plus qu'elle ne se fera au hasard. Elle touchera toutes les provinces et toutes les races. Les discussions ont bien avancé avec le ministère concerné pour créer la Commission présidentielle d'évaluation [PRC], qui redéfinira la structure, les fonctions et les procédures du service public, et l'on peut s'attendre très prochainement à des annonces à ce sujet*.

« L'un des plus grands défis de l'année 1996 est de développer la faculté du gouvernement à se mettre au service des communautés. Il n'est pas de lieu où cela soit plus nécessaire qu'au niveau local, où le gouvernement entre en interaction au quotidien avec les

---

* Présidée par un éminent universitaire, le Dr Vincent Maphai, et composée d'un panel d'experts dans divers domaines ; le mandat de la Commission présidentielle d'évaluation fut précisé au *Journal officiel* (n° 17020) le 8 mars 1996, avec pour mission de recommander la réforme de la fonction publique.

communautés. Nous ferons donc le choix de parier cette année sur la mise en place d'importants programmes de formation pour les conseillers nouvellement élus et leurs équipes[69] ».

Au cours de la présidence de Mandela, deux importants rapports sur la fonction publique furent commandés. Le directeur général du Département de la fonction publique et de l'administration, le Dr Paseka Ncholo, prit la tête d'un groupe de travail et d'enquête sur l'administration des provinces. Dans ce rapport, qui fut remis au gouvernement en août 1997, Ncholo conclut que, « du point de vue administratif, le système est coûteux, chaotique et intenable dans la durée[70] ».

La Commission présidentielle d'évaluation estima en 1998, après deux ans de travaux, que le pouvoir exécutif et l'administration dont le pays avait hérité devaient être restructurés pour favoriser la reconstruction et le développement. Ses recommandations radicales influencèrent les changements effectués par l'administration suivante. Elles s'attardaient fortement sur le besoin d'améliorer la coordination et l'intégration des structures au cœur du gouvernement, au cabinet de la présidence et aux ministères.

Les divers groupes et commissions de travail reflétaient le désir de Mandela d'acquérir le plus de connaissances possible pour réaliser son rêve de créer une société meilleure. Cette société ne pouvait advenir que si l'opinion embrassait l'idéal de faire de l'Afrique du Sud le pays de ses rêves. C'est ce qu'il dit à l'ouverture du troisième exercice parlementaire le 9 février 1996 :

« Oui, l'Afrique du Sud est sur la bonne voie. Nous sommes en train de faire de ce pays le pays de nos rêves. Je profite de l'occasion pour féliciter tous les

Sud-Africains, du secteur public et privé – du citoyen le plus éminent au membre le plus modeste de la communauté – qui font tous de leur mieux pour ajouter une nouvelle pierre à l'édifice de notre démocratie. Nous avons pris la route ensemble, et ensemble nous pouvons viser les étoiles. »

Tout en faisant l'éloge des accomplissements de la communauté, qui « ont permis d'avoir un réel impact sur les inégalités du passé », il admit que « nous ne sommes qu'au début d'un long voyage ». C'est « un voyage que nous devrions entreprendre avec diligence, si notre conscience n'est pas imperméable aux cris de désespoir de millions de personnes. Mais c'est aussi un voyage qui exige préparation, minutie, savoir-faire et ténacité, si nous gardons le cap et parvenons à soutenir notre effort… Chacun d'entre nous, chaque Sud-Africain, est appelé à devenir un bâtisseur et un guérisseur. Mais malgré toute la joie et l'exaltation de la création, bâtir et guérir sont des entreprises difficiles.

« Nous ne pouvons guérir ou bâtir si la démarche est à sens unique, si d'un côté les victimes d'injustices passées accordent leur pardon pendant que leurs bénéficiaires se contentent de donner un satisfecit. Ensemble, nous devons corriger les fautes du passé[71]. »

10

La réconciliation

Dans un bref reportage qui fit le tour du monde le 12 juin 1964, premier jour de sa peine de prison, le visage de Nelson Mandela est en partie caché par le grillage recouvrant la vitre du fourgon qui transporte les condamnés[1]. Bien qu'on ne les voie pas, les prisonniers laissent une impression indélébile de rébellion quand leurs poings serrés apparaissent derrière les grilles de ventilation de la paroi latérale du véhicule plombé, comme pour souligner l'attitude de défi de la foule amassée, dont une grande part avait assisté au procès.

Même si les agents de police étaient sortis par la porte de service pour éviter la cohue, des rassemblements spontanés saluèrent les héros en route pour la prison. Dans le vacarme assourdissant de la circulation et le rugissement des motos ouvrant la voie, Mandela entendit les cris au-dehors, les slogans qui se répondaient et les chants qui avaient de tout temps rallié les fidèles à la lutte. Une voix puissante cria en xhosa : « *Amandla !* », et les soutiens répondirent : « *Awethu !* » Puis le chant fut repris en anglais, la même voix criant : « Le pouvoir ! », et la foule répondant : « Au peuple ! » Jamais rien de plus éloquent ne fut prononcé, dans l'histoire de la lutte en Afrique du Sud, que ces quelques simples mots pour exprimer la douleur de millions de personnes et leur détermination à renverser des siècles d'oppression.

Pour un Noir, entrer en prison en juin 1964, près de seize ans après l'accession au pouvoir du Parti national, cela signifiait être à la merci de fonctionnaires coincés au plus bas échelon de la hiérarchie administrative de l'État. Pour parler simplement, les gardiens de prison étaient généralement afrikaners, sans instruction et tout-puissants. C'étaient pour la plupart de jeunes hommes et femmes semblables à ceux dont l'écrivain américain James Baldwin disait que « l'ignorance, alliée au pouvoir, est l'ennemi le plus féroce que peut avoir la justice[2] ».

Les gardiens noirs, eux aussi victimes de la violence inhérente à la politique d'apartheid, qui avait fait d'eux des instruments d'oppression, n'étaient le plus souvent qu'une copie encore plus arriérée de leurs homologues à peau blanche. Mais c'étaient les Blancs qui avaient la responsabilité de Mandela et des prisonniers politiques.

Voilà ce qu'était le nouveau monde de Mandela, un monde au sein duquel les détenus africains subissaient d'abord l'humiliation d'être entièrement déshabillés puis forcés de porter un short, contrairement aux détenus indiens ou métis qui portaient un pantalon. Mandela s'enorgueillissait de son élégance, à l'extérieur – le bon goût vestimentaire étant un signe d'estime de soi. À sa condamnation lors de sa précédente apparition devant les tribunaux, en 1962, il avait troqué un costume occidental pour une cape en peau de chacal ornée de perles, qu'il portait avec une grâce pleine de défi, pour symboliser son africanité.

En 1965, tandis qu'il purge sa peine de réclusion à perpétuité à Robben Island, rien ne laisse présager sa future magnanimité dans la série de photos granuleuses qui fut exfiltrée clandestinement et publiée par le Fonds international de défense et d'aide de Londres, sur lesquelles un Mandela rasé de frais et son compatriote Walter Sisulu sont plongés dans une discussion*. Tout autour d'eux, l'implacable désolation d'une carrière à ciel ouvert et de murs de pierre. C'était vraiment, selon les mots de feu Indres Naidoo, une « île mise aux fers[3] ». Certainement pas un lieu propice à l'esprit de réconciliation.

Et pourtant, trente et un ans plus tard, l'image d'un Mandela rayonnant vêtu du maillot des Springboks après la finale victorieuse de la Coupe du monde de rugby 1995 est à elle seule devenue un raccourci visuel de la politique de réconciliation et de bon sens. Cela ajoute au mystère qui a toujours entouré l'homme que les médias surnommaient jadis le Black Pimpernel (« Mouron noir »).

Au début des années 1960, le système pénal du Parti national était l'une des armes de coercition les plus redoutées de l'État d'apartheid. Mandela avait déjà eu maille à partir avec la loi, plus particulièrement en tant que volontaire en chef durant la Campagne de désobéissance civile contre les lois injustes qui fut lancée

* Ces photos furent prises par Cloete Breytenbach qui travaillait pour le *Daily Express* à Londres.

le 26 juin 1952 ; puis il fut l'un des accusés dans l'interminable procès pour trahison qui dura de 1956 à 1961. Avant d'être condamné à la réclusion à perpétuité, il purgeait une peine de cinq ans d'emprisonnement, depuis le 7 novembre 1962, pour avoir quitté le pays sans son passeport et pour incitation à la grève*.

Dans chacun de ces cas, Mandela avait fait montre d'une grande dignité. La dignité découle du refus d'être rabaissé, et Mandela avait reconnu très tôt au cours de son incarcération qu'il voulait contrecarrer les desseins du régime et de ses laquais. Comme chez tous ceux qui doivent se battre pour survivre, il allait découvrir sa propre force au cœur de la bataille. Dehors, avant son arrestation, il avait bénéficié du soutien de l'ANC et de son infrastructure ; en prison, c'était autre chose, cela réclamait une tactique différente. Là, il était enfermé avec ses proches camarades et une population carcérale composée de détenus de tous bords. Mais tous avaient un point commun : c'étaient des prisonniers politiques qui voulaient faire chuter le régime d'apartheid. Ensemble, ils apprirent à utiliser les règles à leur avantage. Ils défièrent celles qu'ils trouvaient inacceptables, les rendant inapplicables après leur avoir fait subir une série d'affronts répétés.

Au souvenir de cette période, Michael Dingake, qui fut libéré de l'île en 1981 après avoir purgé une peine de treize ans, écrivit que, de tous les détenus, Mandela « était le plus infatigable participant aux discussions – les discussions formelles réservées aux membres de l'ANC comme les groupes de discussion informels et bilatéraux ouverts aux membres d'autres organisations.

---

* Procès pour trahison – voir Personnalités, lieux et événements.

Certains d'entre nous se lançaient dès que possible dans des *mlevo* (palabres ou bavardages). Pas le camarade Nelson. Chaque jour, sans exception, en plus des programmes de son organisation, il prenait rendez-vous avec diverses personnes, pour discuter des relations interorganisationnelles, des doléances des prisonniers, des stratégies communes contre l'administration de la prison et de sujets plus généraux. Nelson Mandela est un infatigable militant des droits de l'homme[4] ».

Militant politique énergique et déterminé – et tête brûlée parmi les ministres du premier gouvernement de Mandela –, Mac Maharaj ne fut pas un client facile pour ses geôliers de Robben Island. Il concevait d'ingénieux plans pour faire sortir clandestinement les écrits de Mandela. En tant que médiateur qui résolvait les situations difficiles pendant la transition, il n'apporta son soutien inconditionnel à personne, ce que certains trouvèrent déconcertant. Il attribue le fait que son ancien compagnon ait survécu à son incarcération à « l'extraordinaire maîtrise de soi » du vieux leader.

« Les plus grandes réussites de Mandela viennent de sa capacité à nouer le dialogue avec d'autres en partant de *leurs* hypothèses, et en compilant soigneusement ses arguments pour les amener à ses propres conclusions. Son angle de progression est calqué sur l'angle d'attaque de son interlocuteur. En privé, il ne cesse de chercher à comprendre l'autre partie, qu'elle soit son ennemi, son adversaire, son opposant ou son propre allié[5]. »

Mais ce qui imposa la stature de Mandela chez ses amis comme chez ses ennemis fut son infaillible sens du timing. Il sautait sur la moindre occasion pour produire son effet, ne laissant jamais passer le moindre affront, même le plus insignifiant, sans le relever.

Il mettait l'administration pénitentiaire devant le fait accompli à tout bout de champ, invoquant les droits des prisonniers et résistant à toute forme d'humiliation contre lui et ses codétenus. En temps voulu, il se battait contre la direction de la prison, pour de petites choses, de petites libertés, pour le droit de porter un pantalon. Lentement, inévitablement – surtout grâce au témoignage de détenus libérés et de juristes amis autorisés à leur rendre visite –, les luttes et les privations à l'intérieur de la prison furent connues du monde extérieur. Ainsi que l'invincibilité de l'esprit d'un homme.

❦

C'est sans doute grâce à la culture populaire, le sport et les arts – surtout la musique, le cinéma et la danse – que le monde a pu se faire une idée plus riche, en quelque sorte, de l'humanité contagieuse de Mandela. Les chants de libération qui ont inspiré une génération de militants, des années 1960 aux années 1990, invoquaient le nom de Mandela. À l'international, des artistes comme Miriam Makeba et Hugh Masekela*, qui avaient jadis été des oiseaux en cage avant d'être libérés et de s'exiler à l'étranger, collaborèrent avec des célébrités comme Harry Belafonte, Quincy Jones et beaucoup d'autres pour populariser la lutte du peuple d'Afrique du Sud – une lutte dont le nom de Mandela était devenu le symbole. Tony Hollingsworth, qui produisit les « Concerts Mandela » avec une programmation de prestige au stade de Wembley en 1988 et 1990,

* Miriam Makeba et Hugh Masekela étaient deux des plus célèbres musiciens sud-africains. Ils s'enfuirent du pays pendant l'apartheid et connurent le succès à l'étranger.

attribua la réussite de ces festivals au pouvoir de séduction de Mandela.

La lutte en Afrique du Sud, qui forçait le monde à faire son examen de conscience – d'où les multiples résolutions aux Nations unies condamnant l'apartheid, qu'elles qualifiaient de crime contre l'humanité –, tournait autour de Mandela. À mesure que la lutte prenait forme, son message de courage essaimant aux quatre coins du monde, elle s'incarnait dans le visage d'un seul homme. Il était fréquent pour les représentants de l'ANC de débuter leur discours devant des organisations internationales par les mots suivants : « Nous vous saluons au nom de Nelson Mandela et du peuple en lutte d'Afrique du Sud. »

Plus son incarcération se prolongeait, plus le monde accueillait à bras ouverts les alliés politiques de Mandela, en particulier quand ils venaient de zones dont l'Afrique du Sud était coupée. Des exilés comme Barry Feinberg, Ronnie Kasrils, Pallo Jordan, John Matshikiza, Billy Nannan* – et beaucoup d'autres qui occupèrent par la suite des postes à responsabilité dans la nouvelle Afrique du Sud – créèrent Mayibuye, la section culturelle de l'ANC, et firent des lectures publiques,

* Barry Feinberg, militant anti-apartheid, exilé, poète et cinéaste. Il vit aujourd'hui en Afrique du Sud. Ronnie Kasrils, combattant de la liberté au MK. Il fut membre du gouvernement de Mandela au poste de secrétaire d'État à la Défense puis, du président Mbeki, à celui de ministre du Renseignement. John Matshikiza, acteur, poète, directeur de théâtre et journaliste. Il partit en exil, encore enfant, avec ses parents, Todd et Esme Matshikiza, et revint en 1991. Il est mort en Afrique du Sud en 2008. Billy Nannan, militant anti-apartheid qui s'exila au milieu des années 1960 après avoir été arrêté et torturé. Il travailla pour l'ANC à Londres jusqu'à sa mort en 1993.

chantant et jouant des scènes de la vie en Afrique du Sud, leur répertoire incluant le discours de Mandela au banc des accusés.

Leurs tournées dans divers pays d'Europe de l'Ouest dans les années 1970 se prolongèrent dans les années 1980 avec l'Amandla Cultural Ensemble ; comme il avait été créé dans les camps de l'ANC en Angola, le président OR Tambo y faisait parfois une apparition pour diriger l'ensemble[6]. Ailleurs, des artistes militants comme James Phillips créèrent des chœurs en RFA, aux Pays-Bas, en Belgique, en Suède, au pays de Galles et aux États-Unis, dont le répertoire consistait en chants de libération dans les langues indigènes du peuple d'Afrique du Sud. Pour le public venu en masse au Kulturhuset de Stockholm, voir une troupe de jeunes gens aux cheveux blonds et aux joues roses chanter et se trémousser sur « Shosholoza Mandela » était infiniment plus éloquent que n'importe quel discours politique.

À sa libération, Mandela était devenu le prisonnier politique le plus célèbre du monde. Il devint même, aux yeux de certains, la « marque » la plus reconnaissable après Coca-Cola – et pas seulement dans les pays occidentaux[7]. Le président rwandais de l'Alliance mondiale de la jeunesse, Obadias Ndaba, écrit :

> Depuis la fin des années 1980 et le début des années 1990, beaucoup de gens dans la contrée isolée où je vis ont baptisé leur enfant en son hommage. Aujourd'hui, j'ai de nombreux amis d'enfance qui s'appellent Mandela même si le nom lui-même n'a aucun rapport avec notre culture. C'est pourquoi j'ai grandi en associant le

nom de Mandela à des concepts positifs : l'amour, la liberté et la paix, qui n'existaient pas pendant le règne de Mobutu [Sese Seko, ancien dictateur zaïrois], qui fut placé sous le signe de la folie. En tant que peuple de bergers, nous nous réjouissions même que Mandela ait gardé du bétail dans son enfance[8].

Nelson Mandela déjouait les attentes par son indéfectible volonté d'humaniser ses adversaires – dans ses paroles comme dans ses actes – et jusqu'à son propre peuple, marqué et traumatisé par les excès du régime d'apartheid. Il prenait ses anciens gardiens dans ses bras, comme Christo Brand, James Gregory et Jack Swart, qu'il installa aux places d'honneur pendant sa cérémonie d'investiture le 10 mai 1994. Il déjeunait avec Percy Yutar, le procureur qui – d'après George Bizos – « avait montré son manque de respect pour une pratique du droit éthique[9] ». Au cours du procès de Rivonia en 1963 et 1964, alors même que Mandela et ses coaccusés avaient été poursuivis pour sabotage, Yutar avait déclaré sa préférence pour une requalification des faits en haute trahison, chef d'accusation qui augmentait leurs chances d'être condamnés à mort par pendaison[10].

Mandela croyait que la réconciliation et l'union nationale étaient le côté pile d'une pièce dont la reconstruction et le développement seraient le côté face, un résultat auquel on pouvait arriver par « un processus de réciprocité » où chacun « prendrait part – et serait vu prendre part – à la mission de reconstruction et de transformation de notre pays[11] ».

Le projet de Mandela de construction de la nation exigeait l'harmonie entre les divers éléments de la société sud-africaine. On ne pouvait atteindre cette harmonie que si ceux qui avaient tiré bénéfice de l'oppression à l'ère de l'apartheid comprenaient qu'il était temps de partager leurs ressources au bénéfice de tous. Seulement alors, l'Afrique du Sud aurait une chance de façonner un avenir équitable. L'autre terme de l'alternative était l'embrasement.

Politiquement, même si l'ANC s'était taillé la part du lion dans la représentation au sein du Gouvernement d'union nationale, Mandela voulait réfléchir au moyen d'y faire participer les partis plus modestes. Il entama des pourparlers avec le Congrès panafricain d'Azanie, l'Organisation du peuple d'Azanie, le Parti démocrate, le Parti conservateur et le Front de la liberté. Même si la Constitution ne prévoyait pas d'inclure ces partis au gouvernement, Mandela déclara qu'il était prêt à la modifier pour leur faire une place.

Il ne fallait pas y voir un acte d'altruisme disproportionné mais la preuve qu'il comprenait, entre autres préceptes politiques, la Charte de la liberté, qui déclare que « l'Afrique du Sud appartient à toute personne qui l'habite » et que « tous les groupes nationaux doivent être égaux en droits[12] ». Mais Mandela savait qu'il était imprudent d'ignorer que la route qui mène vers l'idéal tant vanté de l'égalité commençait par une série d'iniquités historiques. Et il savait que les injustices actuelles prenaient racine dans les iniquités historiques. Mandela était déterminé à relever le défi de convaincre le groupe qui avait monopolisé le pouvoir d'accepter de le perdre pour s'engager dans la création d'une société juste et réconciliée.

On ne pouvait créer cette société sans un travail acharné. Il fallut que Mandela se mette à la place d'êtres humains que le temps et l'histoire avaient forcés à se regarder en chiens de faïence de chaque côté d'un gouffre. Il s'était immergé dans l'étude de l'histoire et de la culture afrikaner, enrôlant ses anciens gardiens pour participer à ses recherches. Il savait que les Afrikaners chercheraient à dominer leur peur en s'accrochant au pouvoir, comme il était conscient des dégâts potentiels si les masses noires soupçonnaient que leurs victoires durement acquises ne leur permettaient pas de conserver durablement le pouvoir politique. L'avocate des droits de la femme et ancienne première dame d'Afrique du Sud, Zanele Mbeki, lors d'une discussion avec un ami, résuma la tragédie des sentiments entre Noirs et Blancs : « Pour les Noirs, dit-elle, les Blancs sont des gens qui sont allés au paradis sans avoir eu besoin de mourir[13]. »

Mandela avait choisi les Afrikaners pour appuyer son initiative de réconciliation pour la simple raison que ce groupe démographique était largement derrière l'accession au pouvoir du Parti national. Mais plus encore parce qu'il savait que les Afrikaners aussi étaient des indigènes et qu'il n'avaient pas d'autre patrie que l'Afrique du Sud*. Ils avaient une réputation de franchise, sans la duplicité et l'hypocrisie de leurs homologues de langue anglaise, en qui les Noirs voyaient les initiateurs de tout ce système. La barrière de couleur était une invention coloniale britannique ; l'Afrikaner, en concevant l'apartheid, n'avait fait que

* Les Afrikaners – qui signifie « Africains » en néerlandais – sont les descendants de colons hollandais, allemands et français du XVIIe siècle. Ils héritent du pouvoir politique et économique après les élections de 1948 remportées par le parti afrikaner, appelé Parti national, et établissent l'apartheid, qui a officiellement pris fin quarante-six ans après avec l'avènement de la démocratie.

s'appuyer sur un modèle éprouvé*. Mandela savait aussi que, si les Afrikaners – qui partagent un passé de pauvreté avec les Africains – acceptaient le changement que représentait la nouvelle démocratie, ils seraient un pilier de sa défense.

Malgré tout cela, Mandela était conscient des nuances au sein même des communautés et savait qu'il ne fallait pas peindre les Afrikaners d'un même trait, ou négliger le fait que, en tant que groupe, ils n'avaient pas les mêmes origines sociales et étaient politiquement divisés au sujet de la transition.

Même si on avait évité la guerre civile et une perturbation violente des premières élections démocratiques par les partisans de l'autodétermination afrikaner, un courant de dissidence faisait toujours rage, intact, quand le nouveau gouvernement prit ses fonctions. Mais il perdit de son mordant après la création du Conseil du *Volkstaat*, qui contribua à convaincre les Afrikaners qu'ils étaient chez eux dans une Afrique du Sud élargie. L'instinct de survie afrikaner face à l'inexorable vague de changement fut une source de motivation bien plus forte, quand les tenants de la ligne dure décidèrent de participer au processus. Profitant de l'aubaine, Mandela, qui cherchait toujours un arrangement avec les mécontents, fit en sorte qu'aucun accord ne soit bafoué, diminuant ainsi le risque d'une action destructrice qui mènerait le pays à sa perte.

Il ne ménagea pas ses efforts pour éviter la déstabilisation du pays. La plupart des saboteurs étaient guidés par l'émotion. Beaucoup plus tard, il théoriserait le

---

* L'Afrique du Sud du régime d'apartheid disposait d'une loi dite de « barrière de couleur » qui assignait une profession aux gens en fonction de leur classification raciale.

besoin d'un leader par la nécessité de soumettre ses émotions à une pensée rationnelle. Il déclara à Oprah Winfrey : « Nos émotions nous disaient : "La minorité blanche est notre ennemie. Nous ne devons jamais lui parler." Mais notre tête nous disait : "Si tu ne parles pas à cet homme, ton pays va s'embraser, et pendant des années il baignera dans des rivières de sang." Il fallait donc résoudre ce conflit, et la victoire de la raison sur l'émotion passait par le dialogue avec l'ennemi[14]. »

Si De Klerk avait déjà fait face à l'opposition des faucons des services de sécurité de l'apartheid en recherchant un accord avec Mandela juste après sa libération, il y avait une certaine ironie, que Mandela dut apprécier, à ce qu'il doive affronter des vents contraires en provenance de divers cercles opposés au *Volkstaat.* Comme toujours, Mandela voulait tenir compte de l'attitude intransigeante affichée par certains dans les rangs de l'ANC, pour qui était inacceptable l'idée d'un partage de territoire au bénéfice de l'intérêt particulier d'un groupe ; la ligne de l'ANC consistait à défendre un État sud-africain unitaire. Mandela en était conscient ; même à l'époque où les discussions avec les dirigeants de l'apartheid en prison étaient un ballon d'essai, certains tentaient de l'éloigner – donc de l'aliéner – de sa base politique, l'ANC. On avait toujours l'impression, dans les bureaux politiques de l'ANC, que le régime – qui cherchait depuis toujours à diviser pour mieux régner et à semer la confusion dans les rangs du mouvement de libération – avait tout fait pour donner l'impression que Mandela était « compromis ».

Il y avait des têtes brûlées au sein de l'ANC qui se hérissaient encore à l'idée que la transition approche paisiblement. Ceux qui étaient habités par l'esprit de Harry Gwala, voire de Chris Hani, auraient préféré une prise de pouvoir du MK par les armes, sans souci des contraintes de la négociation politique. Mais pour Mandela, on abordait les rounds cruciaux d'un combat de boxe où l'adversaire, qui a tout donné dès le début, commence à flancher. Par conséquent, pour mener à bien le projet de réconciliation, Mandela persévéra et refusa de renier ses engagements à l'égard du *Volkstaat* pour faire une concession à certains éléments au sein de l'ANC. En juin 1995, après le premier rapport remis par le Conseil du *Volkstaat* – dans lequel il abandonnait l'idée d'un homeland afrikaner et optait pour un Conseil culturel citoyen, un développement économique à l'échelle sous-régionale et un partage de la zone de Pretoria –, Mandela parla du *Volkstaat* au Sénat. Il dit :

« Sur la question plus générale du rapport du *Volkstaatraad* [Conseil du *Volkstaat*], je tiens à répéter que mon parti et moi examinerons le rapport avec soin. Nous le ferons en tenant compte de la coopération de ses partisans dans la transition pacifique. En même temps, nous restons fermement attachés aux principes de la démocratie, du non-racialisme et de l'égalité[15]. »

Il lui semblait nécessaire de rappeler à l'assemblée les feux qui avaient été éteints. « Beaucoup ne se doutent pas des dangers qui guettaient le pays avant les élections, dit-il. Mais ceux qui ont négocié dès 1986, et surtout juste avant l'élection, savent que nous avons frôlé la catastrophe, qui aurait pu plonger le pays dans un bain de sang… Il vous est facile de dire qu'il n'y aura pas de *Volkstaat* dans ce pays. Cela vous est facile parce que ce n'est pas vous qui avez fait le travail. Vous n'avez pas idée des dangers que nous avons évités.

« Je ne vais pas brader l'avenir de ce pays. Si certains ont changé et coopèrent désormais, nous, en tant que dirigeants responsables, devons nous asseoir et nous demander comment nous allons faire pour trouver un accord. J'ai déjà dit, et je tiens à le répéter, que la décision sur la question du *Volkstaat* sera prise par le peuple d'Afrique du Sud. Il faut qu'il nous dise si oui ou non il veut un *Volkstaat*. Nous ne résoudrons pas cette question en faisant preuve d'opportunisme[16]. »

Alors qu'il croyait avoir envoyé paître les défaitistes, Mandela fit face à un autre casse-tête quand, en mars 1996, une commission des sports recommanda que l'emblème Springbok soit remplacé. Invoquant la menace de l'extrême droite, Mandela critiqua ceux qui, au sein comme en dehors de l'ANC, « ne comprennent pas qu'il y a encore des éléments puissants parmi les Blancs qui n'acceptent pas les transformations actuelles et se servent du moindre prétexte pour noyer le pays dans un bain de sang. C'est la réalité de la situation. Mais beaucoup n'en sont pas conscients[17] ».

Autre sujet sensible, l'hymne national. Avant l'élection de 1994, l'ANC et le Parti national avaient décidé au sein du Conseil exécutif de transition de faire jouer et chanter l'un après l'autre « Nkosi Sikelel' iAfrika » (« Que Dieu bénisse l'Afrique ») et « Die Stem van Suid-Afrika » (« L'appel de l'Afrique du Sud »), dans le cadre d'un accord temporaire. Une fois devenu président, Nelson Mandela demanda à une équipe de produire une version unique, plus courte et moins baroque, qui mélange des éléments des deux hymnes[18].

Mais pendant la rédaction du texte final de la Constitution, en septembre 1996, le Comité exécutif national de l'ANC prit deux décisions concernant l'hymne avant l'arrivée de Mandela à la réunion. La première était que la nouvelle Constitution devait laisser le choix de l'hymne au président en fonctions. La deuxième était que l'hymne national devait être « Nkosi Sikelel' iAfrika » traduit en quatre langues. Mandela ne l'apprit qu'après la réunion. Il dit à ses collègues du Comité national du travail qu'une décision pareille ne devrait pas être prise en son absence et demanda au Comité exécutif national de la reconsidérer[19].

La question de l'hymne fut laissée telle quelle dans la Constitution intérimaire et, en octobre 1997, quand l'équipe termina son travail, Mandela annonça que la version hybride serait l'hymne national.

Dans ce contexte de réconciliation, Mandela était disposé à prendre des risques, sachant que ses actes pouvaient être mal interprétés. Il n'y avait là rien de nouveau. Dans l'Afrique du Sud euphorique de la période postélectorale, on pouvait se permettre d'oublier les risques et les paris qui avaient été pris pour amener le pays où il était. Mandela avait commencé comme volontaire en chef de la Campagne de désobéissance civile de 1952, pour finir par devenir commandant en chef du MK en 1961, au cours d'une période où – comme ses contemporains, les Freedom Riders (« Voyageurs de la liberté »), du mouvement américain des droits civiques dans le Sud profond – un Noir risquait sa vie s'il proclamait son droit d'être traité en être humain. Se porter volontaire, à l'époque, c'était devenir un fauteur de troubles aux yeux d'une police qui ne demandait qu'à se défouler.

Mandela prit des risques quand il devint commandant en chef du MK ; quand il entra dans la clandestinité ; et, sans le moindre doute, quand il se leva du banc des accusés pour prononcer un discours plein de défi, sachant pertinemment que le juge qui allait prononcer la condamnation avait sur lui le pouvoir de vie et de mort. Si la refonte d'un système injuste avait demandé du courage, Mandela était bien placé pour savoir que mettre ce même système au service de la démocratie réclamait encore plus de détermination – et d'habileté.

Il comprit qu'il lui faudrait puiser dans ses réserves de force et de savoir-faire – et de pouvoir de persuasion – pour calmer l'inquiétude qui montait dans la communauté noire. C'est elle que le pouvoir raciste trompait depuis toujours. Mais quand il sortit de prison et déclara à la foule pleine d'espoir qu'il venait « non en prophète mais en humble serviteur du peuple », il est peu probable – vu la période à haut risque que traversait l'Afrique du Sud – que le peuple ait pris sa déclaration au pied de la lettre[20]. Sa sortie, qui symbolisait la libération du joug de l'oppression, de la violence, de la pauvreté et de la douleur, était pour le peuple la réalisation d'une prophétie. Elle personnifiait les promesses de paix, de liberté et de prospérité faites lors d'innombrables campagnes politiques. Même si l'ANC et les partenaires de son Alliance tripartite étaient largement des mouvements non raciaux, personne n'avait préparé les masses au fait que leur marche en avant ferait un détour par la réconciliation.

Mandela s'était engagé sur le chemin de la réconciliation, ce qui l'obligeait à calmer les craintes de la communauté blanche et à convaincre les sceptiques d'accepter la voie de la paix. Si Mandela avait gagné l'admiration générale par sa capacité d'écoute des avis divergents, comme le dit le psychologue et militant anti-apartheid Saths Cooper au souvenir de ses années de réclusion aux côtés de Mandela à Robben Island, il devait désormais satisfaire un électorat qui, tout en partageant son avis sur presque tout, était mécontent qu'il affirme le primat de la réconciliation[21]. En l'occurrence, on reprochait de plus en plus souvent à Mandela, dans son souci de réconciliation, de privilégier la peur des Blancs au détriment des besoins des noirs. Cette accusation persista, même s'il expliqua le lien dialectique entre reconstruction et développement d'un côté et construction de la nation et réconciliation de l'autre – et que les bénéficiaires de la stabilité qui s'ensuivrait seraient tous les Sud-Africains, et surtout la majorité noire. Cela restait une constante de sa présidence depuis le premier jour. En réponse à une question d'un membre de l'ANC au débat du Sénat sur la loi de finances 1994, il se donna beaucoup de mal pour clarifier la situation, déclarant :

« Le programme socio-économique que nous avons mis au point exige d'immenses ressources. Nous ne pouvons affronter ces problèmes s'il y a de l'instabilité dans notre pays. » Il dit que le gouvernement « faisait face à un problème, que certains d'entre nous ont ponctuellement évoqué. Je veux parler du problème de la minorité blanche, forte d'un passé de privilèges, qui a exclu les Noirs, non seulement des centres du pouvoir, mais aussi de la possibilité de profiter des ressources de ce pays ».

La minorité blanche, déclara-t-il, « a désormais la possibilité d'être une partenaire de la majorité, qui a été exclue – ce qui crée un sentiment d'insécurité à l'idée que le changement démocratique… ne conduise à la domination des Blancs par la majorité noire. Cette attitude n'est pas la bonne façon d'aborder les problèmes pour nos homologues blancs dans le pays ».

Le revers de cette même médaille était que les Noirs du mouvement de libération qui avaient intégré la résistance au point d'y voir une tradition « avaient l'impression, en pleine reconstruction, qu'il fallait s'opposer à tout ce qui déboucherait sur une éventuelle réconciliation et construction de la nation ».

Pour illustrer ce point, Mandela raconta une histoire pleine d'autodérision sur une conversation qu'il avait eue « avec une éminente personnalité de langue afrikaans… qui m'a dit que je n'imaginais pas tout ce que j'avais fait pour son peuple, les Afrikaners. Il avait désormais l'impression que c'était son pays, à lui aussi. D'après lui, ce n'était pas seulement moi qui avais été libéré, mais lui aussi. Il était prêt à servir l'Afrique du Sud, et c'était grâce à ma force.

« Je commençais à me sentir fier de moi quand il s'est retourné pour me dire que c'était également un signe de grande faiblesse de ma part. Il m'a dit que je voulais rassurer les Blancs et négligeais les miens, qui m'avaient porté au pouvoir. Je lui ai aussitôt parlé des projets du Président que j'avais présentés au Parlement*. Il était au courant de ces projets mais affirma que ce qu'il m'avait dit était plus le reflet d'un sentiment général – et que c'était plus dangereux que les faits.

« Il alla plus loin et me dit que la presse et les médias ne s'intéressaient pas à ce type d'arguments. Il savait que je n'avais pas abandonné mon peuple, mais le sentiment général véhiculé par les médias était que je ne m'occupais pas des affaires du pays. Ils étaient

---

* Il s'agissait de projets sous la supervision directe du Président, qui incluaient la gratuité des soins médicaux pour les enfants de moins de six ans et les femmes enceintes, un programme nutritionnel pour les écoles primaires des zones prioritaires, l'électrification de 350000 maisons et le rétablissement des services et des créations d'emplois en zone rurale.

stupéfaits qu'un homme qui était resté si longtemps en prison choisisse la voie de la conciliation. Cela donnait l'impression que c'était la seule chose dont je me souciais. Apparemment, même mes propres camarades, qui savaient ce que je faisais pour les nôtres, s'étaient fait piéger par cette propagande véhiculée par les médias ».

Mandela en vint ensuite à la question que lui avait posée son interlocuteur de l'ANC : « Mon camarade m'a prévenu qu'il y a un fond de vérité dans le fait que j'ai négligé notre peuple et me consacre désormais aux Blancs. Mais je lui suis reconnaissant de la façon dont il me l'a dit, parce que les gens sont en colère, impatients, qu'ils ont souffert pendant des siècles et continuent de souffrir… le Programme reconstruction et développement sert à répondre aux besoins élémentaires des masses de ce pays. Ces besoins sont ceux des Noirs – à savoir les Africains, les métis et les Indiens. C'est la vocation de ce programme.

« Le Gouvernement d'union nationale réussira ou échouera selon qu'il applique ou pas les mesures du Programme. Nos ministres travaillent vingt-quatre heures sur vingt-quatre pour améliorer les conditions de vie de notre peuple, faire en sorte que tout le monde ait un meilleur accès à l'emploi, à l'école, aux infrastructures scolaires et universitaires, à l'électricité, aux transports et à l'installation d'une eau du robinet propre et saine. Tout cela est fait pour servir les intérêts et les besoins élémentaires du peuple de ce pays[22]. »

Les changements forgés par la nouvelle démocratie ont réduit le Parti national, jadis bastion de l'expression politique afrikaner, au statut de partenaire minoritaire dans un gouvernement de transition. Les dirigeants des forces de sécurité, de la fonction publique et de la Banque centrale ont été temporairement conservés par souci de stabilité, et l'ultraconservateur Front de la liberté a accepté de poursuivre ses objectifs par des moyens légaux et constitutionnels.

Mais cette représentation réduite n'a pas entraîné une diminution du pouvoir de la société blanche. Les Blancs ont un temps d'avance dans le contrôle des ressources économiques, au détriment de la majorité noire, qui a supporté tout le poids de siècles d'inégalité structurelle, dont les effets ne peuvent s'effacer d'un claquement de doigts. Les Noirs sont peut-être en supériorité numérique, mais les institutions culturelles, scolaires et religieuses d'Afrique du Sud, et jusqu'à son agriculture, sont le fondement du pouvoir des Blancs. Ce que Mandela a dit lors d'une réception organisée par le maire de Pretoria le 26 août 1994[23].

Il fallait donc que la réconciliation transcende les institutions officielles et s'adresse directement aux différents secteurs de la société. Comme toujours, c'est Mandela qui prit les devants, en particulier dans son appropriation des symboles de tradition afrikaner. Sa spectaculaire – et inattendue – démonstration de soutien au XV d'Afrique du Sud lors de la Coupe du monde de rugby 1995 en fut l'un des premiers exemples. Peu après, il organisa une *tea party* pour les veuves de leaders des deux côtés de la lutte, dans sa résidence officielle de Pretoria. De plus, il rendit visite à tous ceux qui étaient trop handicapés pour venir, y compris à Betsie Verwoerd, veuve de l'architecte honni de l'apartheid, le Dr H.F. Verwoerd, dans sa maison d'Orania au Cap du Nord. Quand P.W. Botha fit une attaque, Mandela lui rendit visite dans sa maison de retraite de George au Cap-Oriental. Le fait que les médias couvrent ces moments poignants – un Mandela aux cheveux gris écoutant patiemment P.W. Botha discourir des conséquences de la politique du gouvernement, ou aidant Betsie Verwoerd à lire une demande de création d'un *Volkstaat* en afrikaans – donna à l'esprit d'ouverture prôné un caractère national. Mais démontra aussi que Mandela était le chef de l'État.

Quelques jours après la victoire lors de la Coupe du monde de rugby, Mandela rencontra les représentants de vingt organisations conservatrices ou d'extrême droite, une réunion organisée par le chef du Front de la liberté, Constand Viljoen. Quand un journaliste lui demanda les raisons d'une telle réunion, Mandela expliqua qu'il y serait question de construction de la nation et de réconciliation. Il était important, dit-il, « de laisser ouvert un canal de communication entre ces organisations et le gouvernement, afin de dissiper tout malentendu susceptible de créer des tensions[24] ».

Quand Mandela s'adressa à l'Afrikaanse Taal en Kultuurvereniging, connue sous l'acronyme ATKV (Association pour la culture et la langue afrikaans), il déclara comprendre sa crainte d'une politique linguistique discriminatoire pour l'afrikaans. Il assura que la protection et la promotion de toutes les langues du pays, y compris l'afrikaans, était un principe inamovible du gouvernement et de l'ANC[25].

En 1996, la Ruiterwag, Ligue de jeunesse du Broederbond – puissante et secrète organisation qui a pour vocation la promotion du pouvoir culturel, économique et politique afrikaner –, invita Mandela à une conférence de jeunes leaders afrikaners. Mandela les exhorta à pousser leurs communautés à devenir des agents actifs de la reconstruction et du développement[26].

Sur la lancée de sa rencontre avec les jeunes leaders afrikaners, et désireux de promouvoir l'idée d'une société unie, Mandela se rendit dans le stade bondé de la First National Bank à Johannesburg, où s'ouvrait la Coupe d'Afrique des nations de football. Là, son discours fut couvert par le survol des avions tandis qu'il débordait sur son temps de parole, expliquant aux supporters qu'il sortait d'une rencontre avec le Ruiterwag afrikaner.

Mandela s'aventura aussi dans des universités comme Stellenbosch, Pretoria, Potchefstroom – de tradition linguistique et culturelle afrikaner – et s'exprima dans des églises, en général parce qu'il y était invité, mais parfois sans l'être, à la grande joie des fidèles. Partout où battait un cœur afrikaner, il prenait la parole. Son message était tout le temps le même.

« Pour moi, écrit-il, il est d'une importance capitale que nous engagions tous sérieusement le dialogue à propos de notre avenir commun dans ce pays… La dernière fois que j'ai parlé du testament de la réconciliation et de l'union nationale, que je veux laisser derrière moi, les marchés se sont effondrés. J'espère que cela ne se reproduira plus. Mais je tiens à répéter aujourd'hui que je considère l'effort de réconciliation nationale comme l'une de mes missions les plus importantes, tout comme le fait de laisser derrière moi un pays au sein duquel existe une paix durable où tous les groupes de population vivent ensemble dans l'acceptation réciproque, le respect et le consensus national[27]. »

Conscient que les Afrikaners s'inquiétaient au sujet de l'éducation et des écoles de langue afrikaans, il distribua des copies de la Charte de la liberté à son public. Il leur dit que la Charte de la liberté, rédigée et acceptée en 1955 au Congrès du peuple, était « le fondement du programme politique de l'ANC. Aujourd'hui encore, elle incarne la ligne directrice de l'organisation. Ainsi, quand je prône la réconciliation et le respect de toutes les langues et cultures de notre pays, ce n'est pas, comme on le dit souvent, à titre individuel. C'est une position contenue dans le programme politique de l'ANC, le parti de la majorité du Gouvernement d'union nationale. Je dis cela pour que vous sachiez que le respect de la diversité de notre société est profondément enraciné dans le parti politique au pouvoir dans notre pays aujourd'hui…

« La lutte pour la libération, qui a duré quatre-vingts ans dans notre pays, a été consolidée par la profondeur de notre pensée et de notre tentative de répondre aux questions sur la nature de notre société. La prétendue "question nationale" a constamment occupé le mouvement de libération. Comment satisfaire aux intérêts de différents groupes nationaux dans une société unie et non raciale ? Et il est important, avant de commencer à discuter des intérêts afrikaners, de garder à l'esprit que la question nationale ne concerne pas seulement les Afrikaners. Si nous parlons de la place d'un groupe linguistique ou d'une culture sur notre terre partagée, alors il faut aussi penser aux intérêts des autres ».

Mandela insista sur le fait que la culture de l'afrikaans « ne pouvait pas être assimilée au racisme. En même temps, il y a une minorité de gens qui exploitent effectivement la question dans une optique raciste. Il y a une minorité qui prend comme excuse l'inquiétude autour de l'afrikaans pour tenter de préserver ses privilèges en faisant obstacle au changement, qui est dans l'intérêt de la nation tout entière.

« Ceux qui s'inquiètent sincèrement pour l'afrikaans devraient prendre position contre cette approche et ceux qui l'adoptent. Ce faisant, vous permettrez aussi à la majorité de vos compatriotes de ne pas vous soupçonner de cacher votre jeu chaque fois que la question de l'afrikaans est soulevée ». Pour finir sur une note plus conciliante, Mandela exhorta les Afrikaners à « mener cette discussion dans un esprit positif ! Nous sommes là pour nous écouter et chercher des solutions à tous les problèmes potentiels[28] ».

Quand Mandela signa l'accord sur l'autodétermination des Afrikaners ratifié par le Front de la liberté, l'ANC et le Parti national en avril 1994, l'accord établissait l'idée d'un *Volkstaat*, dissipant les menaces de guerre civile.

Le jour de l'élection de Mandela à la présidence, il fit une entorse au protocole à son entrée dans l'Assemblée nationale pour aller serrer la main de Viljoen, désormais député. Viljoen se souvient que Mandela, après son investiture, lui a dit : « J'ai très envie d'être le président non seulement de l'ANC mais de tout le monde, et la porte de mon bureau vous est ouverte. S'il y a quoi que ce soit dont vous voudriez venir me parler au nom des Afrikaners, il vous suffira de le demander. »

« Et croyez-moi, dit Viljoen, il ne fallait jamais attendre plus de deux jours pour voir le Président si je voulais m'entretenir d'un sujet avec lui[29]. »

L'existence prolongée d'un Conseil du *Volkstaat* fut inscrite dans la nouvelle Constitution au titre d'institution de transition[30]. Il y eut aussi accord sur la reconnaissance constitutionnelle des droits des communautés par opposition aux droits des groupes sous l'apartheid. Cela permit de poser les fondations de conseils culturels dans chaque sphère du pouvoir et la création de la Commission pour la promotion et la protection des droits culturels, religieux et des communautés linguistiques (également connue sous le nom de Commission CRL), dotée d'un pouvoir d'examen des plaintes et de résolution des conflits[31].

Mais, dans les faits, le Conseil du *Volkstaat* ne donna aucun résultat substantiel. Son financement s'arrêta en 1999, l'article de la Constitution ayant permis sa création fut abrogé en 2001, et ses rapports furent transmis à la Commission CRL. L'idée que les inquiétudes au sein de la communauté afrikaner justifient la création d'un territoire séparé ou d'un parti politique spécifique avait perdu du terrain[32].

Le Conseil du *Volkstaat* avait fourni une tribune, une arche dans laquelle un peuple assiégé pouvait trouver refuge, même contre une tempête qui existait davantage dans son imagination que dans la réalité. La vérité, c'est que la mer tempétueuse s'était calmée. Le changement de pouvoir politique en était en partie responsable, comme la réconciliation, mais surtout la décision de Mandela de consacrer beaucoup d'énergie à s'engager auprès de la société afrikaner. Il fit cela tout en sachant que les Afrikaners, historiquement, suscitaient l'antipathie. « Les esprits s'échauffent parmi les nôtres quand ils pensent aux Afrikaners, le groupe qui domine les institutions politiques du pays, et toute discussion rationnelle devient difficile[33]. »

Il partit du principe que ce serait une erreur de « les [les Afrikaners] traiter comme un groupe homogène où tout le monde porte un uniforme ou fait preuve d'une arrogance démesurée sur les questions de race, et de se dire que ça ne sert à rien de discuter avec eux[34] ».

Il continua avec détermination, dialoguant avec les Afrikaners dont il sentait qu'ils étaient ouverts à son projet de construction d'une démocratie stable. Au début, ce fut déroutant, surtout pour certains Afrikaners eux-mêmes. Assaillis par la culpabilité, ils s'attendaient naturellement à une réaction hostile et vengeresse de Mandela et du peuple noir dont il avait pris la tête. Quand ce fut le contraire qui se passa, ils furent surpris et incrédules et – d'après la célèbre poètesse et universitaire Antjie Krog – bien plus encore[35]. Dans ses contacts avec les membres de la communauté afrikaner à l'époque où elle couvrait la Commission Vérité et Réconciliation pour une radio, elle s'aperçut que les Afrikaners prenaient la volonté des Africains de leur pardonner comme un signe de faiblesse et d'infériorité. Si les Afrikaners avaient subi la moitié de ce qu'avaient enduré les Africains, disaient-ils, le pays connaîtrait un bain de sang. En juillet 1995, le journal sis à Londres, *South African Times*, demanda à diverses personnes ce que serait leur vœu d'anniversaire pour Mandela, en essayant de deviner ce qui lui ferait plaisir. En réponse, le satiriste Pieter-Dirk Uys demanda : « Ce que veut Mandela ? Une longue vie ? Oui, oui, oui. Une vie heureuse ? De tout notre cœur. Une vie normale ? Comment ? Il n'a rien à prouver. Il pourrait céder à la provocation et aux bravades, mettre en danger son statut d'espèce rare en voie de disparition, pour faire comprendre son point de vue. C'est tellement évident. Il est décidé à pardonner et réconcilier. Il incarne ce qu'il y a de meilleur dans toutes les religions. Aime ton prochain, même s'il t'a enfermé pendant vingt-sept ans[36] ! »

« C'était ça, Mandela, se souvient Viljoen, comme s'il posait la dernière pièce d'un puzzle. Mandela fascinait les Afrikaners. Il était si acceptable. Il a créé un tel espoir autour d'une vraie solution en Afrique du Sud que même le peuple afrikaner a accepté cette idée[37]. »

La Commission Vérité et Réconciliation (TRC), présidée par l'archevêque Desmond Tutu, est devenue aussi symbolique de la nouvelle Afrique du Sud que l'apartheid l'avait été de l'ancien régime, seulement dépassée par la nouvelle Constitution. Aux yeux du monde, elle a été une démonstration éclatante de la courageuse mission menée par l'Afrique du Sud pour approfondir la démocratie.

Dès le début, la commission enquêta sur les violations des droits de l'homme et proposa des mécanismes destinés à ceux qui avouaient leurs crimes. La vérité nue à propos des commandos du régime de l'apartheid et la violence de cette « troisième force » avait été portée à l'attention du public par le travail de journalistes courageux, plus particulièrement ceux du *Vrye Weekblad* et du *Weekly Mail.* Tandis que les audiences étaient conduites sous l'œil inflexible des caméras, la pleine horreur de ce qui avait été perpétré au nom de l'apartheid fut révélée dans le salon de téléspectateurs qui ne pouvaient plus plaider l'ignorance. La démarche s'attaquait aussi aux graves violations des droits de l'homme perpétrées au cours de la lutte pour la libération. La Commission se transforma alors en rouleau compresseur aux yeux de ceux qui se présentaient devant elle, et qui voyaient jusque-là leurs actes comme une chose répréhensible mais justifiable. Dans tout le pays, il y eut des débats pour savoir si les violations commises par les combattants de la liberté pouvaient être comparées à la violence d'État sous l'apartheid.

Sans un leader de la stature et de l'envergure morale de Mandela, la Commission n'aurait pas pu accomplir sa mission. Il fut contraint d'argumenter en faveur de la Commission à chaque étape : pendant les négociations sur son fondement juridique, à la nomination de ses membres, pendant les audiences, et pour finir à la parution de son rapport.

Par exemple, profitant de la proposition que lui avait faite Mandela de lui « ouvrir sa porte », Constand Viljoen avait d'abord tenté, en vain, de persuader Mandela de renoncer à la Commission, disant qu'elle aurait plus de conséquences négatives que positives[38]. Même s'il fut plus tard convaincu des mérites d'une participation aux travaux de la Commission, Viljoen devait penser à la vulnérabilité de ses partisans si la date butoir pour les criminels politiques éligibles à l'amnistie restait fixée au 6 décembre 1993, date de création de la Commission. Il sollicita le vice-président de la Commission Alex Boraine pour presser Mandela de repousser cette date au 10 mai 1994 pour que lui et ses partisans soient éligibles à l'amnistie pour leur implication dans le projet de perturbation de l'élection par la force. Soutenu par De Klerk, Mandela résista à Viljoen. Mais l'insistance du général à la retraite finit par payer puisqu'il réussit à convaincre Mandela de soutenir un report de la date de candidature aux demandes d'amnistie de décembre 1993 à la date de l'investiture de Mandela en 1994.

Cette décision mit Mandela mal à l'aise : « Nous négocions depuis… 1990, et pour moi, ceux qui ont commis des délits après le début des négociations ne doivent pas être pris en compte. » Néanmoins, il admit le rôle joué par Viljoen, disant : « Nous avons réussi à éviter une situation de type Bosnie grâce à la coopération de leaders appartenant à tout l'éventail des partis politiques… Je ne pouvais plus continuer à ignorer ses appels incessants[39]. »

Viljoen se présenta finalement devant la Commission et demanda l'amnistie pour son projet de perturbation des élections par la force.

Niël Barnard, ancien patron du Service national de renseignements, qui avait entamé des pourparlers secrets avec Mandela en prison à la demande de P.W. Botha, tenta aussi de convaincre Mandela. Il arrangea une rencontre avec Mandela et Johan van der Merwe, chef de la police, dans un lieu sûr. Les deux responsables de la sécurité tentèrent de soutenir que cette démarche allait diviser le pays et que personne n'en retirerait le moindre bénéfice. Mandela les écouta et dit comprendre leurs arguments, mais qu'il n'était pas d'accord. Il fallait libérer le passé pour informer l'opinion de ce qui s'était produit. C'était le seul moyen de commencer à refermer les plaies du pays[40].

Cela ne serait pas facile.

Quand P.W. Botha fut convoqué devant la Commission, en octobre 1997, il refusa, posant un dilemme à Mandela.

Dans une interview sur la chaîne de télévision publique, Mandela déclara que c'était une « erreur de penser que cette transformation se ferait sans anicroche. Nous étions dans une situation de guerre civile quand l'extrême droite a décidé de s'opposer à l'élection par la violence. Il fallait négocier, en appeler aux personnes qui avaient de l'influence, qui mettraient un terme à cette situation. Je ne dis pas qu'une personne en particulier nous a aidés. Mais il a fallu en appeler à des gens qui étaient nos ennemis mortels pour désamorcer la situation. Il faut penser à ces choses lorsqu'un problème survient.

« J'ai parlé deux fois de la Commission avec P.W. Botha. J'ai parlé à tous ses enfants. J'ai informé l'armée sud-africaine, la police sud-africaine, l'Église réformée hollandaise et d'autres, parce que je sais un peu mieux que vous ce qui se passe sous la surface.

« Et c'est une grave erreur d'appréhender un problème du point de vue de ce que vous voyez et que tout le monde peut voir. Il y a des aspects à prendre en considération dont beaucoup de gens n'ont pas conscience. Il est nécessaire d'essayer de désamorcer cette situation. Mais notre détermination à y arriver ne peut aller jusqu'à permettre à quelqu'un de défier la loi. J'ai fait ma part, et je peux vous assurer que P.W. Botha n'est pas au-dessus de la loi et que je ne lui permettrai pas de narguer la Commission. J'ai exhorté sa famille à tout faire pour lui éviter cette humiliation. Mais s'il continue dans cette voie, alors la loi suivra son cours. Cela ne fait pas le moindre doute[41] ».

Traîner une personnalité telle que P.W. Botha, dernier guerrier parmi les généraux sud-africains, devant un tribunal, était toute une affaire. Mais même si Mandela avait demandé le concours de Botha pour calmer les extrémistes de droite quand ils recherchaient la confrontation, l'État de droit était pour lui d'une importance capitale. La loi était la loi. Il ne voulait pas que le vieil homme soit cloué au pilori, mais s'il fallait en arriver là, ainsi soit-il. Il demanda donc à Barnard de l'aider à convaincre Botha. Barnard déclina. Botha refuserait. Lui forcer la main ferait de lui un martyr[42]. Il est possible que Barnard ait eu raison, ou alors – c'était peut-être plus probable – ne voulait-il tout simplement pas avoir affaire à Botha, qui était devenu encore plus irascible avec l'âge. Mandela était peut-être un homme de convictions, mais il n'était pas imprudent.

La dernière chose qu'il voulait, c'était ressusciter le fantôme de l'insurrection afrikaner. Finalement, Botha ne se présenta jamais devant la Commission.

Le rapport en sept volumes de la Commission Vérité et Réconciliation, publié en 1999, et dont certains volumes faisaient plusieurs centaines de pages, était une archive rigoureuse – et souvent douloureuse. Il cherchait en partie à « offrir une vue d'ensemble du contexte dans lequel s'est développé le conflit et se sont produites de graves violations des droits de l'homme ». Le deuxième volume se concentrait sur « les coupables de graves violations des droits de l'homme, et tentait de comprendre les mécanismes de ces abus, la forme prise par ces violations des droits de l'homme, de savoir qui les avait autorisés, et qui en était responsable[43] ».

Il avait été difficile d'aller au bout de la démarche comme de récolter des informations utilisables. Malgré ces difficultés,

> un vaste corpus de documents a été réuni… Néanmoins, les sources de ces informations, malgré leur richesse, n'ont pas été équitablement partagées, rendant difficile l'identification d'organisations et d'individus qui ont perpétré des tortures, ou tué, ou commis d'autres graves violations. Les demandes d'amnistie reçues d'anciens membres de la police sud-africaine (SAP) représentent une source inestimable de nouveau matériel. La Commission a reçu beaucoup de demandes d'officiers de police à la retraite ou en activité, précisant leur rôle lors de graves violations des droits de l'homme. Certains de ces cas, comme la mort en détention de M. Steve

Biko, étaient bien connus dans le pays comme à l'étranger ; d'autres étaient inconnus en dehors du très petit cercle de leurs auteurs. L'information contenue dans les demandes d'amnistie révéla un niveau de vérité plus profond sur le sort d'un grand nombre de victimes[44].

Sans surprise, il y eut des réserves et des critiques de tous côtés. Mandela en prit note et accepta le rapport, déclarant : « Je n'ai pas hésité une seconde à accepter le rapport de la Commission qui m'a été remis en octobre, malgré toutes ses imperfections.

« Il était inévitable qu'une mission d'une telle ampleur, réalisée en si peu de temps, et si tôt dans un processus qui prendra plusieurs années avant de s'accomplir, souffre de nombreuses lacunes. Et de fait, le rapport lui-même en présente plusieurs.

« Il était aussi inévitable, étant donné la nature des divisions qui frappent encore notre société, et la sensibilité des plaies encore ouvertes, que les jugements d'une telle institution ébranlent la vision des choses de certains d'entre nous.

« Comme prévu, à la remise du rapport en octobre, des questions se sont posées sur l'opportunité d'établir un parallèle artificiel entre ceux qui ont mené un combat pour la justice et ceux qui ont défendu un système inhumain.

« Par ailleurs, les conséquences pratiques du compromis qui a donné naissance au processus d'amnistie comme instrument d'une transition pacifique sont douloureuses pour beaucoup de victimes de violations des droits de l'homme et leurs familles.

« Beaucoup, parmi ceux qui ont perdu un être cher ou qui ont vécu dans une terreur incompréhensible tant elle était inhumaine et cynique, s'étonneront que l'existence d'une "troisième force" ne soit pas prise en compte : le fait qu'il ait existé une stratégie et un programme délibérés du pouvoir consistant à fomenter la violence parmi les opprimés, d'armer et de diriger des groupes qui ont semé la mort et la destruction avant et surtout après 1990…

« Des questions se sont aussi posées sur l'impartialité de la Commission. Et d'autres ont voulu voir dans la mission de cette institution une chasse aux sorcières contre un groupe linguistique particulier.

« Il ne me revient pas de me prononcer sur tous ces sujets, et certains apparaîtront certainement sous un autre jour quand la Commission remettra un rapport plus complet après la fin du processus d'amnistie.

« Ce sera au débat national que nous entamons aujourd'hui de trouver une résolution quand c'est possible[45]. »

Après avoir admis les problèmes, Mandela insista sur le besoin d'une reconnaissance nationale de ce qui s'était produit par le passé, et sur la nécessité d'un effort concerté pour faire des recommandations de la Commission une réalité.

« Le succès de la réconciliation et de la construction de la nation, dit-il, dépendra de tous les secteurs de la société qui reconnaissent avec le reste du monde, comme l'a fait la TRC, que l'apartheid a été un crime contre l'humanité, dont les actes malfaisants ont dépassé nos frontières, et semé les graines d'une destruction dont nous continuons de récolter les fruits aujourd'hui.

« À ce propos, il ne peut y avoir d'équivoque : car c'est cette reconnaissance qui repose au cœur même du pacte national qu'est notre nouvelle Constitution, notre nouvelle démocratie et la culture des droits de l'homme que nous construisons ensemble.

« Malgré toutes ses limites, la TRC a accompli un travail monumental en aidant notre nation à comprendre cela[46]. »

Quelles que soient ses limites et ses réussites, la TRC donna l'occasion – sous le regard attentif du pays et du monde – d'éclairer les crimes et les souffrances enfouis du passé.

Mais les réactions à la TRC furent très partagées. Un sondage effectué en 1998 par le Conseil de recherche en sciences humaines montra cette polarisation. Parmi les Africains, 72 % pensaient que la TRC était « bonne pour le pays », tandis que le même pourcentage de Blancs pensait qu'elle était mauvaise[47].

Certaines des personnes interrogées – qui considéraient parfois la coopération forcée et contre leur gré des coupables, comme De Klerk et d'autres membres du Parti national, comme une trahison dégoûtante – voulaient abandonner au passé ce qui appartenait au passé. Pour elles, la reconnaissance d'une complicité avec un système, ou dans l'intérêt d'un système décrit comme anachronique était dure à accepter. Ils n'étaient pas peu nombreux à se réfugier derrière l'argument selon lequel le fait d'avoir accepté de se délester du pouvoir politique était un châtiment suffisant.

Pour certaines des victimes, néanmoins, revivre ces horribles expériences réveilla des traumatismes oubliés. Il y avait l'espoir, chez la majorité d'entre elles – au-delà des réparations – que la TRC exigerait des profiteurs de l'apartheid une contribution significative au redressement de torts historiques, pour accélérer le processus de transformation.

Mandela était conscient de ces tensions, comme il savait qu'une partie considérable de la communauté blanche avait peu à peu accepté le principe de la TRC et de ses implications sur l'application de la nouvelle Constitution. Dans son discours de 1997 sur l'état de la nation, Mandela admit que le gouvernement était « conscient des inquiétudes de certains Afrikaners, notamment à propos des travaux de la Commission Vérité et Réconciliation.

« Il n'est plus si facile, bien sûr, continuait-il, de parler des Afrikaners comme d'un bloc monolithique, comme il est difficile pour qui que ce soit de s'exprimer au nom du peuple afrikaner.

« Les Afrikaners sont dispersés dans différentes sphères de notre société, ont différents positions et points de vue, ne parlent pas d'une même voix.

« Les Afrikaners font partie intégrante de notre nation arc-en-ciel, reflétant en leur sein la richesse de sa diversité, c'est-à-dire de sa force.

« Mais nous prenons note des voix qui s'élèvent chez les Afrikaners à propos de la TRC ; des voix qui suggèrent qu'elle symbolise une chasse aux sorcières ».

Sans oublier de faire remarquer que les objectifs de la TRC étaient clairement exposés dans la Constitution intérimaire et dans la loi, Mandela déclara aux parlementaires – et au pays dans son ensemble – qu'une « image plus claire de cette part de notre histoire devait émerger de ce processus. Nous devons rendre justice du mieux possible à ceux qui ont souffert et nous engager sur la voie d'une réconciliation durable, déterminés à ce que jamais ne se répètent de telles injustices entre nous.

« Il ne faut plus jamais mettre collectivement sur le banc des accusés un groupe racial, ethnique, linguistique, religieux ou autre. La diversité du peuple afrikaner signifie que les Afrikaners sauront que, lorsqu'un Afrikaner coupable de répugnantes violations des droits de l'homme se présente devant la Commission, ce ne sont pas les Afrikaners dans leur ensemble qui doivent rendre des comptes. Parce que, comme dans toute autre communauté de langue ou de culture, il n'est pas dans la nature de l'Afrikaner de se conduire avec une telle brutalité envers autrui.

« En tant que nation qui vient de se redécouvrir, nous éprouvons tous de la honte devant la capacité d'êtres humains de toute race ou de toute langue à se comporter de façon inhumaine envers autrui. Nous devons tous nous engager à ce que cela ne se reproduise jamais en Afrique du Sud[48] ».

Mandela s'engagea sur la voie de la réconciliation dans l'espoir que la future Afrique du Sud surmonte les horreurs passées vécues par la majorité de la population. Comme dans la plupart des légendes où il est question de courage, l'homme ou la femme doit d'abord s'exiler et connaître les pires privations pour revenir servir son peuple. Lors des soirées étouffantes dans les camps angolais de l'ANC, les soldats chantaient et dansaient ce qu'on appelait « l'heure du jazz », un moment de réaffirmation. Pendant que la fête continuait sur la place, les membres d'une section apprenaient à lire et à écrire aux analphabètes, la rumeur ayant filtré des murs de Robben Island, à des milliers de kilomètres de là, que Mandela et les autres prisonniers politiques s'instruisaient, s'armant pour préparer leur retour sur le sol natal.

11

La transformation économique et sociale

Toute personne versée en histoire – et Nelson Mandela l'était, assurément – s'attendait à ce que les Blancs qui avaient profité des spoliations du passé, et continuaient d'exercer leur prise sur les institutions socio-économiques, se battent bec et ongles pour maintenir le *statu quo*. Quand il s'avéra qu'il n'y aurait aucune insurrection traumatique et que le prétendu appel à « jeter les Blancs à la mer » était aussi vain que le cri des mouettes, ils changèrent d'approche, cherchant à imputer tous les maux de la société à l'incompétence de l'administration en place.

Qu'il soit derrière les murs de la prison, à la tête des négociations autour de la transition, ou le visage de l'ANC et de la démocratie lors des élections, Mandela s'était toujours tenu au courant des problèmes de l'Afrique du Sud – menace de l'extrême droite, taux élevé de délinquance et de pauvreté – mais n'avait pas de vue d'ensemble de la situation. Une fois au pouvoir, il comprit que la principale difficulté était d'ordre socio-économique.

Aux débuts du Gouvernement d'union nationale, Mandela ne put ignorer l'analyse économique délivrée par le Programme reconstruction et développement (RDP). La section consacrée à la construction de l'économie assurait que « l'économie sud-africaine traversait une profonde crise structurelle, et réclamait une restructuration fondamentale[1] ». C'était le résultat de décennies d'usage exclusif par la minorité blanche du pouvoir politique et économique pour la promotion de ses propres intérêts, aux dépens de la majorité noire. L'Afrique du Sud était « l'un des pays du monde où la distribution des salaires et des richesses était la plus inégale[2] ». Lors d'un discours prononcé à Addis-Abeba le 15 décembre 1994, le secrétaire algérien de la Commission économique pour l'Afrique (ECA), Layashi Yaker, fit le bilan de l'économie africaine en 1994 et en dégagea les perspectives pour 1995. Il prévoyait une accélération de la croissance sud-africaine si « salariés et employeurs… construisent une relation pragmatique, fondée sur une compréhension positive de leurs motifs mutuels d'inquiétude dans leur effort de corriger les distorsions du marché du travail consolidées par quarante ans d'apartheid[3] ».

Pour Mandela, le mandat donné à son gouvernement était la première étape vers le démantèlement de l'héritage économique de l'apartheid caractérisé par les inégalités qui accablaient la majorité noire.

Le nouveau gouvernement prit ses premières mesures contre les carences socio-économiques dès sa nomination, le lendemain de la cérémonie d'investiture. Il n'avait pas d'autre feuille de route que la mission globale de réformer le pays en accord avec les préceptes des ateliers stratégiques, des conférences et des forums populaires. Un point abordé le jour même en Conseil des ministres stipulait : « Le Président a souligné l'importance d'une mise en œuvre immédiate et enthousiaste du Programme reconstruction et développement et en a appelé au soutien de tous les membres du gouvernement[4]. »

Cette mission était apparue pour la première fois dans *Ready to Govern* (« Prêts à gouverner »), la feuille de route adoptée lors de la conférence nationale de l'ANC vers la fin du mois de mai 1992. L'épineuse question des entreprises publiques et de leur privatisation avait aussi fait l'objet d'une discussion. À sa sortie de prison, Mandela était un ardent défenseur de la nationalisation de secteurs clés de l'économie, un point de vue qu'il avait été amené à réviser, comme nous l'avons dit au chapitre 4. Dans la foulée de l'assouplissement global des règles de mobilité du capital, l'ANC développa un programme d'économie mixte.

La conférence « Prêts à gouverner » de 1992 avait formellement acté ce changement, admettant le besoin de flexibilité après un débat de plusieurs heures. Le programme de l'ANC évita, par la suite, le recours aux mots « privatisation » et « nationalisation ». Le statut des entreprises publiques serait modifié à la carte en fonction des « besoins de restructuration du secteur public pour atteindre nos objectifs à l'échelle nationale[5] ».

Malgré ces déclarations, quand le gouvernement évoqua la privatisation des entreprises publiques, cela provoqua de forts désaccords au sein de l'ANC. Mandela, lui, était d'avis qu'il fallait « négocier au cas par cas[6] ».

Le pays traversait une crise économique dont la gravité devint encore plus apparente après l'élection. La nécessité de reprendre la main avait poussé l'ANC à opter pour un Gouvernement d'union nationale au lieu d'un processus à long terme de mobilisation et de négociation de masse dont la réussite n'aurait pu advenir qu'à un coût prohibitif.

L'État n'avait pas les moyens de lancer des programmes pour améliorer le niveau de vie de la population, en particulier des plus pauvres. Fragmentés par la politique de l'apartheid, les services de l'État n'avaient agi efficacement qu'en faveur de la minorité blanche et en opprimant la majorité noire. Ils s'étaient développés artificiellement selon une logique clientéliste, à l'échelle du gouvernement central comme des collectivités locales. L'étroitesse de leur champ d'action les rendait impropres à toute réforme. Ainsi, les représentants de l'ANC impliqués dans les négociations sur la création d'un Conseil exécutif de transition (TEC) découvrirent à leur grande surprise que l'État d'apartheid était doté de mécanismes de surveillance et de contrôle financier d'une faiblesse insigne[7]. Une coordination nationale et une direction stratégique, aux visées principalement sécuritaires, avaient été fixées par le Système de gestion de la sécurité nationale, que De Klerk avait démantelé en 1989, laissant un vide encore plus béant au cœur de l'État.

Étant donné l'héritage d'un système qui avait cultivé l'abandon et l'appauvrissement, la lutte contre la pauvreté et les inégalités demanderait une réforme complète de l'État ainsi qu'une croissance et une redistribution soutenues.

L'élaboration d'une feuille de route et d'une architecture législative favorisant les réformes fut rapidement lancée. Le premier Conseil des ministres déboucha sur la rédaction d'une vingtaine de mémorandums. C'était à mettre au crédit de la prévoyance du secrétariat de la présidence, qui avait indiqué dès le départ que les mémorandums ministériels seraient le mode de communication de base du Conseil des ministres[8]. Ils marquèrent le début de longues procédures ; certains mémorandums attendirent deux ans avant de prendre la forme d'un « Livre blanc » – et un temps supplémentaire pour prendre la forme opérationnelle d'un texte de loi. Par conséquent, les réformes remisées par le régime d'oppression ne furent pas immédiatement mises en œuvre après l'avènement de la démocratie. Les premières années furent consacrées à la préparation d'un cadre législatif donnant à l'État les moyens de procéder à une transformation aussi nécessaire qu'attendue.

Les études d'opinion montraient, de façon parfois irréaliste, l'acceptation très répandue parmi les plus pauvres du fait que le changement prendrait du temps. En réalité, le spectre d'une impatience orageuse rôdait dans les conversations. Toujours optimiste, Mandela, qui était conscient de l'impatience, disait qu'il faudrait attendre « au moins cinq ans » pour que les réformes inscrites au programme prennent racine[9].

C'est donc avec un fort sentiment d'urgence que les programmes portant sur « les principaux secteurs de besoins essentiels » furent mis en œuvre au cours des cent premiers jours, comme annoncé par Mandela dans son discours au Parlement en mai 1994[10]. Ils s'ajoutèrent aux programmes en cours ; leur réussite eut un impact visible, dont les indicateurs de développement furent un élément fondamental de la communication du Président. Mais d'autres projets demandèrent plus de préparation. La mise en place de la réforme du logement et de la réforme agraire s'apparentait à la construction d'un château, qui réclamait de solides fondations et des murs épais pour résister aux bourrasques du temps. Les programmes se heurtèrent à des obstacles profondément enracinés dans l'État sud-africain et la société tout entière.

Le logement et les terres sont les éléments centraux de toute lutte pour la libération, et Mandela ne le savait que trop bien. Dans ses Mémoires inédits, il écrit :

« La spoliation des terres des indigènes, l'exploitation de ses richesses minières et autres matériaux bruts, le confinement de populations dans des zones spécifiques, et les restrictions de déplacement qui leur furent imposées ont, à quelques notables exceptions près, été la pierre angulaire du colonialisme dans le pays.

« C'est la forme que prit le colonialisme britannique en Afrique du Sud, à tel point que, après le vote de la loi sur la propriété foncière indigène en 1913 par le gouvernement sud-africain, une majorité blanche d'à peine 15 % de la population du pays entra en possession de 87 % des terres, tandis que la majorité noire – Africains, métis et Indiens – en occupait moins de 13 %. Ses membres furent contraints de vivre dans des conditions sordides et misérables ou de trouver un emploi dans les fermes des Blancs, à la mine ou dans les zones urbaines.

« Quand leur Parti nationaliste [*sic*] arriva au pouvoir en 1948, les Afrikaners firent preuve d'une incroyable cruauté et cherchèrent à priver les Noirs des maigres droits qu'il leur restait sur les terres.

« Des communautés, grandes et petites, qui occupaient des régions depuis des temps immémoriaux, où leurs ancêtres et bien-aimés étaient enterrés, furent impitoyablement arrachées à leur terre et chassées dans l'étendue sauvage du *veld**, livrées à elles-mêmes. Et

---

* Mot néerlandais qui désigne les grands espaces de la campagne sud-africaine. *(Note du traducteur.)*

ces actes furent commis par une communauté blanche menée par un clergé instruit mais indigne et ses successeurs qui mirent leur savoir-faire et leur religion au service d'atrocités contre la majorité noire, proscrites par le Tout-Puissant. Et pourtant, ils affirmaient hypocritement que leurs actions délétères étaient inspirées par Dieu[11]. »

À cet endroit du manuscrit, Mandela a inséré une note entre parenthèses pour « citer Sol Plaatje* à propos de la loi sur la propriété foncière indigène de 1913[12] ». Plaatje écrivait ceci : « Le matin du jeudi 20 juin 1913, l'autochtone sud-africain se réveilla non seulement à l'état d'esclave, mais de paria sur son propre sol natal[13]. »

Mandela continue : « C'est dans ce contexte historique que le Programme reconstruction et développement du Congrès national africain a souligné l'importance de la réforme territoriale en réclamant l'abolition de la loi sur la propriété foncière de 1913, et en garantissant le droit d'habiter et de cultiver la terre aux pauvres des zones rurales et urbaines, aux métayers, aux travailleurs agricoles, et aux fermiers victimes de spoliations[14]. »

Six mois après l'entrée en fonctions de Mandela, sa préface au *White Paper on Reconstruction and Development* (« Livre blanc de la reconstruction et du développement ») promettait que « la transformation toucherait chaque strate du gouvernement, chaque service, et chaque institution publique. Il ne fallait donc pas voir dans les activités du gouvernement liées au Programme reconstruction et développement une série de nouveaux projets, mais une refonte

---

* Sol Plaatje – voir Personnalités, lieux et événements.

et une reconstruction complètes d'activités existantes. La croissance et le développement sont plus qu'interdépendants. Ils se renforcent mutuellement. La lutte contre les inégalités développera les marchés intérieurs, créera des marchés à l'étranger et favorisera une redistribution équitable des richesses. Le développement de l'économie sud-africaine augmentera les revenus de l'État en élargissant la base imposable, au lieu d'augmenter sans cesse le taux d'imposition[15] ».

La réussite de ces deux missions exigeait du gouvernement qu'il entame « un partenariat actif avec la société civile, et plus particulièrement avec le monde des affaires et du travail afin de répondre ensemble au défi plus large consistant à étendre le champ des possibles de millions de Sud-Africains qui n'ont actuellement pas leur place dans l'économie traditionnelle…

« Notre peuple nous a élus parce qu'il veut du changement, dit Mandela en conclusion. Et c'est ce qu'il aura. Notre peuple nourrit de grandes et légitimes espérances. Même si le gouvernement ne peut satisfaire à tous ses besoins du jour au lendemain, nous devons mettre en place des objectifs concrets, un calendrier et des stratégies pour accomplir ce changement[16] ».

Dans son premier discours au Parlement en mai 1994, Mandela annonça que 2,5 milliards de rands seraient redirigés vers le financement du Programme reconstruction et développement au cours de l'année suivante et que, pour démontrer son sérieux, le gouvernement mettrait en œuvre sous cent jours une série de mesures phares du Président. Elles concernaient la gratuité des soins médicaux pour les enfants de moins de six ans et les femmes enceintes ; un programme nutritionnel dans les écoles primaires des zones prioritaires ; la poursuite du programme d'électrification de 350000 foyers au cours de l'année fiscale ; et un programme de travaux publics pour reconstruire les townships et rétablir des services publics en zone rurale et urbaine. De plus, une « taxe reconstruction » exceptionnelle de 5 % serait prélevée sur les salaires supérieurs à 50000 rands[17].

Étant donné la crise économique héritée des années précédentes, le gouvernement fut souvent forcé de trouver un équilibre précaire entre la lutte pour l'éradication de la pauvreté et la stimulation de la croissance. Le point de départ de la mise en œuvre du mandat démocratique fut que, à moins de dépendre de prêts internationaux qui auraient pour résultat une perte de souveraineté, l'économie devait durablement s'engager sur une voie qui promeuve la croissance et attire les investissements nationaux et étrangers. Le gouvernement devait aussi réorienter les priorités de l'État en redistribuant les ressources[18]. Cela impliquait de réduire la volatilité des taux de change. Dans une interview télévisée après la fin de son mandat, Mandela déclara : « Le président du FMI est venu ici et m'a dit : "La raison de l'instabilité de votre monnaie est que vos réserves de change sont très basses. Je suis prêt à vous venir en aide, à vous donner des fonds." Et je lui ai répondu : "Non, l'ennui, avec vous, c'est que vous imposez des conditions qui violent la souveraineté d'un pays." Il m'a dit : "Non, je ne ferai pas ça." J'étais satisfait. J'ai appelé le vice-président, Thabo Mbeki, pour lui dire : "Écoute, voilà ce que dit le FMI." Il m'a dit : "Il n'en est pas question." Je n'entrerai pas dans les détails qu'il a avancés, mais je considère qu'il connaît mieux que moi les questions de cette nature, et j'ai accepté son conseil de ne contracter de dette auprès de personne. Nous voulons compter sur nos propres ressources et notre système d'imposition[19]. »

En octobre 1994, le gouvernement adopta le principe de restructuration comme « contribution à la transformation du secteur public pour promouvoir la mise en œuvre du Programme reconstruction et développement, la croissance et la prospérité[20] ». Pour donner l'exemple, le Président et ses deux vice-présidents décidèrent d'une baisse de 20 % de leur salaire et les ministres de 10 % ; les salaires des hauts fonctionnaires seraient gelés et le salaire minimum dans la fonction publique augmenté de 15 000 rands[21]. Ce n'était peut-être qu'une goutte d'eau dans l'océan du budget, mais le message illustra efficacement la nécessité d'une réduction des coûts pour réduire l'écart entre les salaires. Mandela voulait que ces coupes salariales servent d'exemple dans le combat des Sud-Africains contre les maux de la société hérités de l'apartheid.

Tout en faisant la promotion du RDP, le gouvernement devait réduire le déficit budgétaire, en ne dépensant pas plus que ce qu'il y avait dans les caisses, pour éviter de creuser la dette. Le gouvernement se tourna donc davantage vers les dépenses d'investissement tandis que le RDP était majoritairement financé par une restructuration du budget au profit des priorités du Programme. La fonction publique serait réorganisée et conçue pour fournir des services efficaces à tous les citoyens (comme nous l'avons vu au chapitre 9). Le développement des ressources humaines, la réforme du marché du travail et le droit à une convention collective pour tous étaient « essentiels si nous voulons atteindre les objectifs fixés par le Programme[22] ».

L'environnement économique austère, héritage d'un passé de gaspillage, eut inévitablement un impact négatif sur le financement des objectifs du RDP. Chaque jour apportait son lot de mauvaises surprises sur la profondeur de la crise. Pendant les négociations, Derek Keys, ministre des Finances du gouvernement du Parti national, avait tenu informé Trevor Manuel, alors chef du Bureau de la politique économique de l'ANC. Manuel avait fait part à Mandela de ce qu'il avait appris. Mandela en avait conclu que des négociations de longue durée aboutiraient à l'élection d'un gouvernement démocratique qui hériterait d'une situation économique sans espoir[23].

Mandela ne l'oublia jamais. Des années après, alors qu'il faisait campagne pour l'élection de 1999, il répondit à une question sur le taux de chômage en rappelant la situation économique dont son gouvernement et lui avaient hérité :

« Je voudrais replacer la question du chômage dans son contexte parce qu'il serait faux de croire que cette question est tombée du ciel, qu'elle n'a pas d'histoire. Nous savons tous que dans les dix ans qui ont précédé le mois d'avril 1994, 5,1 milliards de rands sont sortis du pays en raison de l'instabilité politique.

« Par ailleurs, le pays était en récession. Et l'inflation était galopante, à deux chiffres ; et le déficit public aussi.

« Mais le plus frappant fut notre découverte, après notre arrivée au pouvoir, que le pays avait une dette publique de 254 milliards de rands, que nous remboursons désormais à hauteur de 50 milliards de rands par an. Autant d'argent que nous n'avons pas pour créer des emplois et réduire le taux de chômage. Voilà la toile de fond du problème.

« La difficulté de la situation s'accentue du fait que l'une des décisions majeures que nous avons prises à notre arrivée au pouvoir fut de réduire l'inflation et le déficit public, ce à quoi nous sommes arrivés.

« Mais la réduction de l'inflation et du déficit impliquait une réduction drastique des dépenses. C'est la décision que nous avons prise. Et nous sommes inflexibles dans notre politique de réduction des dépenses, de l'inflation et du déficit. Alors que nous avions une inflation à deux chiffres à notre arrivée, environ 13 %, elle n'est aujourd'hui plus que de 4 à 5 %… Nous avons donc hérité d'une situation où il y avait un fort taux de chômage dans le pays. Nous n'avons pas eu les moyens, et ne les avons toujours pas, de réduire ce taux de chômage…

« Nous sommes allés aux Nations unies à une époque où nous leur devions 100 millions de dollars au titre d'arriérés de contribution au budget ordinaire, parce que le gouvernement d'apartheid ne les avait pas payés pendant sa suspension… Il a fallu que j'aille aux Nations unies parler à [Bill] Clinton, à Boris Eltsine, Jacques Chirac et d'autres, à Jiang Zemin, pour leur demander l'effacement de la dette, ce qu'ils ont accepté.

« Je suis rentré dans mon pays confiant, persuadé qu'après l'annulation de cette dette j'allais pouvoir obtenir l'effacement de celle de 254 milliards, et j'ai demandé au ministre des Finances de m'en donner le détail. Je suis presque tombé à la renverse quand il me les a donnés. Plus de 90 % de cette dette, nous l'avons contractée auprès de nos propres contribuables. Le régime d'apartheid a puisé dans les caisses de retraite pour s'enrichir. Nous ne pouvions pas effacer cette dette, parce qu'un gouvernement qui efface une dette qu'il a contractée auprès de ses contribuables perdrait toute crédibilité. Alors nous n'avons pas d'autre choix que de la rembourser[24]. »

De retour en 1994, hormis la dette auprès des caisses de retraite sud-africaines, il y avait des emprunts auprès de banques étrangères et du FMI*.

Initialement, pour faire avec un minimum de ressources, le gouvernement avait accepté de maintenir les dépenses publiques à un niveau soutenable, et renforcer ainsi le ministère du RDP et son financement pour en faire un levier de la réorientation du service public vers la reconstruction et le développement, vers plus d'efficacité et de diversité au sein de son personnel[25].

Ces mesures, qui comprenaient une limitation du nombre de privatisations d'entreprises publiques, se révélèrent peu efficaces pour attirer les investissements nécessaires. La réaction du secteur privé ne fut pas à la hauteur, malgré la politique d'incitation à l'investissement pratiquée par le gouvernement. Beaucoup d'entrepreneurs soupçonnaient ce dernier de vouloir leur tendre un piège.

En août 1995 – après une recommandation du Comité exécutif national de l'ANC –, le gouvernement créa un comité *ad hoc* sur la croissance, à la tête duquel siégeait le président Mandela et qui comprenait les

---

* Le prêt obtenu par le TEC était de 889 millions de dollars (2,8 milliards de rands) au titre de la Facilité de financement compensatoire (FFC) du FMI pour « aider les pays à compenser un déficit temporaire de leur balance dû à une diminution de leurs recettes d'exportation, sans recourir à des ajustements excessifs et inutiles ». L'objectif était d'éviter une crise de la balance commerciale à l'approche de l'élection de 1994, principalement causée par la sécheresse de 1992, qui avait compromis l'exportation de céréales. La FFC représentait 1,5 % de la dette totale du gouvernement.

ministres des Finances, du Commerce et de l'Industrie, de l'Intérieur, et du Programme reconstruction et développement, ainsi que les deux vice-présidents[26]. Parmi les attributions du comité figuraient la supervision de la croissance nationale et la Stratégie de développement. C'était un processus de longue haleine, qui rendrait ses conclusions en 1996[27]. Mais avant cette date, le gouvernement agit contre la volatilité de sa monnaie et une confiance insuffisante des investisseurs par l'annonce en juin 1996 d'un plan macroéconomique, la Stratégie pour la croissance, l'emploi et redistribution (GEAR).

Lorsqu'il présenta le GEAR, Mandela dut justifier l'austérité, courtiser les investisseurs, rouvrir les portes de l'économie mondiale. Il dut aussi donner des gages aux alliés de l'ANC et rejeter les demandes de ministres qui réclamaient une plus grosse part du gâteau.

Il y eut des discussions enflammées au sujet des différentes implications du programme GEAR. Certains émirent de sévères critiques contre ce qu'ils voyaient comme « le glissement d'une politique de développement d'essence socialiste – le RDP – vers une politique ouvertement néolibérale dans le fond comme dans la forme – le programme Croissance, Emploi et Redistribution (GEAR)[28]. Mais malgré ces critiques, il y eut une sorte de consensus, certes à contrecœur, pour reconnaître qu'il fallait donner sa chance au GEAR. Il reçut un nouveau coup de fouet lors de la cinquantième conférence nationale de l'ANC en décembre 1997 où il fut acté que « l'accent mis dans le RDP sur l'équilibre macroéconomique a été un élément important de la politique de l'ANC et a été mentionné dans chaque document programmatique depuis 1990. La stratégie Croissance, Emploi et Redistribution (GEAR) vise à la création d'un cadre favorable aux équilibres macroéconomiques nécessaires à la réalisation du RDP. En cela, le GEAR n'a pas pour vocation de remplacer le RDP[29] ».

Dès qu'on lui demandait quel système social l'ANC poursuivait, la réponse de Mandela illustrait le pragmatisme de son approche. « Peu nous importent les étiquettes, dit-il après une conférence à Singapour en 1997, système capitaliste ou socialiste. L'important est de proposer des services à notre peuple qui s'est vu refuser tous les droits fondamentaux des citoyens, qui n'a pu aller à l'école, n'a pu recevoir d'instruction, acquérir le savoir et le savoir-faire. Nous avons déclaré dans notre profession de foi que notre but est de donner à notre peuple une vie meilleure[30] ».

Il y eut aussi des critiques du milieu des affaires. Mandela fit l'éloge des réponses du monde de l'entreprise à ses appels personnels pour financer la construction d'écoles et de cliniques ou pour participer à des projets comme Le Monde des affaires contre le crime, et la Sécurité rurale. Mais en réalité, le milieu des affaires rechignait à investir dans l'avenir du pays. On ne pouvait pas compter sur lui pour s'associer à la reconstruction et au développement.

L'application du programme GEAR ne fut pas toujours cohérente. Mais elle avait généralement pour vocation d'atteindre à l'équilibre. Néanmoins, les difficultés de ce programme furent souvent accentuées par des éléments extérieurs, comme la crise financière asiatique de 1997 à 1998. Les tentatives rétrogrades de la Banque centrale de défendre ses taux de change en se servant de ses minuscules réserves de devises étrangères et d'or eurent l'effet contraire à celui désiré et entraînèrent une hausse spectaculaire des taux d'intérêt à des niveaux qui n'avaient plus été atteints depuis les années 1980.

L'une des propositions de la Commission du marché du travail, soutenue par Mandela, fut la création d'un contrat social de gouvernement, d'affaires et de travail. Malgré le lancement du Conseil national économique du développement et du travail en 1995, dans l'espoir qu'il fasse avancer le contrat social, à la fin du mandat de Mandela, on en était encore au stade des paroles plutôt que des actes.

La lutte contre la crise économique héritée du régime précédent n'était qu'un avant-goût du combat contre le double fléau de la pauvreté et de l'exclusion.

Rétrospectivement, Mandela écrit : « J'ai déjà parlé de la déception de M. Meyer Kahn devant l'augmentation d'à peine 3,7 % du budget de la police, en termes monétaires. Beaucoup d'autres, y compris des ministres du gouvernement, se plaignirent des coupes dans les dépenses publiques.

« J'ai abordé la question avec Mme Gill Marcus [qui a été élue en 1999], vice-gouverneure de la Banque centrale sud-africaine, et elle m'a dit qu'il ne fait aucun doute, quand on observe le développement de l'Afrique du Sud depuis 1994, que notre pays a connu un nombre remarquable de succès. Les politiques économiques ont dû faire face aux conséquences de décennies de discrimination de l'apartheid, tout en se heurtant aux strictes exigences d'un monde en rapide mutation où la mondialisation est le maître mot.

« Quand l'Afrique du Sud a émergé de sa longue période d'isolement, elle l'a fait dans un monde lui-même en constante évolution. L'ère de l'information et des nouvelles technologies, la déréglementation et la libre circulation ont toutes contribué à façonner un monde méconnaissable. Le défi pour nous n'était pas de rattraper le reste du monde, mais de faire partie d'un monde dynamique au sein duquel les principes et standards internationaux, les codes de déontologie, les règles de bonne conduite, la direction d'entreprise, etc., sont autant de critères permettant d'évaluer si un pays est une destination favorable aux investissements ou à un partenariat commercial.

« L'intégration au réseau financier international a été renforcée par la participation de l'Afrique du Sud à divers forums internationaux, y compris des structures comme l'Organisation mondiale du commerce, le Comité monétaire et financier international, le G20, l'Organisation internationale des commissions de valeurs (qui défend le développement de marchés équitables, efficaces et transparents) et le groupe de concertation sur les principes fondamentaux du Comité de Bâle, qui défend la notion de contrôle bancaire.

« Les initiatives du gouvernement pour faire accéder l'Afrique du Sud aux marchés financiers internationaux se sont focalisées sur l'investissement étranger et la libre circulation des capitaux.

« Les défis relevés par ce gouvernement qui découvrait la démocratie en 1994 furent impressionnants, et souvent sous-estimés. Ses accomplissements spectaculaires furent souvent passés sous silence parce que l'ampleur du problème n'a pas été prise à sa juste mesure. Le démantèlement de l'appareil d'État de l'apartheid (dans lequel on peut inclure les bantoustans), qui était étayé par un inextricable écheveau de lois, releva à lui seul de l'exploit. Mais, par-dessus tout, le nouveau gouvernement hérita d'une situation économique chaotique et de caisses pratiquement vides.

« Même si nous admettons qu'il nous reste beaucoup de progrès à effectuer, dont les moindres ne sont pas la lutte contre un taux de chômage élevé et le retour de la croissance, nos plus féroces détracteurs reconnaîtront que le gouvernement de l'ANC a mis en œuvre une politique monétaire et fiscale saine, et que les questions économiques sont mieux gérées que jamais.

« Avant 1994, le taux de croissance économique de l'Afrique du Sud était en recul. Au cours de la période 1985-1990, le taux de croissance moyen de l'économie sud-africaine était de 1 %, avant de tomber à 0,2 % entre 1990 et 1994. Par contraste, entre 1994 et l'an 2000, l'Afrique du Sud a enregistré un taux de croissance moyen de 3 %. Bien que cela n'ait pas suffi à absorber l'afflux de nouveaux arrivants sur le marché du travail, d'importantes réformes structurelles ont été menées, posant de solides fondations qui devraient assurer une croissance soutenue dans les années à venir.

« Le gouvernement a dû composer avec un important déficit public. Il a fallu mettre en œuvre une nouvelle politique économique dans le but de stabiliser les fondamentaux macroéconomiques pour restaurer la confiance des investisseurs étrangers.

« L'ouverture de l'économie sud-africaine à partir de 1994 (comme en attestent les importations de produits manufacturés plus les exportations rapportées au PIB) a eu de nombreux effets positifs, dont le moindre n'est pas le développement d'un grand marché des exportations. L'importance de la demande extérieure de produits sud-africains est illustrée par les cinq trimestres consécutifs d'excédent de la balance des paiements enregistrés au mois de juin 2001.

« Le déficit public a été réduit à 2 % du PIB en l'an 2000, nettement inférieur aux 7,2 % de l'année fiscale 1992-1993. C'est bien en deçà de celui de la plupart des pays développés.

« Sur le front de la politique monétaire, la Banque centrale sud-africaine a permis d'améliorer les taux d'intérêt, autre facteur de croissance, passant de taux de 25 % dans les années 1980 à une moyenne de 13,75 % en juin 2001. La baisse et la normalisation des taux d'intérêt sont propices à plus d'investissements en capitaux fixes.

« L'inflation a considérablement baissé. De 15,5 % entre 1985 et 1990 à 12,5 % entre 1990 et 1994, l'inflation s'est maintenue autour de 7,3 % entre 1994 et 2000. Conscients de l'importance de la stabilité des prix, le gouvernement et la Banque centrale sud-africaine ont établi un programme de ciblage de l'inflation, avec comme cible initiale une inflation de 3 à 6 % en 2002. La tendance est donc à la baisse.

« L'un des sujets les plus difficiles auxquels font face les pays en phase de transition est la collecte de l'impôt, l'un des éléments principaux de tout système de gouvernance. La jeune démocratie sud-africaine faisait face à un défi encore plus grand étant donné que la majorité africaine avait résisté à l'imposition (comme lors de la rébellion de Bambatha contre l'impôt*), par refus de financer sa propre réduction en esclavage. La mission du gouvernement consista donc non seulement à attirer des millions de nouveaux contribuables dans

---

* La rébellion, qui naquit à Greytown, dans le KwaZulu-Natal en 1906 et fut menée par le chef Bambatha, eut lieu en protestation contre l'instauration d'une taxe de 1 livre pour forcer les Noirs des régions rurales à travailler à la mine.

ses filets, mais aussi à s'assurer que chacun payait une part équitable. La réforme de l'impôt faisait partie intégrante d'une stratégie fiscale globale.

« Le succès de la refonte complète du système fiscal, y compris la gestion douanière et transfrontalière, a joué un rôle important dans la capacité du gouvernement à réduire sa dépendance à l'emprunt, donc son déficit public. Cela nous a permis de mettre en œuvre cette importante réforme fiscale... L'impôt sur les sociétés a subi une importante baisse.

« Malgré cette baisse des impôts, pour les particuliers comme pour les sociétés, et l'élimination presque complète des freins fiscaux, la collecte de la Direction générale des finances publiques sud-africaines a toujours dépassé le montant total de l'impôt prévisionnel. Cela a été permis par l'amélioration des infrastructures, une plus grande efficacité des méthodes de travail, une meilleure protection et de meilleurs systèmes, ainsi que la reconnaissance par les contribuables que tout le monde doit payer sa part.

« La confiance des investisseurs étrangers a nettement augmenté à la suite de l'engagement du gouvernement sur la voie de la discipline macroéconomique. En l'an 2000 seul, le profit sur le marché des obligations a bondi à 10,5 trillions de rands, un record, et le profit en actions a représenté 537 milliards de rands.

« Le service de la dette était passé dans les années 1990 de 15 à 20 % du budget 1998-1999. Cela éroda fortement les ressources allouées au service public ; ainsi, la somme dépensée pour le remboursement de la dette était à peu près égale à celle dépensée pour l'éducation, qui était le poste le plus coûteux du budget. Cette tendance s'est inversée, et on s'attend pour l'année 2002-2003 à ce que le service de la dette tombe à 4,4 % du PIB, débloquant 10 milliards de rands supplémentaires pour les dépenses de service public. En 2005, on estime que l'intérêt de la dette ne représentera plus que 16,4 % de la dépense publique consolidée.

« La stratégie macroéconomique suivie depuis 1996 s'est fermement attachée à poser les fondations d'une croissance durable. Cela exige un niveau d'épargne plus élevé (il plafonne actuellement à 15,5 % du PIB) et des investissements. L'endettement de l'État a nettement diminué, et les collectivités territoriales apporteront bientôt une contribution positive à l'effort d'économie national.

« Le déficit public est passé de 7,2 % du PIB en 1992-1993 à 4,6 % en 1996-1997, puis à 2 % en 2000-2001.

« Si le gouvernement n'avait pas choisi cette voie, notre économie ne se porterait pas aussi bien[31]. »

Vers la fin du mandat présidentiel de Mandela en 1999, le premier Parlement démocratique avait voté plus de cinq cents nouvelles lois, dont quatre-vingt-huit de nature socio-économique, créant un cadre propice à la transformation de la société sud-africaine[32].

Mandela commente : « Fin septembre 1999, 436 projets de redistribution des terres impliquant 55 507 foyers ont reçu le feu vert ministériel. Ces projets concernaient 13 780,4463 hectares, soit l'équivalent de 1,6 % de la totalité des terres cultivables du pays*.

* L'étrange chiffre de « 13 780,4463 » hectares de terres ayant reçu « le feu vert » pour leur redistribution est une erreur de

« La législation cherche aussi à restituer des terres et proposer d'autres solutions à des citoyens dépossédés par les lois de discrimination raciale. En décembre 1998, un total de 13 931 foyers s'est vu restituer des terres à hauteur de 264 615 hectares. 13 millions de rands ont été versés à 782 foyers supplémentaires en guise de réparations.

« Une loi de protection des métayers contre l'expulsion a été votée. Elle contient aussi une disposition permettant aux métayers d'acheter la terre qu'ils occupent. Fin septembre 1999, 349 projets de métayage concernant 434 foyers et 7 181 hectares ont reçu l'aval du ministère des Affaires foncières.

« Une autre loi accroît la sécurité de l'emploi des travailleurs agricoles et les protège contre les expulsions sans motif.

« De grands progrès ont été faits depuis 1994, malgré de nombreuses difficultés, dont certaines sont de notoriété publique[33]. »

Le logement, comme la terre, illustrait cruellement les conséquences de l'histoire des inégalités institutionnelles en Afrique du Sud. Comme pour la réforme agraire, une politique du logement soutenue par une

---

Mandela dans son manuscrit original. Le chiffre exact est inconnu. Néanmoins, un rapport rédigé en 2014 par le ministère de la Planification, du Suivi et de l'Évaluation recense « l'attribution » d'hectares à redistribuer, ce qui n'est pas synonyme de « feu vert ». En 1999, un total de 521 276 hectares de terres avait été attribué à des projets de redistribution des terres. En 2014, ce chiffre est passé à 4 313 168 hectares (*Development Indications 2014* – « Indicateurs de développement 2014 », p. 35).

législation plus favorable devait permettre de lever les multiples restrictions et barrières imposées par l'apartheid.

« La ségrégation fut le socle du gouvernement d'apartheid, avec des townships noirs surpeuplés et délaissés par les forces de l'ordre, loin des zones d'habitation blanches.

« L'objectif principal du gouvernement démocratique a été d'introduire une politique du logement uniforme et non discriminatoire, et renouveler plus de 17 administrations gérées par des fonctionnaires noirs des bantoustans, des métis et des Indiens.

« Nous avons dû relever le défi de fournir un logement à la multitude de citoyens qui n'avaient jamais joui du privilège élémentaire d'avoir un toit, avec une liste d'attente estimée entre deux et trois millions de personnes. La priorité absolue du nouveau gouvernement fut de réduire cette liste d'attente.

« Hormis la construction de logements, nous avons aussi débloqué des financements pour favoriser l'émergence d'entrepreneurs du bâtiment, dont certains étaient des femmes. Nous avons aussi lancé un programme permettant aux plus démunis de contracter des prêts pour agrandir leur maison. Les salariés à faible niveau de revenu se sont vu proposer un plan de financement alternatif. Il fallait donner un toit à tous les citoyens, quelle que soit leur situation financière.

« Pendant un certain temps, les délais de livraison furent ralentis par l'impossibilité d'harmoniser la mise en œuvre de ces mesures aux trois échelons de gouvernement. Malgré d'immenses difficultés, comme l'existence de bidonvilles partout dans le pays, nous avons fait des progrès.

« Entre 1994 et mars 1999, un total de 10,7 milliards de rands fut dépensé dans la construction de logements et nous avons financé 800 000 unités, donnant un toit à trois millions de personnes.

« Grâce à l'opération Mayibuye dans la province du Gauteng, nous avons rendu leurs droits de propriété à ceux qui avaient quitté leur maison à cause des troubles sociaux*.

« Nous avons lancé un projet pilote de rénovation de foyers et converti 32 foyers non mixtes en logements familiaux, tandis que 25 sont en cours de réhabilitation.

« Notre programme a soutenu la participation des femmes à une industrie qui était jusqu'alors monopolisée par les hommes.

« Nous avons aussi voté l'octroi de subventions aux handicapés et aux habitants des zones rurales.

« Un projet pilote d'économie d'énergie, qui se concentre sur les catégories de citoyens à faibles revenus, gagne en popularité, et a réduit le taux d'intoxication au monoxyde de carbone dans ces groupes de population.

« La livraison de logements à faible coût a directement et indirectement contribué à la croissance économique et à une nette augmentation du produit intérieur brut.

---

* Mandela fait sans doute ici référence à l'opération Masakhane (*Let's Build One Another* – « Édifiez-vous les uns les autres) et non l'opération Mayibuye. Dans un discours qu'il prononça le 2 septembre 1997, Jay Naidoo, qui était ministre du Programme reconstruction et développement de l'ANC, déclara que le but principal de Masakhane était de faciliter « la restructuration des institutions de gouvernement pour remettre le pays sur la voie d'un développement durable ». Le programme incitait fortement les résidents à payer leurs factures d'eau, d'électricité, de traitement des eaux usées et de ramassage des ordures.

« On estime que, pour chaque logement construit, un emploi permanent et trois emplois intérimaires sont créés. Depuis le lancement de notre programme nous avons créé 681 203 emplois permanents et deux millions d'emplois intérimaires.

« D'autre part, le secteur du logement a une influence sur la balance des paiements par le biais des importations directement utilisées dans la construction.

« En mettant l'accent sur les handicapés, les retraités et un large éventail de sans domicile fixe, nous avons mis les pauvres au cœur de notre programme de construction de logements.

« Nous augmentons notre capacité de construction de logements à une moyenne de 200 000 unités par an. Nous avons aussi voté une loi qui renforce les droits des métayers sur la terre qu'ils louent. Les métayers font partie des catégories les plus opprimées et exploitées parmi les nôtres.

« Pour résumer, par le biais des divers mécanismes esquissés plus haut, nous avons réussi à donner un toit à trois millions de personnes au cours des cinq dernières années, avons octroyé plus d'un million de subventions, rétabli un peuple dans sa dignité en transformant des foyers non mixtes pour y loger des familles*.

« Nous avons, pour la première fois de l'histoire de notre pays, introduit une politique non discriminatoire qui a permis aux membres les plus vulnérables de notre société d'avoir accès à des logements sociaux – veuves, retraités, chômeurs et handicapés[34]. »

---

* À l'époque de l'apartheid, les travailleurs migrants venaient travailler en ville où ils étaient logés dans des foyers misérables et n'avaient pas droit au regroupement familial.

Bien que l'objectif de construire un million de logements au cours des cinq premières années n'ait pas été atteint, Mandela se consola à l'idée que son gouvernement avait fait des progrès sans équivalent dans le reste du monde. Des millions de personnes avaient retrouvé leur dignité et la sécurité en même temps qu'un toit. Et pourtant, les listes d'attente semblaient ne jamais raccourcir. Le gouvernement sud-africain devint la victime involontaire de son succès en délogeant l'apartheid ; la fin des restrictions de déplacement imposées aux Africains entraîna un grand mouvement migratoire intérieur, stimula le changement social et fit s'installer des familles dans de plus petits logements. En 1999, la proportion d'installations illégales de familles (ou de constructions sur des terrains occupés illégalement) était passée de 7,5 % à 12,3 %[35].

Mandela s'inquiéta aussi de l'exiguïté des logements, contre laquelle les ressources limitées du gouvernement ne pouvaient rien. En visitant les premiers logements, il dit pour plaisanter que les pieds de leurs occupants devaient dépasser de la porte d'entrée. Sans doute sous l'influence du souvenir de la série de minuscules cellules dans lesquelles il avait vécu de son arrestation en 1962 à sa libération en 1990, il demanda à Joe Slovo, ministre du Logement, s'il n'existait pas une autre approche, par exemple des sites bien desservis où des citoyens pourraient construire eux-mêmes leur logement en échange d'une subvention[36].

Stephen Laufer, qui était alors conseiller de Joe Slovo, se souvient que le ministre du Logement envisagea plusieurs solutions à cette pénurie à laquelle se heurtait le gouvernement. Celle de la construction de logements sociaux fut rejetée au motif qu'elle marquerait un retour aux pratiques de l'apartheid ; on envisagea, en revanche, la création d'entrepôts dédiés au logement, où du personnel compétent mettrait à disposition son savoir-faire et le matériel nécessaire pour permettre aux gens de construire eux-mêmes leur logement. Mais cette piste fut abandonnée après la mort de Joe Slovo en 1995[37].

❦

Mandela s'intéressait particulièrement aux vulnérabilités des catégories les plus pauvres – l'éducation et la santé. Il attachait notamment beaucoup d'importance à la qualité nutritionnelle de la restauration scolaire, à l'accès aux soins de base pour les femmes enceintes et les enfants de moins de six ans, à la construction et la rénovation de cliniques et d'écoles grâce à l'État et aux partenariats qu'il avait personnellement créés avec le monde de l'entreprise.

Sensible aux inégalités qui ravageaient la société sud-africaine, Mandela poursuivait sa mission personnelle. Depuis qu'il avait franchi les portes de la prison Victor-Verster à Paarl, l'après-midi du 11 février 1990, Mandela avait cherché à développer les liens d'empathie du monde des affaires avec la majorité de la population – pour l'encourager à investir dans des activités sociales ciblées. Malgré ces ouvertures, il restait conscient que l'opinion dominante dans les médias décrivait les nouveaux acteurs du monde politique, en particulier les députés, comme des âmes vénales, et il fit de son mieux pour dissiper cette image. Parfois, néanmoins, ces commentaires venaient de personnes qu'il respectait, ce qui les rendait plus dures à accepter. Par exemple, John Carlin, qui avait interviewé Mandela plusieurs fois, écrivit un article pour le journal anglais *The Independent*, intitulé « L'ANC décroche le gros lot : John Carlin à Johannesburg nous parle des anciens opprimés devenus ploutocrates en quelques mois ». Il y était écrit que « Mandela avait promis dans son discours le soir de la victoire électorale que l'ère des ploutocrates était finie, que le "gouvernement du peuple" ne tolérerait plus l'enrichissement personnel. Ce qu'il n'avait pas prévu, c'était que l'écart entre le gouvernement et le peuple se creuserait après l'avènement de la démocratie ». Dans le même article, l'archevêque Desmond Tutu déclarait que le nouveau gouvernement avait « mis un terme à l'enrichissement personnel uniquement pour les autres[38] ». Pourtant, avant même que l'ANC n'essuie ces critiques acerbes de la part de ses amis et alliés, Mandela avait décidé de faire don du tiers de son salaire à la défense des droits de l'enfant. Dans un discours prononcé en juin 1994 pour célébrer l'anniversaire des émeutes de Soweto, il déclara :

« J'ai lancé des consultations auprès des individus et des organismes compétents pour créer un Fonds d'aide présidentiel, qui dépasse l'ANC et le mouvement démocratique de masse, et dont la vocation sera de venir en aide aux enfants des rues et à ceux qui sont incarcérés. J'ai l'intention d'apporter une contribution de 150 000 rands par an à ce fonds, indépendamment de la décision que prendra le Parlement sur la rémunération des élus. De plus amples détails suivront en temps voulu.

« Le fonds dont je parle permettra de traiter ces problèmes. Mais je reconnais, tout comme vous, que la solution la plus durable réside dans l'élaboration plus générale de programmes socio-économiques. En même temps, la jeunesse, surtout au sein des communautés défavorisées, doit comprendre qu'il ne faut pas s'en remettre uniquement à l'action de l'État ni aux œuvres de bienfaisance. Il faut aussi prendre des initiatives au sein de nos communautés pour rassembler nos maigres ressources autour de projets de bourses et de formation[39]. »

Le Fonds d'aide présidentiel fut le précurseur du Fonds d'aide à l'enfance Nelson-Mandela, qui devint non seulement un outil pour lancer des partenariats avec le milieu des affaires mais aussi pour veiller à ce que ces partenariats ne dépendent pas de la machine étatique et produisent des résultats rapides dans les milieux sociaux qui en avaient le plus besoin. Malgré des résultats tangibles et impressionnants, Mandela reconnut que rien ne pouvait remplacer le développement massif des services de l'État.

Mais il savait que le destin de l'Afrique du Sud était intimement lié à sa capacité d'éduquer le peuple. Le progrès en dépendait, et l'éducation lui tenait à cœur depuis toujours. « L'affranchissement de la pauvreté et des privations est directement lié à l'accès à une éducation de qualité », disait-il.

« Même si une majorité de notre peuple, qui a vécu dans la pauvreté et la souffrance, a porté le poids de la lutte pour la libération, il faut admettre que nous n'en serions pas arrivés là si nos leaders et nos cadres n'avaient pas acquis une certaine instruction. Il est clair que l'affranchissement de l'illettrisme et de l'ignorance fut essentiel à notre lutte pour la libération, et que l'éducation a joué un rôle clé.

« C'est pour cette raison, par exemple, que l'une des premières mesures que nous avons prises lors de notre incarcération à la prison de Robben Island fut de nous préparer à recevoir une éducation en tant que prisonniers. Plusieurs prisonniers politiques ont appris à lire et à écrire à Robben Island. Beaucoup ont obtenu un ou plusieurs diplômes sur l'île. Et l'éducation informelle que nous avons reçue à travers nos lectures et nos discussions fut sans doute l'aspect le plus important de notre détention.

« L'un des moyens les plus cruels mis en place par le système de l'apartheid pour atteindre notre peuple fut le sabotage délibéré de la qualité de l'école publique et la destruction des systèmes d'éducation non étatiques comme ceux développés par les églises pour promouvoir une éducation de qualité. Aujourd'hui, tandis que nous cherchons à reconstruire et à développer notre pays, il faut se battre contre l'héritage du système éducatif inférieur qui a été délibérément proposé à la majorité de notre peuple.

« Sans les missionnaires, je ne serais sûrement pas là, aujourd'hui. Il y a des gens qui ont donné aux Noirs sud-africains un accès à l'éducation… Ils ont acheté des terres, construit des écoles, les ont équipées, ont embauché des professeurs qui nous ont dispensé un enseignement. De l'école primaire à l'université de Fort Hare, j'ai fréquenté des établissements créés par des missionnaires. L'Église presbytérienne, l'Église méthodiste, l'Église anglicane et l'Église catholique. Voilà pourquoi la religion coule dans nos veines, parce que nous sommes le produit du système d'éducation créé par les missionnaires.

« Nous plaçons l'éducation et la formation au centre des politiques développementales de notre gouvernement démocratique. Nous comprenons que, sans un vaste corps de citoyens éduqués, hautement qualifiés et bien formés, nous ne pourrons pas devenir la nation conquérante que nous voulons être pour offrir à notre peuple une vie meilleure[40]. »

❦

Les historiens du futur s'interrogeront sans aucun doute sur l'engagement de Mandela auprès des plus pauvres, sa propension à marcher sur des plates-bandes qui relèvent en principe de la compétence des ministères ou des services du gouvernement. Comment était-il possible, par exemple – était-ce même souhaitable ? – que ses efforts supplantent l'action des ministères de l'Éducation et de la Santé ? En se substituant à l'État pour tenter d'atténuer la brutalité résultant de trois siècles de spoliation organisée, ne s'est-il jamais demandé si sa contribution, si importante fût-elle, n'était pas qu'un palliatif à une maladie chronique ? Quand il traversa les townships et les installations sauvages pour ne voir que la désolation et la misère, les enfants au ventre gonflé et aux jambes squelettiques sur le visage desquels les mouches dansaient allégrement, n'a-t-il pas été pris de la furieuse envie d'attraper De Klerk par la peau du cou pour le forcer à regarder – *regardez cette misère dont vous prétendez aujourd'hui n'avoir jamais été responsable* ?

Ces questions-là, bien sûr, auraient détourné l'attention du programme inébranlable de Mandela pour construire la démocratie qu'il voulait depuis le début des négociations avec ses geôliers. Leur œuvre – la destruction de ce que la nation devait désormais réparer – était encore plus prégnante dans ces manquements, cette absence née de la négligence. Il n'y avait presque pas de cliniques ; celles qui existaient déjà étaient abandonnées au milieu de bidonvilles, dans l'attente d'une rénovation. Cette négligence était liée à l'attitude de ceux qui étaient censés fournir ces services, et qui avaient payé pour ; elle en disait long sur leur degré d'insensibilité.

Là encore, comme pour les programmes prioritaires lancés lors des cent premiers jours, Mandela mit les bouchées doubles pour soutenir la politique gouvernementale de construction de logements et de rénovation d'infrastructures comme les cliniques et les centres médicaux, persuadant le secteur privé d'appuyer voire d'initier des projets en partenariat avec le gouvernement. Il se servit aussi de sa position pour changer les comportements qui entravaient le fonctionnement de systèmes comme la Sécurité sociale.

Dans un discours qu'il prononça bien plus tard lors d'une conférence, Mandela se souvint de certaines de ses initiatives. « Quand j'étais président de l'Afrique du Sud, dit-il, j'ai fait le tour du pays avec celle qui était alors ministre des Affaires sociales, Geraldine [Fraser-]Moleketi. Dans chaque ville ou zone rurale où nous sommes allés, nous avons demandé aux parents de venir avec des enfants souffrant de maladies incurables, comme le sida, le cancer, la tuberculose ou la malaria. "Nous voulons aussi que vous veniez avec des enfants handicapés mentaux ou physiques." Le fait que le président d'un pays s'assoie à table au milieu d'enfants qui souffrent du sida, de maladies incurables, de handicaps, amoindrit le sentiment de honte ressenti par leurs parents. Les parents se disent : "Si le président du pays et la ministre des Affaires sociales prennent leur repas à la même table que nos enfants qui souffrent d'une maladie incurable, pourquoi devrions-nous avoir honte ? Nous voulons qu'ils sortent, qu'on les voie profiter de la vie comme n'importe qui d'autre."[41] »

Mandela aimait que les gens soient traités comme n'importe qui d'autre, surtout parce que sa vie – et la vie de ses compagnons – en prison avait été une épreuve d'endurance, une course d'obstacles où le fait de vouloir être traité comme n'importe qui d'autre, n'importe quel être humain vous attirait des ennuis. Il n'était que trop familier de la maladie et de la mort. Ses proches étaient morts, et il n'avait pu les enterrer. Désormais, il avait une conscience aiguë de l'opinion publique à l'égard des malades du sida, ce fléau qui s'abattait sur le pays, semant la mort et la destruction dans son sillage.

« Aujourd'hui, expliqua-t-il aux journalistes lors de son dernier point presse en tant que président le 10 mai 1999, la question du sida est bien sûr un problème très difficile, à cause du conservatisme de la population. Comme vous le savez, une femme du KwaZulu-Natal qui a déclaré être séropositive a été assassinée, lapidée. Et ce n'est pas un cas isolé. Dès 1991, je suis allé dans le Mpumalanga et j'ai demandé à rencontrer des parents pour leur parler du sida, et je leur ai dit : "Dans notre communauté, on ne parle pas de sexe, quoi qu'on veuille en dire. Le sexe est tabou." Et j'ai dit : "Mais une menace plane sur nous, qui pourrait se transformer en épidémie. Le gouvernement seul n'a pas les moyens de la combattre. C'est une chose qu'il faut combattre par le biais du gouvernement et de la communauté." Et j'ai ajouté : "Il est temps que vous appreniez à vos enfants ce qu'est le sexe sans risque ; à ne pas avoir plusieurs partenaires, à utiliser un contraceptif, etc." Je voyais bien, tout en leur parlant, qu'ils étaient scandalisés par ce que je disais. Après la rencontre, ils sont venus me dire : “Comment pouvez-vous dire des choses pareilles ? Vous voulez encourager la prostitution chez nos enfants ? Vous voyez un seul parent ici aller dire à son enfant qu’il faut avoir des rapports protégés, utiliser des contraceptifs, etc. ?” Mon explication n’avait servi à rien.

« Et je suis allé à Bloemfontein. Cette fois, j’étais prévenu ; il fallait que je fasse preuve de tact, alors j’ai averti la proviseure de l’établissement scolaire. “Écoutez, je veux parler du sida.” Et elle m’a répondu – n’oubliez pas qu’il s’agit d’une proviseure diplômée de l’université : “Non, par pitié. Si vous continuez comme ça, vous allez perdre les élections.” Comme je ne voulais pas perdre les élections, j’ai abandonné.

« Une campagne d’éducation massive est donc absolument nécessaire pour convaincre l’opinion qu’il lui faut désormais abandonner ses vieilles traditions et ses vieux tabous car cette maladie est un fléau qui s’attaque aux catégories économiquement actives de la population. Il peut détruire l’économie d’un pays… Mais ce n’est pas très facile de régler le problème du conservatisme de la population ou de l’Église. Il y a encore des Églises qui pensent que nous avons tort de demander aux parents et à leurs enfants de se protéger quand ils ont des rapports sexuels ; qui disent qu’il ne faut pas avoir de relations sexuelles en dehors du mariage. Il y a encore des Églises qui campent sur cette position, de nos jours.

« Mais nous nous occupons du problème. Il le faut. Il faut des campagnes de sensibilisation et, bien sûr, il faut faire en sorte que ce médicament [l’AZT] soit disponible, mais pas au prix prohibitif qui est le sien. Il faut qu’il soit abordable, or nous n’avons pas les moyens de le faire prescrire gratuitement… Nous n'avons tout simplement pas les moyens. Nous ne pouvons l'acquérir et le distribuer que dans la limite de nos moyens[42]. »

Il y avait peut-être un manque de ressources, mais le nouveau gouvernement démocratique avait Mandela à la barre – un homme doté d'une foi inébranlable dans son propre pouvoir d'accomplissement. C'était un pouvoir qui puisait à la source du peuple. Où qu'il aille, il était accueilli avec le même enthousiasme que le jour où il avait fait le serment de servir le pays en tant que premier président élu démocratiquement ; il rendait cette chaleur avec dignité et exaltation, comme un sportif que le soutien du public pousse à se surpasser. Il avait soixante-quinze ans quand il devint président de la République d'Afrique du Sud, un âge où la plupart des gens choisissent de prendre leur retraite, mais il n'était pas comme la plupart des gens, et, comme beaucoup de ses compagnons qui avaient croupi en prison, il assimilait la retraite – la sédentarité – à un avant-goût, à défaut d'une invitation, du repos éternel dans ce que Thabo Mbeki appelait la « petite maison de bois[43] ». La retraite, temporaire ou définitive, attendrait. Mandela avait encore du travail – et la liste de ce qui restait à faire était longue.

La profession de foi de l'ANC en 1994 avait pris des engagements précis sur ce qu'il fallait faire au cours des cinq années suivantes. C'était un ambitieux programme, que tout au long de sa présidence Mandela scruta d'un œil vigilant pour s'assurer qu'il soit mené à bien. Il tenait à ce que l'opinion soit au courant des succès engrangés ; il tenait aussi à ce que le gouvernement garde un œil sur les objectifs restant à atteindre. Lors du dernier discours qu'il prononça pour l'ouverture d'une session parlementaire, Mandela fit le résumé de tout ce qui avait changé dans la vie des Sud-Africains durant ses cinq années de présidence.

Il déclara au Parlement que le recensement de 1996, « dont les résultats ont été publiés l'an dernier, a pour la première fois donné une photographie complète et détaillée de l'Afrique du Sud. Et c'est à l'aune de ces résultats qu'il faut juger nos progrès ».

Mandela lut les données statistiques, citant la réussite qu'avait été l'approvisionnement en eau de millions d'habitations ; de même pour l'électricité, le réseau téléphonique, les programmes nutritionnels de la restauration scolaire et les services offerts aux citoyens en situation de handicap.

« Cela représente bien plus, dit-il, qu'une simple donnée statistique. Les mots de Mme Gladys Nzilane d'Evaton, qui s'est vu remettre l'an dernier les clés de son nouveau logement, vont droit au cœur : "J'entends dire à la radio et à la télévision que le gouvernement a échoué, mais je ne le crois pas… [Le gouvernement] nous a donné la vie."

« En cela, ses paroles font écho au sentiment de millions de personnes, y compris Lenah Ntsweni du Mpumalanga qui est la trois millionième personne à avoir été raccordée au réseau de distribution d'eau potable, il y a quelques semaines. »

Mandela dressa la liste des avancées, des emplois créés et de la construction d'équipements qui bénéficieraient à l'ensemble de la société pendant des générations. Il compara la série de réussites du gouvernement au poids de ce qui restait encore à faire, et fit allusion, sans pour autant entrer dans les détails, à des problèmes dont le traitement n'allait pas sans accrocs ni contretemps. Il admit aussi que certains objectifs n'avaient pas été atteints. Malgré tout, il restait optimiste :

« De nouvelles initiatives sont nées de la conférence sur le travail, dit-il, dans un superbe partenariat entre le monde des affaires et le gouvernement, pour lancer un projet majeur qui donnera un toit aux citoyens dans le besoin. Quand ce projet commencera à résoudre le problème des limites du financement public, les citoyens seront de plus en plus nombreux à en bénéficier – du fournisseur en matériaux de construction au petit entrepreneur ; des nouveaux ouvriers aux futurs occupants[44]. »

Les cinq années de la présidence de Mandela avaient entraîné d'innombrables changements sociaux, mais moindres qu'espéré. Le changement avait été plus spectaculaire quand l'action du gouvernement dépendait moins du partenariat national constamment recherché par Mandela – plus spectaculaire quand il concernait l'accès au service public des familles et la politique du logement que le progrès et les opportunités économiques ; plus important dans la réduction de la pauvreté que dans celle des inégalités.

D'autres manques, signes du dérèglement de l'ordre social, eurent un impact sur la vie de la majorité des gens d'une façon immédiate et viscérale. Les Sud-Africains, surtout les Noirs, avaient toujours connu la violence – cette violence structurelle née de l'appareil d'État de l'apartheid, qui était camouflée et immuable ; et la violence criminelle, qui traduisait la déliquescence du tissu social. Cette dernière était plus visible et dramatique. Certains allaient même jusqu'à dire qu'avoir la peau noire dans une société raciste était une invitation à la violence.

L'opposition avait tendance à attiser les problèmes de délinquance hors de toute proportion, répandant histoires et sondages dont le but était de démontrer l'incompétence du gouvernement démocratique. On entendait aussi la vieille rengaine selon laquelle la délinquance était apparue le jour de l'accession au pouvoir du gouvernement. Les études à notre disposition disent tout autre chose. Un article paru dans *The Conversation* réussit à éclairer le lecteur sur la réalité de la situation. Il soutient que « depuis 1994, le taux d'homicides volontaires [en Afrique du Sud] a chuté de 4 % par an » et que « le taux d'homicides volontaires n'a pas augmenté en 1994 – bien au contraire. Il y a eu une légère augmentation dans les années 1950, une augmentation plus marquée dans les années 1960, quelques années de relative stabilité, puis une forte poussée en 1993. Avant une inversion de la courbe[45] ».

La majorité des journaux, satisfaisant aux penchants catastrophistes du lectorat, firent les gros titres sur la prétendue hausse du taux de criminalité, passant sous silence les statistiques de la police qui prouvaient que les actes de délinquance étaient en baisse[46]. Mandela ne l'entendit pas de cette oreille. Il écrivit :

« Les partis d'opposition, dont certains ont créé ou sont les héritiers de cette force autoritaire et répressive, et d'autres qui ont condamné la suprématie blanche, mais se sont opposés à toute action légitime à laquelle avaient recours les opprimés pour libérer le pays, accusent maintenant le gouvernement de laxisme à l'égard de la délinquance. Ils ne louent jamais l'action du gouvernement et du monde des affaires pour leur excellent travail ni le SAPS [Service de police sud-africaine] pour l'efficacité et le dévouement qu'il met désormais au service de l'ensemble du pays.

« La raison de cette étrange attitude chez certains politiciens sud-africains n'est pas difficile à trouver. Comme cela fut démontré dans un chapitre précédent, la minorité blanche a dirigé l'Afrique du Sud pendant plus de trois siècles.

« Certains de ses membres, ivres de pouvoir et dépourvus de vision, n'auraient jamais imaginé connaître un jour le traumatisme de perdre le pouvoir politique au profit d'une majorité qu'on leur avait appris à mépriser dès la naissance.

« Même face à la radicale transformation pacifique qui a eu lieu, et au zèle avec lequel le parti au pouvoir a promu et mis en œuvre la politique de réconciliation, le passé, l'éducation et la culture politique d'une certaine frange de l'opposition la rendent sourde et muette à l'évolution du pays.

« Nous avons démontré dans un chapitre précédent que depuis le mois d'avril 1994 le soutien de nos électeurs a considérablement augmenté à l'échelon local et national, comme dans les très grandes villes. Aucune de ces informations n'a eu le moindre effet sur certains membres de l'opposition. Ils continuent de ressasser la même propagande à laquelle ils sont les seuls à croire. Ils critiquent le gouvernement pour son manque de résultats, prédisent la fin de l'Alliance des Congrès et accusent le gouvernement de laxisme en matière de délinquance. S'il y avait ne serait-ce qu'une once de vérité dans ces accusations, pourquoi le soutien de l'opinion ne cesse-t-il d'augmenter depuis sept ans ?

« Le prétendu Nouveau Parti national* est en voie de disparition, irrémédiablement. Il n'a aucun chef

* Le Nouveau Parti national fut créé en 1997 après le départ du Parti national du Gouvernement d'union nationale l'année

du calibre de l'ancien président De Klerk qui a eu le courage et la vision de prendre le bon tournant à la croisée des chemins.

« Mais l'Afrique du Sud a produit de grands libéraux qui ont courageusement condamné l'apartheid. Même s'ils étaient en désaccord avec nos modes d'action politique, et soutenaient que nous aurions mieux fait de nous en tenir à une forme de lutte purement constitutionnelle, ils étaient bien moins arrogants et nuisibles que certains de leurs héritiers[47]. »

Néanmoins, le problème de la criminalité alimenta de plus vastes questions. Dans un discours aux dignitaires religieux lors de la Conférence sur les mœurs organisée par le Forum national des dignitaires religieux en 1998, Mandela souligna que « le système inhumain dans lequel nous avons si longtemps vécu a miné et érodé le respect que nous avions les uns pour les autres et pour la vie elle-même. Que l'apartheid fût un péché et eût encouragé un comportement coupable n'est plus matière à discussion.

« Les symptômes de notre malaise spirituel ne sont que trop familiers. Ils incluent la corruption galopante dans les secteurs public et privé, où les postes à responsabilité sont vus comme un moyen de s'enrichir illicitement ; la corruption au sein de notre système judiciaire ; la violence dans les relations humaines et au sein de la famille, en particulier l'abominable taux de maltraitances faites aux femmes et aux enfants ; et l'ampleur de l'évasion fiscale et des impayés pour les services de l'État[48] ».

---

précédente. Le premier chef du parti, F.W. De Klerk, fut remplacé par Marthinus van Schalkwyk, mais le parti finit par être dissous en 2005.

Vu leur passé de résistance à l'autorité, un passé où les structures de l'État étaient une cible privilégiée, où le mot d'ordre était : « Nous soutiendrons tout ce à quoi s'oppose le régime et nous nous opposerons à tout ce que le régime soutient », il fallait faire émerger un nouvel état d'esprit. Mandela dit : « Il fallait s'attendre, vu notre passé, à rencontrer des problèmes de cet ordre, mais pas à ce qu'ils soient d'une telle ampleur. Ni à ce qu'il soit si difficile de mobiliser notre société dans un effort commun d'éradication des problèmes[49]. »

Même à l'époque où il s'engagea à diriger son pays, en mai 1994, Mandela dut percevoir l'écho des paroles de certains de ses collaborateurs les plus proches. L'une d'elles, Gill Marcus, alors sous-gouverneure de la Banque centrale, avait résumé la complexité de cette Afrique du Sud émergente. Dans une conversation avec Allister Sparks, elle dit : « Nous avions l'impression que, en réglant le problème de l'apartheid, beaucoup de choses finiraient par s'arranger, mais cela n'a pas été le cas. C'est beaucoup plus dur qu'on ne le croyait ; beaucoup de problèmes sont trop enracinés. » Elle continua : « On s'attend tellement à ce que nous réglions tous les problèmes qu'il nous est impossible d'établir un ordre de priorité. Il y a trop à faire, et nous devons essayer de tout faire[50] ».

Pour Mandela, « tout faire » signifiait accorder une vision biaisée du passé à la réalité du moment. Mais pour y parvenir, le changement requis devait être le fait de personnes intègres. Il s'inquiétait de la capacité du pouvoir à corrompre d'anciens combattants de la liberté et des réticences de ceux qui avaient profité de l'ancien régime à mettre leurs privilèges mal acquis au service de l'effort de construction de l'avenir. Il en appelait à un changement de comportement et de valeurs, à un changement de paradigme, croyant engendrer un patriotisme d'un genre nouveau. Il poussait les citoyens à œuvrer pour le bien commun et non pour leurs intérêts personnels.

Il renouvela cet appel au congrès de la Confédération syndicale sud-africaine en septembre 1994, à la suite d'une grève dans la fonction publique. Il déclara :

« Il y a au moins cinq millions de chômeurs ; qui n'ont pas les moyens de se procurer un repas pendant la journée ; qui ne savent pas où ils dormiront ; qui n'ont pas les moyens d'acheter des vêtements à leurs enfants ; de payer leurs frais de scolarité. C'est à vous de régler le problème. En faisant grève, ne pensez pas à vos intérêts personnels, ou aux intérêts de votre syndicat ; adoptez une vue d'ensemble. Vous devez créer des conditions propices au développement de l'économie pour absorber ces cinq millions de chômeurs. Cette tâche vous revient. Il faut aussi que vous sachiez que, même si nous avons le droit de nous battre pour une vie meilleure, il faut savoir raison garder ; plus les coûts de production sont élevés, plus l'industrie cherche à réduire les effectifs et grossit les rangs de l'armée de chômeurs – gardez cela à l'esprit[51]. »

Il lancerait un même appel à un haut niveau d'exigence cinq ans plus tard au Parlement. La société, dit-il, devait aussi garder à l'esprit la nécessité de maintenir « l'équilibre entre liberté et responsabilité. Manifestement, il y a quelque chose qui ne va pas dans une société où la liberté devient celle, pour un professeur ou un étudiant, d'aller en cours en état d'ivresse ;

où des gardiens de prison défient leur direction et font nommer leurs propres amis à la tête d'un établissement pénitentiaire ; où des ouvriers en grève recourent à la violence et à la destruction de biens ; où des financiers dépensent des fortunes en procédures judiciaires simplement pour retarder l'application d'une loi qui ne leur convient pas ; et où l'évasion fiscale transforme des individus en héros dans les dîners mondains. Il faut prendre des mesures drastiques contre cela. La société sud-africaine – dans ses écoles et ses universités, sur les lieux de travail, dans le sport, dans tous les métiers et tous les domaines d'interaction sociale – doit s'imprégner d'une dose de discipline, d'une éthique de travail et du sens des responsabilités pour les actions que nous y entreprenons[52] ».

Dans son discours sur l'état de la nation lors de sa dernière année de présidence, Mandela laissa transparaître son impatience, et sa frustration. Mais il sembla plus apaisé au moment d'aborder les sujets qui lui tenaient à cœur. Par exemple quand il parla de la « reconstruction de l'âme de la nation, le "Programme restructuration et développement de l'âme" ». Il expliqua : « Par cela, nous entendons d'abord et surtout le respect de la vie ; la fierté et l'estime de soi des Sud-Africains et non la croyance qu'il est possible de s'épanouir en cultivant l'autoflagellation jusqu'à l'absurde. Cela passe par l'affirmation de notre identité collective et individuelle en tant qu'Africains attachés à la renaissance du continent, au respect des autres citoyens et à la défense des femmes et des enfants de notre pays qui sont soumis à toutes sortes de violences et de maltraitances domestiques. Quand je dis Africains, j'entends toute personne qui se considère chez elle sur le continent africain. Cela passe par la construction de nos écoles dans des communautés qui cultivent le savoir et le développement personnel. Cela passe par une mobilisation collective, sans s'en remettre à l'État pour le nettoyage de nos rues ou l'octroi d'une subvention pour planter des arbres et aménager les cours de récréation.

« Voilà les choses qu'il nous faut prendre à bras-le-corps en tant que nation qui aspire à une nouvelle forme de patriotisme. Elles constituent un environnement important pour l'éducation des générations futures. C'est ce qui pousse les Sud-Africains à s'engager pour une vie meilleure. C'est ainsi que nous avancerons non à petits pas, mais à pas de géant vers l'avenir radieux du nouveau millénaire[53]. »

Le jour de ses adieux au Parlement en mars 1999, Mandela adopta un ton plus conciliant. Il regarda loin en arrière vers les objectifs que le gouvernement s'était fixés, pour en détailler les défis :

« Ces défis furent : éviter le cauchemar d'une guerre raciale et d'un bain de sang éprouvants, et réconcilier notre peuple autour de notre objectif premier, celui consistant à surmonter ensemble l'héritage de pauvreté, de division et d'iniquité.

« Tant qu'il nous reste encore à réconcilier et à guérir notre nation ; tant que les conséquences de l'apartheid imprègnent encore notre société et définissent la vie de millions de Sud-Africains comme une vie de privations, ces défis restent à relever[54]. »

Dans l'Afrique du Sud contemporaine, des progrès ont été faits mais la société doit encore se battre contre la réapparition récurrente de ses vieilles lignes de fracture. C'est le cas lorsque des partis et leurs chefs tentent de réveiller ou de jouer avec les peurs et les vieux préjugés, ou que les communautés et les groupes sociaux se sentent sous la menace d'un danger. Ces défis existent dans l'exacte proportion où l'on bride la réciprocité essentielle à la réconciliation. Néanmoins, il est désormais impossible pour un Sud-Africain d'entendre le mot « réconciliation » sans l'associer à Nelson Mandela.

12

Composer avec les médias

Il existe un vieux proverbe afrikaner pour décrire quelqu'un dont l'histoire ou le témoignage défie la raison : *Hy lieg soos 'n koerant* (« Il ment comme un journal »). Fort de sa volonté de faire perdre à l'afrikaans son statut déshonorant d'instrument de l'oppresseur, Nelson Mandela connaissait sans doute ce dicton. Cependant, son attitude envers la presse – et les médias en général – était dictée par le pragmatisme. Depuis le début des années 1990, quand il arrivait au siège de l'ANC à Shell House, où Jessie Duarte l'informait de son emploi du temps, le journal afrikaner *Beeld* était toujours à portée de main sur son bureau.

À partir du moment où il prêta serment, Mandela accepta, en tant que président, d'incarner la Constitution et toutes ses dispositions, y compris la section 16 garantissant la liberté d'expression, qui valait également pour la presse et les autres médias. Il était avocat, avant tout, et avait lu avec intérêt certains jugements impliquant les médias, en particulier celui du juge Cameron stipulant qu'« un propos diffamatoire relatif à "une activité politique libre et équitable" est constitutionnellement protégé par la Constitution intérimaire, même s'il est faux, à moins que le plaignant ne prouve que l'éditeur a agi de façon inconsidérée[1] ».

Les médias sud-africains ne furent jamais plus occupés qu'à l'approche des élections de 1994, situation qui dura jusqu'à la fin de la présidence de Mandela. Au cœur de leur couverture des événements en Afrique du Sud, il y avait Nelson Mandela. Enhardis par leur liberté retrouvée, les médias couvraient les cas de comportements délictueux ou vertueux parmi les fonctionnaires avec un enthousiasme égal. Une nuée d'éditorialistes y allait de son verdict sur la démocratie émergente, tenant le plus souvent Mandela pour un modèle d'intégrité, et lançant des piques au gouvernement pour sa politique de lutte contre la délinquance.

Par conséquent, il y avait un paradoxe, une tension entre la façon dont Mandela se voyait et celle dont l'opinion – le monde – voyait Mandela. Conscient de la fragilité de la nouvelle Afrique du Sud et de la place qu'il y occupait, il abordait les institutions médiatiques avec précaution, comme un boxeur qui envoie de petits directs à son adversaire pour le jauger mais qui n'est pas vraiment surpris de recevoir un terrible uppercut. « Nous avons eu quelques belles bagarres avec les médias, dit-il. On ne peut pas éliminer ou éviter ce genre de divergences dans une démocratie[2]. »

Comme tous les leaders, il nourrissait des sentiments mitigés envers les médias, y voyant un mal nécessaire. Thami Mazwai, doyen des journalistes noirs en Afrique du Sud, se souvient qu'« il respectait l'indépendance des médias en tant qu'institution. Ça, c'était Mandela l'homme d'État. Mais le politicien Mandela pouvait réagir au quart de tour quand il trouvait que les médias avaient mal interprété une décision de l'ANC, du gouvernement, ou une de ses propres décisions[3] ».

Il existait de longue date une étroite relation entre les médias et le mouvement de libération, depuis l'époque coloniale au XIXe siècle, quand les penseurs africains utilisaient la presse pour diffuser leurs idées. Cela avait contribué à cimenter l'unité et la résistance des Noirs qui avaient fondé l'ANC en 1912[4].

Mandela lui-même admit que dans les années 1950, quand il fut interdit de rassemblements et confiné à Johannesburg, c'était grâce à la presse qu'il s'était tenu informé. Mais il disait aussi : « Même si je lis de nombreux journaux de toutes les régions du pays, les journaux ne sont qu'une pâle ombre de la réalité, leur information est importante pour le combattant de la liberté non parce qu'elle lui apprend la vérité, mais parce qu'elle lui révèle les partis pris et la vision de ceux qui font le journal et de ceux qui le lisent[5]. »

Le 29 mars 1961, quand le procès pour trahison se termina par l'acquittement de tous les accusés, Mandela entra dans la clandestinité. En secret, il rencontra les chefs de rédaction des journaux les plus progressistes, les informant de la campagne de l'ANC pour une convention nationale. Il alla jusqu'à créer de l'information « pour alimenter la mythologie du Mouron noir, allant téléphoner dans des cabines, les poches pleines de "tickeys" (pièces de 3 pence), à des journalistes de la presse écrite pour leur parler de nos projets ou de l'incompétence de la police[6] ».

S'il joua au chat et à la souris avec la police, il parla toujours sans détour avec les médias, exhortant en vain les rédacteurs des journaux de langue anglaise à prendre publiquement leurs distances avec la décision sud-africaine de quitter le Commonwealth et la proclamation imminente de la République*. Les journaux firent tout pour décourager les velléités de grève et minimiser son impact, adoptant une position que Mandela jugea « absolument honteuse[7] ». Plus tard, en prison, il s'aperçut que, malgré les sentiments ambivalents qu'ils lui inspiraient, les journaux étaient « plus précieux pour un prisonnier que l'or ou les diamants, plus recherchés que la nourriture ou le tabac ; ils étaient l'article de contrebande le plus prisé de Robben Island ». Ils étaient très importants pour faire connaître au monde la lutte des prisonniers. « Pour qu'une grève de la faim atteigne son objectif, dit Mandela, le monde doit être au courant. Sans quoi, les prisonniers se laisseront simplement mourir de faim, et personne n'en saura rien. Faire passer clandestinement l'information que nous étions en grève de la faim entraîna la publication d'articles dans la presse, qui permit à son tour aux groupes de soutien d'accentuer la pression[8]. »

L'ambivalence de Mandela fut illustrée par sa dernière conférence de presse devant un panel choisi de rédacteurs en chef et d'éditorialistes pour le cinquième anniversaire de sa cérémonie d'investiture en mai 1999. Il leur dit : « Nous avons souvent répété, surtout à l'approche des élections générales de 1994, que nous considérions la liberté de la presse comme un pilier de la démocratie et que nous n'avions aucune intention de restreindre cette liberté. »

Il admit que le gouvernement et la presse n'avaient pas toujours été d'accord. « Nous avons eu des divergences, dit-il, parce que, quand la presse nous critique et que nous lui répondons, la presse dit : “C'est

---

* L'Afrique du Sud se retira du Commonwealth en 1961 quand elle devint une république.

une menace à la liberté d'expression", ce qui sous-entend qu'elle seule a le pouvoir d'exercer cette liberté – quand nous sommes critiqués, nous devrions rester muets. Nous ne l'acceptons pas et ne l'accepterons jamais. Si vous nous critiquez, il faut nous donner le droit de vous critiquer en retour… Nous ne voulons pas des toutous, nous voulons des chiens de garde. C'est le rôle que vous avez joué, et je crois qu'il est normal que vous puissiez continuer à être farouchement indépendants. Tout ce que nous demandons, quand vous nous critiquez et que nous ne sommes pas d'accord avec vous, c'est que vous restiez honnêtes.

« Et beaucoup d'entre vous ont cette qualité, surtout quand vous commentez l'action de ce gouvernement dont aucun membre n'avait la moindre expérience de l'exercice du pouvoir avant d'être nommé ministre. Nous avons commis beaucoup d'erreurs, il faut donc que ce débat, ce débat national, continue. Des divergences, il y en aura encore. Ce qui compte, c'est que la presse existe pour que nous l'utilisions comme un miroir dans lequel nous voyons nos propres performances ; plusieurs fois, grâce aux réactions de la presse, nous avons rectifié le tir après avoir compris que nous nous étions trompés ou n'avions pas assez bien préparé le pays à accepter notre point de vue…

« Néanmoins, conclut-il, d'un autre côté, il ne faut pas se précipiter, parce qu'on ne peut pas régler certains problèmes du jour au lendemain. Cela prend du temps. Et je constate avec satisfaction qu'à cet égard la presse joue un rôle important[9]. »

Un exemple de cette conviction sur le droit inaliénable des médias à jouer ce rôle sans être soumis au diktat du pouvoir nous fut donné quand Mandela fit un discours au Congrès de l'Institut de la presse internationale en 1994. Il déclara : « Seule une presse libre peut dissuader un gouvernement d'accaparer le pouvoir aux dépens des citoyens. Seule une presse libre peut veiller sur les intérêts du peuple contre la tentation des détenteurs du pouvoir d'en abuser. Seule une presse libre peut avoir la capacité de dénoncer sans relâche les excès et la corruption du gouvernement, des représentants de l'État, et d'autres institutions qui détiennent le pouvoir au sein de la société.

« Le Congrès national africain n'a rien à craindre de la critique. Je peux vous promettre qu'aucun examen approfondi ne ternira notre bilan. Nous estimons qu'une telle critique ne peut que nous aider à grandir, en attirant notre attention sur celles de nos actions et de nos omissions qui n'ont pas répondu aux exigences du peuple et des valeurs démocratiques auxquelles nous souscrivons[10]. »

Il assumait avec pragmatisme son statut de personnage public et devint, au fil du temps – et vu l'avalanche d'invitations à des conférences –, victime de sa popularité. Submergé par son emploi du temps, il se plaignait à son sémillant, spirituel et énergique porte-parole, Parks Mankahlana, que son emploi du temps ne lui permît plus de lire les rapports officiels et les journaux, ni de réfléchir. Il disait pour plaisanter qu'il regrettait Robben Island où il avait le temps de méditer, et réclamait du temps libre l'après-midi dès que possible[11].

Chez Mandela, la communication relevait de l'art de la représentation, et ses tenues vestimentaires devenaient une prise de position. Quand il enfila le maillot des Springboks à Ellis Park, il fit passer un message de la plus haute importance à tous les Sud-Africains, et au monde. Il fit un autre choix fort le jour de son investiture en refusant de porter frac et haut-de-forme au profit d'un simple costume, et porta toujours le costume-cravate au Parlement. Avec le temps, il se mit à porter les « chemises Madiba » larges et colorées qui devinrent sa marque de fabrique lors de ses apparitions publiques.

Le plus souvent organisées par ses conseillers, il arrivait parfois aussi que ses apparitions face aux médias relèvent de sa propre initiative. Il rencontra des journalistes afrikaners en 1995 pour débattre du futur de la langue afrikaans ; et quand la tension dans le KwaZulu-Natal fut à son comble au sujet de la rédaction de la Constitution, il invita les chefs de rédaction de la presse régionale pour les informer des orientations du gouvernement[12].

Par l'intermédiaire de Mankahlana, Mandela maintint des relations directes avec certains journalistes et chefs de rédaction. Chaque conférence de presse était une tribune où Mandela faisait étalage de sa prodigieuse mémoire des noms, appelant les journalistes par leur prénom, y compris ceux qu'il n'avait rencontrés qu'une seule fois plusieurs années auparavant. Il était d'une courtoisie surannée ; se montrait à la fois amical et formel avec tous ceux qu'il croisait. Au service de Mandela, Mankahlana allait jusqu'à s'aventurer dans les salles de rédaction pour proposer des sujets, passant – apparemment – très peu de temps derrière son bureau[13].

Si Mandela voulait aborder un sujet avec des chefs de rédaction ou des journalistes, il décrochait son téléphone et, une fois sur deux, les invitait à déjeuner – pour faire passer son message. À ce souvenir, Mazwai raconte que Mandela « se livrait à un numéro d'équilibriste, mais son comportement n'était pas envahissant, il ne remettait pas en cause le droit des médias à présenter les choses comme ils l'entendaient. Il lui arrivait souvent d'inviter certains journalistes à prendre le petit déjeuner. Puis il leur disait : “Bon, vous avez écrit ça, mais voilà ce qui s'est vraiment passé.” C'est comme cela qu'il tentait de gérer la situation[14] ».

Par exemple, Mandela rencontra en *off* le rédacteur en chef de *Die Burger* parce qu'il trouvait que son article avait donné une explication insuffisante du contexte de la fusillade devant Shell House, le siège de l'ANC, en mars 1994[15]. Dans la même veine, il proposa une entrevue au rédacteur en chef de *City Press* parce qu'il trouvait qu'il avait négligé un point important de son éditorial où il affirmait que les patrons des instances du cricket et du rugby se servaient de Mandela pour une réconciliation à sens unique aux dépens des Noirs. Tous deux furent d'accord pour reconnaître – sans que ni l'un ni l'autre fasse la moindre concession – que ce furent des conversations utiles[16].

Parfois les contacts de Mandela avec les médias prenaient un tour facétieux, dont il ne s'offusquait pas. Jakes Gerwel se souvient d'un incident qui lui fit découvrir une nouvelle facette de son chef. Le magazine pornographique *Hustler* avait élu Mandela « Trou-du-cul du mois », poussant des voix indignées à réclamer l'interdiction de la diffusion du numéro en question. À quoi un Mandela amusé répondit malicieusement : « Je ne crois pas que nous devrions interdire quoi que ce soit[17]. »

Quand on lui remettait sa revue de presse quotidienne au début de la journée, Mandela avait déjà lu plusieurs journaux, le plus souvent en prenant son petit déjeuner dans sa résidence. Le temps qu'il arrive dans son bureau, il avait déjà, une fois sur deux, appelé ministres et membres de son équipe de communicants pour connaître leur réaction aux sujets qui faisaient la une.

Il se faisait une joie de déléguer la rédaction de ses discours quand il ne doutait pas, comme c'était habituellement le cas, que sa vision et ses priorités y seraient manifestes. Parfois il demandait que certains points soient soulignés, mais comme il était assez rusé pour savoir que les journalistes abordaient immanquablement des sujets qui ne figuraient pas dans ses allocutions, il demandait que les points les plus importants ne soient pas inclus dans le discours écrit. Souvent, les journalistes qui couvraient l'événement se contentaient de tendre l'oreille et commençaient à prendre des notes uniquement quand il improvisait. Il disait souvent qu'il venait de lire ce que ses collaborateurs lui avaient demandé de dire – et que maintenant, il allait vraiment parler du fond du cœur.

Contrairement à l'idée reçue que Mandela était enclin à improviser ou à livrer trop ouvertement le fond de sa pensée, la vérité, c'est que la plupart de ses commentaires étaient délibérés ; la plupart du temps, il avait déjà réfléchi à la question mais savait que ses collaborateurs s'y opposeraient s'il abordait le sujet avec eux. D'autre part, les fréquentes répétitions qui émaillaient ses discours n'étaient pas un signe d'étourderie. En préambule de ses discours, il pratiquait l'autodérision, soulignant que son équipe lui reprochait de se répéter. Or c'était une façon non seulement d'aborder un sujet, mais aussi de le placer au centre du débat public. Par exemple, le principe d'élargissement de l'accès aux services de base devint un mantra dans tous les types de présentation, formelle ou informelle, préparée ou improvisée, dans ses discours comme dans ses notes.

Connu pour être le cauchemar des services de protection de personnalités – à l'intérieur du pays comme à l'étranger –, Mandela préférait l'interaction sociale sans filtre avec le public. Il tirait son énergie du soutien constant de citoyens venus de tous les horizons. Une journée au contact du public était plus gratifiante pour lui qu'une journée passée dans son bureau ou à des réunions du gouvernement. « Je me sens rajeunir, j'ai fait le plein d'énergie[18] », disait-il.

Tout en reconnaissant qu'il était devenu une icône mondiale, les moindres détails de son existence suscitant l'intérêt, Mandela dressait des barrières quand cet intérêt se faisait trop intrusif. Il était aussi réticent à aborder les sujets douloureux – ainsi de son divorce avec Winnie Madikizela-Mandela – qu'il l'était à mettre sa relation avec Graça Machel (qui était indiscutablement une source de joie pour lui) sous le feu des projecteurs. Quand Graça et lui se marièrent, même son porte-parole fut exclu de la confidence, au point que ce dernier déclara publiquement qu'aucun mariage n'était prévu au moment même où se déroulait la cérémonie.

Même si la transparence était le mot d'ordre du gouvernement démocratique, il fallait qu'elle opère dans des limites qui ne concernaient pas seulement les affaires personnelles. La transparence n'était pas non plus souhaitable quand le gouvernement avait besoin de discrétion, dans des domaines où la médiatisation risquait de saper le travail, ou de le compliquer. Sachant que toute mesure flirtant avec la restriction de la liberté d'expression ou de l'accès à l'information ferait scandale chez les partisans d'une société ouverte,

Mandela demandait aux journalistes de comprendre les enjeux. Les journalistes avaient pris l'habitude de l'entendre dire : « Nous travaillons sur un sujet sensible, alors j'espère que vous ne me demanderez pas d'entrer dans les détails. » Il le faisait d'une façon si courtoise, malgré la fermeté du ton, que c'était accepté.

Mais l'entente était moins cordiale entre le gouvernement et les médias quand ces deux institutions confrontaient leur vision de la transformation. Pour le gouvernement, qui estimait recevoir un traitement injuste et faire l'objet d'articles mensongers, ces mensonges étaient d'ordre idéologique. Pour les journalistes, qui étaient dépités que leur professionnalisme soit remis en cause, ces accusations étaient un signe d'impuissance. Mandela était convaincu que la négativité qui entourait le gouvernement de l'ANC n'était ni plus ni moins qu'un réflexe réactionnaire, conscient ou pas, de défense des privilèges du passé.

« Les médias sud-africains, déclara-t-il en février 1994, sont toujours largement dominés par des personnes exclusivement issues d'un même groupe racial. À l'exception du *Sowetan*, les membres des comités de rédaction de tous les quotidiens d'Afrique du Sud sortent du même moule racial. Ce sont des Blancs ; des hommes ; issus de la bourgeoisie ; ils partagent une expérience de vie à peu près similaire. C'est également vrai des dirigeants des médias électroniques, à quelques rares exceptions près.

« Même si rien ne nous autorise à critiquer ce type de profil par principe, ce qui est gênant, c'est la menace d'uniformisation que cela implique pour les médias de notre pays. Il est clairement injuste que dans un pays dont la population est noire à une écrasante majorité

(85 %), les acteurs principaux des médias n'aient aucune idée de la vie que mène cette majorité[19]. »

L'espoir implicite que des chefs de rédaction et des journalistes noirs soient plus compréhensifs dans leurs articles fut vite démenti. Mandela cibla alors de plus en plus les propriétaires de journaux. C'était dans la lignée d'une prise de position de l'ANC qui avait provoqué, longtemps auparavant, des tensions entre l'ANC et les journalistes noirs. Les journalistes avaient l'impression que l'ANC contestait leur intégrité et leur professionnalisme, car il les considérait comme incapables d'adopter un point de vue différent de celui des propriétaires et des chefs de rédaction blancs ; cela au mépris du rôle qu'ils avaient joué dans des circonstances très difficiles. Le nouveau Forum des journalistes noirs organisa des rencontres avec l'ANC en août et septembre 1994 pour tenter d'aplanir ces différends. Dans une de ces réunions, Mandela soutint l'appel à la discrimination positive dans les médias et la nomination d'un plus grand nombre de journalistes noirs. Ces derniers tirèrent un bilan très positif de ces rencontres. Mazwai déclara : « Nous lui avons mangé dans la main[20]. »

Mais les relations avec les médias restèrent tendues. Leurs critiques envers le gouvernement – et, par extension, envers l'ANC et Mandela – se concentrèrent sur l'exclusion de Bantu Holomisa de l'ANC et sa démission du gouvernement, et sur les allégations de corruption contre la ministre de la Santé Nkosazana Dlamini-Zuma autour de la comédie musicale *Sarafina II*, comme il en a été question dans le chapitre 7. Mandela y vit une croisade des médias contre la transformation du pays et contre l'ANC. Il mena la charge contre deux journalistes noirs, ce qui détériora ses relations avec les médias pendant plus d'un an.

Certains, déclara-t-il dans une interview télévisée, ne comprennent pas les problèmes du pays. Les journalistes noirs qui l'accusaient de faire passer les craintes des Blancs avant les besoins des Noirs, dit-il, ne comprenaient pas la stratégie consistant à neutraliser ceux qui voulaient s'opposer à l'élection de 1994 par la violence[21]. Le professeur Guy Berger, alors directeur de l'École de journalisme et d'études sur les médias de l'université de Rhodes, commenta ainsi l'ambiguïté des journalistes noirs à l'égard du changement en cours : « Ils semblent souvent éprouver le besoin de rappeler aux Blancs en général et à leurs collègues blancs en particulier les préjugés du passé et du présent, et les ravages du pouvoir blanc. Comme ils en ont été victimes bien plus que les journalistes blancs, beaucoup sont réticents à accepter la réconciliation sans réparation. Il en résulte une position critique à l'égard de la politique officielle de réconciliation, qui met Nelson Mandela en colère, parce qu'il pense qu'ils ne comprennent pas pourquoi il a fait ce compromis ni pourquoi il accorde si peu de place à la réparation[22]. »

Mandela coucha ses pensées sur le papier et souligna qu'il visait plus particulièrement quelques « journalistes noirs ». « Aujourd'hui, il y a un certain type de journalistes – il en reste encore quelques-uns – qui regrettent que nous ayons détruit la suprématie blanche dans ce pays, et crachent leur venin sur le seul parti à avoir apporté un changement radical. Ils n'ont aucune idée des problèmes auxquels le pays fait face. Comme je l'ai déjà dit, ils pensent – ils s'imaginent – que nous avons battu les Blancs sur le champ de bataille et que les Blancs sont désormais à terre et nous supplient de les épargner.

« Il a fallu adopter une stratégie pour écarter, pour marginaliser ces éléments qui voulaient s'opposer aux élections par la force. Certains journalistes n'ont même pas idée de cela. Ils sont une poignée de journalistes noirs à faire le jeu de l'extrême droite[23]. »

Il accusa aussi certains journalistes noirs d'être guidés par des intérêts réactionnaires. Mandela écrivit ce qu'il n'avait cessé de répéter dans des tribunes publiques : « Des journalistes noirs et blancs mènent une campagne tendancieuse et malveillante contre l'ANC. »

Il vitupéra contre les médias qui en faisaient trop avec Holomisa et Dlamini-Zuma, décriant le rôle de « certains journalistes noirs » qui s'étaient « fait récupérer dans cette sordide affaire… En général, ce sont les partis blancs et leurs alliés qui en veulent au mouvement démocratique d'avoir détruit la suprématie blanche et les privilèges monopolisés par l'ancienne minorité ».

Parmi les journalistes récupérés, l'un d'eux « fut d'une franchise désarmante » quand un dirigeant de l'ANC lui posa la question. Il lui dit que l'ANC ne l'avait jamais payé ni soutenu comme journaliste – au contraire de son journal. La partialité sans précédent des commentaires sur les affaires publiques n'a jamais été plus clairement illustrée que dans le cas de Bantu Holomisa dont ces journalistes, pensait Mandela, profitèrent pour l'utiliser « comme un instrument de destruction de l'ANC ; et ignorèrent totalement les faits élémentaires censés prévaloir dans tout commentaire objectif[24] ».

Dans le bilan politique qu'il présenta lors de la conférence nationale de l'ANC en 1997, Mandela exprima des motifs d'inquiétude sur les propriétaires et le fonctionnement des médias. Il déclara : « Même un rapide coup d'œil sur les positions adoptées par les partis majoritairement blancs au sein du corps législatif ces trois dernières années, Parti national, Parti démocrate et Front de la liberté, suffit à prouver que ces partis et les médias, qui représentent la même base sociale, ont été très vigoureux dans leur opposition chaque fois qu'ont été prises des mesures législatives et exécutives cherchant à mettre fin aux disparités raciales qui continuent de caractériser notre société[25]. »

Avec ses déclarations sur le fait que certains réseaux de l'apartheid constituaient encore une menace sécuritaire – et les inquiétudes sur le rôle d'opposition de certaines ONG –, ce commentaire souleva un tollé dans les médias et les partis d'opposition. En réaction, au moment de clôturer la conférence, Mandela en remit une couche sur la question des propriétaires des médias, et, au lieu de battre en retraite, décida de bomber le torse. Dans les notes préparatoires à son discours de clôture, il écrit : « La panique qui s'est emparée des partis de l'opposition et de certains éditorialistes face à mon bilan politique n'a rien d'étonnant.

« Le trait distinctif du Parti national et du Parti démocrate face aux critiques a toujours été celui d'un groupe d'individus à la peau délicate et aux nerfs fragiles ; ils ne supportent pas la critique. D'éminents membres de ces deux partis les ont abandonnés, laissant derrière eux un groupe de racistes arrogants et sans scrupules dont le seul but est de diaboliser le mouvement démocratique en conduisant sans vergogne une virulente campagne de désinformation[26]. »

Il commente encore le départ des sommités du Parti démocrate, des gens qui « servent désormais notre pays avec distinction », mais dont le départ « a eu pour conséquence d'ancrer fermement le Parti démocrate à la droite du Parti national[27] ».

De la même façon, des personnes remarquables, qui « étaient gênées par un parti déterminé à défendre l'apartheid et ses privilèges pour la minorité blanche », quittèrent le Parti national[28].

Ces mêmes médias qui « avaient tenté de dissimuler le fait qu'une "troisième force" existait dans le pays… affirment aujourd'hui qu'il n'y a aucun élément contre-révolutionnaire en Afrique du Sud.

« L'hostilité des médias blancs a poussé des commentateurs objectifs à dire que les journalistes sud-africains écrivent comme s'ils étaient des étrangers dans leur propre pays.

« Thami Mazwai, journaliste noir, qui fut emprisonné pour avoir défendu ses principes avant d'être nommé au poste de président du Forum national des journalistes, a tenté d'insuffler un sentiment de patriotisme parmi ses collègues, en vain. Il a été poussé à la démission[29] ».

Néanmoins, au moment de clôturer la conférence, Mandela décida de ne pas lire ses notes, et résuma d'une phrase son avis sur la question : « La réaction de certains partis et pans de la société, y compris les médias, à mon bilan politique n'a rien d'étonnant ; au contraire, elle confirme ce que nous disons[30]. »

L'une des premières résolutions votées par le Forum national des journalistes sud-africains (SANEF), association née en octobre 1996, fut critique sur les remarques de Mandela à propos des journalistes noirs. Vingt-deux journalistes noirs demandèrent qu'il les reçoive, agacés par ses remarques qu'ils considéraient comme infamantes. Un échange musclé fut suivi d'une conférence de presse au cours de laquelle Mandela déclara qu'il défendait une presse libre qui soit un garde-fou pour le gouvernement, mais que tant que les conservateurs blancs posséderaient les médias, les journalistes noirs ne seraient pas libres. Après avoir farouchement contesté cette déclaration, les journalistes tombèrent d'accord pour dire qu'ils n'étaient pas d'accord avec lui[31].

Finalement, déçu du rythme de transformation des médias – et sceptique sur la qualité de la plupart de leur contenu –, Mandela se résigna à voir dans les divergences entre médias et gouvernement un attribut de la démocratie, se livrant à une sorte d'éloge mitigé, cultivant une vision idéalisée de la couverture presque unanimement euphorique qu'ils avaient faite de son investiture :

« Nous avons eu des échanges musclés avec la presse, écrit-il, au cours desquels nous avons parfois pris soin de choisir les bons mots pour exprimer ce que nous pensions être la vérité. D'autres furent plus que musclés, laissant leurs protagonistes sonnés et vacillants. On ne peut éviter ni museler ces échanges au sein d'une démocratie.

« Il est bon pour nous, les médias et le pays dans son ensemble, de savoir que nos journalistes peuvent être à la hauteur de la situation, comme le jour de l'investiture ou à plusieurs autres occasions[32]. »

En fin de compte, Mandela démontra son art consommé des relations publiques. Il était sorti de prison à une époque où les médias s'étaient changés en flot continu d'information, en bête vorace nourrissant un appétit insatiable pour les petites phrases. D'une certaine façon – et, on pouvait le dire, avec un peu d'aide de son équipe de communicants zélés –, il étudia et embrassa cette nouvelle réalité ; fort de son prestige, il exploita la voracité des médias pour communiquer les messages importants relatifs à sa mission dans cette difficile phase de transition.

Il accepta gracieusement le côté envahissant des médias, qu'il mit sur le compte de leur fascination pour l'homme Mandela. En s'appuyant sur sa célébrité, dont la courbe ascendante semblait suivre celle de son âge, il passa maître dans l'art de se gouverner pour mieux délivrer les messages importants : ceux des intérêts collectifs de l'humanité, de la place et du rôle de l'Afrique du Sud dans un monde globalisé.

13

Sur les scènes d'Afrique et du monde

L'Afrique pour Nelson Mandela était un endroit aussi complexe que son pays l'avait été à sa sortie de prison. Il avait été incarcéré à une époque où de plus en plus d'États africains avaient gagné leur indépendance voire, dans certains cas, l'avaient arrachée de haute lutte à des administrations coloniales. Sa façon de s'exprimer, jusqu'au choix même de ses mots, illustrait ce lien avec une période figée du passé ; par exemple, il utilisait encore le mot « émancipation » pour dire libération, ressuscitant la langue des érudits et des militants d'autrefois, de W.E.B. Du Bois ou Marcus Garvey, celle de livres comme *La Case de l'oncle Tom* de Harriet Beecher-Stowe ou *Ascension d'un esclave émancipé* de Booker T. Washington[1].

Si sa langue était d'un anachronisme suranné ou parsemée de fioritures, il était déterminé à faire en sorte que la relation de l'Afrique du Sud démocratique avec le reste du continent soit fondée sur l'âpre réalité. L'Afrique qu'il avait parcourue dans la clandestinité, qui lui avait aussi permis de mener la vie d'un être humain comme les autres – et qui avait grossi les rangs du mouvement de libération au prix de lourdes pertes – avait eu droit à toute son attention.

Pendant ses six premiers mois de liberté, Mandela passa la moitié de son temps hors d'Afrique du Sud. Même s'il visita trois continents – l'Afrique, l'Europe et l'Amérique du Nord –, l'Afrique resta au centre de ses préoccupations et fut sa première destination, hormis un voyage éclair à Stockholm pour rendre visite à son ami et mentor malade, Oliver Tambo, alors à l'hôpital.

L'Afrique où retourna Mandela après sa libération était très différente de celle qu'il avait connue. De nombreux chefs d'État étaient morts ; de cause naturelle, après un coup d'État, en exil ou à la suite d'une exécution ; la mort avait laissé des traces. La situation géopolitique aussi s'était dégradée, et les chefs d'État étaient aux prises avec les conséquences de changements historiques à l'échelle internationale. Ainsi, en juillet 1990, pendant que les chefs d'État et de gouvernement africains votaient des résolutions au sommet de l'Organisation de l'unité africaine (OAU) pour accélérer les dernières phases de la libération de l'Afrique du Sud, fallut-il prendre en compte l'évolution des relations Est-Ouest, la fin de la guerre froide et la formation de nouveaux blocs économiques régionaux.

La diminution du nombre d'interventions directes de puissances extérieures dans les affaires de l'Afrique était l'occasion pour ses peuples et ses gouvernements de prendre en main leur destin par le biais d'une collaboration régionale, du développement de la démocratie et de la participation populaire. Étant donné que « le défi intimidant du développement économique et de la transformation démocratique » exigeait paix et stabilité, le règlement des conflits était crucial[2]. La traduction logique de ce nouveau paradigme fut la création, en 1993, du mécanisme de prévention, de gestion et de résolution des conflits de l'OAU, qui annonçait la signature d'un accord de partenariat avec les Nations unies. La Communauté de développement d'Afrique australe (SADC), bien qu'embryonnaire, aurait aussi son rôle à jouer à l'avenir[3]. Elle avait succédé à la Conférence de coordination et de développement de l'Afrique australe, créée en 1980 par des chefs d'État indépendants pour coordonner les investissements et le commerce et réduire la dépendance économique envers l'Afrique du Sud de l'apartheid. En 1992, avec l'indépendance de la Namibie et la transition démocratique en Afrique du Sud, la vocation de la Conférence de coordination avait changé de nature au sein de la SADC, qui s'attachait désormais aux questions d'intégration économique.

La participation de Mandela et de l'ANC aux réunions et aux sommets de l'OAU annonça la contribution de l'Afrique du Sud à la quête de la paix et du développement en Afrique et dans le monde. Elle marqua aussi les débuts de certaines tentatives de règlement de conflits par Mandela. Quand l'Afrique du Sud devint membre de l'Organisation de l'unité africaine en 1994, l'union s'était déjà engagée dans une nouvelle voie. Elle s'attendait à rencontrer des difficultés. Il y avait des tensions – l'Afrique étant si vaste et les priorités de ses États membres si diverses – entre engagement collectif, promotion de la paix et démocratisation d'un côté, et respect de la souveraineté des États membres de l'autre. Si l'OAU ne recevait pas l'aide des Nations unies ou d'autres pays, elle aurait du mal à mobiliser des ressources et de l'expérience pour développer ses capacités de pacification et de résolution des conflits. Mais il y avait un motif d'espérance, un nouvel optimisme : les nouvelles orientations étaient clairement définies.

C'est pourquoi, quand le président Nelson Mandela prononça un discours au sommet de l'OAU un mois après son investiture, en juin 1994, c'était un moment de grande exaltation. Pour beaucoup, ce fut l'accomplissement émouvant d'une promesse. Le discours de Mandela, soigneusement rédigé pour souligner la « politique africaine » naissante de son pays, énonça les perspectives, les engagements et les responsabilités de son pays envers le continent. Il déclara :

« La libération de l'Afrique de la domination d'une minorité blanche étrangère est désormais complète. Nos collègues qui ont servi avec mérite au sein du Comité de libération de l'OAU ont déjà accompli la tâche historique de mettre en ordre de marche cette institution, dont nous nous souviendrons toujours comme d'un outil essentiel d'émancipation des peuples de notre continent. »

Puis, dans ce qui dut sembler bien solennel, même à sa propre oreille, Mandela dit : « Il est enfin temps, à ce sommet de Tunis, de retirer de l'ordre du jour la question de l'apartheid en Afrique du Sud. »

Cette question avait été abordée dans les conventions, les sommets et les séminaires de toutes les rencontres des forces progressistes aussi longtemps qu'avait duré l'incarcération de Mandela. Son retrait de l'ordre du jour signait une victoire d'une immense portée – une victoire qui revenait à une partie importante de la communauté internationale.

Mandela souligna ce point en déclarant : « Une époque et ses priorités historiques touchent à leur fin. Une autre va bien sûr commencer, riche de nouveaux défis. L'Afrique en appelle à une renaissance, Carthage attend la restauration de sa gloire.

« Si la liberté est la couronne que les combattants de la libération veulent déposer sur la tête de notre mère patrie, l'Afrique, laissons l'inspiration, le bonheur, la prospérité et le réconfort de ses enfants être les joyaux de sa couronne. »

Sur l'impératif pour l'Afrique de « faire tous les efforts nécessaires à la reconstruction de l'économie du continent », Mandela rappela aux chefs d'État que les fondamentaux « des mesures à prendre sont connus de nous tous. Le moindre n'est pas la nécessité d'admettre que l'Afrique a toujours une balance commerciale déficitaire et souffre de la détérioration des termes de l'échange. Notre capacité d'autonomie, notre faculté à trouver les ressources internes pour générer un développement soutenu restent très limitées ».

Il montra du doigt l'écueil consistant à s'apitoyer sur son sort, qui poussait des chefs d'État à rejeter la responsabilité des problèmes sur le dos d'agences extérieures, alors qu'ils gagneraient à faire leur examen de conscience. Il rendit hommage aux « grands penseurs du continent » et tança l'Afrique pour son échec à éviter la tragédie humaine que fut le Rwanda, qui « reste un grave déshonneur pour tous ceux d'entre nous qui n'ont pas réussi à résoudre cette situation inextricable. Avec pour résultat le terrible massacre d'innocents qui a eu lieu et continue de se dérouler sous nos yeux ».

Mandela prit un engagement : « Nous savons, à vrai dire, qu'il est en notre pouvoir, en tant qu'Africains, de changer tout cela. Nous devons, par nos actes, affirmer notre volonté d'y parvenir. Nous devons, par nos actes, dire qu'il n'est pas d'obstacle assez grand pour nous empêcher de faire advenir une renaissance africaine…

« La vision que vous partagez avec nous est censée nous permettre d'exploiter les ressources de notre pays pour créer une société au sein de laquelle notre peuple s'émanciperait du fléau de la pauvreté, de la maladie, de l'ignorance et du sous-développement.

« L'objectif que nous poursuivons tous est la création d'une Afrique du Sud qui serait un bon voisin et un partenaire de tous les autres pays de notre continent, qui mettrait ses talents et son potentiel au service de la lutte commune pour assurer la juste place de l'Afrique dans l'économie et le système politique mondiaux[4]. »

Au cours des années de présidence de Mandela, l'Afrique du Sud joua un rôle actif dans la refonte de l'OAU. En 2002, cela se traduisit par le lancement de l'Union africaine (UA) à Durban, complétée par de nouveaux systèmes et structures répondant aux exigences postlibération du continent. La présence de Mandela au sein de l'OAU, affirme Nkosazana Dlamini-Zuma, « a eu une profonde influence » parce que « c'était un homme avec qui l'OAU et les États membres avaient travaillé au fil des ans depuis la création du MK. Il s'était rendu dans de nombreux pays africains avant son arrestation. Et, pendant son incarcération, l'OAU avait joué un rôle important dans le soutien de la lutte en Afrique du Sud. Voilà pourquoi le fait que cet homme, qui était aussi une icône mondiale, soit membre de l'OAU a eu un formidable impact[5] ».

En 1996, il eut un impact tout aussi colossal en tant que président de la SADC. Impatient de prendre la tête d'une organisation qui ne soit pas une énième succursale bureaucratique où les paroles ne débouchent jamais sur des actes, Mandela, dans le discours qu'il prononça au sommet de la SADC au Malawi en septembre 1997, aborda la question des défis qui attendaient l'organisation dans l'harmonisation du développement et de la sécurité et – comme il en avait fait l'expérience au sein de l'OAU – la conciliation du respect de la souveraineté des États membres avec celui des principes démocratiques – des caractéristiques qui n'en étaient pas au même degré d'avancement dans tous les pays. Pour lui, il était impératif que les représentants des États membres « posent des questions franches et expliquent en toute sincérité quelle [était] la situation et quelles [étaient leurs] intentions[6] ».

Après un long discours qui reprenait certains points déjà abordés au sommet de l'OAU en 1994, et qui illustrait son souci des processus démocratiques, Mandela fit la liste des missions de l'organisation intergouvernementale. Il insista sur le fait qu'il n'y aurait pas de réels progrès sans l'égalité des sexes, le respect des droits de l'homme et les « principes élémentaires d'une bonne gouvernance[7] ».

Il ne parla pas du statut de l'Organe pour la politique, la défense et la sécurité (Organe), ancienne institution de la SADC lancée en juin 1996. Présidé par Robert Mugabe, l'Organe, qui s'était réuni à la veille du sommet, à Gaborone, au Botswana, avait fait au cours des mois précédents l'objet d'intenses tractations portant sur sa structure et ses attributions, qui lui permettaient de supplanter le sommet lui-même dans la mesure où il « opérait au même niveau décisionnel et… fonctionnait indépendamment des autres structures de la SADC[8] ». Irrité par le manque de transparence au sein de l'Organe – et désireux d'en ordonner et d'en simplifier les structures –, Mandela ne pensait pas que l'Organe doive opérer au même niveau décisionnel que le sommet, comme le prouvent les notes qu'il avait prises :

1. Ai assisté au sommet de la SADC à Gaborone en juin 1996 et suis d'accord avec la décision de créer l'Organe.
2. Néanmoins, je n'étais pas au courant qu'il opérerait au même niveau décisionnel que le sommet [et non au] niveau ministériel.
3. Ai découvert lors d'une réunion à Luanda le 1er octobre 1996 que l'Organe était lui-même un sommet. J'en ai été abasourdi…
   Pas au courant de l'existence d'une quelconque organisation.
   Ils ont peut-être
   Si je l'avais su, je n'aurais pas accepté la présidence [de la SADC].
4. Ai fait le voyage pour aller voir le président Mugabe et discuter du problème. Ensuite, vu le prés. Masire, mon prédécesseur, et le prés. Chissano, le vice-président*. Plus tard, nous nous sommes retrouvés tous les quatre au Cap.
5. Chaque fois, ils m'ont expliqué en détail pourquoi il fallait que l'Organe opère au même niveau décisionnel que le sommet. Sommes tombés d'accord pour aborder la question à ce sommet [Blantyre, Malawi].
6. Ai rencontré les deux présidents à Gaborone et proposé solution[9].

* Robert Mugabe, président du Zimbabwe de 1987 à 2017 ; Quett Masire, président du Botswana, 1980-1988 ; Joaquim Chissano, président du Mozambique, 1986-2005.

Le lendemain, lors du sommet, on écouta les arguments des uns et des autres, sans qu'aucun consensus clair émerge sinon sur le fait que l'Organe était nécessaire, vu les problèmes de la région. Une fois la décision repoussée, Mandela fut exhorté à ne pas démissionner. Une autre discussion six mois plus tard lors d'une réunion de chefs d'État à Maputo se termina une nouvelle fois sans qu'aucune résolution soit votée[10]. Il y eut un consensus plus large, néanmoins, pour reconnaître que l'Organe devait être une sous-commission de la SADC plutôt qu'une entité séparée.

Beaucoup de choses ont été dites à propos de la relation de Mandela avec Mugabe, y compris qu'il fut clair dès le début qu'aucun des deux leaders ne portait l'autre dans son cœur. Mugabe, qui avait toujours été le doyen des hommes d'État, était flatté par des homologues plus jeunes que lui qui admiraient sa posture d'anti-impérialiste combatif, et se sentit éclipsé par Mandela, qui arrivait fort d'une prodigieuse aura morale et éthique. D'autre part, il n'était guère étonnant que Mugabe, connu pour avoir déclaré que le seul Blanc digne de confiance était un Blanc mort, ne déborde pas d'enthousiasme devant le projet de réconciliation de Mandela. Mais vu la nécessité d'assurer la survie de la SADC, les deux hommes collaborèrent sur divers sujets, même si les statuts de l'Organe continuèrent d'être une source de tension entre eux. Quett Masire se souvient dans ses Mémoires que les frictions continuèrent pendant des années[11].

L'instabilité au Congo et dans la région des Grands Lacs eut un impact négatif sur la plupart des pays de la SADC. L'engagement de l'Afrique du Sud dans le conflit commença par son accord de participation à une force internationale établie dans l'est du Zaïre pour faire face à la crise humanitaire née de l'afflux de réfugiés, estimés à un million, fuyant le génocide du Rwanda voisin. Le président du Zaïre, Mobutu Sese Seko, demanda à l'Afrique du Sud de faciliter les pourparlers entre le gouvernement zaïrois et l'Alliance des forces démocratiques pour la libération du Congo-Zaïre (ADFL) de Laurent Kabila. Après s'être établie dans l'est, l'ADFL avança sur la capitale, Kinshasa. Convaincu par les États-Unis, l'ADFL de Kabila prit part à une série de pourparlers de proximité en Afrique du Sud, en février 1996. Cela ouvrit la voie à des pourparlers directs entre Mobutu et Kabila à bord du *SAS Outeniqua* à Pointe-Noire, dans l'embouchure du fleuve Congo. Étaient aussi présents à ces pourparlers les représentants spéciaux de l'OAU et des Nations unies[12].

Fort du succès des négociations ayant permis d'élaborer un nouveau système politique démocratique en Afrique du Sud – et de bannir tout esprit de revanche entre les belligérants –, Mandela pensait pouvoir mettre fin de la même façon à la débâcle zaïroise. Il pensait qu'il suffirait de convaincre le vieillissant – et mondialement discrédité – Mobutu de démissionner avec dignité et Kabila de prôner une politique d'ouverture dans la formation d'un nouveau gouvernement. L'avancée des forces rebelles refroidit les velléités d'ouverture de Kabila. Après qu'il eut prétexté avoir peur de se joindre à la suite des discussions sur le navire dix jours après les pourparlers initiaux, Kabila tergiversa publiquement, provoquant l'ire de Mandela, que certains médias entendirent passer un savon au chef rebelle. Kabila était censé arriver le lendemain au Cap pour que Mandela le mette au courant des propositions envisagées après la première réunion ; elles avaient fait l'objet d'une large consultation auprès des gouvernements africains, français et américain. À bord du *SAS Outeniqua*, Mandela avait aussi appelé plusieurs chefs d'État de la région pour les dissuader de lancer une offensive militaire en République démocratique du Congo[13].

Mandela apprit que Kabila n'avait pas stoppé son avancée sur Kinshasa, après avoir assuré le contraire. Les notes de Mandela sur sa rencontre avec Kabila trahissent sa frustration :

> 1. Avance sur Kinshasa
> Déclaration de Bizima Karaha*
> Encercler sans attaquer
> 2. Faute grossière de celui qui prend un engagement ferme et clair puis nie avoir pris cet engagement. Tend à détruire la confiance et le respect mutuels qui devraient exister entre camarades. Je comprends vos inquiétudes sur la sécurité.
> Mais beaucoup trouvent vos revendications ridicules, à tout le moins.
> 3. Promis deux fois de monter à bord à Pointe-Noire
> Absence de politesse élémentaire = le vice-président [Mbeki], l'ONU [Nations

* Bizima Karaha, qui fut ministre des Affaires étrangères avant et après que Kabila fut devenu président de la République démocratique du Congo en 1997, s'impliqua lui aussi dans les pourparlers de paix.

unies] & le représentant de l'OAU, le président Mobutu.
Vous nous avez fait attendre toute la journée sans la moindre information sur l'endroit où vous étiez.
Attitude malheureuse envers un homme mourant, insensible, aucune humanité, aucun respect*.
Martti Ahtisaari – célèbre diplomate int.

4. Manque de reconnaissance pour les énormes dépenses engagées par mon pays aux frais du contribuable, le navire lui-même 30 soldats.
5. [Vous avez] couru à la presse.
6. Votre image est ternie ; le droit moral n'est plus de votre côté.
7. Choses malheureuses dites à votre sujet. [J'ai] pris votre défense & je suis sûr que d'autres en ont fait autant.
8. Sadako Ogata†
9. Kofi Annan‡

   [Vous m'avez] donné du fil à retordre. Mais vous êtes en train de détruire la confiance mutuelle.
   Comment puis-je rendre service à quelqu'un qui me traite sans respect[14]?

* Mobutu souffrait d'un cancer de la prostate et mourut au Maroc le 7 décembre 1997.

† Sadako Ogata fut le haut-commissaire aux réfugiés de l'ONU de 1991 à 2000 et avait rencontré Mandela en mars 1997 pour discuter de la crise des réfugiés au Zaïre.

‡ Kofi Annan, secrétaire général de l'ONU, avait soutenu les pourparlers de paix dans l'espoir qu'ils débouchent sur un cessez-le-feu.

L'intervention militaire menée au Lesotho le 22 septembre par la SANDF et, à un degré moindre, la Force de défense du Botswana (BDF), mit la SADC et sa hiérarchie – y compris Mandela – dans le viseur de la communauté internationale des droits de l'homme. Comme souvent dans pareil cas, l'intervention partait d'un bon sentiment. Elle suivait une élection disputée qui fut simultanément saluée par des observateurs nationaux et internationaux pour son déroulement pacifique et critiquée pour ses nombreuses irrégularités et son climat de tension et d'animosité par ses détracteurs.

La mutinerie de l'armée et deux demandes écrites du Premier ministre du Lesotho sollicitant une intervention amenèrent la SADC à conclure que le système politique ne pouvait survivre sans une intervention armée visant à stabiliser la situation sécuritaire, qui serait assurée par l'Afrique du Sud et le Botswana à la demande de la SADC[15].

Le 22 septembre, six cents soldats sud-africains entrèrent au Lesotho, bientôt rejoints par deux cents soldats de la BDF. La résistance des membres de la Force de défense du Lesotho (LDF) fut beaucoup plus coriace que prévu, et huit soldats de la SANDF et vingt-neuf de la LDF perdirent la vie.

Mangosuthu Buthelezi, suppléant du président sud-africain (Mandela était à l'étranger), informa l'Assemblée nationale du déroulement de l'intervention et, avec le ministre de la Défense, en discuta le lendemain au Conseil des ministres. Le gouvernement apporta son soutien à la déclaration de la SADC selon laquelle le but de l'intervention, baptisée opération Boleas, était de stabiliser la situation et de créer un environnement permettant aux négociations de finaliser un accord durable[16].

À son retour d'Amérique du Nord, Mandela déclara : « Nous ne sommes pas intervenus là-bas pour combattre mais pour faire en sorte que les violentes activités – illégales, qui plus est – cessent pour que les parties concernées puissent s'asseoir à la table des négociations et réfléchir à une solution pacifique. C'est pour cela que nous intervenons. Ce n'est pas nous qui avons déclenché les hostilités[17]. »

Les objectifs de la SADC furent atteints. Le Lesotho adopta un certain nombre de changements politiques et constitutionnels, parmi lesquels un mode de scrutin proportionnel pour donner aux petits partis plus de poids qu'un mode de scrutin majoritaire.

« Il ne fait aucun doute, déclara Mandela, que l'initiative collective de la SADC a réussi à créer un espace pour que les leaders politiques de ce pays trouvent une résolution pacifique à leurs différends ; et nous profitons de l'occasion pour féliciter les Forces de défense du Botswana et de l'Afrique du Sud pour leur contribution décisive ; et pour rendre hommage à ceux qui ont perdu la vie[18]. »

Un conflit, surtout quand il fait des victimes, entraîne son lot de récriminations. L'« invasion » de la SADC, comme elle fut qualifiée dans de nombreux rapports, suscita de graves interrogations et accusations à l'encontre de l'Afrique du Sud – le Botswana passa entre les gouttes – qui fut accusée d'avoir commis un abus de pouvoir. On reprocha à l'intervention de la SADC d'avoir violé la Charte des Nations unies et d'avoir été menée sans l'accord préalable du Conseil de sécurité de l'ONU. Malgré les difficultés qu'elle eut à atteindre ses objectifs – au niveau opérationnel, dans les réactions négatives qu'elle suscita auprès de l'opinion au Lesotho, etc. –, la première intervention militaire de l'Afrique du Sud et de la SADC fut un succès ; néanmoins, la SADC n'était pas encore complètement prête à mener ce genre d'opération. L'intervention illustra, pour les parties concernées, la nécessité d'évoluer vers une approche plus appropriée au maintien de la paix et à la résolution de conflits régionaux.

❦

Il y avait un certain nombre d'autres situations dans lesquelles Mandela souhaitait intervenir, dévoué comme il l'était au principe d'extension de la culture des droits de l'homme à travers le continent. La demande était aussi pressante dans la population des pays, du sud au nord, qui pensaient que l'Afrique du Sud avait l'obligation morale de leur apporter son aide en remerciement de leur soutien à la lutte pour la libération.

Pour que le continent survive, cependant, il fallait créer un climat propice à l'investissement. L'agitation et les conflits naissaient souvent de l'instabilité du contexte économique. À ce sujet, Mandela dit :

« Nous avons besoin du soutien des vieux pays industrialisés. Ils nous le doivent, non par esprit de charité mais parce que nous y avons droit. Notre région et beaucoup d'autres furent soumises à la forme la plus brutale d'exploitation à l'époque coloniale[19]. »

Comme d'habitude, Mandela, qui avait efficacement défendu les mérites d'une réconciliation dont le but était d'assurer l'avenir, refusait avec autant de force que les iniquités du passé – comme l'impact du colonialisme – soient passées sous silence.

❦

En près de deux mille jours à la présidence de la République d'Afrique du Sud, Mandela mit son pays sous le feu des projecteurs, et engagea simultanément l'Afrique du Sud – un pays qui jusque-là avait surtout été préoccupé par sa propre histoire – dans l'organisation d'événements mondiaux. L'adulation portée à un Noir par des personnalités de premier plan, notamment du monde occidental, était édifiante pour une bonne partie des Blancs. L'accueil de l'Afrique du Sud au sein de prestigieuses organisations mondiales et le fait que le pays ne soit plus mis au ban des nations (ce à quoi les Blancs avaient été particulièrement sensibles à l'époque du boycott et de l'embargo) étaient de la plus haute importance.

La politique étrangère émergente de l'Afrique du Sud, née en partie des multiples relations développées au fil des ans par l'ANC, qui avait eu plus de missions à l'étranger que le gouvernement d'apartheid, illustrait les changements de dynamiques que connaissait le monde depuis la fin de la guerre froide.

Parallèlement à l'accent mis par l'Afrique du Sud sur la reprise africaine, les relations avec les pays du Sud eurent une importance vitale. Mandela esquissa les grandes lignes de sa vision dans son discours au sommet du Mercosur (Mercado Común del Sur – Marché commun du Sud), qui comptait plusieurs économies d'Amérique latine, en 1998. Il parla de « l'union de l'expérience des pays en voie de développement et le fort potentiel de renforcement du Sud par le biais de relations de coopération et de construction entre nous, susceptibles d'annoncer la fondation d'un partenariat mutuellement bénéfique avec les pays du Nord…

« Une situation commune nous a amenés – dans la région australe de l'Afrique et à la pointe australe de l'Amérique latine – à créer et à construire des associations régionales fondées sur la défense de la démocratie ; sur les impératifs de développement d'une économie qui se mondialise très rapidement ; et sur la reconnaissance du fait que la paix et la sécurité dépendent du développement, de la justice sociale et d'une gestion environnementale qui s'inscrive dans la perspective du développement durable…

« Certaines des plus grandes chances de coopération reposent sur les interventions coordonnées au sein d'organisations internationales pour promouvoir une politique et une activité favorables aux intérêts des pays en voie de développement…

« L'un des exemples les plus frappants du potentiel d'une telle coopération est l'initiative sur la question nucléaire de la Zone de paix et de coopération de l'Atlantique Sud, qui inclut le Mercosur et les membres de la SADC.

« En faisant progresser l'idée de réseaux et de coopérations entre les quatre zones réellement ou potentiellement exemptes d'armes nucléaires, l'organisation a montré comment tenir à distance l'hémisphère Sud et les aires adjacentes de la menace nucléaire*.

---

* Dans les années 1960, l'ANC se joignit au Mouvement des non-alignés dans son appel à la création de quatre zones exemptes d'armes nucléaires, l'Afrique, l'Asie, l'Amérique latine et l'Europe.

« Un tel développement, fondé sur le fait que les quatre zones et l'Antarctique démilitarisé comptent plus de la moitié des terres de la planète, pourrait promouvoir la non-prolifération et faire avancer le désarmement nucléaire. L'obtention d'un consensus sur un sujet d'une telle complexité en dit long sur le potentiel d'une coopération Sud-Sud susceptible de donner forme à l'ordre mondial émergent. Les lieux de concertation ne manquent pas. La démocratie a donné à l'Afrique du Sud l'occasion de jouer son rôle dans ce processus, et le pays s'est fortement engagé à le jouer pleinement ; en tant que nouveau membre du groupe de pays des zones Afrique-Caraïbes-Pacifique ; membre de l'Organisation de l'unité africaine et de la SADC ; membre de la CNUCED [Conférence des Nations unies sur le commerce et le développement]; ou membre de la nouvelle Association des États riverains de l'océan Indien[20] ».

Quatre ans auparavant, quand il prononça son premier discours en tant que président à l'Assemblée des Nations unies, Mandela avait souligné l'urgence qu'il y avait à redéfinir les priorités de la communauté internationale et de l'interdépendance des nations et des régions.

« La réponse même apportée par la communauté internationale au défi de l'apartheid confirmait un point que nous comprenions tous, qui était que, aussi longtemps que l'apartheid existerait, l'humanité tout entière se sentirait avilie et souillée[21]. »

Les Nations unies, dit-il, « comprenaient très bien que le racisme dans notre pays ne pouvait qu'alimenter le racisme dans d'autres parties du monde. La lutte universelle contre l'apartheid n'était donc pas un acte de charité motivé par un sentiment de pitié à l'égard de notre peuple, mais l'affirmation de notre humanité commune.

« Nous croyons qu'un acte fort de cette organisation serait d'accorder une fois de plus toute son attention aux sources de ce qui fait un monde meilleur pour l'humanité tout entière[22] ».

Mandela croyait fermement en la capacité des organisations internationales à provoquer le changement, quels que soient les délais nécessaires. Il lui était agréable de voir une tendance se dessiner ; bien qu'il faille y voir une position de bon sens – la certitude que, plus le consensus était large autour d'une décision, plus elle était légitime –, elle se fondait aussi sur la stratégie propre à l'ANC. Le cheminement vers la création d'une Afrique du Sud démocratique – les différentes étapes de la négociation jusqu'à la finalisation de la nouvelle Constitution – avait été caractérisé par une adhésion douloureuse au principe du consensus. Mandela avait foi en une prise de décision collective qui changerait la société.

Au sommet du Mouvement des non-alignés (MNA) qui eut lieu à Durban en 1998, Mandela souligna la nécessité de refonder l'ordre mondial. Créé à Bandung, en Indonésie, au plus fort de la guerre froide, en plein effondrement du système colonial et en plein essor des luttes d'indépendance en Afrique, Asie et Amérique latine, le MNA avait été crucial pour le processus de décolonisation et avait joué un rôle clé dans la préservation de la paix et de la sécurité dans le monde.

Mandela dit : « Il faut que nous refondions notre monde commun. La violence qui nous entoure, faite à des êtres humains comme nous – qui sommes des privilégiés –, doit être traitée avec détermination et persévérance[23]. »

Il parla de la « violence de la faim qui tue, de la violence des sans domicile fixe qui tue, de la violence du chômage qui tue, de la violence de la malaria et du sida qui tuent, et du trafic de drogue qui tue. Je parle de la destruction de vies humaines, conséquence du sous-développement… de la violence de la guerre…

« Je parle des causes jumelles du développement et de la paix, qui sont l'objectif central de notre Mouvement [des non-alignés] depuis sa fondation et demeurent son principal défi[24] ».

Emportant le message dans l'hémisphère Nord, Mandela prononça un discours devant une session conjointe des deux chambres du Congrès des États-Unis. Comme en d'autres occasions, il lui fallut d'abord attendre que cessent les vivats de cette auguste assemblée, d'ordinaire si policée, avant de débuter son discours. Dans le silence retrouvé, sa voix porta jusque dans les gradins les plus éloignés de l'hémicycle, les vénérables hommes et femmes hochant la tête de temps à autre quand l'orateur faisait un commentaire qui s'accordait à leurs convictions. Il parla de Martin Luther King Jr et cita T.S. Eliot et Walt Whitman.

« Cela passera peut-être, et c'est peut-être ce que ces interconnexions produiront parmi vous, vénérables membres des chambres du Congrès, comme parmi d'autres acteurs de la scène mondiale, par des politiques nées de l'acceptation commune du fait que le succès ou l'échec dans la conduite des affaires humaines ne peuvent plus se mesurer à l'aune des seules frontières nationales, celles héritées d'une ancienne réalité, loin de laquelle la vie elle-même a permis à la société d'avancer de mille lieues. Si ce que nous disons est vrai, si le monde est vraiment une scène et que les actes de tous ses habitants sont les péripéties d'une seule et même pièce, ne s'ensuit-il pas que chacun de nous comme nation, et comme individu, devrait commencer à inclure dans la définition de l'intérêt national l'authentique bonheur d'autrui, quelle que soit la distance à laquelle il se trouve dans le temps et l'espace ?

« Vous, vénérables élus du Congrès américain, faites partie de et représentez la nation la plus puissante de notre univers. De mon côté, je suis africain.

« Je viens d'un continent dont les épreuves et la douleur vous sont familières. Vous comprendrez donc aisément pourquoi j'affirme que, pour un pays aussi puissant que le vôtre, la démocratie, la paix et la prospérité en Afrique relèvent autant de votre intérêt national que du nôtre.

« Parce que je suis africain, vous comprendrez, j'en suis sûr, pourquoi j'affirme que nous croyons profondément que le nouvel ordre émergent doit privilégier la création d'un monde de démocratie, de paix et de prospérité pour toute l'humanité[25]. »

Il fit d'autres visites à l'étranger, nouant des liens économiques et commerciaux avec les pays de la région Asie-Pacifique, qui devenait l'une des principales zones économiques au monde. Il se rendit d'abord en Inde, puis au Japon et en Corée du Sud, plus tard aux Philippines, en Malaisie, à Singapour, au Bangladesh, en Thaïlande et au Pakistan et, à la fin de sa présidence, en Chine.

Mandela poursuivit sa tournée jusqu'en Scandinavie et en Finlande, qui avaient apporté leur soutien continu à l'ANC aux heures les plus sombres de la lutte. Le soutien avait été à la fois matériel et politique et avait assisté les efforts de presque tous les mouvements de libération sud-africains. Vers la fin de sa présidence, il remercia les peuples scandinaves pour leur soutien passé et déclara sa confiance en une coopération future :

« La réalisation de nos objectifs dépend aussi de la capacité des autres à les réaliser. Dans ce monde moderne, tout événement national a des répercussions à travers le globe. Le développement vers plus d'intégration en Afrique australe ; la paix et la stabilité sur le continent ; et la construction d'un ordre international, qui garantissent que la croissance économique ait des répercussions sur le développement, sont des éléments essentiels de notre approche, à l'heure de trouver notre place dans le concert des nations[26]. »

Certaines des initiatives de Mandela pour étendre les droits de l'homme à de lointaines juridictions – comme le prouvent ses échanges désastreux avec le général nigérian Sani Abacha, dont nous avons parlé au chapitre 9 – rencontrèrent des résistances et finirent par échouer. La seule sanction prise contre le Nigeria pour l'exécution de Ken Saro-Wiwa et les autres militants ogoni fut une suspension de trois ans du prestigieux Commonwealth. L'impact de cette expérience constitua un tournant dans la politique étrangère sud-africaine vers une plus grande implication des organisations internationales, sans pour autant fermer la porte à des interventions du président Mandela.

Il parvint, néanmoins, à des résultats dans l'attentat de Lockerbie. Il avait fait grincer des dents certains hauts responsables américains quand, en visite de courtoisie dans plusieurs États africains en 1990, il avait remercié Mouammar Kadhafi pour le soutien de la Libye. Il avait aussi réagi à la destruction de la résidence de Kadhafi, ciblée en 1986 par des bombardements américains en représailles d'un attentat dont la

Libye était tenue pour responsable. « Quels que soient les désaccords entre des pays et des peuples, avait dit Mandela, il est inacceptable que l'on tente d'assassiner un opposant et sa famille[27]. »

Quand Mandela retourna en Libye, en 1992, des mandats d'arrêt avaient été émis en Écosse contre deux Libyens soupçonnés de l'explosion de l'avion de ligne de la Pan American lors de son survol de Lockerbie en Écosse en 1988. Il y avait eu 270 victimes, les passagers et membres de l'équipage mais aussi des habitants au sol.

La Libye ne voulait pas livrer les suspects, et le pays avait mobilisé la Ligue arabe et l'OAU ; ces organisations étaient tout autant concernées par Lockerbie que par l'imposition unilatérale par les États-Unis de sanctions contre la Libye et leur impact sur le reste de l'Afrique[28].

Mandela partait du principe que, s'il existait des preuves incontestables de la culpabilité des deux suspects, il fallait qu'ils puissent être jugés par la Cour internationale de justice de La Haye, pour éviter l'humiliation d'un chef d'État. Il exhorta « les pays concernés à faire preuve de hauteur de vue et de leadership. Pour s'assurer que les années 1990 soient vierges de querelles et de conflits[29] ».

Mandela avait parlé de cette déclaration à un certain nombre de représentants internationaux. Hank Cohen, secrétaire d'État adjoint des États-Unis aux Affaires africaines, lui confirma que sa déclaration s'inscrivait dans la droite ligne d'une résolution sur Lockerbie qui serait soumise au vote du Conseil de sécurité de l'ONU le jour même. Les autres personnalités figurant sur la liste de Mandela étaient Kofi Annan, secrétaire général de l'ONU, Lynda Chalker, ministre britannique du

Développement international et des Affaires africaines, et les ambassadeurs d'Espagne et de France.

Malgré cette activité tous azimuts, le Conseil de sécurité de l'ONU avait imposé un embargo aérien à la Libye pour avoir refusé de livrer les suspects. En route pour une réunion des chefs de gouvernement du Commonwealth en Écosse, Mandela avait appelé Kadhafi, dans l'espoir de le convaincre de parvenir à un accord avec l'Occident[30]. Et avant de se rendre en Libye, il avait réclamé la levée des sanctions contre le pays, position qu'il avait adoptée au sommet de l'OAU un peu plus tôt la même année[31].

Cette fois, Mandela entra en Libye en voiture depuis la ville voisine de Tunis pour éviter de violer l'embargo aérien voté par les Nations unies contre la Libye. Dans une déclaration faite aux médias libyens, il réitéra sa position :

« L'Organisation de l'unité africaine a demandé que les suspects soient jugés dans un pays neutre. C'est une position dont j'ai discuté en 1992 avec les Américains, avec le président Mitterrand, avec le roi Juan Carlos, comme avec le Premier ministre [John] Major. Notre position est que les suspects doivent être jugés dans un pays neutre. Nous ne pouvons accepter qu'un seul pays soit en même temps juge et partie. La justice ne doit pas seulement être rendue, il faut aussi qu'elle soit vue pour être rendue[32]. »

Quand on lui demanda si les réactions irritées qu'il avait suscitées, en particulier de la part du gouvernement américain, l'avaient affecté, Mandela répondit : « Un politicien doit avoir la peau dure. Quand on est un politicien, il faut être prêt à souffrir pour ses principes. Voilà pourquoi nous avons passé vingt-sept ans en prison, parce que nous ne voulions pas renier nos principes. » Il fit un geste en direction de Kadhafi et dit : « C'est mon ami. Il nous a soutenus à une époque où nous étions tout seuls, quand ceux qui disent aujourd'hui que nous ne devrions pas venir ici soutenaient notre ennemi. Ceux qui disent que nous ne devrions pas venir ici n'ont pas de morale, et je ne compte pas m'aligner sur leur manque de moralité[33]. »

Les négociations s'éternisèrent et demandèrent les efforts conjugués de Mandela, de son émissaire Jakes Gerwel, du diplomate saoudien le prince Bandar bin Sultan et de l'ONU. Ils travaillèrent à une solution impliquant trois pays et leurs leaders, à savoir Kadhafi, Bill Clinton et Tony Blair. L'initiative bénéficia d'un soutien international grandissant au sein de l'OAU, du MNA et de la Ligue arabe, et d'une décision de la Cour internationale de justice qui se déclara compétente dans l'affaire de l'attentat de Lockerbie ; autrement dit, il s'agissait d'une affaire relevant de la justice et non d'une affaire de sécurité internationale relevant de l'autorité des Nations unies[34].

Dans ce contexte, Mandela et ses émissaires créèrent un espace public de négociation dans le but de trouver un compromis, tout en recourant à la persuasion et aux pressions, en privé. Par exemple, il faisait l'éloge de Kadhafi en public, lui conférant les plus grands honneurs qu'on puisse conférer à des citoyens étrangers. Mais, en privé, quand il l'estimait nécessaire, il le sermonnait sur la nécessité de parler des autres avec civilité, des Nations unies entre autres, même s'il n'était pas d'accord avec eux[35]. Mandela mit à profit sa relation personnelle avec Kadhafi, Clinton et Blair pendant ces moments cruciaux, illustrant l'importance, dans son approche des négociations et du règlement des conflits, d'entretenir des relations personnelles directes entre leaders.

Le résultat de cette intervention diplomatique fut que, le 19 mars 1999, Mandela déclara au peuple libyen que l'affaire de l'attentat de Lockerbie était réglée. « C'est avec une grande admiration pour le peuple libyen que je suis aujourd'hui en mesure d'annoncer au monde que la Libye a décidé d'écrire au secrétaire général des Nations unies pour fixer une date de remise aux autorités néerlandaises, en vue d'un procès, des deux citoyens libyens soupçonnés dans l'affaire de l'attentat de Lockerbie… Vous, peuple libyen, avez prouvé la capacité de l'Afrique à être des précurseurs de la paix, de l'égalité et de la prospérité pour tous au moment d'entrer dans le nouveau millénaire. Nous vous saluons et vous souhaitons bon vent[36]. »

Certains des choix de Mandela furent délicats mais faits dans l'intérêt général du pays. Parmi ces choix, le virage politique pris par l'Afrique du Sud quand elle décida de ne plus reconnaître la République de Chine pour mieux reconnaître la République populaire de Chine*. Jakes Gerwel se souvient du jour où il fut impossible à Mandela de repousser l'échéance :

* Cette décision souscrivait à l'idée de la « Chine unique » prônée par Pékin, selon laquelle la République populaire de Chine est le seul gouvernement représentatif du peuple chinois. Elle naquit à la fin de la guerre civile en 1949, quand le Kuomintang vaincu de Tchang Kaï-chek battit en retraite sur l'île de Formose où il installa le siège de son gouvernement, tandis que les communistes victorieux, menés par Mao Tsé-toung, asseyaient leur pouvoir en Chine continentale.

Il disait toujours : « Écoutez, on ne peut pas inconsidérément mettre un terme à nos relations avec Taïwan à cause de ce qu'ils ont fait avant les élections. » Soudain, un matin, il m'a dit : « C'est le moment. » J'ai toujours dit autour de moi que, au début, on a l'impression d'être le conseiller politique de Madiba – mais Madiba, d'une certaine façon, ne se laisse pas conseiller ; il a cette intuition pour laquelle les Allemands ont une expression, « sentir quelque chose au bout de ses doigts ». Le vieil homme lançait parfois un appel politique parce qu'il avait un sens intuitif du timing. C'est ce qui arriva, dans ce cas précis. Il s'est levé un matin : il a appelé l'ambassadeur pour lui dire que nous prenions cette voie, puis l'a annoncé publiquement[37].

Lors d'une conférence de presse spécialement convoquée à son domicile en novembre 1996, Mandela expliqua qu'il avait rencontré les représentants respectifs des deux gouvernements chinois et « exprimé l'espoir qu'au cours des douze prochains mois il soit possible d'accomplir une transition en douceur, acceptable à la fois pour la République populaire de Chine et le gouvernement de la République de Chine à Taïwan, au terme de laquelle l'Afrique du Sud accorderait une reconnaissance diplomatique à la République populaire de Chine mais continuerait d'entretenir des relations constructives avec Taïwan[38] ».

Sa croisade pour convaincre le monde de prendre le multilatéralisme au sérieux se poursuivit et lui fit fréquemment jouer le rôle de médiateur dans des affaires internationales. Chaque fois, il montra son respect pour ses frères humains.

Ainsi, peu après avoir annoncé la reconnaissance par son gouvernement de la République populaire de Chine au détriment de Taïwan, il invita le ministre taïwanais des Affaires étrangères, John Chang, en Afrique du Sud, après quoi ce dernier et Mandela tinrent une conférence de presse commune dans les Bâtiments de l'Union[39]. Il s'agissait moins pour Mandela d'arrondir les angles que de montrer le dilemme de l'Afrique du Sud face à un choix dicté par les exigences de la diplomatie.

Le dernier voyage de Mandela à l'étranger en tant que président, qui marqua ses adieux à la scène internationale, eut lieu en Chine. Dans son dernier discours, à l'université de Pékin, il répéta l'impératif d'une approche multilatérale du développement, de la paix et de la sécurité. Il condamna ce qui se passait au Kosovo : « D'un côté, les droits de l'homme tels que définis dans la Déclaration universelle sont bafoués par le nettoyage ethnique. D'un autre côté, le Conseil de sécurité des Nations unies est ignoré par l'action unilatérale et destructrice de certains de ses membres permanents. Ces deux faits doivent être combattus dans les termes les plus forts[40]*. »

De retour en Afrique du Sud, on demanda à Mandela pourquoi il n'avait pas abordé la question des

---

* Mandela fait référence à la guerre du Kosovo, d'une part aux exactions des forces yougoslaves contre les Albanais du Kosovo qui valurent à certains responsables yougoslaves une condamnation pour crimes de guerre et crimes contre l'humanité, et d'autre part à l'intervention de l'OTAN, qui bombarda la Yougoslavie sans l'aval du Conseil de sécurité de l'ONU pour forcer l'armée yougoslave à se retirer du Kosovo. Mandela fit ces commentaires cinq semaines avant que le Conseil de sécurité de l'ONU n'agisse pour mettre fin à la guerre.

droits de l'homme pendant son voyage en Chine. La grande importance qu'il accordait à l'autorité des organisations internationales motiva sa réponse.

« L'expérience de l'histoire a montré que ce ne sont pas les individus qui changent la politique d'un pays ; ce sont les organisations. L'Afrique du Sud a abandonné la politique de l'apartheid grâce à l'intense pression exercée par le mouvement de libération et divers démocrates à l'intérieur comme à l'extérieur du pays, en particulier le mouvement de libération soutenu par la communauté internationale. Voilà ce qui a modifié le cours de la politique sud-africaine. Aucun individu n'est autorisé à mettre le nez dans les affaires internes d'un pays. Il faut respecter cela, et quand on veut agir pour changer la politique intérieure d'un pays, il faut en appeler aux organisations internationales et régionales. C'est une erreur de croire qu'un individu isolé peut être un facteur d'influence et de changement de la politique d'un pays[41]. »

Épilogue

Nelson Mandela découvrit à sa sortie de prison, le 11 février 1990, un pays impatient de vaincre ses vieux démons – démons qui avaient causé un mal considérable. Il savait à quoi s'attendre au moment de sa libération, mais l'idée qu'il se faisait du monde n'était qu'un tableau incomplet composé de reportages censurés et d'informations transmises sous le manteau vers la fin de son incarcération.

Une fois dehors, ce qui n'était jusqu'alors qu'une abstraction devint concret et tangible ; la poussière, le bruit et le sang devinrent réalité. Chaque jour, pendant le processus de négociations, il côtoya des hommes et des femmes, dont certains cautionnaient le carnage en cours. Ils lui souriaient, s'en remettaient à son âge et à ce quelque chose d'incommensurable chez un homme que la prison n'avait pas fait plier et dans les yeux duquel ils voyaient se refléter l'énormité de leurs méfaits. Dans les yeux de son peuple, il voyait la douleur qu'il y aurait à tenter de donner un sens à tout cela.

L'un des premiers actes des représentants du passé fut le fait des généraux et des chefs des services de sécurité ; l'un d'eux tendit à Mandela un dossier qui, selon ses dires, contenait le nom des hauts responsables de l'ANC qui furent à la solde du régime de l'apartheid. Mandela jeta un coup d'œil au dossier et le rendit aussitôt à celui qui le lui avait donné. Sa vision d'une société nouvelle ne serait pas entravée par le passé. Il s'était dit que son projet devait impliquer tout le monde, amis comme ennemis. Il n'avait pas de temps ni d'énergie à perdre dans une chasse aux sorcières.

Mandela avait soixante-quinze ans quand il devint le premier président d'une Afrique du Sud démocratique. Son mentor, Walter Sisulu, à qui il faisait l'honneur affectueux de l'appeler par son nom clanique de Xhamela, avait quatre-vingt-un ans ; son autre vieil ami et confident, Oliver Tambo, qui était rentré d'exil après trente ans, était mort l'année précédente. De nombreux camarades de longue date, dont certains étaient à Robben Island avec lui, avaient aussi vieilli, et il était clair que, même s'ils avaient survécu à la prison, le temps leur était compté.

Il ne pouvait peut-être plus s'en remettre aux conseils de ses premiers camarades, mais il fut galvanisé par le soutien des millions de Sud-Africains qui avaient voté pour lui les 26 et 27 avril 1994. Le mandat retentissant confié à l'ANC lui permit de barrer le vaisseau de l'État en toute confiance.

Il voulait résoudre le plus grand nombre de problèmes possible dans le peu de temps qui lui était octroyé. C'est en partie pour cela qu'il eut un emploi du temps si éprouvant tout au long de sa présidence. Mais il admettait aussi que la prison avait développé sa capacité de résistance et lui avait appris, puisqu'on n'y avait pas prise sur le temps, à l'accepter pleinement pour mieux le laisser faire son œuvre.

La prison, lieu de châtiment, était ainsi devenue un lieu où il avait pu se trouver. Un lieu propice à la réflexion, où il s'était adonné à la seule activité qui lui donnât l'impression d'exister. Et c'est en prison, bien sûr, que naquit sa vision de la transformation de l'Afrique du Sud en nouvelle nation démocratique.

Vu les millions de pièces mouvantes qui composent une nation, donner à cette vision une réalité cohérente est toujours un défi intimidant. La première chose que fit Mandela fut d'annoncer qu'il ne briguerait pas de second mandat. Très peu de dirigeants sont suffisamment désintéressés pour faire cela. L'histoire regorge d'exemples de leaders ayant cherché à étendre la durée de leur présence au pouvoir. Mais Mandela prit cet engagement parce qu'il savait avoir le soutien de gens en qui il avait totalement confiance et qui le guideraient.

Il existe un beau proverbe zoulou : *Inyathi ibuzwa kwabaphambili* (« Ceux qui vous ont précédé sur le chemin et connaissent le terrain vous diront si la route est sûre ou s'il y a un buffle blessé dans la forêt »). Mandela avait toujours eu une idée précise de la direction qu'il voulait prendre. Mais il avait deux guides, plus vieux que lui de quelques années, vers qui il se tournait pour prendre conseil aux moments les plus dangereux et risqués : Sisulu et Tambo.

Graça Machel se souvient que, lorsque se produisit l'avancée décisive dans les pourparlers avec le lieutenant de P.W. Botha, Kobie Coetsee, qui déboucha sur la libération de prisonniers politiques, Walter Sisulu sermonna Mandela.

« Pourquoi, demanda Sisulu, ne l'as-tu pas fait plus tôt ? »

Mandela répondit : « J'attendais tes instructions[1]! »

Avant la libération de Mandela, c'est Tambo qui fut tenu informé de chaque engagement pris par Mandela auprès de ses geôliers. Même si l'éloignement et les conditions de détention compliquaient l'échange d'informations sensibles – et augmentaient le risque de malentendu et de désinformation –, l'ANC à Lusaka fut tenue informée. À un certain moment il y eut même des rumeurs selon lesquelles Mandela trahissait la cause, et c'est Tambo qui empêcha ces rumeurs d'enfler.

Cette relation et la fiabilité de Mandela persuadèrent l'ANC d'utiliser l'image et le statut iconique de Mandela – même si « légalement », son existence en tant que personne n'était pas reconnue – pour en faire le visage de ses campagnes internationales. Son nom et les différents portraits de lui devinrent synonymes de lutte contre l'apartheid. Dans les camps, très peu de leaders eurent une chanson composée en leur honneur. Quand Mandela fut libéré de prison, beaucoup de privilégiés du régime d'apartheid, qui s'attendaient à voir une caricature de vengeur assoiffé de sang, se retrouvèrent face au chantre de la réconciliation. Ils s'attendaient à un esprit de revanche, car ils savaient bien tout ce qu'ils lui avaient fait subir. Mais Mandela n'était pas conforme à l'image qu'ils s'en étaient fait. À l'autre bout du spectre, les simagrées de leurs héros, Botha et son double extrémiste, Eugene Terre'Blanche, semblaient soudain indécentes.

Les chefs d'État de pays qu'ils admiraient se pressaient à la porte de l'ex-prisonnier. Comme les gens riches et célèbres. En Afrique du Sud et à l'étranger, où que Mandela aille, il attirait les foules et suscitait l'adulation.

Mais tout ce renom, cette célébrité furent mis au service du peuple sud-africain. Malgré tout ce faste, beaucoup de choses furent accomplies. La grâce de Mandela porta ses fruits, là où sa haine aurait sans doute réduit l'Afrique du Sud en cendres. L'extrême droite – y compris ceux qui croyaient qu'une guerre civile aurait accru le respect entre les belligérants – était armée et rongeait son frein. Mandela calma et neutralisa rapidement cette faction. C'était une manœuvre classique, qui aurait dû faire des émules dans d'autres zones de conflit.

Aurait-il pu mener le travail de réconciliation autrement ?

Peut-être. Les images comptent. Quand on s'affiche aux côtés de Betsie Verwoerd ou de P.W. Botha – et que le contexte reste flou, ou que le symbole se perd dans les clameurs –, on s'expose aux conclusions hâtives. Les Noirs sud-africains avaient une longue histoire de trahisons derrière eux et constamment besoin qu'on leur rappelle que leur fils le plus brillant ne les avait pas abandonnés.

De plus – et il faut que cela soit dit –, certains membres de l'ANC décidèrent, pour une raison inconnue, d'affirmer que Mandela avait perdu le contact avec le peuple. Cela, bien sûr, fut balayé par ceux qui comprenaient que l'ANC était, comme nous l'avons répété, une grande église ouverte à divers courants. Il fallait y voir l'expression d'un doute que Mandela lui-même aurait apprécié. Il chercha, tout au long de ces années, à dire au monde qu'il n'était pas un saint, « même dans l'acception temporelle du pécheur qui ne cesse d'essayer[2] ».

Il y eut un moment de symétrie poignante dans la vie de Mandela. Lors de son premier jour en tant que président, en 1994, dans les Bâtiments de l'Union, l'endroit semblait désert et abandonné quand il traversa les couloirs jusqu'à ce qui serait son bureau les cinq années suivantes. Lors de son dernier jour, en 1999, alors qu'il n'était plus président de la République, le bâtiment était désert quand il alla récupérer ses effets personnels[3]. C'était un jour férié, celui de l'investiture de Thabo Mbeki à la présidence.

La cérémonie des adieux avait débuté bien avant ce jour. En prenant congé du peuple sud-africain, des pays et des organisations multilatérales à travers le monde, Mandela avait invoqué une vie de réflexion et de silence dans son village, à la campagne. De ce poste d'observation idyllique, il suivrait les développements, inquiet des problèmes qui se dresseraient sur la route de l'Afrique du Sud et du monde, mais ne doutant pas que les chefs d'État se montrent à la hauteur des défis de la paix, de l'équité et du développement. Il serait bientôt temps pour lui de profiter de la vie d'une façon que la pression de l'exercice du pouvoir et son existence de militant avant cela avaient tout simplement rendue impossible.

Le grand adieu avait commencé lors de la conférence nationale de l'ANC en 1997. Dans une interview télévisée la veille de la conférence, Mandela dévoila ses sentiments tandis qu'il s'apprêtait à quitter la présidence de l'ANC. Il dit :

« L'une des choses qui m'ont le plus manqué est la possibilité de m'asseoir pour réfléchir. Mon emploi du temps très chargé, en tant que président du parti, ne m'en donne pas l'occasion. Je manque aussi de temps pour lire, ce qui n'était pas le cas en prison, si ironique

que cela puisse paraître. Mais la possibilité de s'asseoir pour réfléchir fait partie intégrante du travail politique et cela m'a énormément manqué. Et enfin, l'occasion de m'asseoir avec mes enfants et mes petits-enfants, de les écouter me raconter leurs rêves, et tenter de les aider du mieux possible[4]. »

Quand il prononça le discours de clôture de la conférence de l'ANC à Mafikeng, ce fut comme s'il se voyait déjà dans son village. « Je suis impatient d'y être, dit-il, de me lever avec le soleil ; d'arpenter les collines et les vallées de Qunu dans la paix et la tranquillité[5]. »

Au cours de la dernière année de sa présidence, il emporta cette image dans divers pays et diverses communautés, de l'Assemblée générale de l'ONU à un bain de foule en pleine rue pendant la campagne électorale.

« Vous savez tous que j'ai renoncé à un second mandat à la présidence de ce pays, et que, si je suis venu, c'est uniquement pour vous faire mes adieux et vous remercier du soutien et même de l'amour que vous m'avez donnés. Je retourne dans mon village. C'est là que je vais parce que je reste, au fond, un garçon de la campagne. Je veux voir un brin d'herbe, je veux regarder les oiseaux voler dans le ciel, et je veux écouter le bruit des ruisseaux[6]. »

Il y eut un mélange de légèreté et d'émotion parmi les députés et les invités présents lors de la dernière session du Parlement, quand Mandela rappela pour la dernière fois ce qui avait été accompli, et ce qui restait à faire. Comme toujours, il souligna le fait que les progrès de l'Afrique du Sud étaient le résultat d'un effort collectif, qui se poursuivrait après lui.

« Chaque période historique, dit-il, définit les défis spécifiques au progrès et au leadership national ; et nul homme n'est une île.

« Pour ma part, j'appartiens à une génération de leaders pour qui l'avènement de la démocratie fut le défi ultime.

« J'estime avoir eu la chance de ne pas connaître les rigueurs de l'exil et les dizaines d'années de vie dans la clandestinité et de luttes du peuple qui ont consumé l'existence de géants comme Oliver Tambo, Anton Lembede, Duma Nokwe, Moses Kotane, J. B. Marks, Robert Sobukwe et Zephania Mothopeng, Oscar Mpetha, Lilian Ngoyi, l'évêque Alpheus Zulu, Bram Fischer, Helen Joseph, Alex La Guma, Yusuf Dadoo et Monty Naicker*. Malheureusement, Steve Biko mourut jeune, mais c'était une étoile montante. Si on lui avait donné une chance, je l'aurais compté dans cette liste.

---

* Anton Lembede fut le cofondateur de l'ANCYL, créée en 1944, et son premier président. Il mourut en 1947 à l'âge de trente-trois ans. Duma Nokwe fut le premier avocat noir à être élu à la Cour suprême du Transvaal. Mais il fut interdit d'exercice après avoir fait partie des accusés du procès pour trahison de 1956-1961. Il fut secrétaire général de l'ANC de 1958 à 1969. John Beaver Marks fut le président de l'ANC dans le Transvaal, du Conseil des syndicats non européens pour le Transvaal et du Syndicat des mineurs africains. Il fut envoyé par l'ANC au siège de la mission diplomatique en Tanzanie, en 1963. L'évêque Alpheus Zulu était un membre de l'ANC, président du Conseil œcuménique des Églises dans les années 1960, et évêque du Zululand et du Swaziland. Après avoir pris sa retraite, il rejoignit l'Inkatha. Alex La Guma, l'un des plus importants écrivains sud-africains du XXe siècle, fut le leader de l'Organisation des métis sud-africains. Son travail sur la Charte de la liberté entraîna son arrestation et son inculpation pour haute trahison. Jusqu'à sa mort à La Havane, il fut le représentant de l'ANC dans les Caraïbes.

« J'estime avoir eu la chance, parmi ceux de ma génération, que l'histoire m'ait permis de prendre part à la transition sud-africaine entre cette période tourmentée et la nouvelle ère dont nous avons posé ensemble les fondations.

« J'espère que, dans des dizaines d'années, quand l'histoire sera écrite, et que le rôle de cette génération sera apprécié à sa juste valeur, on ne me comparera pas à leur force et à leur vision. En effet, madame la présidente, j'ai relevé avec une profonde gratitude les éloges qui m'ont souvent été faits en tant qu'individu. Mais je voudrais déclarer ceci :

« Si j'ai réussi à accomplir quoi que ce soit, je sais que c'est parce que je suis le produit du peuple de l'Afrique du Sud.

« Je suis le produit des masses rurales qui m'ont appris à être fier de notre passé et m'ont transmis leur esprit de résistance.

« Je suis le produit des travailleurs d'Afrique du Sud qui, à la mine, à l'usine, dans les champs et les bureaux de notre pays, ont défendu le principe selon lequel l'intérêt de chacun se fonde sur l'intérêt général.

« Je suis le produit de l'intelligentsia d'Afrique du Sud, de toutes couleurs, qui a permis à notre société d'apprendre à se connaître, et de donner aux aspirations de notre peuple la forme d'un rêve raisonnable. Je suis le produit des industriels et des agriculteurs d'Afrique du Sud, des commerçants et des financiers – dont l'esprit d'entreprise a permis la transformation de nos immenses ressources naturelles en une richesse pour la nation.

« Si j'ai réussi à faire entrer notre pays dans cette nouvelle ère, c'est parce que je suis le produit des citoyens du monde qui ont chéri la vision d'une vie meilleure pour tout le monde, partout dans le monde. Ils ont tout fait, dans un esprit de sacrifice, pour que cette vision se réalise aussi en Afrique du Sud. Ils nous ont donné de l'espoir parce que nous savions, grâce à leur solidarité, que nos idées ne pouvaient être étouffées puisqu'elles étaient partagées par le reste de l'humanité.

« Je suis le produit de l'Afrique et de son vieux rêve de renaissance qui peut enfin s'accomplir pour que tous ses enfants puissent jouer au soleil.

« Si j'ai pu faire avancer de quelques pas notre pays vers la démocratie, le non-racialisme et le non-sexisme, c'est parce que je suis le produit du Congrès national africain, du mouvement pour la justice, la dignité et la liberté qui a produit tant de géants dans l'ombre desquels nous avons accédé à la gloire.

« Quand, dans quelques mois, je redeviendrai un citoyen ordinaire de notre terre, je serai un homme dont les intérêts et les capacités auront été forgés par le peuple de notre terre.

« Je me considérerai comme un aîné de notre société ; un membre de notre population rurale ; un homme concerné par les enfants et la jeunesse de notre pays ; et un citoyen du monde engagé, aussi longtemps qu'il en aura la force, à œuvrer pour une vie meilleure, pour tout le monde, partout dans le monde. Et comme toujours, je ferai cela dans le cadre du vaste mouvement pour la paix et la démocratie auquel j'appartiens.

« Je me compterai alors parmi les hommes et les femmes ordinaires dont le bien-être doit, dans tous les pays, être le critère de jugement de tout gouvernement démocratique.

« L'un de ces critères essentiels est le Programme reconstruction et développement qui a pour vocation de construire une vie meilleure pour tous.

« Un autre de ces critères essentiels est l'union nationale et la réconciliation au sein des communautés et parmi les citoyens dont les destinées sont inséparables.

« Vénérables députés, c'est un signe de notre réussite en tant que nation que la communauté internationale, qui a insufflé tant d'espoir en nous, trouve à son tour matière à espérer dans la façon dont nous avons surmonté nos divisions séculaires en nous tendant la main. Si nous avons réussi à rendre cet espoir renouvelé aux peuples du monde, alors nous sommes reconnaissants et bienheureux à double titre. Et il va sans dire que nous devrions tous être à la hauteur des attentes que nous suscitons dans le monde.

« Comme cela vient de m'être rappelé une fois de plus, lors de ma visite aux Pays-Bas et dans les pays scandinaves, le monde nous admire en tant que nation qui a relevé les défis de son temps.

« Ces défis furent : éviter le cauchemar d'une guerre raciale et d'un bain de sang éprouvants, et réconcilier notre peuple autour de notre objectif premier, celui consistant à surmonter ensemble l'héritage de pauvreté, de division et d'iniquité.

« Tant qu'il nous reste encore à réconcilier et à guérir notre nation ; tant que les conséquences de l'apartheid imprègnent encore notre société et définissent la vie de millions de Sud-Africains comme une vie de privations, ces défis restent à relever…

« Le long chemin continue[7]! »

Annexe A

Abréviations des organisations et instances de gouvernement

ADFL	Alliance des forces démocratiques pour la libération du Congo-Zaïre
ANC	Congrès national africain
ANCWL	Ligue des femmes du Congrès national africain
ANCYL	Ligue de jeunesse du Congrès national africain
AVF	Afrikaner Volksfront (Front du peuple afrikaner)
AWB	Afrikaner Weerstandsbeweging (Mouvement de résistance afrikaner)
CODESA	Convention pour une Afrique du Sud démocratique
CONTRALESA	Congrès des chefs traditionnels sud-africains
COSATU	Congrès des syndicats sud-africains
GNU	Gouvernement d'union nationale
IEC	Commission électorale indépendante
IFP	Parti de la liberté Inkatha
JSC	Commission du service judiciaire

MK	Umkhonto weSizwe (branche armée de l'ANC)
MNA	Mouvement des non-alignés
MPLA	Movimento popular de libertação de Angola (Mouvement populaire de libération de l'Angola)
NCPS	Stratégie nationale de prévention de la délinquance
NEC	Comité exécutif national
NIA	Agence nationale de renseignements
NP	Parti national
OAU	Organisation de l'unité africaine
PAC	Congrès panafricain d'Azanie
SACP	Parti communiste sud-africain
SADC	Communauté de développement d'Afrique australe
SADF	Force de défense sud-africaine
SAIC	Congrès indien d'Afrique du Sud
SANDF	Force de défense nationale sud-africaine
SAPS	Service de police sud-africaine
SASS	Services secrets sud-africains
SAUF	Front uni sud-africain
SWAPO	Organisation populaire du Sud-Ouest africain
TEC	Conseil exécutif de transition
TRC	Commission Vérité et Réconciliation
UDF	Front démocratique uni
UNITA	União nacional para a independência total de Angola (Union nationale pour l'indépendance totale de l'Angola)

Annexe B

Personnalités, lieux et événements

Afrikaner Volksfront (AVF – Front du peuple afrikaner)
Fondé le 19 mai 1993 en tant qu'organisation visant à unir des Sud-Africains de langue afrikaans, il inclut des organisations d'extrême droite comme l'Afrikaner Weerstandsbeweging (AWB) et d'anciens généraux de l'armée et de la police de l'apartheid. Il réclama l'indépendance pour les Sud-Africains blancs de langue afrikaans et fit campagne pour un *Volkstaat* (ou homeland) afrikaner.

Alliance des Congrès
Créée en 1950 et composée de l'ANC, du Congrès indien d'Afrique du Sud (SAIC), du Congrès des démocrates (COD) et de l'Organisation des Indiens sud-africains (qui deviendra plus tard le CPC). Quand le Congrès des syndicats d'Afrique du Sud (SACTU) fut créé en 1955, il devint le cinquième membre de l'alliance et fut prépondérant dans l'organisation du Congrès du peuple et la rédaction de clauses prônant l'ouverture dans la Charte de la liberté.

Autshumao (orthographié « Autshumayo » par Mandela)
(Mort en 1663) Leader khoïkhoï. Apprit l'anglais et le néerlandais avant de travailler comme interprète lors de la colonisation néerlandaise du cap de Bonne-Espérance à partir de 1652. Lui et deux de ses partisans furent bannis par Jan van Riebeeck sur Robben Island en 1658 après avoir mené la guerre contre les

colons néerlandais. Il fut l'un des premiers prisonniers de Robben Island et le seul à s'en être évadé.

Barnard, Dr Lukas (Niël)
(1949-) Universitaire. Professeur de sciences politiques à l'université de l'État libre d'Orange, en 1978. Chef des services de renseignements sud-africains de 1980 à 1992. A tenu des réunions clandestines avec Mandela en prison pour préparer sa libération et son accession au pouvoir. A facilité les rencontres entre Mandela et les présidents P.W. Botha puis F.W. De Klerk. Directeur général de l'administration provinciale du Cap-Oriental de 1996 à 2001.

Biko, Stephen Bantu (Steve)
(1946-1977) Militant anti-apartheid et nationaliste africain. Leader du Mouvement de la conscience noire. Fondateur de l'Organisation des étudiants sud-africains (SASO), en 1968, dont il devint président en 1969. Cofondateur de la Convention du peuple noir en 1972. Banni et interdit d'activités politiques en 1973. Arrêté en août 1977 et assassiné en garde à vue par la police le 12 septembre 1977.

Bizos, George
(1927-) Avocat sud-africain d'origine grecque, défenseur des droits de l'homme. Membre cofondateur du Conseil national des avocats pour la défense des droits de l'homme. Membre du Comité de droit constitutionnel de l'ANC. Conseiller juridique de la Convention pour une Afrique du Sud démocratique (CODESA). Avocat de la défense lors du procès de Rivonia. A aussi représenté de célèbres militants anti-apartheid, y compris les familles de Steve Biko et Chris Hani, et les Quatre de Cradock devant la Commission Vérité et Réconciliation. Nommé par Mandela à la Commission des services judiciaires de l'Afrique du Sud.

Botha, Pieter Willem (P.W.)
(1916-2006) Premier ministre de l'Afrique du Sud de 1978 à 1984. Président de la République de 1984 à 1989. Leader du Parti national d'Afrique du Sud. Défenseur de l'apartheid. En 1985, Mandela déclina son offre de le libérer à condition qu'il rejette la

violence. Botha refusa de témoigner sur les crimes de l'apartheid devant la Commission Vérité et Réconciliation en 1998.

Buthelezi, Mangosuthu
(1928-) Homme politique sud-africain et prince zoulou. Membre de l'ANC avant la détérioration de sa relation avec le mouvement en 1979. Fondateur et président du Parti de la liberté Inkatha (IFP) en 1975. Premier ministre du KwaZulu-Natal. Ministre de l'Intérieur de l'Afrique du Sud de 1994 à 2004, il a rempli les fonctions de président par intérim à plusieurs reprises au cours du mandat de Mandela.

Campagne de désobéissance civile contre des lois injustes
Initiée par l'ANC en décembre 1951, et lancée avec le SAIC le 26 juin 1952 contre six lois d'apartheid. La Campagne de désobéissance civile consistait à enfreindre des lois racistes, comme l'accès aux lieux réservés aux Blancs, le non-respect du couvre-feu et les jugements des tribunaux. Mandela fut nommé volontaire en chef national avec Maulvi Cachalia pour adjoint. Plus de 8 500 volontaires furent emprisonnés pour leur participation à la Campagne de désobéissance civile.

Charte de la liberté
Déclaration de principes adoptée par l'Alliance des Congrès lors du Congrès du peuple à Kliptown, un quartier de Soweto, le 26 juin 1955. L'Alliance des Congrès rassemblait des milliers de partisans à travers l'Afrique du Sud, qui collectèrent les doléances du peuple. La Charte de la liberté réclamait l'égalité des droits pour tous les Sud-Africains sans distinction de race, une réforme des lois sur la propriété, l'amélioration des conditions de vie et de travail, une distribution équitable des richesses, l'école obligatoire et des lois plus justes. La Charte de la liberté fut un outil majeur de la lutte contre l'apartheid.

CODESA (Convention pour une Afrique du Sud démocratique)
La plate-forme sur laquelle dix-neuf formations politiques se sont retrouvées à partir de 1991 pour négocier un nouveau système politique en Afrique du Sud. Lors de la première convention,

une déclaration d'intention fut signée et cinq groupes de travail nommés pour développer une nouvelle Constitution pour une Afrique du Sud démocratique, trouver un accord autour d'un gouvernement intérimaire et décider de l'avenir des bantoustans, entre autres sujets de discussion. Mais lors de la deuxième convention, qui commença en mai 1992, les discussions achoppèrent sur les questions de la règle de la majorité et du partage du pouvoir. Plus d'un mois après, en juin, Mandela suspendit les négociations après des allégations d'implication des services de police dans le massacre de Boipatong. Finalement, des réunions secrètes entre le cabinet du ministre Roelf Meyer et Cyril Ramaphosa, membre de l'ANC, furent suivies par la reprise des négociations au sein du Forum de négociations multipartites, qui se réunit pour la première fois le 1er avril 1993.

Coetsee, Hendrik (Kobie)
(1931-2000) Membre du Parti national, avocat, administrateur et négociateur. Secrétaire d'État à la Défense et aux Renseignements en 1978. Ministre de la Justice en 1990. A tenu des réunions avec Mandela à partir de 1985 pour définir les conditions de pourparlers entre le Parti national et l'ANC. Élu président du Sénat après les premières élections démocratiques en Afrique du Sud en 1994.

Commission Vérité et Réconciliation (TRC)
Créée par Mandela en 1995 pour panser les plaies de l'Afrique du Sud après des décennies d'abus et de brutalité sous le régime d'apartheid, la TRC enquêta sur les violations des droits de l'homme qui eurent lieu entre 1960 et 1994. Les audiences furent télévisées. Les auteurs de ces violations purent demander l'amnistie. Ils étaient tenus de témoigner de leurs exactions et seraient amnistiés si leur témoignage était jugé authentique et que leurs actions avaient été commises pour des motifs politiques.

Communauté de développement d'Afrique australe (SADC)
Organisation intergouvernementale de quinze États d'Afrique australe, créée le 17 août 1992, qui œuvre à développer la coopération et l'intégration socio-économique de ses membres. Elle succéda à la Conférence de coordination pour le développement

de l'Afrique australe (SADCC), qui fut créée le 1er avril 1980, quand neuf pays indépendants d'Afrique australe signèrent la déclaration de Lusaka « Vers la libération économique ».

Congrès des chefs traditionnels sud-africains (CONTRALESA)
Fondé en 1987 dans le KwaNdebele, l'un des bantoustans, ou homelands, d'Afrique du Sud. Avec le soutien de l'ANC, qui était alors interdit, et du Front démocratique uni (UDF), il se développa sous la forme d'un groupe de pression anti-apartheid dans les bantoustans d'Afrique du Sud. Le CONTRALESA continue de militer pour l'obtention de plus de pouvoirs pour les chefs traditionnels.

Congrès du peuple
Le Congrès du peuple fut le point culminant d'une campagne d'un an au cours de laquelle les membres de l'Alliance des Congrès allèrent chez les gens dans toute l'Afrique du Sud et écoutèrent les doléances du peuple pour une Afrique du Sud libre, qu'ils inclurent dans la Charte de la liberté. Le 25 juin 1955 s'ouvrit à Kliptown, un quartier de Johannesburg, le Congrès qui réunissait 3 000 délégués et adopta la Charte de la liberté le 26 juin.

Congrès national africain (ANC)
Créé sous le nom de Congrès national des natifs sud-africains (SANNC) en 1912. Rebaptisé Congrès national africain (ANC) en 1923. Après le massacre de Sharpeville en mars 1960, l'ANC fut interdit par le gouvernement sud-africain et entra dans la clandestinité jusqu'à la levée de son interdiction en 1990. Sa branche armée, Umkhonto weSizwe (MK), fut créée en 1961, avec Mandela pour commandant en chef. L'ANC est devenu le parti au pouvoir en Afrique du Sud après les premières élections démocratiques le 27 avril 1994.

Congrès panafricain d'Azanie (PAC)
Formation radicale issue de l'ANC et fondée en 1959 par Robert Sobukwe, qui prônait la philosophie de « l'Afrique aux Africains ». Le PAC mena une campagne nationale contre le

passeport intérieur dix jours avant celle prévue par l'ANC. Elle aboutit au massacre de Sharpeville le 21 mars 1960, au cours duquel la police abattit soixante-neuf manifestants désarmés. Interdit en même temps que l'ANC en avril 1960. Levée de l'interdiction le 2 février 1990.

Conseil exécutif de transition (TEC)
En 1993, pendant les négociations sur la fin de la domination de la minorité blanche, l'ANC proposa la création d'un Conseil exécutif de transition qui « favoriserait la préparation de et la transition vers un ordre démocratique en Afrique du Sud ». L'ANC argua du fait que le gouvernement de l'époque, dominé par les Blancs, ne pouvait être juge et partie dans le processus électoral. Le TEC visait à plus d'égalité dans le champ politique et à la création d'un climat propice à une activité politique libre à l'approche des élections d'avril 1994. Le TEC était constitué de sept sous-commissions : loi et ordre, stabilité et sécurité ; défense ; renseignement ; affaires étrangères ; condition féminine ; finances ; gouvernement local et provincial et autorités traditionnelles.

Constitution de la République d'Afrique du Sud
Négociée par l'Assemblée constituante de mai 1994 à octobre 1996 sous le Gouvernement d'union nationale (GNU). Pendant les discussions de la CODESA – qui débutèrent en 1991 –, le Parti national et l'ANC étaient tombés d'accord pour créer une Constitution intérimaire qui servirait de base à une Constitution définitive. La Constitution définitive devait être rédigée par les membres des deux chambres du Parlement siégeant à l'Assemblée constituante. Le 8 mai 1996, la Constitution définitive fut adoptée par l'Assemblée nationale et, le lendemain, le deuxième vice-président, F.W. De Klerk, annonça le retrait de son Parti national du GNU, avec effet le 30 juin. Après ajout des amendements réclamés par la Cour constitutionnelle, le texte définitif fut voté par l'Assemblée constituante en octobre 1996.

Corbett, Michael
(1923-2007) Juge de 1989 à 1996. Première rencontre avec Mandela lors de sa visite de Robben Island. Il fit prêter serment

à Mandela lors de sa désignation par le Parlement au poste de président de la République sud-africaine le 9 mai 1994, et le lendemain, jour de son investiture.

Dadoo, Dr Yusuf

(1909-1983) Médecin, militant anti-apartheid et conférencier. Président du SAIC. Adjoint d'Oliver Tambo au Conseil révolutionnaire du MK. Président du SACP de 1972 à 1983. Membre dirigeant de l'ANC. Première peine de prison en 1940 pour activités de sabotage de guerre, puis peine de six mois après la Campagne de résistance passive de 1946. A fait partie des vingt accusés du procès de la Campagne de désobéissance civile en 1952. Il passa à la clandestinité à l'instauration de l'état d'urgence en 1960, puis s'exila pour échapper à l'arrestation. Décoré de la plus haute distinction de l'ANC, l'Isitwalandwe Seaparankoe, en 1955, au Congrès du peuple.

De Klerk, Frederik Willem (F.W.)

(1936-) Avocat. Président de la République de 1989 à 1994. Leader du Parti national de 1989 à 1997. En février 1990, il leva l'interdiction de l'ANC et d'autres organisations et libéra Mandela. Vice-président de Mandela avec Thabo Mbeki de 1994 à 1996. Leader du Nouveau Parti national en 1997. Décoré du prix Prince des Asturies en 1992 et du prix Nobel de la paix en 1993, conjointement avec Nelson Mandela, pour son rôle dans la fin négociée de l'apartheid.

Dlamini-Zuma, Nkosazana

(1949-) Médecin, militante anti-apartheid, femme politique. Diplômée en médecine de l'université de Bristol en 1978, elle travailla au Comité de santé régional de l'ANC puis au Fonds pour la santé des réfugiés, ONG britannique. De retour en Afrique du Sud après la levée de l'interdiction de l'ANC, elle prit part aux négociations de la CODESA. Nommée ministre de la Santé en 1994. Ministre des Affaires étrangères de 1999 à 2009 sous la présidence de Thabo Mbeki et de Kgalema Motlanthe. Ministre de l'Intérieur sous la présidence de son ex-mari Jacob Zuma, du 10 mai 2009 au 2 octobre 2012. Présidente de l'Union africaine de fin 2012 à début 2017.

Duarte, Jessie Yasmin

(1953-) Militante anti-apartheid et femme politique. Assistante de Mandela après sa libération et avant son élection à la présidence de la République. Membre du gouvernement provincial du Gauteng. Nommée secrétaire générale adjointe de l'ANC en 2012. Ambassadrice d'Afrique du Sud au Mozambique.

Dube, John Langalibalele

(1871-1946) Éducateur, éditeur, écrivain. Premier président du SANNC (rebaptisé ANC en 1923), créé en 1912. Fonda l'école industrielle chrétienne zouloue à Ohlange. Fonda le premier journal de langue zouloue et anglaise, *Ilanga Lase Natal* (« Soleil du Natal ») en 1904. Opposant à la loi sur la propriété foncière de 1913. Mandela vota pour la première fois de sa vie à l'école d'Ohlange en 1994, puis alla se recueillir sur la tombe de Dube pour lui annoncer que l'Afrique du Sud était désormais libre.

Erwin, Alexander (Alec)

(1948-) Homme politique, syndicaliste et universitaire. Participa, du côté de l'ANC, aux négociations pour mettre un terme à la domination de la minorité blanche et fut membre du Programme reconstruction et développement. Élu au Comité exécutif national (NEC) de l'ANC en 1990. Secrétaire d'État aux Finances du premier gouvernement de Mandela, puis ministre du Commerce et de l'Industrie. Ministre des Entreprises publiques sous la présidence de Thabo Mbeki du 29 avril 2004 au 25 septembre 2008.

État d'urgence, 1960

Décrété le 30 mars 1960 après le massacre de Sharpeville. Il permit des arrestations massives et l'incarcération de la plupart des leaders africains. Le 8 avril 1960, l'ANC et le PAC furent interdits après le vote de la loi sur les organisations illégales.

Fischer, Abram (Bram)

(1908-1975) Avocat et militant anti-apartheid. Leader du CPSA, ancêtre du SACP. Membre du Congrès des démocrates (COD). Accusé d'incitation à la grève pour son implication dans les grèves des mineurs qui réclamaient une augmentation de leur salaire en

1946. Défendit avec succès Mandela et d'autres dirigeants de l'ANC lors du procès pour trahison. Dirigea la défense lors du procès de Rivonia de 1963-1964. Fit l'objet d'ordres de bannissement répétés et fut condamné en 1966 à la réclusion criminelle à perpétuité pour violation de la loi de suppression du communisme et conspiration à fin de sabotage. Décoré du prix Lénine pour la paix en 1967.

Fivaz, George
(1945-) Officier de police. Nommé par le président Nelson Mandela directeur du nouveau Service de police sud-africaine. Sa mission première consista à unifier onze agences de police en un seul service puis d'adapter ce nouveau service de police à la nouvelle législation et aux processus de transformation en Afrique du Sud. À la fin de son mandat en janvier 2000, Jackie Selebi lui succéda.

Gerwel, G. J. (Jakes)
(1946-2012) Universitaire. Directeur de cabinet du président Mandela de 1994 à 1999. Secrétaire général du Gouvernement d'union nationale de 1994 à 1999. Chancelier de l'université de Rhodes. Professeur émérite de l'université du Cap-Oriental. Président de la Fondation Nelson-Mandela.

Ginwala, Frene Noshir
(1932-) Militante anti-apartheid, journaliste, femme politique, membre de l'ANC. Quitta l'Afrique du Sud en 1960 après avoir établi des itinéraires pour exfiltrer des militants anti-apartheid du pays. Elle aida Oliver Tambo et Yusuf Dadoo à installer le premier bureau de l'ANC en exil. Journaliste, elle devint rédactrice en chef de deux journaux tanzaniens de langue anglaise, le *Standard* et le *Sunday News*. Elle rentra en Afrique du Sud en 1991. Première femme présidente du Parlement sud-africain, elle occupa ce poste de 1994 à 2004.

Goldberg, Denis
(1933-) Militant anti-apartheid. Membre du SACP. Cofondateur et dirigeant du Congrès des démocrates (COD). Officier du MK. Arrêté à Rivonia en 1963, il fut condamné à la réclusion à perpétuité et purgea sa peine à la prison de Pretoria. Après sa libération

en 1985, il s'exila au Royaume-Uni et représenta l'ANC au Comité contre l'apartheid des Nations unies. Fonda la communauté HEART en 1995 pour venir en aide aux Noirs pauvres d'Afrique du Sud. Rentra en Afrique du Sud en 2002 et fut nommé conseiller du ministre des Eaux et Forêts, Ronnie Kasrils.

Gouvernement d'union nationale (GNU)
Gouvernement sud-africain entre le 27 avril 1994 et le 3 février 1997 sous la direction de l'ANC et d'après les termes de l'article 88 (2) de la Constitution intérimaire sud-africaine, qui stipulait que tout parti détenant vingt sièges ou plus à l'Assemblée nationale pouvait demander un ou plusieurs portefeuilles et entrer au gouvernement. Le Parti national et l'IFP obtinrent des postes ministériels pour leurs leaders et députés. F.W. De Klerk quitta le GNU avec son Parti national le 3 juin 1996, départ qu'il justifia par l'exclusion de son parti du processus de décision conjoint dans la rédaction du texte final de la Constitution, et par le manque d'influence du Parti national sur la politique du gouvernement.

Gumede, Josiah Tshangana
(Années 1870-*c.* 1947) Militant et rédacteur en chef de journal. Cofondateur de l'ANC le 8 janvier 1912 (sous le nom de Congrès national des natifs sud-africains). En 1906, il se rendit en Angleterre pour discuter des doléances foncières du peuple sotho. Président de l'ANC de 1927 à 1930. Son fils, Archie Gumede, fut militant au sein de l'ANC et fit de la prison. Nelson Mandela entretint une correspondance avec lui, pendant son incarcération.

Gwala, Themba Harry
(1920-1995) Professeur et militant. Œuvra pour l'ANC dans la clandestinité jusqu'à son arrestation en 1964. Accusé de sabotage et condamné à huit ans de prison à Robben Island. Poursuivit son activité militante à sa libération en 1972 et fut condamné en 1977 à la réclusion criminelle à perpétuité. Retourna à Robben Island. Libération anticipée en novembre 1988 en raison d'une maladie neurodégénérative, qui le privait de l'usage de ses bras. Élu au Comité exécutif national de l'ANC en 1991. Après son élection en 1994, il effectua son mandat au KwaZulu-Natal.

Hani, Thembisile (Chris)
(1942-1993) Militant anti-apartheid. Membre de l'ANCYL dès l'âge de quinze ans, il adhéra également au SACP. Membre du MK, il finit par en prendre la tête. Il fut actif dans les réseaux clandestins de l'ANC au Cap-Oriental et au Cap-Occidental, avant de partir en exil, où il gravit les échelons du MK. Rentra en Afrique du Sud en 1990. Secrétaire général du SACP à partir de 1991. Assassiné devant chez lui à Johannesburg en 1993 par Janusz Waluś. Décoré à titre posthume de la plus haute distinction de l'ANC, l'Isitwalandwe Seaparankoe, en 2008.

Hartzenberg, Ferdinand (Ferdi)
(1936-) Homme politique et producteur de maïs. Ministre de l'Éducation du gouvernement de P.W. Botha de 1979 à 1982. Membre parmi les plus conservateurs du Parti national, il quitta le parti au pouvoir en 1982 pour fonder le Parti conservateur (PC). Vice-président du parti quand Andries Treurnicht en était président, il en prit la tête à la mort de Treurnicht en 1993. Le parti boycotta les élections de 1994. Il fut le second et dernier président du Parti conservateur qui fusionna avec le Front de la liberté et le Parti de l'unité afrikaner en 2004 pour former le Front de la liberté plus. Se retira de la vie politique après la fusion des partis.

Holomisa, Bantubonke (Bantu) Harrington
(1955-) Homme politique, commandant militaire. Débuta sa carrière militaire au sein de la Force de défense du Transkei en 1976 et s'éleva jusqu'au grade de général de brigade en 1985. Força le Premier ministre de l'État indépendant du Transkei à démissionner en octobre 1987, et renversa son successeur, Stella Sigcau, deux mois plus tard. Commandant de la Force de défense du Transkei et chef de son gouvernement de 1987 à 1994 quand il fut rattaché à l'Afrique du Sud. Élu au Comité exécutif national de l'ANC en 1994, il fut secrétaire d'État à l'Environnement et au Tourisme pendant la présidence de Nelson Mandela. Exclu de l'ANC le 30 septembre 1996 après avoir accusé le parti de corruption. En 1997, il fonda le Mouvement démocratique uni (UDM), parti présent au Parlement depuis 1999.

Jordan, Zweledinga Pallo

(1942-) Militant anti-apartheid et homme politique. Travailla pour l'ANC à Londres à partir de 1975. Responsable du département de recherche de l'ANC de 1979 à 1988, dont le siège se trouvait au Centre des études africaines de l'université Eduardo-Mondlane à Maputo, au Mozambique, où, en 1982, il fut grièvement blessé dans l'explosion d'une lettre piégée envoyée par le régime de l'apartheid, qui le laissa sourd d'une oreille et tua une de ses collègues, la militante Ruth First. Ministre des Postes, des Télécommunications et de l'Audiovisuel au sein du gouvernement de Mandela de 1994 à 1996. Ministre des Affaires environnementales et du Tourisme de 1996 à 1999. Ministre des Arts et de la Culture sous la présidence de Thabo Mbeki puis de Kgalema Motlanthe de 2004 à 2009.

Joseph, Helen (née Fennell)

(1905-1992) Enseignante, travailleuse sociale, militante anti-apartheid et des droits de la femme. Membre fondatrice du Congrès des démocrates (COD). Secrétaire nationale de la Fédération des femmes d'Afrique du Sud (FEDSAW). Organisatrice de la Marche des femmes sur les Bâtiments de l'Union à Pretoria. Accusée lors du procès pour trahison en 1956. Assignée à résidence en 1962. Subvint aux besoins de Zindziswa et Zenani Mandela après l'incarcération de leurs deux parents. Décorée à titre posthume de la plus haute distinction de l'ANC, l'Isitwalandwe Seaparankoe, en 1992.

kaBhekuzulu, roi Goodwill Zwelithini

(1948-) Roi de la nation zouloue. Accéda au trône à la mort de son père, le roi Cyprian Bhekhuzulu kaSolomon, en 1968. Un régent fut nommé jusqu'à sa majorité. Après son vingt et unième anniversaire et son premier mariage, Zwelithini fut désigné huitième monarque du peuple zoulou le 3 décembre 1971.

Kahn, Jacob Meyer (Meyer)

(1939-) Homme d'affaires. Directeur de la police sud-africaine de 1997 à 1999. Directeur général du brasseur SABMiller (anciennement Brasseries sud-africaines) de 1981 à 2012, et président du directoire de 1990 à 2012.

Kathrada, Ahmed Mohamed (Kathy)
(1929-2017) Militant anti-apartheid, homme politique, prisonnier politique et député. Dirigeant de l'ANC et du SACP. Fondateur du Corps des volontaires indiens du Transvaal et de son successeur, le Congrès de la jeunesse indienne du Transvaal. Incarcéré en 1946 pour sa participation à la Campagne de résistance passive du SAIC contre l'Asiatic Land Tenure and Indian Representation Act. Condamné pour sa participation à la Campagne de désobéissance civile en 1952. Banni en 1954. Coorganisateur du Congrès du peuple et membre du Comité de direction générale de l'Alliance des Congrès. Arrêté après la proclamation de l'état d'urgence en 1960. Membre du dernier groupe de vingt-huit accusés, finalement acquittés, du procès pour trahison de 1961. Assigné à résidence en 1962. Arrêté à la ferme Liliesleaf en juillet 1963 et accusé de sabotage au procès de Rivonia. Emprisonné à Robben Island de 1964 à 1982, puis à la prison de Pollsmoor jusqu'à sa libération le 15 octobre 1989. Député à partir de 1994, après les premières élections démocratiques, il fut conseiller politique de Nelson Mandela. Président du Conseil de Robben Island de 1994 à 2006. Décoré de l'Isitwalandwe Seaparankoe, plus haute distinction de l'ANC, en 1992 ; du Pravasi Bharatiya Samman Award par le président de l'Inde ; docteur à titre honorifique de plusieurs universités.

Keys, Derek
(1931-2018) Homme politique et homme d'affaires. Ministre des Finances des présidents De Klerk et Mandela après une carrière dans les affaires. En décembre 1991, De Klerk le nomma ministre de la Coordination économique, du Commerce et de l'Industrie. Le ministère des Finances fut ajouté à son portefeuille en 1992. Après sa nomination au gouvernement de Mandela, il démissionna le 6 juillet 1994. Il fut remplacé par Chris Liebenberg le 19 septembre.

Kotane, Moses
(1905-1978) Militant anti-apartheid. Secrétaire général du SACP de 1939 à 1978. Trésorier général de l'ANC de 1963 à 1973.

Accusé lors du procès pour trahison de 1956. Fit aussi partie du groupe de vingt accusés lors du procès de la Campagne de désobéissance civile. Il assista en 1955 à la conférence de Bandung, en Indonésie. Incarcéré en 1960 après la proclamation de l'état d'urgence, puis assigné à résidence. Il s'exila en 1963. Décoré de l'Isitwalandwe Seaparankoe, plus haute distinction de l'ANC, en 1975.

Kriegler, Johann
(1932-) Juge. Nommé président de la Commission électorale indépendante (IEC) en décembre 1993. Le mandat de l'IEC consistait à permettre l'organisation des premières élections au suffrage universel en Afrique du Sud. Il fut l'un des premiers juges nommés à la Cour constitutionnelle en 1994. Son mandat se termina en 2002. Depuis que Kriegler a pris sa retraite, il a accompli des missions sur les cinq continents pour les Nations unies, le Commonwealth et en tant qu'hôte d'organisations non gouvernementales. Actuellement vice-président du conseil d'administration de Section27, centre juridique d'intérêt public pour la promotion de l'égalité et de la justice sociales en Afrique du Sud.

Liebenberg, Chris
(1934-) Banquier. Homme politique. Gravit les échelons du poste de coursier à celui de président-directeur général de Nedbank. Ministre des Finances du président Mandela de 1994 à 1996. Mandela lui demanda de prendre la suite de Derek Keys qui avait démissionné de son poste quelques mois après sa prise de fonctions.

Ligue de jeunesse du Congrès national africain (ANCYL)
Fondée en 1944 par Nelson Mandela, Anton Lembede, Walter Sisulu, A.P. Mda et Oliver Tambo en réaction à la ligne plus conservatrice de l'ANC. Elle prônait la désobéissance civile et les grèves comme moyen de protestation contre l'apartheid. De nombreux membres la quittèrent pour créer le Congrès panafricain d'Azanie (PAC) en 1959. Interdite de 1960 à 1990.

Loi de suppression du communisme, n° 44, 1950
Loi promulguée le 26 juin 1950, par laquelle l'État interdit le SACP et toute autre activité considérée comme communiste, et qui définissait le communisme en des termes si vagues qu'elle pouvait viser toute personne protestant contre l'apartheid.

Ligue des femmes du Congrès national africain (ANCWL)
Fondée en 1948. Activement impliquée dans la Campagne de désobéissance civile en 1952 et dans la Campagne contre le passeport intérieur.

Luthuli, chef Albert John Mvumbi
(1898-1967) Enseignant, militant anti-apartheid et pasteur. Chef de Groutville Reserve. Président de l'ANC de 1952 à 1967. Confiné chez lui à partir de 1953 après une série d'ordres de bannissement. Accusé lors du procès pour trahison en 1956. Condamné à six mois en 1960 (condamnation suspendue) pour avoir publiquement brûlé son passeport intérieur et appelé à une journée de deuil national après le massacre de Sharpeville. A reçu le prix Nobel de la paix en 1960 pour sa contribution à la lutte non violente contre l'apartheid. Décoré de la plus haute distinction de l'ANC, l'Isitwalandwe Seaparankoe, en 1955, lors du Congrès du peuple.

Machel, Graça (née Simbine)
(1945-) Enseignante, militante des droits de l'homme, défenseur des droits de la femme et de l'enfant, et femme politique mozambicaine. Épouse Nelson Mandela en juillet 1998. Veuve du président mozambicain Samora Machel (mort en 1986). Membre du Front de libération du Mozambique (FRELIMO) qui s'est battu pour l'indépendance vis-à-vis du Portugal, qui survint en 1976. Ministre mozambicaine de l'Éducation et de la Culture après l'indépendance. Entre autres distinctions, elle reçut la médaille Nansen des Nations unies pour son engagement humanitaire, notamment auprès des enfants réfugiés.

Madikizela-Mandela, Nomzamo Winifred (Winnie)
(1936-2018) Travailleuse sociale, militante anti-apartheid et militante des droits de la femme. Mariée à Nelson Mandela de 1958

à 1996 (séparés en 1992). Mère de Zenani et Zindziswa Mandela. Première travailleuse sociale noire qualifiée du Baragwanath Hospital de Johannesburg. Mise à l'isolement cellulaire pendant dix-sept mois en 1969. Assignée à résidence à partir de 1970 et soumise à des ordres de bannissement de 1962 à 1987. Fonda la Fédération des femmes noires en 1975 et l'Association des parents noirs en 1976 après les émeutes de Soweto. Présidente de la Ligue des femmes de l'ANC de 1993 à 2003. Députée de l'ANC.

Maharaj, Satyandranath (Mac)
(1935-) Universitaire, homme politique, militant anti-apartheid, prisonnier politique et député. Dirigeant de l'ANC, du SACP et du MK. Condamné pour sabotage en 1964 à une peine de douze ans de réclusion, qu'il effectua à Robben Island. A secrètement contribué à la retranscription de l'autobiographie de Mandela, *Un long chemin vers la liberté*, qu'il fit sortir clandestinement de prison à sa libération en 1976. Dirigea l'opération Vulindlela (Vula), opération secrète de l'ANC pour l'instauration d'un commandement clandestin de l'ANC. Maharaj travailla au secrétariat de la CODESA. Ministre des Transports de 1994 à 1999. Émissaire du président Jacob Zuma.

Malan, Magnus
(1930-2011) Chef militaire et homme politique. Élève officier engagé volontaire dans l'armée sud-africaine en 1949, il sert dans la marine et temporairement en tant que fusilier marin à Robben Island avant de rejoindre l'armée avec le grade de lieutenant général en 1973. Chef d'état-major de l'armée sud-africaine en 1976. Ministre de la Défense de 1980 à 1991. Le président De Klerk le démet de ses fonctions en juillet 1991 après un scandale impliquant le financement secret par le gouvernement du Parti de la liberté Inkatha et d'autres opposants de l'ANC. Accusé en 1987 avec d'autres officiers du meurtre de treize personnes, parmi lesquelles sept enfants, en novembre 1995. Tous furent acquittés après sept mois de procès. Le président Mandela exhorta l'opinion à respecter la décision du tribunal.

Mandela, Winnie
(Voir Madikizela-Mandela, Nomzamo Winifred)

Manuel, Trevor
(1956-) Militant anti-apartheid et homme politique. Nommé secrétaire régional et membre du Comité exécutif national de l'UDF en 1983. Entre 1985 et 1990, il fut détenu de façon répétée sans être jugé et fut mis en résidence surveillée pour ses activités politiques. Élu au Parlement en 1994 et nommé ministre du Commerce et de l'Industrie par Mandela. Il est le ministre qui est resté le plus longtemps en poste aux Finances, il a été membre du gouvernement de Mandela en 1996, puis de celui de Thabo Mbeki et enfin de Kgalema Motlanthe jusqu'en 2009. Entre 2009 et 2014, il fut ministre chargé de la Commission de planification nationale pour Jacob Zuma. A présidé le Comité de développement du Fonds monétaire international. Envoyé spécial des secrétaires généraux de l'ONU Kofi Annan et Ban Ki-Moon pour la conférence internationale sur le financement du développement. A coprésidé le Comité de transition du Fonds vert pour le climat en 2011, un fonds de l'ONU pour aider les pays pauvres à combattre et à s'adapter au changement climatique.

Marcus, Gill
(1949-) Militante, femme politique, banquière. Née de parents militants qui s'exilèrent d'Afrique du Sud en 1969, Marcus commença à travailler pour l'ANC à plein temps à Londres en 1970. Élue au Parlement en 1994, elle fut la première présidente du Comité permanent chargé des finances. Secrétaire d'État aux Finances du gouvernement de Mandela entre 1996 et 1999 quand elle quitta le gouvernement pour devenir vice-gouverneure de la Banque centrale sud-africaine. Elle occupa ce poste cinq ans puis enseigna les sciences politiques, le leadership et les études de genre au Gordon Institute for Business Science avant d'entrer dans le milieu des affaires. Gouverneure de la Banque centrale sud-africaine de juillet 2009 à novembre 2014.

Masekela, Barbara Mosima Joyce
(1941-) Militante, universitaire et ambassadrice. Quitta l'Afrique du Sud dans les années 1960 et fit ses études au Botswana,

au Swaziland et au Ghana. Titulaire d'un BA de l'université d'État de l'Ohio, elle fut maître de conférences de littérature anglaise au Staten Island Community College, dans l'État de New York, puis à l'université Rutgers, dans le New Jersey, jusqu'en 1982. Présidente du Comité régional politique du Congrès national africain. A dirigé le département des Arts et de la Culture de l'ANC en 1983. Rentrée en Afrique du Sud en 1990, elle est élue au Comité exécutif national en 1991. Devient l'assistante personnelle de Mandela en 1990. A été ambassadrice d'Afrique du Sud aux États-Unis, en France et à l'UNESCO.

Masemola, Jafta Kgalabi (Jeff)
(1929-1990) Enseignant et membre de la Ligue de jeunesse de l'ANC, puis du PAC. Surnommé « le Tigre d'Azanie », il fonda la branche armée du PAC. Après avoir été arrêté en 1962 et inculpé de sabotage pour avoir fait sauter des lignes électriques et fait sortir des combattants de la liberté d'Afrique du Sud, il fut condamné à la réclusion criminelle à perpétuité en juillet 1963. Le 13 octobre 1989, il rencontre Nelson Mandela à la prison Victor-Verster. La rumeur veut qu'ils aient discuté d'une union entre l'ANC et le PAC. Libéré le 15 octobre 1989. Le 17 avril 1990, il meurt dans un accident de voiture dont les circonstances restent mystérieuses.

Massacre de Sharpeville
Affrontement dans le township de Sharpeville, dans la province du Gauteng. Le 21 mars 1960, 69 manifestants contre le passeport intérieur, désarmés, furent abattus par la police, et 180 autres blessés. La manifestation organisée par le PAC attira entre 5 et 7000 manifestants. Cette date est devenue un jour férié en Afrique du Sud, sous le nom de Journée des droits de l'homme.

Mbeki, Archibald Mvuyelwa Govan (nom clanique : Zizi)
(1910-2001) Historien et militant anti-apartheid. Dirigeant de l'ANC et du SACP. Membre du haut commandement de l'ANC. Père de Thabo Mbeki (président de la République de 1999 à 2008). Condamné lors du procès de Rivonia à la réclusion

criminelle à perpétuité. Libéré de Robben Island en 1987. Devint vice-président du Sénat dans l'Afrique du Sud post-apartheid, de 1994 à 1997, puis du Conseil national des provinces de 1997 à 1999. Décoré de la plus haute distinction de l'ANC, l'Isitwalandwe Seaparankoe, en 1980.

Mbeki, Mvuyelwa Thabo
(1942-) Homme politique et militant anti-apartheid. Président de la République de 1999 à 2008. Vice-président de 1994 à 1999. Fils de Govan Mbeki. Adhéra à l'ANCYL en 1956 à l'âge de quatorze ans. Quitta l'Afrique du Sud avec d'autres étudiants en 1962. Il gravit rapidement les échelons au sein de l'ANC en exil et suivit un entraînement militaire en Union soviétique. Il travailla étroitement avec Oliver Tambo et dirigea la délégation de l'ANC qui engagea des discussions secrètes avec le gouvernement sud-africain, participant à toutes les négociations. Il fut président de l'ANC de 1997 à 2007.

Mboweni, Tito Titus
(1959-) Militant anti-apartheid, homme politique et banquier. Quitta l'Afrique du Sud en 1980 et rejoignit l'ANC en exil au Lesotho. Rentra en Afrique du Sud en 1990 après la levée de l'interdiction de l'ANC. Ministre du Travail de Mandela de 1994 à juillet 1998. Nommé à la tête du service politique de l'ANC en 1998, qui gérait les démarches politiques de l'ANC. Il rejoignit la Banque centrale sud-africaine en juillet 1998 en tant que conseiller du gouverneur, et démissionna de tous ses mandats et postes au sein de l'ANC. Nommé gouverneur de la Banque centrale en 1999. Nommé conseiller international de Goldman Sachs International en juin 2010.

Meiring, Georg
(1939-) Chef militaire. Entre dans l'armée sud-africaine en 1963 après avoir obtenu une maîtrise de physique à l'université de l'État libre d'Orange. Chef de l'armée sud-africaine de 1990 à 1993 avec le grade de général de division. Chef d'état-major de l'armée sud-africaine de 1993 à 1998.

Mhlaba, Raymond (nom clanique : Ndobe)
(1920-2005) Militant anti-apartheid, homme politique, diplomate et prisonnier politique. Dirigeant de l'ANC et du SACP.

Commandant en chef du MK. Arrêté en 1963 à Rivonia et condamné à la réclusion criminelle à perpétuité lors du procès de Rivonia. Détenu à Robben Island jusqu'à son transfert à la prison de Pollsmoor en 1982. Libéré en 1989. Il s'impliqua dans les négociations avec le gouvernement du Parti national qui ont conduit à la démocratisation de l'Afrique du Sud. Membre du Comité exécutif national de l'ANC en 1991. Dirigeant du Cap-Occidental en 1994. Haut-commissaire sud-africain en Ouganda en 1997. Décoré de la plus haute distinction de l'ANC, l'Isitwalandwe Seaparankoe, en 1992.

MK
(Voir Umkhonto weSizwe)

Mkwayi, Wilton Zimasile (nom clanique : Mbona ; surnom : Bri Bri)
(1923-2004) Syndicaliste, militant et prisonnier politique. Membre de l'ANC et du Congrès des syndicats d'Afrique du Sud (SACTU). Coordinateur du syndicat des ouvriers du textile de Port Elizabeth. Participa à la Campagne de désobéissance civile en 1952 et à celle pour le Congrès du peuple. Prit la fuite lors du procès pour trahison de 1956 et rallia le Lesotho. Rejoignit l'Umkhonto weSizwe et suivit un entraînement militaire en République populaire de Chine. Nommé commandant en chef du MK après les arrestations à la ferme Liliesleaf. Condamné à la réclusion criminelle à perpétuité dans ce qu'on appela le « Petit Procès de Rivonia ». Il purgea sa peine à Robben Island. Libéré en octobre 1989. Élu au Sénat en 1994, il fut ensuite détaché au corps législatif de la province du Cap-Oriental, où il travailla jusqu'à son retrait de la vie publique en 1999. Décoré de la plus haute distinction de l'ANC, l'Isitwalandwe Seaparankoe, en 1992.

Mlangeni, Andrew Mokete (nom clanique : Mkotlwana ; surnom : Mpandla)
(1926-) Militant anti-apartheid, prisonnier politique et député. Membre de l'ANCYL, de l'ANC et du MK. Condamné au procès de Rivonia en 1963 à la réclusion à perpétuité. Purgea huit ans

à Robben Island avant d'être transféré à la prison de Pollsmoor en 1982. Décoré de la plus haute distinction de l'ANC, l'Isitwalandwe Seaparankoe, en 1992.

Modise, Johannes (Joe)
(1929-2001) Chauffeur de bus, militant anti-apartheid et homme politique. Accusé avec Mandela et 155 autres lors du procès pour trahison de 1956. Tous furent acquittés. Devint combattant de la liberté dans les années 1960 et s'éleva jusqu'au poste de commandant en chef du MK, branche armée de l'ANC, poste qu'il occupa pendant vingt-cinq ans de 1965 à 1990. Après la libération de Mandela, Modise retourna en Afrique du Sud et intégra l'équipe de négociateurs qui engagea des pourparlers avec le Parti national au pouvoir. Le premier échange déboucha sur la signature des accords de Groote Schuur, qui ouvrirent la voie au retour des exilés et à une fin négociée de l'apartheid. Ministre de la Défense de Mandela de 1994 à 1999.

Mokaba, Peter
(1959-2002) Militant et homme politique. Après avoir travaillé peu de temps dans l'enseignement, Peter Mokaba fut arrêté en 1982 et condamné pour possession illégale d'armes et pour avoir suivi un entraînement militaire en tant que membre du MK au Mozambique et en Angola. Il fut condamné à six ans de réclusion mais fut relâché un an après, à la suite d'une décision favorable en appel. Fondateur du Congrès de la jeunesse sud-africaine, avant d'en devenir le premier président en 1987, Mokaba fut vénéré comme un héros par une grande partie de la jeunesse sud-africaine. Président de l'ANCYL de 1991 à 1994. Secrétaire d'État aux Affaires environnementales et au Tourisme du gouvernement Mandela.

Moosa, Mohammed Valli (Valli)
(1957-) Militant anti-apartheid, homme politique et homme d'affaires. Membre de l'UDF. Participa aux négociations multipartites pour la fin de la domination de la minorité blanche. Secrétaire d'État aux Affaires provinciales et constitutionnelles du gouvernement Mandela. Après le départ du Parti national du GNU en 1996, il fut nommé ministre au sein du même

ministère. En 1999, il fut nommé ministre de l'Environnement et du Tourisme. Il intégra le monde des affaires après son départ du gouvernement.

Moroka, Dr James Sebe
(1892-1985) Médecin, homme politique et militant anti-apartheid. Président de l'ANC de 1949 à 1952. Condamné lors du procès de la Campagne de désobéissance civile en 1952. Au cours du procès, il prit son propre avocat, se dissocia de l'ANC et plaida les circonstances atténuantes. À la suite de quoi il ne fut pas réélu président de l'ANC et fut remplacé par le chef Luthuli.

Mothopeng, Zephania Lekoame (Zeph)
(1913-1990) Enseignant et militant anti-apartheid. Rejoignit l'ANCYL en 1940. Rejoignit le PAC dont il fut élu président en 1989 alors qu'il était incarcéré. Condamné à une peine de deux ans en 1960, puis de nouveau en 1964, il purgea une partie de sa peine dans la même section que Mandela, à Robben Island. De nouveau arrêté en 1976 et condamné à quinze ans de réclusion. Il bénéficia d'une remise de peine en 1988 après s'être vu diagnostiquer un cancer. Sous sa présidence, le PAC refusa de se joindre aux négociations multipartites pour une Afrique du Sud démocratique.

Motsoaledi, Elias (nom clanique : Mokoni)
(1924-1994) Syndicaliste, militant anti-apartheid et prisonnier politique. Membre de l'ANC, du SACP et du Conseil des syndicats non européens (CNETU). Banni après la Campagne de désobéissance civile de 1952. Participa à la création du Congrès des syndicats d'Afrique du Sud (SACTU) en 1955. Emprisonné pendant quatre mois après l'instauration de l'état d'urgence en 1960, puis de nouveau pendant quatre-vingt-dix jours en 1963. Condamné à la réclusion criminelle à perpétuité lors du procès de Rivonia et détenu à Robben Island de 1964 à 1989. Élu au Comité exécutif national de l'ANC après sa libération. Décoré de la plus haute distinction de l'ANC, l'Isitwalandwe Seaparankoe, en 1992.

Mouvement de la conscience noire

Mouvement anti-apartheid s'adressant à la jeunesse et aux ouvriers noirs. Défendait la fierté de l'identité noire. Émergea au milieu des années 1960 en réaction au vide politique créé par l'interdiction de l'ANC et du PAC et l'incarcération de leurs membres. Puisa ses origines dans l'Organisation des étudiants sud-africains (SASO) dirigée par Steve Biko, fondateur du mouvement.

Mpetha, Oscar Mafakafaka

(1909-1994) Syndicaliste, militant et membre de l'ANC. Détenu pendant quatre ans après le massacre de Sharpeville le 21 mars 1960. Condamné à cinq ans de prison en 1983 pour terrorisme et incitation à l'émeute. La même année, il fut élu coprésident de l'UDF, qui venait d'être créé. Il passa une longue partie de son incarcération sous bonne garde à l'hôpital Groote Schuur. Il était diabétique et fut amputé des deux jambes, ne se déplaça plus qu'en fauteuil roulant. Libéré le 15 octobre 1989, avec un groupe de prisonniers politiques, à la suite de la demande officielle de libération formulée par Mandela.

Mufamadi, Fohlisani Sydney

(1959-) Militant anti-apartheid, homme politique, syndicaliste et enseignant. Rejoint l'ANC en 1977. Fondateur de l'organisation du peuple d'Azanie (AZAPO) en 1978. Rejoint le SACP en 1981. Élu au poste d'attaché de presse de l'UDF pour le Transvaal en 1983, poste qu'il occupa jusqu'en 1990. Élu secrétaire général adjoint du Congrès des syndicats sud-africains (COSATU) en 1985. Ministre de la Sûreté et de la Sécurité de Mandela jusqu'en 1999. Ministre du Gouvernement provincial et local de 1999 à 2008.

Naidoo, Jayaseelan (Jay)

(1954-) Homme politique et syndicaliste. Encore étudiant, il s'engagea dans l'Organisation des étudiants sud-africains interdite en 1977 juste après l'assassinat de son leader Steve Biko par la police alors qu'il était en garde à vue. Devint coordinateur dans le milieu associatif et communautaire avant de s'engager dans le syndicalisme. Élu premier secrétaire général du Congrès des syndicats sud-africains lors de son lancement en 1975. Ministre sans portefeuille du président Nelson Mandela, en charge de la coordination du Programme reconstruction et développement. Ministre des Postes, des Télécommunications et de l'Audiovisuel. Président du conseil d'administration et du conseil de partenariat de l'Alliance globale de lutte contre la malnutrition (GAIN).

Netshitenzhe, Joel Khathutshelo
(1956-) Militant anti-apartheid et homme politique. Passa sept ans en exil au service de l'ANC. Responsable du pôle communication du cabinet de Nelson Mandela. Responsable du Système d'information et de communication du gouvernement sud-africain (GCIS) de 1998 à 2006, avant de prendre la direction de l'unité de législateurs de la présidence. Membre de la première Commission de planification nationale sud-africaine de 2010 à 2015. Directeur exécutif et vice-président de l'Institut Mapungubwe de réflexion stratégique (MISTRA).

Ngoyi, Lilian Masediba
(1911-1985) Femme politique, militante anti-apartheid et des droits de la femme, conférencière. Dirigeante de l'ANC. Première femme élue au Comité exécutif national de l'ANC. Présidente de la Fédération des femmes d'Afrique du Sud (FEDSAW) en 1956. Prit la tête de la Marche des femmes contre le passeport intérieur en 1956. Accusée et acquittée lors du procès pour trahison. Incarcérée après l'instauration de l'état d'urgence en 1960. Incarcérée et mise à l'isolement pendant soixante-dix jours en 1963. Soumise à une série d'ordres de bannissement. Décorée de la plus haute distinction de l'ANC, l'Isitwalandwe Seaparankoe, en 1982.

Nkobi, Thomas Titus
(1922-1994) Militant anti-apartheid, trésorier de l'ANC, membre du Parlement. Rejoignit l'ANC en 1950 et participa à la Campagne de désobéissance civile contre des lois injustes et au Congrès du peuple en 1955. Coordinateur national de l'ANC en 1958. Arrêté sous l'état d'urgence en 1960 pour son rôle d'initiateur du Plan M pour créer des réseaux de résistance au sein de l'ANC. Partit en exil en 1963, principalement à Lusaka. Trésorier général de l'ANC de 1968 à 1973. Rentra en Afrique du Sud en

1990 et fut réélu trésorier général de l'ANC, puis élu député au Parlement.

Nyanda, Siphiwe
(1950-) Homme politique, militant et chef militaire. Rejoignit le MK, branche armée de l'ANC, en 1974. Nommé chef d'état-major du MK en 1992. Membre du Conseil exécutif de transition qui supervisa la fin de la domination de la minorité blanche. Quand le MK fut intégré à la Force de défense nationale sud-africaine (SANDF) en 1994, Nyanda s'éleva au rang de chef d'état-major de la SANDF en 1998. Il occupa ce poste jusqu'en 2005. Ministre des Communications du président Jacob Zuma de 2009 à 2010.

Nzo, Alfred Baphetuxolo
(1925-2000) Dirigeant de l'ANCYL et de l'ANC. Participa à la Campagne de désobéissance civile de 1952 et au Congrès du peuple. En 1962, Nzo fut assigné à résidence et incarcéré deux cent trente-huit jours en 1963. Après sa libération, l'ANC lui ordonna de quitter le pays. Il représenta l'ANC dans plusieurs pays, dont l'Égypte, l'Inde, la Zambie et la Tanzanie. Il succéda à Duma Nokwe au poste de secrétaire général en 1969 et occupa cette fonction jusqu'à la première conférence légale de l'ANC en Afrique du Sud en 1991. Il fut membre de la délégation de l'ANC qui participa aux négociations avec le gouvernement De Klerk après 1990. Nommé ministre des Affaires étrangères de la nouvelle Afrique du Sud démocratique en 1994. Récipiendaire de nombreuses décorations, dont l'ordre de Luthuli en 2003.

OR
(Voir Tambo, Oliver)

Organisation de l'unité africaine (OAU)
Créée le 25 mai 1963 à Addis-Abeba, en Éthiopie, avec vingt-deux gouvernements signataires pour finir par inclure les cinquante-trois États africains à l'exception du Maroc, qui s'en retira en 1984. Elle visait à éradiquer toute forme de colonialisme et de domination de la minorité blanche sur le continent africain. Elle visait aussi à coordonner et à intensifier la coopération des États

africains pour l'amélioration du niveau de vie du peuple d'Afrique et pour défendre la souveraineté, l'intégrité territoriale et l'indépendance des États africains. Elle fut dissoute le 9 juillet 2002 par son dernier président, le Sud-Africain Thabo Mbeki, et remplacée par l'Union africaine.

Pahad, Aziz Goolam
(1940-) Homme politique et militant anti-apartheid. S'exila en 1964 et œuvra à temps plein pour l'ANC désormais interdit, à partir de 1966. Essentiel dans le développement du mouvement anti-apartheid au Royaume-Uni et en Europe. Élu au Comité exécutif national de l'ANC en 1985. Rentra en Afrique du Sud après la légalisation de l'ANC en 1990 et participa aux négociations pour mettre fin à la domination de la minorité blanche. Secrétaire d'État aux Affaires étrangères des gouvernements de Nelson Mandela et de son successeur, Thabo Mbeki. Démissionna du gouvernement en septembre 2008.

Parti communiste sud-africain (SACP)
Fondé en 1921 sous le nom de Parti communiste d'Afrique du Sud (CPSA), pour lutter contre le matérialisme et la domination raciale. Rebaptisé Parti communiste sud-africain (SACP) en 1953, après son interdiction en 1950. Le SACP ne fut légalisé qu'en 1990. Le SACP est l'une des trois formations de l'Alliance tripartite, avec l'ANC et le COSATU.

Parti de la liberté Inkatha (IFP)
Initialement baptisé Mouvement de libération culturelle et nationale Inkatha, plus connu sous le nom d'Inkatha, il fut fondé par le chef Mangosuthu Buthelezi en 1975. Devenu parti politique le 14 juillet 1990, avec Buthelezi pour président. Il prôna un gouvernement national fédéral et l'autonomie régionale. L'Inkatha rejoignit l'Alliance de la liberté, coalition comprenant les groupes blancs d'extrême droite dans leur opposition à l'ANC. Il menaça de boycotter les élections de 1994 avant de se rallier au processus à la dernière minute. Il obtint 10,5 % des voix et trois postes au sein du gouvernement du président Nelson Mandela. L'Inkatha menaça de quitter le GNU, avant de se raviser.

Parti national
Parti conservateur d'Afrique du Sud fondé à Bloemfontein en 1914 par des Afrikaners nationalistes. Parti de gouvernement de l'Afrique du Sud, de juin 1948 à mai 1994. Appliqua l'apartheid, un système de ségrégation raciale qui imposait la domination de la minorité blanche. A disparu en 2004.

Plaatje, Solomon Tshekisho (Sol)
(1876-1932) Écrivain, journaliste, linguiste, éditeur et éditorialiste politique, militant des droits de l'homme. Membre de l'Organisation du peuple africain. Premier secrétaire général du SANNC (rebaptisé ANC en 1923), en 1912. Premier Sud-Africain à écrire un roman en anglais (*Mhudi*, publié en 1913). Fonda le premier hebdomadaire bilingue setswana/anglais, *Koranta ea becoana* (« Journal du Tswana ») en 1901 et *Tsala ea becoana* (« L'Ami du peuple »), en 1910. Membre de la députation du SANNC qui réclama au gouvernement britannique des mesures de rétorsion contre la loi foncière de 1913, qui limitait gravement le droit des Africains à posséder ou à occuper des terres.

Prison de haute sécurité de Pollsmoor
Prison de la banlieue de Tokai, au Cap. Mandela y fut transféré depuis Robben Island avec Walter Sisulu, Raymond Mhlaba et Andrew Mlangani, puis, Ahmed Kathrada, en 1982.

Prison Victor-Verster
Établissement pénitentiaire de sécurité minimale, situé entre Paarl et Franschhoek, au Cap-Occidental. Mandela y fut transféré en 1988 en provenance de Pollsmoor et logea dans une maison individuelle dans l'enceinte de la prison. Une statue de Mandela a été érigée devant les portes de la prison. Aujourd'hui appelé Centre correctionnel Drakenstein.

Procès de Rivonia
Procès qui se tint de 1963 à 1964, au cours duquel dix dirigeants de l'Alliance des Congrès furent accusés de sabotage, accusation susceptible de leur valoir la peine de mort. Son nom vient de Rivonia, en banlieue de Johannesburg, où six membres du haut commandement du MK furent arrêtés dans leur cachette,

la ferme Liliesleaf, le 11 juillet 1963. Des documents compromettants furent saisis, dont un projet d'insurrection et de guérilla baptisé opération Mayibuye. Mandela, qui purgeait une peine pour incitation à la grève et pour avoir quitté le pays illégalement, fut aussi accusé, et ses notes sur la guérilla et le journal de son périple en Afrique en 1962 furent saisis. Il ne fut pas interrogé en tant que témoin et fit une déclaration depuis le banc des accusés le 20 avril 1964. Ce discours devint célèbre. Le 11 juin 1964, au palais de justice de Pretoria, huit accusés furent condamnés par le juge Qartus de Wet à la réclusion criminelle à perpétuité.

Procès pour trahison
(1956-1961) Le procès pour trahison fut une tentative du gouvernement d'apartheid de museler l'influence de l'Alliance des Congrès. Au petit matin du 5 décembre 1956, la police procéda à l'arrestation de 156 individus qui furent accusés de trahison. À la fin du procès en mars 1961, les charges visant tous les accusés furent levées, et les 28 derniers accusés, parmi lesquels se trouvait Mandela, furent acquittés.

Programme reconstruction et développement
Lancé par le gouvernement ANC de Mandela, le RDP fut conçu pour lutter contre les profondes inégalités socio-économiques créées par l'apartheid. Il s'attacha à lutter contre la pauvreté et les énormes insuffisances des services sociaux. Il fut subordonné à la Stratégie macroéconomique pour la croissance, l'emploi et la redistribution (GEAR) à partir de 1996.

Qunu
Village de la province du Cap-Oriental où vécut Mandela après que sa famille eut quitté Mvezo, son village natal.

Ramaphosa, Matamela Cyril
(1952-) Homme politique, homme d'affaires et syndicaliste. Premier secrétaire du puissant Syndicat national des mineurs en 1982. Joua un rôle essentiel dans la création du COSATU. Président du Comité national de réception qui coordonna la libération de Mandela. Élu secrétaire général de l'ANC en 1991.

Joua un rôle central dans les négociations pour la fin de la domination de la majorité blanche, rôle qui lui vaudra les félicitations de Mandela. Quitta le gouvernement pour le monde des affaires en 1994 après avoir échoué à être nommé vice-président de Mandela, au profit de Thabo Mbeki. Élu vice-président de l'ANC en décembre 2012, vice-président de Jacob Zuma depuis 2014, il a été élu président de la République sud-africaine en 2018.

Robben Island
Île située à Table Bay, à 7 kilomètres des côtes du Cap, et qui fait 3,3 kilomètres de long sur 1,9 kilomètre de large. Servit principalement de lieu de bannissement et d'incarcération, notamment pour les prisonniers politiques, dès les débuts de la colonisation hollandaise au XVIIe siècle. Trois futurs présidents de l'Afrique du Sud y furent détenus : Nelson Mandela (1964-1982), Kgalema Motlanthe (1977-1987) et Jacob Zuma (1963-1973). Aujourd'hui musée, le site est classé au Patrimoine mondial de l'humanité.

Sekhukhune
(1814-1882) Roi du peuple Marota (communément appelé Bapedi). Roi illégitime qui prit le pouvoir par la force. Après quoi son demi-frère Mampuru, héritier légitime, fut forcé de s'enfuir du royaume. Il bâtit son pouvoir au moyen d'alliances diplomatiques avec diverses dynasties, en intégrant d'autres sociétés à son empire et par la conquête militaire. Cela élargit la base de ses soutiens et lui donna sa légitimité.

Seme, Pixley ka Isaka
(1881-1951) Militant. Reçut son nom anglais d'un missionnaire américain, le révérend S. C. Pixley, qui l'envoya au lycée aux États-Unis. Rentra en Afrique du Sud après avoir fait ses études à l'université Columbia et à l'université d'Oxford. Cofondateur de l'ANC, le 8 janvier 1912 (avec le Congrès national des natifs sud-africains) dont il fut le président de 1930 à 1937.

Sisulu, Nontsikelelo (Ntsiki) Albertina (née Thethiwe)
(1918-2011) Infirmière, sage-femme, militante anti-apartheid et pour les droits de la femme. Dirigeante de l'ANC. Mariée

en 1944 à Walter Sisulu, qu'elle rencontra par l'intermédiaire de son amie infirmière Evelyn Mase (première épouse de Nelson Mandela). Membre de l'ANCWL et de la Fédération des femmes d'Afrique du Sud (FEDSAW). Elle joua un rôle de premier plan lors de la Marche des femmes contre le passeport intérieur. Elle fut la première femme arrêtée en vertu de la loi de 1963 portant amendement de la législation générale, et elle passa quatre-vingt-dix jours à l'isolement. Soumise à une série d'ordres de bannissement et au harcèlement policier à partir de 1963. Elle fut l'un des trois présidents élus de l'UDF en 1983. Inculpée de trahison en 1985, avec quinze partisans de l'UDF ou syndicalistes, dans ce qu'on appela le procès pour trahison de Pietermaritzburg. Députée de 1994 à sa retraite en 1999. Présidente du Conseil mondial de la paix de 1993 à 1996. Décorée du prix Femme de mérite en 2003, prix décerné par l'institut Women for Woman en reconnaissance de son courage et de sa lutte pour les droits de l'homme et la dignité humaine.

Sisulu, Walter Ulyate Max (noms claniques : Xhamela et Tyhopho)
(1912-2003) Militant anti-apartheid et prisonnier politique. Mari d'Albertina Sisulu. Fit la connaissance de Mandela en 1941 et le présenta à Lazar Sildesky qui lui offrit un poste de stagiaire. Leader de l'ANC, il est généralement considéré comme le « père de la lutte ». Cofondateur de l'ANCYL en 1944. Arrêté et accusé pour son rôle dans la Campagne de désobéissance civile en 1952. Arrêté et acquitté lors du procès pour trahison en 1956. Soumis à une série continue d'ordres de bannissement et assigné à résidence après l'interdiction de l'ANC et du PAC. Participa à la création du MK et fut membre de son haut commandement. Passa à la clandestinité en 1963 et se cacha à la ferme de Liliesleaf, où il fut interpellé le 11 juillet 1963. Déclaré coupable de sabotage lors du procès de Rivonia, condamné à la réclusion criminelle à perpétuité le 12 juin 1964. Il purgea sa peine à Robben Island et à la prison de Pollsmoor. Libéré le 15 octobre 1989. Membre de la délégation de l'ANC qui négocia avec le gouvernement d'apartheid la fin de la domination de la minorité blanche. Décoré de la plus haute distinction de l'ANC, l'Isitwalandwe Seaparankoe, en 1992.

Slovo, Joe
(1926-1995) Militant anti-apartheid. Épousa Ruth First en 1949. Dirigeant de l'ANC et du CPSA (ancêtre du SACP). Commandant du MK. Adhéra au CPSA en 1942 et fit des études de droit à l'université du Witwatersrand où il fit la connaissance de Mandela et s'engagea en politique. Il participa à la création du Congrès des démocrates (COD) et fit partie des accusés lors du procès pour trahison en 1956. Détenu pendant six mois après l'instauration de l'état d'urgence. Il contribua à la mise en place du MK. S'exila de 1963 à 1990 et habita au Royaume-Uni, en Angola, au Mozambique et en Zambie. Secrétaire général du SACP en 1986. Chef d'escadron du MK. Participa aux négociations multipartites pour la fin de la domination de la minorité blanche. Ministre du Logement de Mandela à partir de 1994. Décoré de la plus haute distinction de l'ANC, l'Isitwalandwe Seaparankoe, en 1994.

Sobukwe, Robert Mangaliso
(1924-1978) Avocat, militant anti-apartheid et prisonnier politique. Membre de l'ANCYL et de l'ANC avant de créer le PAC, qui prône une « Afrique aux Africains ». Rédacteur au journal *The Africanist*. Arrêté et incarcéré après le massacre de Sharpeville en 1960. Jugé coupable d'incitation à la grève et condamné à trois ans de prison. Avant sa libération, la promulgation de la loi n° 37 de 1963 portant amendement de la législation générale permit la prolongation de l'incarcération des condamnés pour délit politique – ce qu'on appela bientôt la « clause Sobukwe ». Il passa six ans de plus à Robben Island. Libéré en 1969, il rejoignit sa famille à Kimberley, et fut assigné à résidence douze heures par jour et interdit de participation à toute activité politique, après l'interdiction du PAC. Il avait étudié le droit en prison et créa son propre cabinet en 1975.

Stengel, Richard
(1955-) Éditeur et écrivain. Collabora avec Mandela sur son autobiographie, *Un long chemin vers la liberté* (publié en 1994 sous le titre *Long Walk to Freedom*). Coproducteur du documentaire *Mandela*, en 1996. Rédacteur en chef du magazine *Time*.

Tambo, Oliver Reginald (OR)
(1917-1993) Avocat, homme politique et militant anti-apartheid. Dirigeant de l'ANC et fondateur de l'ANCYL. Cofondateur, avec Mandela, du premier cabinet d'avocats d'Afrique du Sud dirigé par des Noirs. Devint secrétaire général de l'ANC après le bannissement de Walter Sisulu, et vice-président de l'ANC en 1958. Reçut un ordre de bannissement de cinq ans en 1959. Quitta l'Afrique du Sud dans les années 1960 pour diriger les activités de l'ANC à l'étranger et mobiliser l'opinion contre l'apartheid. Créa des camps d'entraînement militaire hors d'Afrique du Sud. Lança les campagnes « Libérez Mandela » dans les années 1980. Vécut en exil à Londres jusqu'en 1990. Président par intérim de l'ANC en 1967, après la mort du chef Albert Luthuli. Élu président en 1969 lors de la Conférence de Morogoro, poste qu'il occupa jusqu'en 1991, avant de devenir président d'honneur de l'ANC. Décoré de la plus haute distinction de l'ANC, l'Isitwalandwe Seaparankoe, en 1992.

Terre'Blanche, Eugene
(1941-2010) Suprémaciste blanc, policier, fermier et homme politique. Fondateur et chef du Mouvement de résistance afrikaner (Afrikaner Weerstandsbeweging – AWB) qui jura de recourir à la violence pour protéger la domination de la minorité blanche et qui dévasta le hall du World Trade Centre de Johannesburg pendant les négociations sur la fin de la domination de la minorité blanche. Fit trois ans de prison pour avoir agressé un pompiste dans une station-service et pour tentative de meurtre contre un vigile. Relâché en juin 2004, il fut assassiné le 3 avril 2010.

Trew, Tony
(1941-) Militant anti-apartheid et membre de l'ANC. Emprisonné en 1964-1965. S'exila au Royaume-Uni. Nommé directeur de recherche du Fonds international d'aide et de défense en 1980. Rentra en Afrique du Sud en 1991 pour travailler en tant que chercheur pour l'ANC. Travailla au service de communication du cabinet du président Mandela de 1994 à 1999.

Tshwete, Steve Vukile
(1938-2002) Militant anti-apartheid, prisonnier politique, homme politique et député. Membre de l'ANC et du MK. Incarcéré à Robben Island de 1964 à 1978 parce qu'il était membre d'une organisation interdite. Travailla au sein du Comité exécutif de l'ANC à partir de 1988 et participa aux pourparlers entre le gouvernement et l'ANC sur le début officiel des négociations de Groote Schuur en 1990. Ministre des Sports et des Loisirs de 1994 à 1999. Œuvra à la déracialisation du sport sud-africain. Ministre de la Sûreté et de la Sécurité de 1999 à 2002.

Tutu, archevêque Desmond
(1931-) Archevêque, militant anti-apartheid et défenseur des droits de l'homme. Évêque du Lesotho de 1976 à 1978. Premier secrétaire général noir du Conseil œcuménique des Églises en 1978. Après les élections de 1994, il présida la Commission Vérité et Réconciliation qui fit la lumière sur les crimes du régime d'apartheid. A reçu le prix Nobel de la paix en 1984 pour son engagement dans la lutte non violente contre l'apartheid ; le prix Albert-Schweitzer en 1986 ; et le prix Gandhi pour la paix en 2005.

Umkhonto weSizwe (MK)
Umkhonto weSizwe, qui signifie « fer de lance de la nation », fut fondé en 1961 et est plus connu sous l'abréviation MK. Nelson Mandela en fut le premier commandant en chef. L'organisation était le bras armé de l'ANC. À la veille des élections de 1994, le MK fut dissous et ses soldats incorporés à la nouvelle Force de défense nationale sud-africaine (SANDF), avec les soldats de la Force de défense d'Afrique du Sud, pro-apartheid, les forces de défense des bantoustans, les unités de protection du Parti de la liberté Inkatha et l'Armée de libération du peuple d'Azanie (APLA), branche armée du PAC.

van der Merwe, Johan
(1950-2012) Officier de police. S'engagea dans la police sud-africaine en 1953. Commanda la branche sécurité de la police de janvier 1986 à octobre 1989 quand il fut promu chef adjoint de la police sud-africaine. Devint général en janvier 1990 à sa

nomination au poste de chef de la police sud-africaine. A pris sa retraite en mars 1995.

Verwoerd, Dr Hendrik Frensch
(1901-1966) Premier ministre sud-africain de 1958 à 1966. Ministre des Affaires indigènes de 1950 à 1958. Homme politique membre du Parti national. Unanimement considéré comme l'architecte de l'apartheid, il prôna un système de « développement séparé ». Il œuvra à la transformation de l'Afrique du Sud en république, ce qu'elle devint le 31 mai 1961. Assassiné au Parlement par Dimitri Tsafendas.

Viljoen, Constand
(1933-) Homme politique et chef militaire. S'engagea dans l'armée en 1956 et fut nommé en 1977 chef d'état-major. Avec quelques généraux à la retraite, il créa l'Afrikaner Volksfront en 1993. Avant les premières élections démocratiques sud-africaines, il rassembla, d'après certaines estimations, des effectifs variant entre 50 et 60000 soldats pour préparer la guerre contre la transition démocratique. En mars 1994, il s'engagea dans une intervention militaire pour empêcher le dirigeant du bantoustan du Bophuthatswana d'être renversé par une insurrection populaire. Sa décision de participer aux premières élections démocratiques d'Afrique du Sud en 1994 fut dictée par la crainte d'un trop grand nombre de victimes. Il prit sa retraite en 2001 et confia la direction du Front de la liberté afrikaner à Pieter Mulder.

Xhamela
(Voir Sisulu, Walter)

Zuma, Jacob Gedleyihlekisa
(1942-) Homme politique et militant anti-apartheid. Rejoignit l'ANC en 1959 et sa branche armée, le MK, en 1962. Jugé pour avoir conspiré au renversement du gouvernement d'apartheid en 1963 et condamné à dix ans de prison. À sa libération, il continua de travailler au sein de l'ANC et gravit les échelons jusqu'au poste de chef du renseignement. Devint membre du Comité exécutif national de l'ANC en 1977. Rentra en Afrique du Sud en

1990 après la légalisation de l'ANC. À la suite de l'élection de 1994, il devint ministre des Affaires économiques et du Tourisme dans sa province du KwaZulu-Natal. Élu vice-président de l'ANC en décembre 1997 et désigné vice-président de l'Afrique du Sud en juin 1999. Le 14 juin 2005, le président Mbeki démet Zuma de ses fonctions de député par suite d'allégations de corruption et de fraude. Élu président de la République sud-africaine en mai 2009.

Annexe C

Chronologie : 1990-1999

11 février 1990 : Nelson Mandela est libéré de la prison Victor-Verster, près de Paarl.

27 février 1990 : Arrivée à Lusaka, en Zambie, pour son premier voyage hors d'Afrique du Sud depuis 1962.

4 mai 1990 : Nelson Mandela et le président F.W. De Klerk signent l'accord de Groote Schuur sur leur engagement mutuel pour la résolution du conflit politique, une négociation pacifique, le retour des exilés, la libération des prisonniers politiques et la levée de l'état d'urgence.

6 août 1990 : Signe l'accord de Pretoria sur la fin de la lutte armée, la libération des prisonniers politiques, le retour des exilés et la levée des obstacles de la loi relative à la sécurité intérieure.

12 février 1991 : Signe l'accord D.F. Malan avec le président De Klerk pour tenter de sortir de l'impasse entre l'ANC et le gouvernement concernant les détails de l'accord de Pretoria, y compris la suspension par l'ANC de la lutte armée et la libération en cours des prisonniers politiques. Il est décidé que le MK cessera de s'entraîner en Afrique du Sud.

14 septembre 1991 : Signe l'Accord national de paix, dont le but était de faire diminuer la violence politique en édictant un code de déontologie pour tous les partis politiques. Il fut signé par vingt-sept chefs de partis politiques, de syndicats ou de membres du gouvernement.

20 décembre 1991 : Assiste à l'ouverture des négociations multipartites, la Convention pour une Afrique du Sud démocratique (CODESA), au World Trade Centre, à Kempton Park, près de Johannesburg.

24 septembre 1993 : Discours à l'ONU pour demander la levée des sanctions contre l'Afrique du Sud.

17 novembre 1993 : Assiste aux négociations de la CODESA où les derniers détails de la Constitution intérimaire font l'objet d'un accord.

10 décembre 1993 : Reçoit le prix Nobel de la paix à Oslo, en Norvège, avec F.W. De Klerk.

18 décembre 1993 : Rencontre l'émissaire des Nations unies pour discuter de la possibilité d'intégrer l'Alliance de la liberté (composée de groupes blancs d'extrême droite, de l'IFP et des gouvernements des bantoustans du Bophuthatswana et du Ciskei) au processus de paix en Afrique du Sud.

27 avril 1994 : Vote pour la première fois de sa vie, lors des premières élections démocratiques en Afrique du Sud, au lycée d'Ohlange, au KwaZulu-Natal.

6 mai 1994 : Les premières élections démocratiques de l'histoire de l'Afrique du Sud sont déclarées libres et équitables par la Commission électorale indépendante.

10 mai 1994 : Est investi à Pretoria premier président de la République démocratiquement élu.

24 mai 1994 : Premier discours sur l'état de la nation en tant que président de la République.

13 juin 1994 : Assiste au sommet de l'Organisation de l'unité africaine en Tunisie.

18 août 1994 : Discours au Parlement le centième jour de sa présidence.

17 novembre 1994 : Fait adopter la loi sur la restitution des terres, restaurant les droits de ceux qui furent dépossédés de leur terre par la loi foncière discriminatoire de 1913.

15 décembre 1994 : Publie son autobiographie, *Long Walk to Freedom.*

17 décembre 1994 : Assiste à la quarante-neuvième conférence nationale de l'ANC à Bloemfontein.

10 février 1995 : Retourne à Robben Island pour des retrouvailles avec d'anciens détenus.

15 février 1995 : Annonce qu'il ne se représentera pas à l'élection présidentielle au terme de son mandat.

18 mars 1995 : Reçoit le Prix pour la recherche de la paix en Afrique à Durban, au KwaZulu-Natal.

20 mars 1995 : La reine Élisabeth II lui remet l'insigne de l'ordre du Mérite au Cap.

8 mai 1995 : Assiste à l'inauguration du Fonds d'aide à l'enfance Nelson-Mandela à Pretoria.

24 juin 1995 : Assiste à la finale de la Coupe du monde de rugby, remportée par l'Afrique du Sud.

19 juillet 1995 : Signe la loi de promotion de l'unité et de la réconciliation nationale pour la création de la Commission Vérité et Réconciliation (TRC).

15 août 1995 : Rend visite à Betsie Verwoerd, veuve du Premier ministre H.F. Verwoerd, dans l'enclave blanche d'Orania.

19 août 1995 : Discours à un meeting au township d'Alexandra, à Johannesburg.

3 septembre 1995 : Engage des pourparlers avec Suharto, président de l'Indonésie, au sujet du conflit au Timor oriental.

23 octobre 1995 : Assiste à la réunion du cinquantième anniversaire de l'Assemblée générale des Nations unies, à New York.

9 novembre 1995 : Assiste à la réunion des chefs de gouvernement des pays du Commonwealth en Nouvelle-Zélande.

23 novembre 1995 : Rencontre le Dr Percy Yutar, procureur du procès de Rivonia, à son domicile de Pretoria.

13 janvier 1996 : Discours d'ouverture de la Coupe d'Afrique des nations de football.

23 janvier 1996 : Rencontre Mangosuthu Buthelezi pour faire cesser les violences au KwaZulu-Natal.

1er février 1996 : Ouvre le Forum d'investissement pour la conférence consultative de la Communauté de développement d'Afrique australe (SADC), à Johannesburg.

23 février 1996 : Discours à la Conférence nationale des engagements : « Genre et émancipation des femmes », à Johannesburg.

19 mars 1996 : Lui et sa femme Winnie Mandela (née Madikizela) divorcent.

8 mai 1996 : Assiste à un dîner au Cap pour fêter l'adoption de la nouvelle Constitution sud-africaine.

9 mai 1996 : Déclaration sur le retrait du Parti national du Gouvernement d'union nationale.

14 juin 1996 : Déclaration sur le lancement de la Stratégie macroéconomique pour la croissance, l'emploi et la redistribution en Afrique du Sud (GEAR).

23 juin 1996 : Prend la parole à un office de Thanksgiving pour le départ à la retraite de l'archevêque Desmond Tutu, à la cathédrale Saint-Georges, au Cap.

11 juillet 1996 : Discours à la session conjointe des deux chambres du Parlement du Royaume-Uni, à Londres.

14 juillet 1996 : Invité d'honneur du président de la République française Jacques Chirac au défilé militaire sur les Champs-Élysées, à Paris.

22 août 1996 : Rencontre le dalaï-lama au Cap.

1er septembre 1996 : Son cabinet confirme sa relation avec Graça Machel.

9 septembre 1996 : Début de son mandat de trois ans à la présidence de la SADC (Communauté de développement d'Afrique australe).

2 novembre 1996 : Soirée de retrouvailles avec ses anciens condisciples de la faculté de droit de l'université du Witwatersrand, à Johannesburg.

27 novembre 1996 : Annonce que l'Afrique du Sud met un terme à ses relations diplomatiques avec Taïwan et entame des relations diplomatiques avec la République populaire de Chine.

7 décembre 1996 : Discours devant les commissions d'évaluation du Comité international olympique.

10 décembre 1996 : Ratifie la nouvelle Constitution de l'Afrique du Sud à Sharpeville.

3 février 1997 : Discours au Forum économique mondial de Davos, en Suisse.

2 mai 1997 : Se rend à Pointe-Noire, au Zaïre, pour entamer des pourparlers de paix à bord du *SAS Outeniqua* entre le président Mobutu Sese Seko et le président de la République démocratique du Congo, Laurent Kabila.

14 mai 1997 : Arrive à Pointe-Noire et en repart après l'échec d'une deuxième rencontre dans le cadre des pourparlers de paix entre Mobutu Sese Seko et Laurent Kabila.

21 mai 1997 : Assiste au sommet économique d'Afrique australe du Forum économique mondial à Harare, au Zimbabwe.

2 juin 1997 : Assiste au sommet de l'Organisation de l'unité africaine (OAU), à Harare, au Zimbabwe.

4 juillet 1997 : Organise une fête pour plus de 1000 enfants atteints du sida et d'autres maladies incurables.

25 juillet 1997 : Rencontre le leader emprisonné du Mouvement de résistance du Timor oriental, Xanana Gusmão, à Djakarta.

25 août 1997 : Rencontre Laurent Kabila.

26 août 1997 : Rend hommage à F.W. De Klerk le jour où ce dernier annonce sa démission de la tête du Parti national.

8 septembre 1997 : Assiste au sommet de la Communauté de développement d'Afrique australe à Blantyre, au Malawi.

24 septembre 1997 : Inscrit le site de Robben Island au Patrimoine national.

25 octobre 1997 : Assiste à la réunion des chefs de gouvernement des pays du Commonwealth à Édimbourg, en Écosse.

29 octobre 1997 : Se rend en Libye pour remettre au colonel Mouammar Kadhafi les insignes de la plus haute distinction honorifique sud-africaine, l'ordre de Bonne-Espérance, en reconnaissance du soutien de la Libye à l'Afrique du Sud pendant la lutte contre l'apartheid.

31 octobre 1997 : Assiste au couronnement du roi Letsie III à Maseru, au Lesotho.

22 novembre 1997 : Prononce un discours à la Marche nationale des hommes contre le viol, la violence domestique et la maltraitance faite aux enfants, à Pretoria.

4 décembre 1997 : Rencontre l'ancien commandant de la prison de Robben Island, le colonel Prinsloo, dans une maison de retraite de Pretoria.

20 décembre 1997 : Cède la présidence de l'ANC à Thabo Mbeki.

19 mars 1998 : Se présente au tribunal pour répondre des poursuites engagées contre lui par la Fédération sud-africaine de rugby et de football, à Pretoria.

27 mars 1998 : Se rend à Robben Island avec le président américain Bill Clinton.

28 avril 1998 : Se rend au Forum national des journalistes sud-africains au Cap, où il participe aux débats.

29 avril 1998 : Discours à l'Assemblée nationale angolaise.

19 mai 1998 : Assiste au sommet de l'Organisation mondiale du commerce à Genève.

8 juin 1998 : Discours au sommet des chefs d'État et de gouvernement de l'Organisation de l'unité africaine à Ouagadougou, au Burkina Faso.

18 juin 1998 : Rencontre le pape Jean-Paul II au Vatican.

3 juillet 1998 : Assiste à la Conférence du Marché commun des Caraïbes à Sainte-Lucie.

12 juillet 1998 : Se rend sur le site d'un massacre à Richmond, dans le KwaZulu-Natal.

18 juillet 1998 : Le jour de ses quatre-vingts ans, il épouse Graça Machel en troisièmes noces.

24 juillet 1998 : Assiste au sommet du Mercosur (Marché commun du Sud) en Argentine.

13 septembre 1998 : Prend la parole au sommet des chefs d'État et de gouvernement de la Communauté de développement d'Afrique australe, à l'île Maurice.

21 septembre 1998 : Assiste à la trente-troisième Assemblée générale des Nations unies à New York.

23 septembre 1998 : Reçoit la médaille d'or du Congrès des États-Unis, à Capitol Hill, à Washington.

24 septembre 1998 : Devient le premier leader étranger à recevoir les insignes de Compagnon de l'Ordre du Canada, à Ottawa.

8 octobre 1998 : Rend visite à la famille royale swazi au Swaziland.

22 octobre 1998 : Ouvre la Conférence sur les mœurs convoquée par le Forum national des personnalités religieuses d'Afrique du Sud, à Johannesburg.

29 octobre 1998 : Se voit remettre le rapport définitif de la Commission Vérité et Réconciliation à Pretoria.

30 octobre 1998 : Discours à une réunion des chefs d'État de la Communauté économique des États d'Afrique de l'Ouest, à Abuja, au Nigeria.

17 novembre 1998 : Discours à un rassemblement à Dar es Salaam lors d'une visite officielle d'une journée en Tanzanie.

7 décembre 1998 : Assiste au dix-neuvième sommet du Conseil de coopération du Golfe, à Abu Dhabi, aux Émirats arabes unis.

13 décembre 1998 : Discours au cinquantième anniversaire du Conseil œcuménique des Églises à Harare, au Zimbabwe.

29 janvier 1999 : Discours au Forum économique mondial de Davos, en Suisse.

5 février 1999 : Dernier discours sur l'état de la nation au Parlement du Cap.

13 février 1999 : Déclaration sur ses pourparlers avec le colonel Mouammar Kadhafi au sujet de l'attentat de Lockerbie.

29 avril 1999 : Rencontre le président russe Boris Eltsine en visite d'État à Moscou.

30 mai 1999 : Assiste au dernier meeting de l'ANC, après avoir activement participé à la campagne.

2 juin 1999 : Vote à la deuxième élection démocratique sud-africaine.

9 juin 1999 : Assiste à son dernier Conseil des ministres à Pretoria.

14 juin 1999 : Assiste à la nomination de son successeur, Thabo Mbeki, qui prête serment au Parlement du Cap.

16 juin 1999 : Assiste à la cérémonie d'investiture de son successeur, le président Thabo Mbeki, au Parlement de Pretoria.

Annexe D

Carte de l'Afrique du Sud, *c.* 1996

À l'arrivée au pouvoir du premier gouvernement sud-africain élu démocratiquement en 1994, le gouvernement réorganisa ses dix bantoustans, ou homelands, et les quatre provinces en neuf provinces plus petites mais pleinement intégrées, comme le montre cette carte. Les quatre provinces telles qu'elles existèrent de 1910 à 1994 furent réorganisées comme suit :

Anciennes provinces	**Nouvelles provinces**
Province du Cap	Cap-Oriental/Cap du Nord/ Cap-Occidental
Natal	KwaZulu-Natal
État libre d'Orange	État libre
Transvaal	Nord-Ouest/Limpopo/ Mpumalanga/Gauteng

Sur les dix bantoustans, seuls le Ciskei et le Qwaqwa étaient constitués de terres contiguës. Les huit autres comptaient entre trois et quarante-quatre blocs éclatés.

Bantoustan	**Langue**	**Nouvelles provinces**
Bophuthatswana*	Tswana	État libre/Cap du Nord/ Province du Nord-Ouest
Ciskei*	Xhosa	Cap-Oriental
Gazankulu	Tsonga	Limpopo/Mpumalanga
KaNgwane	Swazi	Mpumalanga
KwaNdebele	Ndebele	Mpumalanga
KwaZulu	Zoulou	KwaZulu-Natal
Lebowa	Sotho	Limpopo
QwaQwa	Sotho	État libre
Transkei*	Xhosa	Cap-Oriental
Venda*	Venda	Limpopo

* Quatre des bantoustans avaient été déclarés « indépendants » par l'État d'apartheid entre 1976 et 1981.

Notes

De nombreux discours de Nelson Mandela cités dans cet ouvrage peuvent être consultés sur le site Web de la Fondation Nelson-Mandela : https://www.nelsonmandela.org/content/page/speeches (site en anglais).

Tous les entretiens menés par Padraig O'Malley proviennent du fonds d'archives O'Malley et peuvent être consultés sur le site Web « The Heart of Hope », qui est hébergé par la Fondation Nelson-Mandela : https://www.nelsonmandela.org/omalley/index.php/site/q/03lv00017.htm (site en anglais).

Abréviations

ANCLH : Luthuli House ANC
AP : Associated Press
NASA : Archives nationales (Afrique du Sud)
NCOP : Conseil national des provinces
NEC : Comité exécutif national (de l'ANC)
NM : Nelson Mandela
NMF : Fondation Nelson-Mandela
NMPP : Archives personnelles de Nelson Mandela
SABC : Société nationale de télévision sud-africaine
SAPA : Agence de presse sud-africaine
TRC : Commission Vérité et Réconciliation

Préface

1. Toutes les citations de NM sont extraites de son discours à la cinquantième conférence nationale de l'ANC, Mafikeng, 16 décembre 1997.

1. Le défi de la liberté

1. Ralph Waldo Emerson, *La Confiance en soi et autres essais*, Rivages Poche, 2000.
2. « SA Is Rendered Lawless and Ungovernable », *City Press*, 18 avril 2015.
3. NM, *Long Walk to Freedom*, Londres, Abacus, 1994.
4. C.L.R. James, préface de *The Black Jacobins*, Londres, Secker & Warburg, 1938.
5. NM, « Mémoires de Président », p. 1, NMF, Johannesburg, 1998.
6. NM, *Ibid.*, p. 1.
7. Niël Barnard, *Secret Revolution*, Le Cap, Tafelberg, 2015, p. 245.
8. NMF, communiqué de presse, « Ahmed Kathrada se souvient de ses retrouvailles avec Madiba après sa libération », 13 février 2015.
9. NM, « Mémoires de Président », p. 1.
10. NM, *Long Walk to Freedom*, *op. cit.*
11. NM, « Mémoires de Président », p. 1.
12. NM, *Ibid.*, p. 1-2.
13. NM en conversation avec Richard Stengel, Johannesburg, avril/mai 1993, CD 61, NMF, Johannesburg.
14. Valli Moosa, entretien avec Tony Trew, Le Cap, 8 septembre 2014.
15. NM, *Long Walk to Freedom*, *op. cit.*
16. Václav Havel, source inconnue.
17. Barbara Masekela, entretien avec Tony Trew, Le Cap, 28 août 2014.
18. NM, « Mémoires de Président », p. 7.
19. NM, *Ibid.*, p. 7-8.
20. Hugh McMillan, *The Lusaka Years : The ANC in Exile in Zambia 1963-1994*, Johannesburg, Jacana Media, 2013, p. 258.

2. Négocier la démocratie

1. Robin Denselow, *When The Music's Over : The Story of Political Pop*, Londres, Faber & Faber, 1990, p. 276.
2. NM, discours au rassemblement du Cap à sa sortie de prison, devant la mairie du Cap, le 11 février 1990.
3. Zoë Wicomb, « Nelson Mandela », *New Yorker*, 16 décembre 2013.

4. NM, *Long Walk to Freedom*, *op. cit.*
5. Scott Kraft, « ANC President Tambo Returns to SA After a 30-Year Exile », *Los Angeles Times*, 14 décembre 1990.
6. NM, entretien avec James Lorimer et Des Latham, domicile de Mandela, Vilakazi Street, Orlando West, Soweto, 15 février 1990, collection Paddi Clay.
7. NM, *Long Walk to Freedom*, *op. cit.*
8. NM, *Ibid.*
9. NM, *Ibid.*
10. Sydney Mufamadi, entretien avec Tony Trew, Johannesburg, 29 mai 2015.
11. *Ibid.*
12. *Ibid.*
13. NM en conversation avec Richard Stengel, Johannesburg, avril/mai 1993, CD 61, NMF, Johannesburg.
14. *Ibid.*
15. Ferdi Harztenberg, entretien avec Padraig O'Malley, 25 août 1992, archives O'Malley, Fondation Nelson-Mandela.
16. Jessie Duarte interviewé par John Carlin, *Frontline*, PBS Frontline Website.
17. NM, « Mémoires de Président », p. 3.
18. *Ibid.*
19. NM, discours à la nation après l'assassinat de Chris Hani, retransmis le 13 avril 1993.
20. Wilson Ngqose, entretien avec Mandla Langa, Johannesburg, 17 décembre 2016.
21. Agostinho Neto, « Vite », extrait du recueil « Espérance sacrée », in *Poésie complète*, Paris, Éditions Alexandrines, 2015, traduit par Annick Moreau et Jean-Michel Massa.
22. NM, discours à l'Assemblée nationale angolaise, Luanda, 29 avril 1998.
23. Chris Hani, *They Shaped Our Century : The Most Influential South Africans of the Twentieth Century*, Le Cap, Human & Rousseau, 1999, in NM, « Mémoires de Président », p. 3.
24. L'un d'entre eux était celui de Markinor, effectué en novembre au sein des communautés africaine, métisse et indienne des zones métropolitaines, et des Blancs à l'échelle nationale.
25. NM, « Mémoires de Président », p. 4.
26. NM, *Ibid.*, p. 8.

27. *Weekly Mail*, 30 avril 1993.
28. NM, « Mémoires de Président », p. 9.
29. Hermann Giliomee, *The Afrikaners : Biography of a People*, Londres, C. Hurst & Co., 2003, p. 646.
30. Georg Meiring, interview avec Hermann Giliomee, le 11 novembre 2002, in Hermann Giliomee, *The Afrikaners : Biography of a People*, *op. cit.*, p. 646.
31. Martin Luther King Jr, « Discours de réception du prix Nobel de la paix : La quête de paix et de justice », 11 décembre 1964.
32. NM, « Mémoires de Président », p. 9.
33. *Ibid.*
34. Joseph R. Gregory, « P.W. Botha, Defender of Apartheid, Is Dead at 90 », *New York Times,* 1er novembre 2006.
35. Hugh Robertson, « Intrigue Over "New" Offer to the Alliance », *Daily News*, 2 mars 1994.
36. NM, « Mémoires de Président », p. 9.
37. Scott MacLeod, « Nelson Mandela : I Am No Prophet », *Time*, 26 février 1990.
38. NM, « Mémoires de Président », p. 8-9.
39. NM, *Ibid.*, p. 9.
40. NM, *Ibid.*, p. 9-10.
41. NM à Winnie Mandela à la prison de Kroonstad, le 1er février 1975, dans *Conversations With Myself*, Londres, MacMillan, 2010, p. 212 ; trad. fr. *Conversations avec moi-même*, La Martinière, 2010.
42. Niël Barnard, *Secret Revolution*, *op. cit.*, p. 24-25.
43. NM, « Mémoires de Président », p. 10.
44. Carl von Clausewitz, *Vom Kriege*, Berlin, 1832 ; trad. fr. *De la guerre*.
45. Jonathan Hyslop, « Mandela on War », in *The Cambridge Companion to Nelson Mandela*, sous la direction de Rita Barnard, Cambridge, Cambridge University Press, 2014, p. 179.
46. NM, « Mémoires de Président », p. 10.
47. Constand Viljoen, interview avec Tony Trew, Pretoria, 19 septembre 2015.
48. Martin Challenor, « Victory for Alliance », *Daily News*, 22 février 1994.
49. Princeton Lyman, *Partner to History : The U.S. Role in South Africa Transition*, Washington DC, United States Institute of Peace,

2002, p. 171-179 ; Accord on Afrikaner Self-determination, 23 avril 1994, archives O'Malley.

50. NM, « Mémoires de Président », p. 10.

51. Bill Keller, « The South African Vote : The Overview ; More Bombings Rattle South Africans », *New York Times*, 26 avril 1994.

52. James Baldwin, *No Name in the Street*, Londres, Michael Joseph, 1972, p. 82 ; trad. fr. *Chassés de la lumière*, Stock, 1972.

3. Une élection libre et équitable

1. David Yutar, « No-Show Troopies May Face Prosecution », *The Argus*, 12 mai 1994.

2. Johann Kriegler, entretien avec Tony Trew, Johannesburg, 2 février 2016.

3. *Ibid.*

4. *Ibid.*

5. S. Mbiti, *African Religions and Philosophy*, Londres, Heinemann, 1969 ; trad. fr. *Religions et Philosophie africaines*, Éd. CLE, Yaoundé, 1972.

6. NM, « Mémoires de Président », p. 12-13.

7. Robert Mattes, Hermann Giliomee, Wilmot James, *Launching Democracy in South Africa : The First Open Election, April 1994*, publié sous la direction de R.W. Johnson et Lawrence Schlemmer, avril 1994, New Haven, CT, Yale University Press, 1996, p. 129.

8. Johannes Rantete, *The African National Congress and Negociated Settlement in South Africa*, Pretoria, J.L. Van Schaik, 1998, p. 243.

9. NM, « Mémoires de Président », p. 13-14.

10. « "Dirty Tricks" Election Row », *The Argus*, 8 avril 1994.

11. *Ibid.*

12. Thabo Mbeki, entretien avec Joel Netshitenzhe et Tony Trew, Johannesburg, 17 décembre 2014.

13. NM, « Mémoires de Président », p. 14-15.

14. NM, *Ibid.*, p. 15.

15. Charles Oulton, « South African Elections : Huddleston Casts His Vote and Rejoices », *Independent*, 26 avril 1994.

16. Paul Taylor, « Historic Election Begins in South Africa », *Washington Post*, 27 avril 1994.

17. NM, *Long Walk to Freedom*, *op. cit.*
18. NM, « Mémoires de Président », p. 15-16.
19. NM, *Ibid.*, p. 15.
20. Déclaration du juge Johann Kriegler, président de la Commission électorale indépendante ; Peter Harris, *Birth : The Conspiracy to Stop the '94 Election*, Le Cap, Umuzi, 2010, p. 267-275.
21. F.W. De Klerk, *The Last Trek : A New Beginning, The Autobiography*, New York, St Martin's Press, 1999, p. 336.
22. NM, discours après la victoire électorale de l'ANC, hôtel Carlton, Johannesburg, 2 mai 1994.
23. NM, s'adressant aux invités lors des célébrations qui suivirent la victoire électorale de l'ANC, hôtel Carlton, Johannesburg, 2 mai 1994.
24. Jessie Duarte, entretien avec Tony Trew, Johannesburg, 15 juillet 2014.
25. Chris Streeter, entretien avec Tony Trew, Pretoria, 21 janvier 2015.
26. « Time Now to Begin Anew : Mandela Joins Peace Prayers », *Cape Times*, 9 mai 1994.
27. Jessie Duarte, entretien avec Tony Trew, Johannesburg, 15 juillet 2014.
28. NM, *Long Walk to Freedom*, *op. cit.*
29. Walter Sisulu, « We Shall Overcome ! », *Reflections in Prison*, publié par Mac Maharaj, Le Cap, Zebra Press et musée de Robben Island, 2001, p. 85.
30. Pixley ka Isaka Seme, « Native Union », *Imvo Zabantsundu*, 24 octobre 1911, in Sheridan Johns III, *Protest and Hope 1882-1934*, vol. 1 de *From Protest to Challenge : A Documentary History of African Politics in South Africa 1882-1964*, édité par Thomas Karis et Gwendolen M. Carter, Stanford, CA, Hoover Institution Press, 1972, p. 71.
31. NM, « Mémoires de Président », p. 40.
32. Sydney Mufamadi, entretien avec Tony Trew, Johannesburg, 30 avril 2015.
33. *Ibid.*
34. *Ibid.*
35. *Ibid.*
36. Barbara Masekela, entretien avec Tony Trew, Le Cap, 28 août 2014.

37. NM, discours aux habitants du Cap après sa prise de fonctions en tant que président de l'Afrique du Sud, mairie du Cap, 9 mai 1994.
38. Jessie Duarte, entretien avec Tony Trew, Johannesburg, 15 juillet 2014.
39. NM, discours à sa cérémonie d'investiture comme président de la République démocratique d'Afrique du Sud, Bâtiments de l'Union, Pretoria, 10 mai 1994.
40. Adrian Hadland, « Let's Build a Great S.A. », *Business Day*, 11 mai 1994.
41. F.W. De Klerk, « Mandela a levé ma main aux yeux de tous », *City Press*, 6 décembre 2013.
42. Adrian Hadland, « Let's Build a Great S.A. », *op. cit.*
43. NM, discours au déjeuner suivant l'investiture, Le Cap, 10 mai 1994, SABC, archives SABC, SABC Information Library, Johannesburg.

4. L'entrée dans les Bâtiments de l'Union

1. Jessie Duarte, entretien avec Tony Trew, Johannesburg, 15 juillet 2014.
2. Fanie Pretorius, entretien avec Tony Trew, Pretoria, 11 juillet 2014.
3. Personnel du cabinet du Président, entretien avec Sahm Venter, octobre 1994.
4. William Ernest Henley, « Invictus », *A Book of Verses*, Londres, 1888.
5. NM, « Mémoires de Président », p. 27-29.
6. NM, *Ibid.*, p. 22-23.
7. Barbara Masekela, entretien avec Tony Trew, Le Cap, 28 août 2014.
8. Ahmed Kathrada en conversation avec Tony Trew et Joel Netshitenzhe, Johannesburg, 2 décembre 2014.
9. Jakes Gerwel, rapport du cabinet de la présidence à la Commission présidentielle d'évaluation, 25 septembre 1997.
10. NM, « Mémoires de Président », p. 19.
11. NM, « Mémoires de Président », p. 19-20.
12. Jakes Gerwel, entretien avec Aziz Pahad, 21 juillet 2010.
13. Mémo du directeur de cabinet de la présidence, Direction générale du Trésor, novembre 1997, archives Gerwel (collection privée).

14. Jan-Jan Joubert, « He Could See the Essentiel Core », *City Press*, 8 décembre 2013.
15. Walter Sisulu, entretien avec Sahm Venter, Le Cap, octobre 1994.
16. Trevor Manuel, entretien avec Tony Trew, Johannesburg, 10 septembre 2014.
17. Nkosazana Dlamini-Zuma, entretien avec Tony Trew, Durban, 26 février 2016.
18. Mary Mxadana, entretien avec Sahm Venter, Le Cap, octobre 1994.
19. NM, entretien avec Charlayne Hunter-Gault, *MacNeil/Lehrer NewsHour*, PBS, 6 mai 1994, extrait de « South Africa : Pres Elect Interview », archives AP, story n° W066632.
20. NM, « Mémoires de Président », p. 4-5.
21. Neal Chapman et Peter Wrighton, « Civil Society : The Role of Business and the Churches in Facilitating Transition », in *South Africa at 10 : Perspectives by Political, Business and Civil Leaders*, Le Cap, Human & Rousseau, 2004, p. 29.
22. Tito Mboweni, entretien avec Tony Trew, Johannesburg, 12 septembre 2014.
23. NM, « Mémoires de Président », p. 17-18.
24. NM, *Ibid.*, p. 18.
25. Thabo Mbeki, entretien avec Tony Trew et Joel Netshitenzhe, Johannesburg, 17 décembre 2014.
26. NM, « Mémoires de Président », p. 18.
27. F.W. De Klerk, *The Last Trek*, in NM, « Mémoires de Président », p. 238.
28. NM, « Mémoires de Président », p. 18-19.
29. Trevor Manuel, entretien avec Tony Trew, Johannesburg, 10 septembre 2014.
30. *Ibid.*
31. *Ibid.*
32. *Ibid.*
33. F.W. De Klerk, entretien par email avec Tony Trew, 13 mars 2015.
34. Valli Moosa, entretien avec Tony Trew, Le Cap, 8 septembre 2014 ; Jessie Duarte, entretien avec Tony Trew, Johannesburg, 15 juillet 2014 ; Trevor Manuel, entretien avec Tony Trew, Johannesburg, 10 septembre 2014.

35. F.W. De Klerk, *The Last Trek*, *op. cit.*, p. 342-344 ; David Welsh, « Coalition Government, An Unwilling Marriage », in *State of the Nation*, 1997/1998, Bertus De Villiers, Pretoria, HSRC, p. 37.
36. Tim Cohen, « Mandela's Saintly Reign a Case of Hit or Myth », *Business Day*, 11 mai 1994.
37. Kader Asmal et Adrian Hadland avec Moira Levy, *Politics in My Blood : A Memoir*, Johannesburg, Jacana Media, 2011, p. 193.
38. NM, « Mémoires de Président », p. 23.

5. L'union nationale

1. Andries Nel, notes prises le 9 mai 1994, archives privées.
2. Trevor Manuel, entretien avec Tony Trew, Johannesburg, 10 septembre 2014.
3. *Ibid.*
4. Tito Mboweni, entretien avec Tony Trew, Johannesburg, 12 septembre 2014.
5. Rapport, 31 juillet 1994, in David Welsh, « Coalition Government », in *State of The Nation*, *op. cit.*, p. 46.
6. Nelson Mandela, entretien à la BBC, octobre 1993, enregistrements NMF, enregistrements BBC M8, NMF, Johannesburg.
7. Padraig O'Malley, *Shades of Difference : Mac Maharaj and the Struggle for South Africa*, New York, Viking Penguin, 2007, p. 400-402.
8. Constitution de la République d'Afrique du Sud, 1996, chapitre 6 : Le pouvoir exécutif, article 89 \1.
9. Jakes Gerwel, entretien avec Padraig O'Malley, 8 novembre 1994, archives O'Malley.
10. Kader Asmal et Adrian Hadland avec Moira Levy, *Politics in My Blood*, *op. cit.*, p. 197.
11. Mangosuthu Buthelezi, entretien avec Padraig O'Malley, 3 octobre 1995, archives O'Malley.
12. NM, entretien avec Patti Waldmeier, Bâtiments de l'Union, Pretoria, 1er juillet 1994, interviews Patti Waldmeier, Historical Papers Research Archive, William Cullen Library, University of the Witwatersrand, Johannesburg.
13. Thabo Mbeki, entretien avec Joel Netshitenzhe et Tony Trew, Johannesburg, 17 décembre 2014.

14. SAPA, « NP to Fare Worse than in 1994 Poll, Says Mandela », *Citizen*, 26 juin 1995.
15. F.W. De Klerk, *The Last Trek*, *op. cit.*, p. 357.
16. F.W. De Klerk, entretien par email avec Tony Trew, 13 mars 2015.
17. Tony Leon, *Opposite Mandela : Encounters with South Africa's Icon*, Johannesburg, Jonathan Ball Publishers, 2014, p. 97.
18. Archives AP, « South Africa – De Klerk and Mandela Make Up », story n° W019071, 20 janvier 1995.
19. Archives AP, « Mandela Denies Rumours of De Klerk's Resignation », story n° 15992, 13 octobre 1995.
20. F.W. De Klerk, *The Last Trek*, *op. cit.*, p. 353.
21. NM à F.W. De Klerk, 26 septembre 1995, archives Gerwel (collection privée).
22. Graça Machel, entretien avec Mandla Langa, Johannesburg, 22 septembre 2016.
23. F.W. De Klerk, *The Last Trek*, *op. cit.*, p. 353.
24. F.W. De Klerk, entretien par email avec Tony Trew, 13 mars 2015.
25. Thabo Mbeki, entretien avec Tony Trew et Joel Netshitenzhe, Johannesburg, 17 décembre 2014.
26. NM, discours à l'occasion du débat budgétaire au Sénat, chambres du Parlement, Le Cap, 18 juin 1996.
27. Jeremy Seekings, « Partisan Realignment in Cape Town, 1994-2004 », CSIR Working Paper n° 111, décembre 2005.
28. Mangosuthu Buthelezi, entretien avec Tony Trew, Durban, 28 novembre 2014.
29. Jakes Gerwel, entretien avec Jan-Jan Joubert citant une interview de 2010, « Jakes Gerwel : Mandela Could See the Essential Core », *City Press*, 10 décembre 2013.
30. Mangosuthu Buthelezi, entretien avec Padraig O'Malley, 3 octobre 1995, archives O'Malley.
31. Mangosuthu Buthelezi, entretien avec Tony Trew, Durban, 28 novembre 2014.
32. *Ibid.;* NM à Irene Buthelezi, 3 août 1979, in NM, *Conversations with Myself*, *op. cit.*, p. 170-171 ; NM au chef Mangosuthu Buthelezi, 3 février 1989, in NM, *ibid.*, p. 255.
33. Anthony Lewis, « Mandela the Pol », *New York Times Magazine*, 23 mars 1997.

34. NM, « Mémoires de Président », p. 36.
35. Mangosuthu Buthelezi, entretien avec Padraig O'Malley, 3 octobre 1995, archives O'Malley.
36. Déclaration du président Nelson Mandela à la suite du retrait du Parti national du Gouvernement d'union nationale, 9 mai 1996.
37. SAPA, « Government Failed SA Says Winnie », *Citizen*, 6 février 1995.
38. Communiqué du cabinet de la présidence à la suite des excuses de la ministre déléguée Winnie Mandela, 14 février 1995.
39. Communiqué de Nelson Mandela sur les changements au ministère des Arts, de la Culture, des Sciences et de la Technologie, 27 mars 1995.
40. Archives AP, « South Africa : Winnie Mandela Resigns From Government », story n° 6108, APTV, 17 avril 1995.
41. Déclaration sur la réintégration de Mme Winnie Mandela, par le président intérimaire, 12 avril 1995.
42. Déclaration de Nelson Mandela à propos du remaniement survenu au ministère des Arts, de la Culture, des Sciences et de la Technologie, 14 avril 1995.
43. Bob Drogin, « Winnie Mandela Quits Post, Criticizes Estranged Husband », *Los Angeles Times*, 18 avril 1995.
44. *Sunday Telegraph*, 1er mai 1994.
45. NM, « Mémoires de Président », p. 23-24.
46. Khulu Sibiya, « Truly, Truly Unforgettable », *City Press*, 15 mai 1994, in NM, « Mémoires de Président », p. 24.
47. *Ibid.*
48. Jerry Zremski, « Mandela Inauguration, Spirit of Reconciliation Thrills Houghton », *Buffalo News*, 11 mai 1994.
49. Marga Ley, « *Wit, Swart Neem Mekaar as Gesinslede aan* » [Blancs et Noirs acceptent d'appartenir à la même famille], *Beeld*, 11 mai 1994, in NM, « Mémoires de Président », p. 31.
50. Sarel van der Walt, « Goeie SA "kan kom uit wittebroodstyd" » [Une bonne Afrique du Sud « peut naître de la lune de miel »], *Beeld*, 11 mai 1994, in NM, « Mémoires de Président », p. 31.
51. Themba Khumalo, « Madiba's World Coup : Leaders Flock to Pretoria », *City Press*, 15 mai 1994, in NM, « Mémoires de Président », p. 31.
52. « Sowetan Comment », *Sowetan*, 11 mai 1994.
53. *Ibid.*

54. Ken Owen, « To Our Rainbow Nation Finally United in Peace », *Sunday Times*, 15 mai 1994, in NM, « Mémoires de Président », p. 32.
55. NM, « Mémoires de Président », p. 31-33.
56. NM, note, NMPP 2009/8, boîte 7, dossier 11, p. 48, NMF, Johannesburg.
57. NM, notes préliminaires à la réunion du Comité exécutif national, boîte 4, dossier 38, ANCLH, Johannesburg.
58. Yusuf Mohamed Dadoo, « Why the South Africa United Front Failed : Disruptive Role of the Pan Africanist Congress of Azania », mars 1962, in *South Africa's Freedom Struggle : Statements, Speeches and Articles Including Correspondence with Mahatma Gandhi,* Londres, Kliptown Books, 1990.
59. NM, *Long Walk to Freedom, op. cit.*
60. Graça Machel, entretien avec Mandla Langa, Johannesburg, 22 septembre 2016.
61. NM, discours d'anniversaire en présence de vétérans, Pretoria, 20 juillet 1996.
62. NM, discours aux vétérans du banquet, State House, Pretoria, 23 juillet 1994.
63. Jay Naidoo, *Fighting for Justice : A Lifetime of Political and Social Activism,* Johannesburg, Picador Africa, 2010, p. 227.
64. Sydney Mufamadi, entretien avec Tony Trew, Johannesburg, 30 avril 2015.
65. Jay Naidoo, entretien avec Padraig O'Malley, 14 avril 2003, archives O'Malley.
66. NM, discours aux vétérans du banquet, State House, Pretoria, 23 juillet 1994.
67. NM, déclaration à l'Assemblée nationale, chambres du Parlement, Le Cap, 28 mars 1996.
68. *Ibid.*
69. Chris Liebenberg, entretien avec Tony Trew, Somerset West, 1er décembre 2015.
70. Alan Hirsch, *Season of Hope : Economic Reform Under Mandela and Mbeki*, Scottsville, University of KwaZulu-Natal Press jointly with Ottawa, International Development Research Centre, 2005, p. 93.
71. Trevor Manuel, entretien avec Tony Trew, Johannesburg, 10 septembre 2014.

72. Graça Machel, entretien avec Mandla Langa, 22 septembre 2016.
73. NM, réponse au débat du Conseil national des provinces sur le budget, chambres du Parlement, Le Cap, 29 août 1997, Hansard, cols. 1551-1552.
74. Sue van der Merwe, entretien avec Tony Trew, Le Cap, 8 avril 2015.
75. NM, notes préparées pour un meeting du NEC, 19 février 1996, NMPP 2009/8, boîte 7, dossier 11, African Bank 1995, p. 1-7, NMF, Johannesburg.
76. NM, réponse au débat du NCOP sur le budget, 7 août 1998, débats du Conseil national des provinces, Hansard, du 3 mars au 12 novembre 1998, cols. 1807-1815.
77. Trevor Manuel, entretien avec Tony Trew, Johannesburg, 10 septembre 2014.
78. *Ibid.*
79. *Ibid.*
80. *Ibid.*
81. Ahmed Kathrada en conversation avec Joel Netshitenzhe et Tony Trew, Johannesburg, 2 décembre 2014.
82. Sydney Mufamadi, entretien avec Tony Trew, Johannesburg, 30 avril 2015.
83. John Higgins, « Living Out Our Differences : Reflections on Mandela, Marx and My Country : An Interview with Jakes Gerwel », *Thesis Eleven*, vol. 115, n° 1, Sage Publications, 2013.
84. « "Unpredictable" Madiba Kept Bodyguards on Their Toes », *City Press*, 8 décembre 2013.
85. Toine Eggenhuizen, entretien avec Mandla Langa, Johannesburg, 10 février 2017.

6. La présidence et la Constitution

1. NM, déposition depuis le banc des accusés, procès de Rivonia, Cour suprême de Pretoria, 20 avril 1964.
2. NM, « Mémoires de Président », p. 30.
3. Johann Kriegler, entretien avec Tony Trew, Johannesburg, 2 février 2016 ; NM interviewé par David Dimbleby, Oxford, 2002, enregistrements NMF, NMF, Johannesburg.
4. NM, « Mémoires de Président », p. 29.

5. Frene Ginwala, entretien avec Tony Trew, Johannesburg, 12 septembre 2014.

6. Archives AP, « South Africa : Constitutional Court Ruling on Election Boundaries », story n° 14965, 22 septembre 1995.

7. Communiqué du cabinet du Président à propos de la Commission Browde sur la Fédération sud-africaine de rugby, 26 septembre 1997.

8. Archives AP, « South Africa : Mandela Testifies in Court », 19 mars 1998.

9. NM, « Mémoires de Président », p. 29-30.

10. Communiqué du cabinet du Président à la suite de l'affaire de la SARFU, 17 avril 1998.

11. NM, discours de présentation du budget à l'Assemblée nationale, chambres du Parlement, Le Cap, 21 avril 1998.

12. *Ibid.*

13. Andy Capostangno, « Black President for Rugby », *Mail & Guardian*, 22 mai 1988.

14. NM, Bram Fischer Memorial Lecture, 9 juin 1995.

15. Kader Asmal et Adrian Hadland avec Moira Levy, *Politics in My Blood*, *op. cit.*, p. 108-109.

16. *Ibid.*, p. 110, 125.

17. George Bizos, *Odyssey to Freedom*, Houghton, Random House, 2007, p. 487.

18. Nicholas Haysom, « Negotiating a Sustainable Political Settlement : Part 2 Legitimation – Lessons from the South African Transition » (article présenté au Toward Inclusive and Participatory Constitution Making, 3-5 août 2004, Katmandou (Nagarkot), p. 9 ; Hassen Ebrahim, *The Soul of a Nation: Constitution-Making in South Africa*, Le Cap, Oxford University Press, 1998, p. 134 *sqq.*

19. Valli Moosa, entretien avec Tony Trew, Le Cap, 8 septembre 2014.

20. Thabo Mbeki, entretien avec Joel Netshitenzhe et Tony Trew, Johannesburg, 17 décembre 2014.

21. Cyril Ramaphosa, entretien avec Tony Trew, Johannesburg, 6 octobre 2014.

22. George Bizos, *Odyssey to Freedom*, *op. cit.*, p. 508.

23. NM, notes préparatoires à un discours au Comité exécutif national, 23 février 1995, boîte 3, dossier 29, ANCLH, Johannesburg.

24. NM, réponse au débat consécutif au discours sur l'état de la nation, 24 février 1995.
25. Hassen Ebrahim, *The Soul of a Nation*, *op. cit.*, p. 132 ; *Cape Times*, 29 avril 1996 ; *Mail & Guardian*, 4 avril 1996 et 10 mai 1996.
26. NM, discours devant l'Assemblée constituante après l'adoption de la nouvelle Constitution, chambres du Parlement, Le Cap, 8 mai 1996, Hansard, cols. 452-462.
27. George Bizos, *Odyssey to Freedom*, *op. cit.*, p. 518.
28. Langston Hughes, « Justice », *The Panther and the Lash*, New York, Knopf, 1967.
29. George Bizos, *Odyssey to Freedom*, *op. cit.*, p. 518.
30. Constitution de la République d'Afrique du Sud, 1996, chapitre 8 : Les tribunaux et l'administration de la justice, article 174 \1.
31. George Bizos, *Odyssey to Freedom*, *op. cit.*, p. 519.
32. NM, discours d'inauguration de la Cour constitutionnelle, 14 février 1995.
33. NM, discours au banquet officiel donné en l'honneur de Michael Corbett, président de la Cour suprême, 11 décembre 1996.
34. NM, discours prononcé en son nom par le ministre de la Justice au dîner du Conseil du barreau de Johannesburg en l'honneur du président de la Cour suprême Mohamed, 25 juin 1997.
35. NM, « Mémoires de Président », p. 29.
36. NM, discours au banquet du Conseil général du barreau d'Afrique du Sud, 28 juillet 2000.
37. Albie Sachs, *We, the People : Insights of an Activist Judge*, Johannesburg, Wits University Press, 2016, p. 303.

7. Le Parlement

1. Ingrid Jonker, « L'enfant n'est pas mort », traduction de Philippe Safavi, collection « Poésie » dirigée par Georges-Emmanuel Morali, Éditions Le Thé des écrivains, en coédition avec Zootrope Films, 2012, cité par NM dans son discours sur l'état de la nation, chambres du Parlement, Le Cap, 24 mai 1994.
2. NM, discours sur l'état de la nation, chambres du Parlement, Le Cap, 24 mai 1994.

3. Frene Ginwala, entretien avec Tony Trew, Johannesburg, 12 septembre 2014.

4. Essop Pahad, entretien avec Joel Netshitenzhe et Tony Trew, Johannesburg, 11 septembre 2014.

5. NM, « Mémoires de Président », p. 20-21.

6. NM, discours d'ouverture de la deuxième session du Parlement démocratique, chambres du Parlement, Le Cap, 17 février 1995.

7. Déclaration du président Nelson Mandela au sujet des portraits et des œuvres d'art du Parlement, 30 janvier 1996.

8. Graça Machel, entretien avec Mandla Langa, Johannesburg, 22 septembre 2016.

9. Frene Ginwala, entretien avec Tony Trew, Johannesburg, 12 septembre 2014.

10. Max Sisulu, entretien avec Tony Trew, Johannesburg, 15 avril 2015.

11. Frene Ginwala, entretien avec Tony Trew, Johannesburg, 12 septembre 2014.

12. *Ibid.*; Max Sisulu, entretien avec Tony Trew, Johannesburg, 15 avril 2015.

13. Max Sisulu, entretien avec Tony Trew, Johannesburg, 15 avril 2015 ; Ben Turok, entretien avec Tony Trew, Le Cap, 17 mars 2015 ; Sue van der Merwe, entretien avec Tony Trew, Le Cap, 8 avril 2015.

14. Minutes du NEC, 24 avril 1995, boîte 5, dossier 23, ANCLH, Johannesburg.

15. Mangosuthu Buthelezi, entretien avec Padraig O'Malley, 27 novembre 1996, archives O'Malley.

16. NM, notes préparatoires à une réunion de l'ANC, NMPP 2009/8, boîte 3, carnet 12, p. 20-21, NMF, Johannesburg.

17. NM, notes personnelles, NMPP, boîte 4, dossier 2, 011-012, NMF, Johannesburg.

18. NM, notes préparatoires à une réunion, 18 août 1996, NMPP 2009/8, boîte 4, dossier 2, p. 1-2, NMF, Johannesburg.

19. Richard Calland, *Anatomy of South Africa : Who Holds the Power ?*, Le Cap, Zebra Press, 2006, p. 89.

20. Andries Nel, entretien avec Tony Trew, Le Cap, 28 mars 2015 ; SAPA, « Decision on Afrikaans in Army Slated », *Star*, 1er février 1996.

21. Sophocle, *Fragments*, publiés et traduits par Hugh Lloyd Jones, Cambridge, MA, Harvard University Press, 1996, p. 37.
22. André Brink, « Mandela a Tiger for Our Time », *Guardian*, 22 mai 1999.
23. « The Day the Truth Hit Home », *Sunday Times*, Heritage Project.
24. George Bizos, entretien avec Tony Trew, Johannesburg, 30 avril 2015.
25. Réponse lors du débat au Sénat sur le budget, 1er juin 1995, Hansard, col. 1341.
26. Sydney Mufamadi, entretien avec Tony Trew, Johannesburg, 30 avril 2015.
27. NM, notes préparatoires à la réunion avec les dirigeants de l'ANC après ses remarques au Sénat sur les événements de Shell House, NMPP 2009/8, boîte 4, dossier 1, NMF, Johannesburg.
28. NM, ouverture du débat anticipé à l'Assemblée nationale autour des événements liés à la fusillade de Shell House, chambres du Parlement, Le Cap, 7 juin 1995.
29. NM, discours de clôture à l'Assemblée nationale dans le débat anticipé sur l'incident de Shell House, chambres du Parlement, Le Cap, 7 juin 1995.
30. NM, discours lors de la dernière session du premier Parlement démocratiquement élu, chambres du Parlement, Le Cap, 26 mars 1999.
31. Joseph Chiole, débat en seconde lecture de la Commission d'examen du régime de rémunération des élus, 14 novembre 1994, Hansard, cols. 4256 et 4259.
32. NM, discours lors de la dernière session du premier Parlement démocratiquement élu, chambres du Parlement, Le Cap, 26 mars 1999.

8. Les chefs traditionnels et la démocratie

1. Pixley ka Isaka Seme, discours lors de la conférence de fondation de l'ANC, Bloemfontein, 8 janvier 1912.
2. NM, « Clear the Obstacles and Confront the Enemy », *Reflections in Prison*, *op. cit.*, p. 12.
3. Christopher S. Wren, « Foes of Apartheid Hold Unity Talks », *New York Times*, 10 décembre 1989.

4. NM, note à Walter Sisulu, NMPP 2009/8, boîte 5, dossier 5, NMF, Johannesburg.
5. NM, « Participation des chefs traditionnels à la CODESA », communiqué de l'ANC, 17 décembre 1991.
6. NM, discours à la jeunesse, stade de KaNyamazane, Mpumalanga, 13 avril 1994.
7. NM, « Mémoires de Président », p. 34-38.
8. Allister Sparks, *Beyond the Miracle : Inside the New South Africa*, Chicago, Il, University of Chicago Press, 2003, p. 18.
9. Local Elections Task Group, *Local Government Elections in South Africa 1995/1996*, Pretoria, ABC Press, 1997.
10. Valli Moosa, entretien avec Tony Trew, Le Cap, 8 septembre 2014.
11. NM, « Mémoires de Président », p. 38-39.
12. NM, discours à un meeting de Durban, 25 février 1990.
13. Institut sud-africain des relations entre les races, *Fast Facts*, mars 1997.
14. Voir les preuves remises à la Commission Vérité et Réconciliation par Daluxolo Luthuli, ancien membre du MK qui devint commandant d'un escadron de la mort de l'Inkatha au KwaZulu-Natal après avoir été formé par les forces de sécurité de l'apartheid dans *TRC Final Report*, vol. 6, section 3, chapitre 3, p. 351, remis au président Nelson Mandela, 29 octobre 1998 : Thula Bophela et Daluxolo Luthuli, *Umkhonto weSizwe : Fighting for a Divided People*, Johannesburg, Galago, 2005 ; voir aussi le témoignage d'Eugene de Kock à la Commission, audiences d'amnistie, Port Elizabeth, 29 septembre-3 octobre 1997 ; et *TRC Final Report*, vol. 6, section 4, appendice, p. 583, remis au président Nelson Mandela, 29 octobre 1998.
15. Sydney Mufamadi, entretien avec Tony Trew, Johannesburg, 29 mai 2015.
16. NM, « Mémoires de Président », p. 36-37.
17. NM, discours à la réunion de Durban, 25 février 1990.
18. NM, en conversation avec Richard Stengel, Johannesburg, 26 avril et 3 mai 1993, CD 61, NMF, Johannesburg.
19. John Nkadimeng, émission sur Radio Freedom depuis Addis-Abeba, Éthiopie, 18 novembre 1986.
20. Mzala, *Gatsha Buthelezi : Chief With a Double Agenda*, Londres, Zed Press, 1988, p. 64.

21. NM, conversation avec Richard Stengel, Johannesburg, 26 avril et 3 mai 1993, CD 61, NMF, Johannesburg.
22. NM, discours à l'inauguration du Syndicat des enseignants démocrates d'Afrique du Sud, 6 octobre 1990, Shareworld, Shaft 17, Johannesburg.
23. NM, notes pour une déclaration à une réunion du Comité exécutif national, 21 janvier 1995, NMPP 2009/8, boîte 4, dossier 2, p. 174-175, NMF, Johannesburg.
24. NM, *Long Walk to Freedom*, *op. cit.*
25. Walter Sisulu, entretien en marge d'une réception de la Fondation Albertina-Sisulu, enregistrement NMF, collection BBC TV, M18A, NMF, Johannesburg.
26. « Under Fire in an Inkatha Stronghold », *Mail & Guardian*, 5 mai 1995.
27. *Ibid.*
28. NM, discours de clôture des débats de l'Assemblée nationale sur le budget, chambres du Parlement, Le Cap, 3 mai 1995, Hansard, cols. 818-820.
29. *Ibid.*
30. *Ibid.*
31. *Ibid.*
32. *Ibid.*
33. NM, débat au Sénat sur le budget, chambres du Parlement, Le Cap, 1er juin 1995, Hansard, cols. 1139-1142.
34. 7 juin 1995, NMPP 2009/8, boîte 5, dossier 4 ; « Can 1000 Troops Stop the Carnage ? », *Mail & Guardian*, 25 août 1995.
35. Sydney Mufamadi, entretien avec Tony Trew, Johannesburg, 29 mai 2015.
36. NM, « Deux ans et demi de gouvernement démocratique », préparé par le président Nelson Mandela pour le Comité exécutif national, novembre 1996, boîte 6, dossier 58, ANCLH, Johannesburg.

9. La transformation de l'État

1. On peut entendre Nelson Mandela déclarer être « parti en vacances pendant vingt-sept ans » à son retour, le 15 novembre 1993, sur les lieux de son arrestation à Howick, le 5 août 1962.

2. Howard Fast, *Spartacus* ; Léon Tolstoï, *Guerre et Paix* ; Dee Brown, *Enterre mon cœur à Wounded Knee* ; Edgar Snow, *Étoile rouge sur la Chine.*

3. Luis Taruc, *Born of the People*, New York, International Publishers, 1953.

4. Allister Sparks, *Beyond the Miracle*, *op. cit.*, p. 18.

5. NM interviewé par la BBC, octobre 1993, enregistrements NMF, BBC M8, NMF, Johannesburg.

6. Zola Skweyiya, entretien avec Padraig O'Malley, 30 novembre 1995, archives O'Malley.

7. NM, notes préparatoires à un entretien avec Nomavenda Mathiane, NMPP 2009/8, boîte 7, fichier 11, p. 39, NMF, Johannesburg.

8. Loi sur le Conseil exécutif de transition, 1993 ; Barry Gilder, *Songs and Secrets : South Africa from Liberation to Governance*, New York, NY, Colombia University Press, 2012, p. 156-157 ; Sydney Mufamadi, entretien avec Tony Trew, Johannesburg, 30 avril 2015 ; Barry Gilder, entretien avec Tony Trew, Johannesburg, 24 novembre 2015 ; Siphiwe Nyanda, entretien avec Tony Trew, Johannesburg, 25 novembre 2015.

9. Graça Machel, entretien avec Mandla Langa, Johannesburg, 22 septembre 2016.

10. NM, notes préparatoires à la réunion avec la direction du SAPS, NMPP 2009/8, boîte 3, carnet 12, p. 25-30, NMF, Johannesburg.

11. *Ibid.*

12. *Ibid.*

13. *Ibid.*

14. Sydney Mufamadi, entretien avec Tony Trew, Johannesburg, 30 avril 2015.

15. NM, notes pour une réunion avec les officiers du SAPS, 30 novembre 1996, NMPP/8, boîte 7, dossier 11, African Bank 1995, p. 89-93, NMF, Johannesburg.

16. *Ibid.*

17. NM, « Mémoires de Président », p. 40.

18. Stephane Botha, « Commissioner of Police to Retire », *Business Day*, 11 janvier 1995 ; Sydney Mufamadi, entretien avec Tony Trew, Johannesburg, 30 avril 2015.

19. NM, « Mémoires de Président », p. 40-42.

20. Équipe de recherche, Institut sud-africain des relations entre les races, *Race Relations Survey 1993/1994*, South African Institute of Race Relations, Johannesburg, 1994, in NM « Mémoires de Président », p. 42.
21. NM, « Mémoires de Président », p. 40-43.
22. NM, « Mémoires de Président », p. 45.
23. Ian van der Waag, *A Military History of Modern South Africa*, Johannesburg et Le Cap, Jonathan Ball Publishers, 2015, p. 287 ; Princeton Lyman, *Partner to History*, p. 163.
24. Siphiwe Nyanda, entretien avec Tony Trew, Johannesburg, 25 novembre 2015.
25. Greg Mills, « The South African National Defence Force : Between Downsizing and New Capabilities », *Naval War College Review*, vol. 52, n° 1, hiver 1999, p. 79-98.
26. Siphiwe Nyanda, entretien avec Tony Trew, Johannesburg, 25 novembre 2015.
27. Archives AP, 11 septembre 1994 ; archives Beeld, du 10 septembre au 4 novembre 1994.
28. NM, NMPP 2009/8, boîte 3, carnet 12, NMF, Johannesburg.
29. NM, NMPP 2009/8, boîte 3, carnet 12, NMF, Johannesburg ; archives AP, 11 septembre 1994 ; archives Beeld, du 10 septembre au 4 novembre 1994.
30. Telex à Parks Mankahlana, cabinet du Président, par Amrit Manga du *New Nation* dans la transcription d'un entretien avec le président Mandela, *Speeches : Youth Day 1996, President Mandela Communication*, NASA, Pretoria.
31. NM, notes préparatoires à une réunion du Comité exécutif national, 8-9 décembre 1995, NMPP 2009/8, boîte 4, dossier 1, p. 159 *sqq*, NMF, Johannesburg.
32. Siphiwe Nyanda, entretien avec Tony Trew, Johannesburg, 25 novembre 2015.
33. Gert van der Westhuizen, « *Mandela kap voorstel teen Afrikaans* » [Mandela refuse une proposition contre l'afrikaans], *Beeld*, 1er février 1996.
34. *Defence in a Democracy : White Paper on National Defence for the Republic of South Africa*, mai 1996, section 51.
35. Louise Flanagan et Chandre Gould, « What Modise Didn't Know About DCC », *Weekly Mail*, 17 juin 1994.

36. NM, discours d'ouverture du Président au débat sur la loi de finances à l'Assemblée nationale, Le Cap, 21 avril 1998.
37. « Mandela Speaks to the Nation », *Sowetan*, 11 novembre 1996.
38. Archives AP, « South Africa : President Mandela Praises Outgoing Military Chief », story n° 76476, 7 avril 1998.
39. Trevor Manuel, entretien avec Tony Trew, Johannesburg, 10 septembre 2014.
40. Thabo Mbeki, entretien avec Joel Netshitenzhe et Tony Trew, Johannesburg, 17 décembre 2014.
41. NM, discours sur l'état de la nation, chambres du Parlement, Le Cap, 9 février 1996.
42. Defence Review Committee, *South African Defence Review 1998*, Pretoria, Department of Defence, 1998 ; Public Protector, Auditor General and National Director of Public Prosecutions, *Report to Parliament on the Joint Investigation into the Strategic Defence Procurement Packages Undertaken by the Public Protector, Auditor General and National Director of Public Prosecutions*, 13 novembre 2001.
43. Ministère de la Défense sud-africain, « Rapport annuel du ministère de la Défense 2001/2002 », Pretoria, ministère de la Défense, 2002, p. 62.
44. Yvonne Muthien, « Democratic Consolidation in South Africa, 1994-1999 », *Democracy South Africa : Evaluating the 1999 Election*, Pretoria, HSRC Publishers, 1999.
45. Charles Baudelaire, *Petits Poèmes en prose*, 1869.
46. NM, le texte au début des notes est le suivant : « Le Président et ses deux vice-présidents, les ministres de la Défense, de la Sûreté et de la Sécurité, les généraux Georg Meiring et van der Merwe doivent être tenus informés par le Service national de renseignements dans les plus brefs délais sur les sujets suivants », NMPP 2009/8, NMF, Johannesburg.
47. Constitution de la République d'Afrique du Sud, 1996, chapitre 11 : Services de sécurité, article 198 (a).
48. Sandy Africa, « The Policy Evolution of the South African Civilian Intelligence Services : 1994-2009 and Beyond », *Strategic Review for Southern Africa*, vol. 34, n° 1, mai 2012, p. 103.
49. Barry Gilder, entretien avec Tony Trew, Johannesburg, 24 novembre 2015.

50. Ancien membre de l'équipe de Jakes Gerwel, en conversation avec Tony Trew, Le Cap, 8 août 2015.
51. Barry Gilder, *Songs and Secrets*, *op. cit.*, p. 177.
52. *Ibid.*
53. Siphiwe Nyanda, entretien avec Tony Trew, Johannesburg, 25 novembre 2015.
54. Lansana Gberie, « Mandela's Struggles for Peace and Justice in Africa », *Africa Renewal Online*, décembre 2013.
55. Barry Gilder, entretien avec Tony Trew, Johannesburg, 24 novembre 2015.
56. NM, discours d'inauguration du nouveau siège des agences de renseignements, 5 décembre 1997.
57. Zola Skweyiya, entretien avec Padraig O'Malley, 30 novembre 1995, archives O'Malley.
58. Niël Barnard, entretien avec Tony Trew, Overberg, 17 novembre 2015.
59. Jessie Duarte, entretien avec Tony Trew, Johannesburg, 15 juillet 2014.
60. Allister Sparks, *Beyond the Miracle*, *op. cit.*, p. 37.
61. Zola Skweyiya, entretien avec Padraig O'Malley, 30 novembre 1995, archives O'Malley.
62. Commission nationale de planification, *Institutions and Governance Diagnostic*, Pretoria, National Planning Commission, 2015, p. 11 ; et Geraldine Fraser-Molekei, entretien téléphonique avec Tony Trew, 29 juillet 2016.
63. Public Service Commission, *State of Representivity in the Public Service – Findings* ; Department of Public Service and Administration, *A Strategic Framework for Gender Equality Within the Public Service (2006-2015) : Consultation Document*, Pretoria, Department of Public Service and Administration, 24 novembre 2006.
64. NM à Thabo Mbeki, 6 juin 1994, DP Pres Mbeki, boîte 002, dossier 11/1/1 – President, closed, NASA, Pretoria.
65. Zola Skweyiya, entretien avec Padraig O'Malley, 30 novembre 1995, archives O'Malley.
66. Commission nationale de planification, *Institutions and Governance Diagnostic*, p. 22-23.
67. NM, discours sur l'état de la nation, chambres du Parlement, Le Cap, 24 mai 1994 ; NM, débat sur la loi de finances

(« Discours des 100 jours »), chambres du Parlement, Le Cap, 18 août 1994.
68. NM, discours sur l'état de la nation, chambres du Parlement, Le Cap, 17 février 1995.
69. NM, discours sur l'état de la nation, chambres du Parlement, Le Cap, 9 février 1996.
70. Marion Edmunds, « Skills Crisis Knocks Public Service », *Mail & Guardian*, 15 août 1997.
71. NM, discours d'ouverture au troisième exercice du Parlement, chambres du Parlement, Le Cap, 9 février 1996.

10. La réconciliation

1. Enregistrements NMF, collection BBC M2, NMF, Johannesburg.
2. James Baldwin, *No Name in the Street*, *op. cit.*, p. 130.
3. Indres Naidoo, *Island in Chains : Ten Years on Robben Island*, Harmondsworth, Penguin Group, 1982.
4. Michael Dingake, « Comrade Madiba », *Nelson Mandela : The Struggle is My Life,* Londres, International Defence and Aid Fund for Southern Africa, 1978, p. 223.
5. Mac Maharaj, « Profile », *Reflections in Prison*, *op. cit.*, p. 5.
6. Nkosazana Dlamini-Zuma raconte comment, « après le concert de la chorale de l'ANC dirigée par Tambo, il y eut une standing-ovation frénétique, le président zambien Kenneth Kaunda réclamant un *bis* », in *ANC Today*, vol. 6, n° 43, 3 novembre 2006.
7. « Mandela : The Man, the Image, the Brand », *City Press*, 18 juillet 2012.
8. Obadias Ndaba, « What Mandela's Critics Could Learn From Him », *Huffington Post*, décembre 2013.
9. George Bizos, *Odyssey to Freedom*, *op. cit.*, p. 278.
10. NM, *Long Walk to Freedom*, *op. cit.*
11. NM, rencontre avec la communauté afrikaner à Pretoria, 15 avril 1999.
12. La Charte de la liberté, adoptée au Congrès du peuple, Kliptown, Johannnesburg, 25-26 juin 1955.
13. Zanele Mbeki en conversation avec Mandla Langa, vers 1996.
14. NM, entretien avec Oprah Winfrey, « The Oprah Winfrey Show », Harpo Productions, 2000.

15. NM, discours du Président au Sénat lors du débat sur la loi de finances, chambres du Parlement, Le Cap, 1er juin 1995.
16. NM, discours de clôture au Sénat du débat sur la loi de finances, 1er juin 1995, Hansard, col. 1279.
17. Archives AP, « South Africa : President Mandela Issues Stern Warning to Leaders », story n° 23868, 8 mars 1996.
18. Alex Marshall, *Republic or Death ! Travels in Search of National Anthems,* Londres, Windmill Books, 2015, p. 259-260.
19. Minutes de la longue réunion du Comité, 7 septembre 1995, ANCLHM, boîte 14, dossier 111, NMF, Johannesburg.
20. NM, discours lors du rassemblement organisé à sa sortie de prison, mairie du Cap, 11 février 1990.
21. Saths Cooper, « The Mandela I Knew : Prof. Saths Cooper », Tributes for Madiba, NMF, 12 septembre 2013.
22. NM, réponse au débat du Sénat sur la loi de finances, 14 septembre 1994, chambres du Parlement, Le Cap.
23. NM, *Toespraak van president by geleentheid van 'n onthaal deur die Burgemeester van Pretoria* [Discours du Président à l'occasion d'une réception organisée par le maire], 26 août 1994.
24. Gert van der Westhuizen, « *Mandela praat met Afrikaners "Om kommunikasie oop te hou"* » [Mandela discute avec les Afrikaners pour « entretenir le contact »], *Beeld*, 29 juin 1995 ; Kevin O'Grady, « Volk Meet Mandela », *Business Day*, 29 juin 1995.
25. NM, « *Tydens 'n besoek aan die Afrikaanse Taal-en Kultuurvereniging (ATKV)* » [Lors d'une visite à l'association pour la culture et la langue afrikaans], 17 août 1995 ; *Beeld*, 18 août 1995.
26. NM, *Tydens 'n besoek aan die Ruiterwag-Saamtrek vir jong Afrikaner-Leiers* [Lors d'une visite au rassemblement du Ruiterwag de jeunes leaders afrikaners], 13 janvier 1996 ; Willem Pretorius, « *Kies SA óf Afrikaner-Nelson* », *Beeld*, 15 janvier 1996.
27. NM, déclaration liminaire lors d'une rencontre avec des organisations afrikaners, 29 mars 1996.
28. *Ibid.*
29. Constand Viljoen, entretien avec Tony Trew, Pretoria, 19 septembre 2015.

30. Constitution de la République d'Afrique du Sud, 1996, chapitre 14, annexe 6 : Arrangements transitoires, section 20, article 5.
31. Peet Kruger, « *Geheime gesprek lei tot deurbraak Onderhandelinge oor nuwe grondwet op koers* » [Les pourparlers secrets débouchent sur une avancée. Négociations en cours sur la nouvelle Constitution], *Beeld*, 20 avril 1996 ; Peet Kruger, « *NP en VF se pogings het saam tot toegewing oor kultuurkommissie gelei* » [Les tentatives du Parti national et du Front de la liberté ont mené à des concessions sur la commission de culture], 24 avril 1996.
32. Thabo Mbeki, discussions avec la communauté afrikaner, Assemblée nationale, chambres du Parlement, Le Cap, 24 mars 1999.
33. NM, « Clear the Obstacles and Confront the Enemy », *Reflections in Prison*, *op. cit.*, p. 17.
34. *Ibid.*
35. Mandla Langa en conversation avec Antjie Krog pendant une conférence d'écrivains, Cité du Livre, Aix-en-Provence, 1997.
36. *SA Times*, Londres, 19 juillet 1995.
37. Constand Viljoen, entretien avec Tony Trew, Pretoria, 19 septembre 2015.
38. *Ibid.*
39. SAPA, 13 décembre 1996.
40. Niël Barnard, entretien avec Tony Trew, Overberg, 17 novembre 2015.
41. NM, interview télévisée dans « Face the Media », 14 décembre 1997, SABC, enregistrement 66676MT, archive SABC, SABC Information Library, Johannesburg.
42. Niël Barnard, entretien avec Tony Trew, Overberg, 17 novembre 2015.
43. *TRC Final Report*, volume 2, chapitre 1, préface, remis au président Nelson Mandela, 29 octobre 1998.
44. *Ibid.*
45. NM, discours d'ouverture du débat spécial consacré au rapport de la Commission Vérité et Réconciliation, chambres du Parlement, Le Cap, 25 février 1999.
46. *Ibid.*

47. Human Sciences Research Council, *Public Opinion on National Priority Issues*, Pretoria, mai 1999, p. 55.
48. NM, discours d'ouverture lors du débat sur la loi de finances au Sénat, chambres du Parlement, Le Cap, 15 avril 1997.

11. La transformation économique et sociale

1. Le Programme reconstruction et développement (RDP), « Construire l'économie », article 4.1.1., 1994.
2. *Ibid.*
3. Layashi Yaker, *Déclaration préliminaire sur les performances de l'économie africaine en 1994 et ses perspectives pour 1995* – discours de fin d'année prononcé devant la Commission économique pour l'Afrique des Nations unies, Addis-Abeba, 15 décembre 1994.
4. Compte rendu du Conseil des ministres, 11 mai 1994.
5. Conférence nationale de l'ANC, « Prêts à gouverner : feuille de route de l'ANC pour une Afrique du Sud démocratique », adoptée à la conférence nationale, 28-31 mai 1992, Johannesburg, Policy Unit of the ANC, 1992.
6. NM, discours lors des soixante-quinze ans du Parti communiste sud-africain, 28 juillet 1996, SABC, archive SABC, SABC Information Library, Johannesburg.
7. Document de travail du Comité national du travail de l'ANC : sous-commission des finances du TEC, 27 avril 1993, boîte 14, 112, ANCLH, Johannesburg.
8. William Smith, entretien avec Tony Trew, Pretoria, 11 juillet 2014.
9. NM, discours à l'Assemblée nationale, Le Cap, 28 mars 1996.
10. NM, discours sur l'état de la nation, chambres du Parlement, Le Cap, 24 mai 1994.
11. NM, « Mémoires de Président », p. 52.
12. *Ibid.*
13. *Native Life in South Africa Before and Since the European War and the Boer Rebellion* (1916) Johannesburg, Raven's Press, 1982, p. 21.
14. NM, « Mémoires de Président », p. 52.
15. NM, préface au « Livre blanc de la reconstruction et du développement », *Journal officiel,* circulaire n° 1954 de 1994, 23 novembre 1994.

16. *Ibid.*
17. NM, discours au Parlement, chambres du Parlement, Le Cap, mai 1994.
18. Trevor Manuel, « Twenty Years of Economic Policymaking – Putting People First », *The Oxford Companion to the Economics of South Africa*, sous la supervision de Haroon Bhorat, Alan Hirsch, Ravi Kanbur et Mthuli Ncube, Oxford, Oxford University Press, 2014, p. 29 ; Alan Hirsch, *Season of Hope*, *op. cit.*, p. 69.
19. NM, interview sur la BBC, enregistrement NMF, collection Iqbal Meer, #1, NMF, Johannesburg.
20. Compte rendu du Conseil des ministres, 26 octobre 1994, « Transformer le secteur public : la contribution du GNU au RDP », minute 7.4.2, item 1.3.
21. *Ibid.*
22. NM, préface au « Livre blanc de la reconstruction et du développement », *Journal officiel*, circulaire n° 1954 de 1994, 23 novembre 1994.
23. Patti Waldmeir, *Anatomy of a Miracle : The End of Apartheid and the Birth of the New South Africa*, New York et Londres, W.W. Norton and Company, 1997, p. 213.
24. NM, campagne électorale, Lenasia, 19 avril 1999, enregistrement 66772MT, SABC, archives SABC, SABC Information Library, Johannesburg.
25. Compte rendu du Conseil des ministres, 26 octobre 1994, « Transformer le secteur public : la contribution du GNU au RDP », minute 7.4.2.
26. Christo Volschenk, « *Nuwe komitee kom vandeesweek byeen oor mandate vir groeiplan* » [Création d'un comité de la croissance], *Beeld*, 3 août 1995.
27. Compte rendu du Conseil des ministres, 6 décembre 1995, « Pour la croissance nationale et une stratégie de développement », minute 7.1.
28. Sagie Narsiah, « Neoliberalism and Privatisation in South Africa », *GeoJournal*, vol. 57, n° 1, mai 2002, p. 3.
29. ANC, cinquantième conférence nationale : « Résolutions, transformation économique », Mafikeng, 16-20 décembre 1997, clause 3.2.2.

30. NM, *L'Afrique du Sud au siècle prochain*, seizième conférence de Singapour, 6 mars 1997, Institut d'études d'Asie du Sud-Est, Singapour, 1997.
31. NM, « Mémoires de Président », p. 47-49.
32. Richard Calland (sous la direction de), *The First Five Years: A Review of South Africa's Democratic Parliament*, Le Cap, IDASA, 1999.
33. NM, « Mémoires de Président », p. 52-53.
34. NM, *Ibid.*, p. 50-51.
35. *South Africa in Transition, Findings Regarding Households*, figure 6.1 : « Changes in Type of Housing in Which Households Live Between October 1995 and October 1999 », Pretoria, Statistics South Africa, 2001.
36. Jessie Duarte, entretien avec Tony Trew, Johannesburg, 15 juillet 2014.
37. Mandla Langa en conversation avec Stephen Laufer, Johannesburg, 16 juillet 2016.
38. John Carlin, « ANC Boards the Gravy Train : John Carlin in Johannesburg on the Underdogs Who Have Become Fat Cats in a Few Months », *Independent*, 27 août 1994.
39. NM, discours à l'occasion de l'anniversaire des émeutes de Soweto, 16 juin 1994.
40. NM, discours d'inauguration au siège de la Fondation Nelson-Mandela, Oxford, 13 avril 2000, enregistrement NMF, collection Iqbal Meer, Oxford 1 et 2, NMF, Johannesburg.
41. NM, discours à la conférence sur le sida, Barcelone, 12 juillet 2002, enregistrement NMF, collection Iqbal Meer #8, NMF, Johannesburg.
42. NM, conférence de presse, 9 mai 1999, enregistrement NMF, collection BBC, NMF, Johannesburg.
43. Le président Mbeki prononça cette phrase dans son oraison funèbre d'Alfred Nzo, le 22 janvier 2000.
44. NM, discours sur l'état de la nation, Assemblée nationale, chambres du Parlement, Le Cap, 5 février 1999.
45. Anne Kriegler et Mark Shaw, « Facts Show South Africa Has Not Become More Violent Since Democracy », *Conversation*, 22 juillet 2016.
46. Francois Lötter, « *"Wit koerante" ignorer misdaadstatistieke – president* » [« Les journaux blancs » passent sous silence les

statistiques de la délinquance – dit le Président], *Beeld*, 14 septembre 1998.
47. NM, « Mémoires de Président », p. 62.
48. NM, discours d'ouverture de la Conférence sur les mœurs organisée par le Forum national des dignitaires religieux, 23 octobre 1998.
49. *Ibid.*
50. Allister Sparks, *Beyond the Miracle*, *op. cit.*, p. 16.
51. NM, discours prononcé au cinquième congrès national de la COSATU, 7 septembre 1994, SABC, archives SABC, SABC Information Library, Johannesburg.
52. NM, discours sur l'état de la nation, Assemblée nationale, chambres du Parlement, Le Cap, 5 février 1999.
53. *Ibid.*
54. NM, discours prononcé lors de la dernière séance du premier Parlement élu démocratiquement, chambres du Parlement, Le Cap, 26 mars 1999.

12. Composer avec les médias

1. Juge Cameron, *Holomisa v. Argus Newspapers Ltd.* 1996 (2) S.A. 588 (W).
2. NM, NMPP 2009/8, boîte 1, carnet 5, p. 17, NMF, Johannesburg.
3. Thami Mazwai, entretien avec Tony Trew, Johannesburg, 7 octobre 2015.
4. André Odendaal, *The Founders : The Origins of the African National Congress and the Struggle for Democracy*, Johannesburg, Jacana Media, 2012, p. 147.
5. NM, *Long Walk to Freedom*, *op. cit.*
6. *Ibid.*
7. Anthony Sampson, *Mandela : The Authorised Biography*, Londres, HarperCollins, 1999, p. 147.
8. NM, *Long Walk to Freedom*, *op. cit.*
9. NM, conférence de presse avec les chefs de rédaction et les faiseurs d'opinion de la presse écrite, Pretoria, 10 mai 1999, enregistrements NMF, BBC, NMF, Johannesburg.
10. NM, discours au congrès de l'Institut de la presse internationale, Le Cap, 14 février 1994.

11. Rehana Rossouw, « Everyone Wants a Piece of the President », *Mail & Guardian*, 15 mars 1996.
12. NM, notes préparatoires à la rencontre des rédacteurs de la presse du KwaZulu-Natal, Le Cap, 2 mars 1995, South Africa National Archive, Nelson Mandela Communication/ Speeches : mars, avril, mai 1995, NASA, Pretoria ; Wyndham Hartley, « "Crackdown" is No Idle Threat », *Natal Witness*, 3 mars 1995.
13. Pamela Dube, « It Takes Two to Tango and Government is Learning the Communication Steps », *Sunday Independent*, 8 juillet 2001.
14. Thami Mazwai, entretien avec Tony Trew, Johannesburg, 7 octobre 2015.
15. NM, note de conversation *off* avec le rédacteur en chef de *Die Burger*, NMPP 2009/8, boîte 4, dossier 1, p. 1-2, NMF, Johannesburg.
16. Mandla Langa en conversation avec Khulu Sibiya, juin 2017.
17. Jakes Gerwel, « The Day Mandela Was in *Hustler* », rapport, 9 juin 2012.
18. NM, discours à l'inauguration des amis canadiens du Fonds d'aide à l'enfance Nelson-Mandela pour l'enfance, SkyDome, Toronto, 25 septembre 1998.
19. NM, discours au congrès de l'Institut de la presse internationale, Le Cap, 14 février 1994.
20. Khaba Mkhize, « Breakfast with Nelson Mandela », *Natal Witness*, 19 août 1994 ; Ray Hartley, « ANC Broadsides Against Press », *Sunday Times*, 4 septembre 1994 ; Thami Mazwai, entretien avec Tony Trew, Johannesburg, 7 octobre 2015.
21. Cette interview est citée dans « Some Black Newsmen Rapped for Secret Agenda », *Business Day*, 3 novembre 1996.
22. Guy Berger, « Media and Racism in Mandela's Rainbow Nation », Prime Time for Tolerance : Journalism and the Challenge of Racism : International Federation of Journalists World Conference, Bilbao, Espagne, 2-4 mai 1997.
23. Interview télévisée de NM, 11 novembre 1996, SABC, archives SABC, SABC Information Library, Johannesburg ; « Some Black Newsmen Rapped for Secret Agenda », *Business Day*, 3 novembre 1996 ; « Mandela Slams Some Black Journalists », *Citizen*, 13 novembre 1996.
24. NM, note, NMPP 2009/8, boîte 4, dossier 1, 128-129.

25. NM, discours à la cinquantième conférence de l'ANC, Mafikeng, 16 décembre 1997.
26. NM, note, NMPP 2009/8, boîte 4, p. 4, NMF, Johannesburg.
27. NM, note en réponse au bilan politique présenté à la cinquantième conférence de l'ANC, décembre 1997, NMPP 2009/8, boîte 4, dossier 1, p. 1-2, NMF, Johannesburg.
28. *Ibid.*
29. *Ibid.*
30. NM, discours de clôture de la cinquantième conférence de l'ANC, Mafikeng, 20 décembre 1997.
31. *Sowetan*, 20 novembre 1996 ; *Financial Mail*, 22 novembre 1996.
32. NM, « Mémoires de Président », p. 33.

13. Sur les scènes d'Afrique et du monde

1. Harriet Beecher Stowe, *La Case de l'oncle Tom,* Le Livre de Poche, 1986 ; Booker T. Washington, *Up from Slavery : Ascension d'un esclave émancipé*, Les Éditeurs libres, 2008.
2. Assemblée des chefs d'État et de gouvernement de l'Organisation de l'unité africaine, déclaration sur la situation politique et socio-économique en Afrique et les changements fondamentaux qui surviennent dans le monde, Addis-Abeba, 9-11 juillet 1990.
3. Assemblée des chefs d'État et de gouvernement de l'OAU, déclaration sur la création au sein de l'OAU d'un mécanisme de prévention, de gestion et de résolution des conflits, 28-30 juin 1993.
4. NM, déclaration à la réunion des chefs d'État et de gouvernement de l'OAU, Tunis, 13 juin 1994.
5. Nkosazana Dlamini-Zuma, entretien avec Tony Trew, Durban, 26 février 2016.
6. NM, déclaration du président de la SADC lors de l'ouverture officielle du sommet des chefs d'État et de gouvernement de la SADC, Blantyre, 8 septembre 1997.
7. *Ibid.*
8. Chefs d'État et de gouvernement de la SADC, sommet, Gaborone, 28 juin 1996.
9. NM, Organe de la SADC, 7 septembre 1997, notes NMPP, boîte 5, fichier 3, 074-086, NMF, Johannesburg.

10. NM, notes sur le sommet de la SADC à Maputo, 2 mars 1998, notes NMPP, boîte 4, fichier 2, 055-060, NMF, Johannesburg.
11. Quett Ketumile Joni Masire, *Very Brave or Very Foolish ? : Memoirs of an African Democrat*, Botswana, Macmillan Botswana, 2006, p. 279.
12. Le vice-président Thabo Mbeki, déclaration à l'Assemblée nationale sur la situation en République démocratique du Congo, chambres du Parlement, Le Cap, 21 mai 1997.
13. *Ibid.*; Aziz Pahad, entretien avec Tony Trew, Johannesburg, 1er février 2016.
14. NM, notes suivant une rencontre avec le camarade Kabila, Genadendal, 15 mai 1997, NMPP 2009/8, boîte 4, dossier 2, p. 1-4, NMF, Johannesburg.
15. Président suppléant Buthelezi, développements au Lesotho, déclaration à l'Assemblée nationale, 22 septembre 1998, Hansard, cols. 6763-6778.
16. Compte rendu du Conseil des ministres, 23 septembre 1998.
17. Archives AP, « Afrique du Sud : le Président rassurant sur son état de santé », 27 septembre 1998, dépêche n° 89970.
18. NM, discours sur l'état de la nation, Assemblée nationale, chambres du Parlement, Le Cap, 5 février 1999.
19. NM au sommet économique de l'Afrique australe du Forum économique mondial, Harare, 21 mai 1997, enregistrement 71942MT, SABC, archives SABC, SABC Information Library, Johannesburg.
20. NM, discours au sommet des chefs d'État du Mercosur, Ushuaia, Argentine, 24 juillet 1998.
21. NM, discours à la quarante-neuvième session de l'Assemblée générale des Nations unies, New York, 10 octobre 1994.
22. *Ibid.*
23. NM, discours à la session inaugurale de la douzième conférence des chefs d'État ou de gouvernement des pays non alignés, Durban, 2 septembre 1998.
24. *Ibid.*
25. NM, discours aux deux chambres du Congrès, Washington, 6 octobre 1994.
26. NM, discours au Parlement suédois, Stockholm, 18 mars 1999.

27. « Mandela Encense Kadhafi », *Sunday Times*, Foreign Desk, 20 mai 1990 ; Fritz Joubert « *Mense in VSA vies vir Mandela* » [Les Américains en colère contre Mandela], *Beeld*, 24 mai 1990.
28. Khalil I. Matar et Robert W. Thabit, *Lockerbie and Libya : A Study in International Relations,* Londres, McFarland & Company, Inc, 2004.
29. NM, déclaration sur Lockerbie rédigée et délivrée à Tunis, NMPP 2009/8, boîte 6, fichier 8a, NMF, Johannesburg.
30. « L'Afrique du Sud demande une levée des sanctions contre la Libye », *Star*, 22 octobre 1997.
31. OAU, déclarations et décisions adoptées par la trente-troisième assemblée des chefs d'État et de gouvernement de l'OAU, Harare, 2-4 juin 1997.
32. NM en visite en Libye, octobre 1997, enregistrement 66786, MT22, SABC, archives SABC TV, SABC Information Library, Johannesburg.
33. *Ibid.*
34. Lyn Boyd-Judson, *Strategic Moral Diplomacy : Understanding the Enemy's Moral Universe*, West Hartford, CT, Kumarian Press, 2011 ; Khalil I. Matar et Robert W. Thabit, *Lockerbie and Libya*, *op. cit.*
35. Lyn Boyd-Judson, *Strategic Moral Diplomacy*, *op. cit.*
36. NM, discours au Congrès général du peuple, Libye, 19 mars 1999.
37. Jakes Gerwel, entretien avec Aziz Pahad, 21 juillet 2010.
38. NM, déclaration sur les relations de l'Afrique du Sud avec une Chine élargie, 27 novembre 1996, SABC, archives SABC TV, enregistrement 25459MT, SABC Information Library, Johannesburg.
39. « Taiwan's Minister Fails with Mandela », archives United Press International, 4 décembre 1996.
40. NM, discours à l'université de Pékin, 6 mai 1999.
41. NM, entretien avec Phil Molefe et Antjie Krog, « Dernière interview accordée à la SABC », diffusée en direct de Qunu, SABC, 20 mai 1999.

Épilogue

1. Graça Machel, entretien avec Mandla Langa, 22 septembre 2016.

2. NM à Winnie Mandela à la prison de Kroonstad, 1er février 1975.
3. Zelda la Grange, *Good Morning Mr Mandela : A Memoir*, New York, Plume, 2015, p. 128.
4. Alors qu'il est interrogé par un panel de journalistes, Mandela fait cette réponse à Phil Molefe qui lui demande ce qu'il ressent au moment de céder la présidence de l'ANC. NM, interview télévisée dans « Face the Media », 14 décembre 1997, SABC, enregistrement 66676MT, archives SABC, SABC Information Library, Johannesburg.
5. NM, discours de clôture de la cinquantième conférence nationale de l'ANC, Mafikeng, 20 décembre 1997.
6. NM, campagne électorale, 31 mai 1999, enregistrement 66717MT, SABC, archives SABC, SABC Information Library, Johannesburg.
7. NM, discours prononcé lors de la dernière session de la première législature du Parlement démocratiquement élu, chambres du Parlement, Le Cap, 26 mars 1999.

Remerciements

En 1971, Nelson Mandela écrivit une lettre de Robben Island à sa vieille amie Fatima Meer, dans laquelle il exprimait son scepticisme sur l'idée même d'écrire des Mémoires – « Quel doux euphémisme pour vantardise la langue anglaise a inventé ! Autobiographie. » Et pourtant, à peine quatre ans plus tard, il se lançait dans la première version de ses Mémoires *Long Walk to Freedom* [traduit en français, aux éditions Fayard, sous le titre *Un long chemin vers la liberté*], qui connurent un grand succès en librairie.

Comme l'indique Graça Machel dans le prologue de ce livre, les contingences liées au temps et à la lutte ont dicté sa décision d'écrire à la fois *Un long chemin* et les premiers chapitres de ce qui est devenu ce volume. Ces mêmes contingences ont entraîné de longues périodes de gestation pour les deux livres – chacun ayant mis près de vingt ans à être publié.

Étant donné la longueur de sa gestation et la complexité de son point de départ, *Être libre, ce n'est pas seulement se débarrasser de ses chaînes* réclame une multitude de remerciements. La détermination de Graça Machel à le mener à bien et sa présence constante tout au long du processus ont été pour nous une source d'inspiration. Mandla Langa fut l'écrivain idéal pour travailler avec un collectif de personnalités exigeantes. Joel Netshitenzhe et Tony Trew ont fourni un travail de recherche et une capacité d'analyse extraordinaires, tout en créant un cadre narratif, puisant à la fois dans les écrits de M. Mandela et dans le contenu des archives. Tony n'eut de cesse d'explorer tous les fonds d'archives disponibles. Il fut bien secondé dans cette tâche par Janet Levy et l'équipe des archives de la Fondation Nelson-Mandela – Razia Saleh, Zanele Riba, Lucia Raadschelders et Sahm Venter. Comme toujours, Sahm, doyen de l'équipe, eut le premier et le dernier mot sur la vie et le temps du père de notre nation. Notre chef exécutif, Sello Hatang, fut le lien qui permit de tout faire tenir ensemble – il ouvrit les portes et les tint ouvertes. Le soutien que nous ont apporté les exécuteurs testamentaires de M. Mandela fut indispensable. Un remerciement spécial au juge Dikgang Moseneke.

Aux premières heures du projet, quand M. Mandela travaillait stylo à la main, Zelda la Grange fut le moteur qui entretint notre élan. Elle fut soutenue sans relâche par Vimla Naidoo, Maretha Slabbert et Thoko Mavuso. Elle eut aussi une importance essentielle quand le texte fut révisé sous les auspices de la Fondation Nelson-Mandela après la mort de Madiba, et resta disponible pour répondre aux questions de toutes sortes jusqu'au bout. Le documentaliste assistant Thembeka Mafumadi joua aussi un rôle important dans les premières phases de travail.

Ce fut une joie de travailler avec nos partenaires éditoriaux. Un grand merci à Geoff Blackwell, Rachel Clare, Kate Cooper, Jonny Geller, Cameron Gibb, Benjamin Harris, Sloan Harris, Ruth Hobday, Jenny Moore, Georgina Morley, Terry Morris et Andrea Nattrass. Entre autres choses, Andrea a démontré une compréhension profonde des méthodes d'écriture de Mandla.

L'Industrial Development Corporation fut un partenaire financier généreux et stimulant.

Nous sommes redevables à de nombreuses personnes (certaines mentionnées, d'autres pas) qui nous ont généreusement donné de leur temps et de leur savoir dans des entretiens. Les concepteurs et les directeurs de sites Web qui nous ont facilité l'accès aux sources historiques doivent aussi être remerciés, comme les archivistes, qui contribuent avec discrétion à préserver les documents et à les rendre accessibles en toute humilité. Et merci à Chris Williams d'avoir partagé ses sources.

Concernant le travail d'archivage qui a étayé ce projet, certaines institutions et leurs employés méritent une mention spéciale :

• La bibliothèque du Parlement de la République d'Afrique du Sud (Sadeck Casoojee)

• La présidence de la République d'Afrique du Sud (Cassius Lubisi, Lusanda Mxenge, William Smith, Busani Ngcaweni, Bongani Ngqulunga, Anande Nothling et Daphne Mhlongo)

• Les archives de l'ANC, Luthuli House (Zolile Mvunelo et Mandla Khumalo)

• Les archives de l'ANC, Centre d'études sur la culture et l'héritage national, université de Fort Hare (Mosanku Maamoe)

• Archives nationales (Natalie Skomolo, Zahira Adams et Gerrit Wagener)

• Bibliothèque nationale, Le Cap

• Unité de développement et de recherche du groupe parlementaire de l'ANC (Mark Sweet)

• Bibliothèque de l'université du Cap, collection Études africaines

• Société nationale sud-africaine d'audiovisuel (Sias Scott et Moloko Maserumule)

• Département des documents historiques, bibliothèque William-Cullen, université du Witwatersrand (Gabriele Mohale)

• Service sud-africain de statistiques (Pali Lehohla et Faizel Mohammed)

• Bibliothèque Ipsos (Mari Harris)

Pour finir, bien sûr, ce livre revient à Nelson Mandela. Sans la source d'inspiration constante que furent sa vie et son œuvre, cette publication n'en aurait pas valu la peine. Je ne doute pas que le talent d'écrivain de Mandla lui aurait plu.

Verne Harris
Fondation Nelson-Mandela

Nous tenons à remercier les ayants droit pour leur autorisation de reproduire les éléments ci-après, protégés par le copyright.

P. 7 : extrait de *Un long chemin vers la liberté*, de Nelson Mandela, Paris, Éditions Fayard, 1995. Traduction de Jean Guiloineau ; p. 50 : extrait du poème « Vite », du recueil « Espérance sacrée » d'Agostinho Neto, copyright © 1974 Tanzania Publishing House. Traduction d'Annick Moreau et de Jean-Michel Massa, Paris, Éditions Alexandrines, 2015 ; p. 186 : extrait du poème « Justice », dans *Scottsboro Limited : Four Poems and a Play in Verse* de Langston Hughes, copyright © 1932 Golden Stair Press. Reproduit avec l'autorisation de David Higham Associates ; p. 194 : extrait du poème « L'enfant n'est pas mort » d'Ingrid Jonker. Traduction de Philippe Safavi, collection « Poésie » dirigée par Georges-Emmanuel Morali, Paris, Éditions Le Thé des écrivains/Zootrope Films, 2012.

Planche 1 : Fondation Nelson-Mandela, photo par Ardon Bar-Hama ; planche 2 : Chris Ledochowski (haut); Louise Gubb avec l'autorisation de la Fondation Nelson-Mandela (bas); planche 3 : AFP/Getty Images ; planche 4 : Frans Esterhuyse (haut); Tom Stoddart Archive/Getty Images (bas); planche 5 : Denis Farrell/AP (haut); David Brauchli/AP (bas); planche 6 : Peter Turnley/Getty Images (haut gauche); Paul Weinberg/South Photographs/Africa Media Online (haut droite); Nanda Soobben/Africa Media Online (bas); planche 7 : Lewis Horwitz avec l'autorisation de la Fondation Nelson-Mandela (haut); Alexander Joe/AFP/Getty Images (bas); planche 8 : Foto24/Gallo Images/Getty Images (haut); D.R. /Fondation Nelson-Mandela (bas); planche 9 : Fondation

Nelson-Mandela, photo par Ardon Bar-Hama ; planche 10 : Paul Weinberg/South Photographs/ Africa Media Online (haut gauche); Oryx Media Archive/Gallo Images/Getty Images (haut droite et milieu gauche); Obed Zilwa/AP (milieu droite); Mike Hutchings/ Reuters (bas); planche 11 : Fondation Nelson-Mandela, photo par Ardon Bar-Hama ; planche 12 : Walter Dhladhla/Getty Images (haut); Henner Frankenfeld/Picturenet Africa (bas gauche); Adil Bradlow/Africa Media Online (bas droite); planche 13 : David Goldblatt/ South Photographs/Africa Media Online (haut gauche); Guy Tillim/AFP/Getty Images (haut droite); Bibliothèque présidentielle Clinton (bas gauche); Yoav Lemmer/Getty Images (bas droite); planche 14 : Fondation Nelson-Mandela, photo par Ardon Bar-Hama ; planche 15 : Pool BASSIGNAC/BUU/HIRES/Getty Images (haut); Eric Miller avec l'autorisation de la Fondation Nelson-Mandela (milieu gauche); Julian Parker/Getty Images (milieu droit et bas gauche); Amr Nabil/Getty Images (bas droite); planche 16 : Str Old/Reuters ; planche 17 : Media24/Gallo Images/ Getty Images ; planche 18 : Fondation Nelson-Mandela, photo par Ardon Bar-Hama ; planche 19 : Juda Ngwenya (haut); Paul Grendon/ Alamy (bas); planche 20 : Ross Kinnaird/ EMPICS/Getty Images ; planche 21 : Oryx Media Archive/Gallo Images/Getty Images (haut); Walter Dhladhla/ Getty Images (bas); planche 22 : Adil Bradlow/ Africa Media Online (haut); Louise Gubb/ lugubb@iafrica.com (bas); planche 23 : Louise Gubb/lugubb@iafrica.com (haut); Benny Gool (bas gauche); Eric Miller avec l'autorisation de la Fondation Nelson-Mandela (bas droite); planche 24 : Eric Miller avec l'autorisation de la Fondation Nelson-Mandela (haut); Zapiro (bas).

Index

Table des matières

pca
cmb
edition pré-presse
livres numériques

44400 Rezé

Imprimé en France par CPI
en octobre 2018
N° d'impression : 3029727

POCKET – 12, avenue d'Italie – 75627 Paris Cedex 13

S28716/01